诉讼证明过程分析：民事诉讼真实与事实发现

民事证据丛书　丛书主编　肖建华

教育部人文社会科学重点研究基地重大项目
项目编号：2007JJD810172
项目名称：诉讼真实与民事诉讼立法建构

诉讼证明过程分析
民事诉讼真实与事实发现

肖建华　主编

撰稿人

肖建华　唐玉富　石达理　王德新　张　斌　廖　浩　包建华

北京大学出版社
PEKING UNIVERSITY PRESS

图书在版编目(CIP)数据

诉讼证明过程分析：民事诉讼真实与事实发现/肖建华主编.—北京：北京大学出版社,2018.10
（民事证据丛书）
ISBN 978-7-301-29822-0

Ⅰ.①诉… Ⅱ.①肖… Ⅲ.①诉讼—证据—研究 Ⅳ.①D915.130.4

中国版本图书馆 CIP 数据核字(2018)第 193773 号

书　　　　名	诉讼证明过程分析——民事诉讼真实与事实发现 SUSONG ZHENGMING GUOCHENG FENXI——MINSHI SUSONG ZHENSHI YU SHISHI FAXIAN
著作责任者	肖建华　主编
组稿编辑	陆建华
责任编辑	陆建华　焦春玲
标准书号	ISBN 978-7-301-29822-0
出版发行	北京大学出版社
地　　　　址	北京市海淀区成府路 205 号　100871
网　　　　址	http://www.pup.cn　http://www.yandayuanzhao.com
电子信箱	yandayuanzhao@163.com
新浪微博	@北京大学出版社　@北大出版社燕大元照法律图书
电　　　　话	邮购部 010-62752015　发行部 010-62750672　编辑部 010-62117788
印　刷　者	北京虎彩文化传播有限公司
经　销　者	新华书店
	965 毫米×1300 毫米　16 开本　28.75 印张　440 千字 2018 年 10 月第 1 版　2021 年 3 月第 2 次印刷
定　　　　价	69.00 元

未经许可，不得以任何方式复制或抄袭本书之部分或全部内容。
版权所有，侵权必究
举报电话：010-62752024　电子信箱：fd@pup.pku.edu.cn
图书如有印装质量问题，请与出版部联系，电话：010-62756370

撰稿人简介

肖建华 男,汉族,1966年生,河南省信阳市人。中国政法大学诉讼法学研究院博士生导师。1991年毕业于西南政法大学,获法学硕士学位;1998年毕业于中国政法大学,获法学博士学位,毕业留校任教至今。对民事诉讼法、证据法、环境保护法等领域有较深的研究,在报刊发表论文百余篇。2002年被破格评为教授;2004年被评为博士生导师;2003—2004年为美国富布赖特学者,在美国西北大学法学院学习;2008年被聘为北京航空航天大学教授、博士生导师。兼任中国法学会民事诉讼法学研究会、强制执行法研究会常务理事,中国行为法学会基础理论研究会副会长,国家检察官学院、河南财经政法大学等院校特聘教授,中国互联网协会互联网法治工作委员会法律顾问等。

唐玉富 男,汉族,1979年生,黑龙江省鹤岗市人。浙江工商大学法学院副教授,华东政法大学博士后研究人员。2003年毕业于兰州大学法学院,获法学学士学位;2006年、2013年先后毕业于中国政法大学,获法学硕士学位和法学博士学位;2006年7月至2010年9月任教于河北工业大学文法学院;2013年7月在浙江工商大学法学院工作至今。主要学术兴趣为民事诉讼法、证据法和ADR,在《法学研究》《现代法学》《法律科学》等核心期刊发表多篇学术论文,主持和参加多项省部级课题。

石达理 男,汉族,1983年生,河北省沧州市人。郑州轻工业学院政法学院副教授。2006年毕业于西南政法大学,获法学硕士学位;2013年毕业于北京航空航天大学,获法学博士学位。毕业后在郑州市人民检察院工作,现为郑州轻工业学院政法学院副教授。主要从事民事诉讼法、刑事诉讼法、证据法等领域研究与教学,在报刊发表论文十余篇。

王德新 男,汉族,1978年生,河南省确山县人。山东师范大学法学院副院长、副教授、硕士生导师。2000年毕业于中南财经政法大学;2003、2010年先后毕业于中国政法大学,获法学硕士、博士学位。2003年毕业后在北京市朝阳区人民检察院公诉处工作;2004年调至山东师范大学任教至今。2014—2015年受山东省教育厅、山东师范大学中青年骨干教师国际合作计划项目联合资助,赴美国加州大学伯克利分校法学院访学研修一年。主要研究领域为民事诉讼法学、证据法学,在《政法论坛》《法学论坛》等法学专业期刊发表论文四十余篇,承担教育部、省社科等科研项目十余项。兼任中国法学会案例法学研究会理事、山东省法学会诉讼法学研究会常务理事、山东省法学教育研究会理事、济南仲裁法学研究会副秘书长、山东师范大学法学院诉讼法研究中心主任。

张　斌 男,汉族,1979年生,安徽省蒙城县人。周口师范学院法律系副教授,河南省高等学校青年骨干教师。2006年毕业于中南财经政法大学,获法学硕士学位。2006年在周口师范学院政法学院工作至今,从事证据法学、司法制度等领域的研究。在报刊发表论文十余篇,承担或参与省部级课题十余项,出版证据法学著作一部,2014年被评为副教授,2016年被评为硕士生导师。

廖　浩 男,汉族,1986年生,江苏省建湖县人。重庆大学法学院讲师。2012年毕业于西南政法大学,获法学硕士学位;2015年毕业于中国政法大学,获法学博士学位。研究领域为民事诉讼法与强制执行法,在核心期刊发表论文数篇。

包建华 女,汉族,1983年生,辽宁省大连市人。大连理工大学法律系副教授、硕士生导师。2006年毕业于中国政法大学民商经济法学院,获法学学士学位;2009年毕业于中国政法大学民事诉讼法专业,获法学硕士学位;2012年毕业于北京航空航天大学,获法律科学管理博士学位。2012年进入大连理工大学法律系任教,工作至今。研究方向为诉讼法学、证据学。在中文核心期刊上发表相关文章十余篇,主持国家社会科学青年基金、辽宁法学会项目基金等项目,担任辽宁省法学会法律逻辑和证据学研讨会理事。

撰稿人分工

本书由肖建华教授主编,撰稿人及分工如下(以撰写章节先后为序):
肖建华　第一编第一章
张　斌　第一编第二章
王德新　第一编第三章
廖　浩　第一编第四章第一至四部分
包建华　第一编第四章第五部分
唐玉富　第二编
石达理　第三编

序

与几年前、十几年前相比,民事司法的社会环境发生了很大的变化。实行案件登记制之后,民商事案件数量迅速增加;实行法官员额制之后,每个员额法官的工作量也相应地大大增加。如何保证案件质量,是一个十分艰巨的问题。与诉讼中法律适用的问题相比,证据法方面的事实发现和认定的公正性或结果的可接受性则更为重要,它是决定案件质量的核心问题。而民事诉讼证据规则的供给不足,并且现有的证据制度供给存在问题,则是一个亟待研究攻克的课题。

2001年最高人民法院《关于民事诉讼证据的若干规定》出台之后实施之前,我根据司法实践的调研,发现其存在诸多问题,有想要"吐槽"之处。恰好应《法制日报》记者周诗桐先生之邀,我写下《对抗制的本土化问题》一文,对这个司法解释进行了批评。现在找来一看,仍然觉得原来的批评直到现在也没有过时:

> 我国司法审判制度的运作方式逐渐向西方特别是美国靠近,不仅审判的空间设置上已经采用了法袍、法槌等具有象征中立和神圣意义的司法符号,而且重要的司法解释:将于2001年4月1日实施的《关于民事诉讼证据的若干规定》也以对抗制为基础,确立了"法律真实"和"高度盖然性标准"。这表明,审判的空间设置和司法规则都已经在对抗制的轨道上按部就班了。无疑,司法界已经在有意识地界定自己的角色,树立裁判的权威,这是审判方式大胆革新的结果,也是司法现代化的一个表征;同时,因为这一司法解释吸收了学界许多研究成果,诉讼法学者为之欣喜。
>
> 但是,如果去不发达地区的法院调查一下,我们将会为理论的设计在现实中的表现而黯然神伤。内蒙古自治区某地的一个法庭在审理案件时,曾出现了这样的一幕:
>
> 法官甲:"请拿出证据。"
>
> 原告(某牧民):"我是个文盲。"

法官乙：「请你把证明自己主张的证据交给法庭。」
原告（某牧民）：「我是个文盲。」

如果法庭因为原告是个文盲而判决其败诉，将会导致伦理和道义上的不公，也无法实现个体公正和社会公正。如果法庭指定律师为其代理人，这将加大当事人的诉讼成本。如果法庭认为其需要法律援助，但法律援助制度并没有普遍建立。这一案例片段，并不是一个很偶然的特例，它在中国许多农村地区的法院甚至是中级人民法院不断上演着。制度环境不匹配，对抗制将无法发挥良好的效应。

尽管在比较发达的城市，实行对抗制可能产生一定的积极作用，但是，正如许多学者指出的那样，对抗制的成本比纠问制的要大。双方当事人都要取证，与法院单方取证就可以达成案件事实的发现相比，其费用要多出一倍。这种算法在中国司法运作中其实还算保守。当事人双方的律师可能都无法取得行业内部不向律师开放的证据，还需要法官的活动。因此，当事人支付了律师费用以后，还将面临更大的开支。这与英美法系就有本质上的差异。英美法系国家的对抗制是法院收费少，法官把法庭调查等工作都交给律师，律师收费很高。而我国法院的案件受理费太高，现在也不会因为搞对抗制而降下来，同时律师收费早已在学习美国律师的收费方式。因此，对抗制司法制度引入中国，当事人的诉讼支出将进一步增加。当事人进行诉讼的目的，有可能不再是追求利益的恢复和补偿，而是寻求国家强制力赋予的正义罢了。

问题在于，伴随着对抗制而来的诉讼费用的增加，并不必然带来司法公正，甚至可能导致公正度的降低。

其一，我国有些法官没有职业的自豪感。至少在目前，法官除了追求行政化管理体制下带个"长"之外，并没有其他的动力机制。法官没有创制判例的权力，尽管某些低素质的法官随意解释法律的时候闹出了许多可笑的例子。法官也没有独立办案的权力，因为很多案件都要汇报，有些案件就是领导交办的。社会流行的"吃了原告吃被告"的说法，对于许多优秀的法官是不合适的。因为他们认为自己有能力，要挣钱就做律师去，不屑于吃拿当事人的钱财。据我所知，优秀的法官纷纷跳槽当律师已不再是个例，而平庸的法官决不会放弃法官职业。《中华人民共和国法官法》修改后,规定了比以前更严格的任职条件,但是,仍然有许多法官不能胜任案件审理工作,还有一些胜任工作的法官在拿到法律职业资格后却准备跳槽当律师。这些法官在熟悉审判业务和法院运作的规律后成为律师,往往有更大的优势去占领律师业的某些市场。由于对抗制给律师带来的巨大商业机会,法院的审判岗位将可能沦为培养律师的教习所。若如此,律师素质与法官素质倒挂的情况将更加严重,这与英美法系国家对抗制下从优秀律师中遴选法官的制度大相径庭。没有优秀的法官队伍,法治将成为空话。英美法系国家自不必说,大陆法系国家也十分重视法官的作用。德国法学家拉德布鲁赫说过,法要想变得有实效,就不应是高悬于我们之上的价值天空,它必须获得尘世的、社会学的形态。而从理念王国进入现实王国的门径,则是谙熟世俗生活关系的法官。正是在法官那里,法的目标才得以实现。优秀的法官队伍对于任何体制下法律的实现都起着决定性的作用。

其二,在没有吸引优秀的法律人才担任法官的机制下,对抗制本身并不能保证演绎出正义的审判。这首先源于对抗制本身就存在着固有的缺陷。在某种意义上,对抗制把诉讼作为竞技,当事人或其代理人通过雄辩来说服法官是这一制度设计的前提和基础。比苏格拉底还要早的希腊思想家高尔吉亚就认识到雄辩的"语言是一种强大的力量,它以微小到不可见的方式达到最神奇的效果。它能驱散恐惧,消除悲伤,创造快乐,增进怜悯"。"受语言的诱惑犹如受暴力的劫持……法庭中的辩论,借助于言辞的技巧,一席话就可以说服和左右一大群人,而不管所说的是否真实。"果不其然,生前以"牛虻"自居的苏格拉底,以玩世不恭的语言激怒了陪审团,最后被判处死刑。如果他"哭哭啼啼",乞求陪审团的哀怜,陪审团决不会如此裁判。审判者的正义观在对抗的双方当事人那里,往往会倒向情绪的一端,如果没有先例或十分严密的法条可供遵循的话,法官或法院可以随意解释法律,滥用大量存在的自由裁量权。其次,源于我国不承认判例作为法之渊源,而实体法又很不完备。没有确定的法律作为预期,法庭的雄辩将会出现一些无法预料的诉讼结果。这里,法官任意解释法律的范围之宽,加上传统语言的模糊性,法律弹性之大,有可能加重职权主义的倾向,而不是走出职权主义的阴影。司法腐败行为在自由心证和高度盖然性的形式下,将更容易隐身。

　　真正的对抗制,是以尊重民事诉讼当事人的主体地位为前提的,但是,现行行政化的法庭管理制度使当事人主义的诉讼格局难以形成。基于此,对抗制带来的兴奋与担忧并存。我们冀望于法律人正在进行的民事证据立法和将来的民事诉讼法修改工作,能够解决法律移植中的水土不服问题。

　　但愿笔者的烦恼是杞人忧天,法治的天空万里无云。

　　这个解释实施三年后,即2005年,我和几位青年才俊撰写了一本书——《民事诉讼法理论与实践》,在法律出版社出版,当时王扬编辑给予了极大的支持。该书出版之后,受到很多读者的关注。我比较早地对证据规则提出了尖锐的批评,与当时齐树洁教授在厦门两级法院所进行的调研,结果完全一致:即该司法解释的实施产生了更多的信访案件和社会不满。

　　虽然现在的法官员额制使得法官的行政化色彩大大减低了,甚至在一定程度上实现了"去行政化";但是,由于大量的民事案件涌向法院,法院通过流程管理或提高审结率等内部挖潜的方式极力扩张司法资源所产生的空间又被大量新增加的案件挤占,法官已经无法认真地处理好如此众多的案件;同时,由于员额法官实现办案自主权,但却没有有效的监督措施,导致一些法院在司法腐败方面的问题有增无减。

　　比如,在事实认定方面,把证明责任的分配当成是诉讼法上法官的自由裁量权和诉讼指挥权而随意分配证明责任;自由心证原则没有任何规范指引,判决书根本不说明证据认定的原因和不予认定的原因,而是直接表述为"本院查明"云云,甚至有的判决书的判决理由与判决结果并没有实质关联。判决书没有争点整理的表述,没有证据推理的逻辑,没有本案事实认定的小前提与法律规则大前提是如何对应的检视。完成案件本身已经成为一个首要的目标,焦头烂额的法官们苦于完成各种考核指标的数字的管理要求,正义与否已经不可能成为这样的司法环境下的一个必须的指标追求。

　　凡此种种,未来必将导致很多不可预测的问题。作为一个法律研究者,我感到深深的忧虑。为了缓解法院案件多的压力,必须改革审判程序的结构,要把开庭前通过协调、和解解决纠纷的多元纠纷解决机制建立起来,引进证据开示制度,解决当事人双方信息不对称的问题,通过和解、调解等方式解决大部分的民事纠纷;然后剩余部分的疑难案件进入正式的庭审,形成判例,指引法院审理类似案件,并形成制度。

证据或证明方面形成有效且可以通过审级或其他方式检视的规则是实现正义最重要的保障。诉讼的证明过程必须尊重认知规律,必须尊重人的基本理性判断。司法系统应当培养出一大批优秀的、有良知的法官,淘汰个别无法律底线的劣质法官,防止出现"劣币驱除良币"的法官淘汰效应,让每个公民感受到司法正义的基础工程。

证据的问题有很多,我们这本书希望研究诉讼证明过程中的几个疑难问题,寻找事实认定的制度规律,期冀为正在酝酿修改的民事证据规则的完善提出有益的建议。

蒙中国政法大学"教育部人文社会科学重点研究基地重大项目"资助,蒙北京大学出版社陆建华、焦春玲编辑热心支持和帮助,这本书得以完成并出版,在此表示衷心的感谢!因作者水平所限,本书不足之处,请读者批评指正。

肖建华
2018.5.8

目 录

第一编　民事诉讼真实观

第一章　民事诉讼为什么要发现真实 …………………… 003
　　一、从民事诉讼目的看发现真实的必要性 ………………… 003
　　二、从法官角色的转变看发现真实的必要性 ……………… 004
　　三、从诉讼模式的演变看促进真实发现的必要性 ………… 005
　　四、从我国民事诉讼发展的轨迹和审判权不规范行使看
　　　　发现真实的必要性 …………………………………… 007
　　五、从《民事证据规定》之谬误看发现真实的必要性 …… 013

第二章　客观真实与法律真实之辩 …………………………… 020
　　一、辩之前提：事实与真实 …………………………………… 020
　　二、辩之内容：客观真实与法律真实 ……………………… 031
　　三、辩之结果：差异与趋同 ………………………………… 047

第三章　民事诉讼立法主义与事实发现 ……………………… 055
　　一、民事诉讼立法主义概述 ………………………………… 055
　　二、处分权主义与发现真实 ………………………………… 059
　　三、辩论主义的嬗变与诉讼权利义务的合理配置 ………… 067
　　四、职权进行主义重塑与发现真实的契合性 ……………… 077
　　五、诉讼行为方式的法定主义对发现真实的保障 ………… 082

第四章　诉讼真实观与民事诉讼立法完善 …… 096
一、一审程序的立法完善 …… 096
二、二审程序的立法完善 …… 106
三、再审程序的立法完善 …… 128
四、非讼事件程序的立法完善 …… 130
五、证据规则的立法完善 …… 136

第二编　事实发现与诉讼结构再转型

第一章　从当事人主义到诉讼合作主义 …… 157
一、当事人主义的基本要素及其影响 …… 157
二、当事人主义诉讼模式的绝对化和局限性 …… 161
三、诉讼合作主义的兴起 …… 176

第二章　现代诉讼结构之诉讼合作主义 …… 190
一、诉讼合作主义的含义 …… 190
二、诉讼合作主义的性质 …… 201
三、诉讼合作主义与诉讼契约的关系 …… 207
四、诉讼合作主义与协同主义的关系 …… 214

第三章　诉讼合作主义的优势：发现真实 …… 222
一、当事人之间事实层面的诉讼合作 …… 223
二、当事人与法官之间事实层面的诉讼合作 …… 244
三、其他诉讼参与人与法官之间事实层面的诉讼合作 …… 258
四、案外第三人与法官之间事实层面的诉讼合作 …… 264

第三编　庭审之自由心证与事实发现

第一章　自由心证与事实发现概述 …… 271
一、研究自由心证的意义 …… 271
二、我国法院适用自由心证存在的问题 …… 276

第二章　自由心证原则的内涵 …… 284
一、自由心证的含义 …… 284
二、自由心证的特征 …… 288

三、自由心证的保障原则 …………………………… 295
　　四、自由心证的目的 ………………………………… 302
　　五、自由心证的制约 ………………………………… 310
第三章　自由心证与辩论主义 …………………………… 319
　　一、辩论主义与自由心证的关系 …………………… 321
　　二、辩论主义的内涵与发展 ………………………… 325
　　三、辩论主义的再认识 ……………………………… 332
第四章　辩论全趣旨 ……………………………………… 342
　　一、辩论全趣旨概述 ………………………………… 344
　　二、辩论全趣旨的具体适用 ………………………… 358
第五章　经验法则 ………………………………………… 372
　　一、经验法则概述 …………………………………… 373
　　二、事实认定中的经验法则 ………………………… 392
第六章　自由心证与证明责任 …………………………… 413
　　一、自由心证与证明责任之交织 …………………… 415
　　二、自由心证与事案解明义务 ……………………… 425
　　三、大陆法系国家的主要学说 ……………………… 431
　　四、事案解明义务与证明责任之关系 ……………… 436

第一编

民事诉讼真实观

パート1
原点をさぐる

第一章 民事诉讼为什么要发现真实

一、从民事诉讼目的看发现真实的必要性

约翰·马歇尔·哈兰法官曾说:如果正当程序仅仅是程序的守护者,那么在生命、自由或者财产被立法剥夺的情况下,程序保障对此将无能为力,即使在将来立法甚至可能给予最公正合理的程序……但尽管如此,也已经破坏了人们对生命、自由或财产三者所享有的乐趣。[①] 所以,实现程序正义必须要与实质正义结合起来加以衡量。一个时期以来,我国民事诉讼理论和实践把发现案件真实的实体正义与程序正义对立起来,并一定程度上走向极端,违背了诉讼法的基本规律。2001年颁布的最高人民法院《关于民事诉讼证据的若干规定》(以下简称《民事证据规定》)的某些观念曾经将这种错误理念推向极致,对实践造成了消极影响。所以,对我国民事诉讼法所确立的以"事实为根据、以法律为准绳"的理念,需要重新予以回归和重视。当然,寻求真实并不意味着否定对法律程序意义的追求,而是对民事诉讼目的的回归。如果民事诉讼程序的结果并不在于寻求真相,那么民事诉讼的目的又能是什么?如果仅仅是为了程序本身的正义性而对程序设置层层保障,程序最终保障的内容也就成了无本之木,将变得毫无意义。

发现真实与正确适用法律,是民事诉讼两个最重要的目的,也涉及司法文明建设过程中并驾齐驱的程序正义和实质正义两个重要因素。西学东渐后,程序正义对于向来重视实质公正的中国传统法律界无疑是醍醐灌顶,多年来我们对诉讼中程序问题的重视与呼吁,往往把程序正义与实质正义二者放在一个对立的维度上去思考,从而制定司法解释。但是,单纯追求程序正义,并不能发现正义本身。

[①] 参见〔美〕约翰·V.奥尔特:《正当法律程序简史》,杨明成、陈霜玲译,商务印书馆2006年版,第6页。

二、从法官角色的转变看发现真实的必要性

西班牙赫罗纳大学著名比较法学教授米凯利·塔鲁夫曾经对这个问题作过深入研究。他比较了欧洲大陆各国及英美法系国家民事诉讼法典中对法官职责的规定,总结出世界范围内法官角色在追求真相价值上的转变。欧洲大陆将民事诉讼法的主要功能定位为解决纠纷,认为对于私人之间的纠纷,当事人应当积极参与到诉讼程序中,而法官则处于消极被动地位;在证据问题上,法官同样没有积极地位,由当事人完全控制。由于当事人作为个体的利己性,只会出具对自己有利的证据,当事人进行诉讼并不在于寻求案件真相,法官审判的目的也不是去寻找事实,从而使得诉讼程序成为当事人之间竞技的舞台。由于其弊端显而易见,从19世纪末开始,民事诉讼的功能发生了转变,从完全私人性转向了公共性和社会性,法官在民事诉讼中的责任加重了。例如:奥地利民事诉讼法在1985年实现了从私人法到公法,从完全自由主义到政府在民事案件中承担责任的转变。美国民事诉讼过去一直被视为一场竞技比赛,在这场比赛中,哪方表现得好哪方就能获得胜诉。法官的角色如同裁判员,仅需要检查各方是否遵循规则,并惩罚那些不守规则的人,纠正违反规则的行为。诉讼的目的是使当事人从纠纷中解脱出来,尽管结果可能违背真相,甚至违法,这就是美国传统民事诉讼的功能。这种诉讼程序,在塔鲁夫教授看来,意在向公众宣誓:美国民事诉讼为当事人搭建了公平的舞台。1974年《美国联邦民事诉讼规则》规定了法官可以主动传唤证人的权力。英国于1998年颁布的新民事诉讼规则中规定,法官有权告知当事人适用哪种民事诉讼程序。在证据领域,法官可以给当事人提出使用哪一个证据证明哪一个事实的建议(实际上是命令)。1976年《法国新民事诉讼法典》第10条赋予法官可以调查任何证据的权力,德国也是如此。意大利同样赋予法官有限的证据调查权,其有限性体现在除证人证言等证据外,法官可以主动调查证据。其例外是劳动法官可以指示所有证据,原因在于劳动争议中,劳动者一方往往处于弱势地位,弱势方有举证责任,但难以达到证明标准,需要法官积极介入,调取更多证据。此外,也有政治上的原因,即得到工人拥护。所有这些均显示了

法官权力的逐步增强。

民事诉讼功能的转变，反映了各国诉讼理念的变迁。法官在寻求案件真实、实现实体正义方面扮演着举足轻重的角色，因此，合理定位法官职责、并赋予法官必要权限成为各国民事诉讼法改革的重点内容。塔鲁夫教授曾这样评价法官在发现真实中的作用：如果仅靠当事人双方发现事实，而当事人只会提交对其有利而不是所有与案件相关的证据，如果缺少这些证据，案件就很可能出现偏差，法官有权力甚至有责任调取证据，追求真相成为法官的责任。法官拥有很大权力的重要原因在于事实真相是运用法律的必要条件。如果不把追求事实真相作为加重目标，就不是正确运用法律的方法。法院的判决应当是正确、合法运用规则而作出的，而非仅仅把诉讼裁判看成当事人私人斗争的结果。

三、从诉讼模式的演变看促进真实发现的必要性

我国最早提出民事诉讼模式概念的是张卫平教授。他认为，民事诉讼模式是对特定或某一类民事诉讼体制基本特征的揭示，用以阐明不同民事诉讼体制的主要异同，分析同类模式民事诉讼体制形成中各外部因素的影响和作用。[①] 一般认为，民事诉讼模式就是法院与当事人之间诉讼权限的分配机制，是对民事诉讼程序和制度以及诉讼运行特征的一种宏观上的概括。

从诉讼权限的分配来看，诉讼模式有两类，即职权主义诉讼模式与当事人主义诉讼模式。诉讼权限侧重当事人，当事人在诉讼中起主导作用，诉讼按照当事人的意志进行的模式就是当事人主义模式。而侧重法院的权限配置，法官在诉讼中起主导作用的模式就是职权主义模式。实际上，在各国的民事诉讼体制中，没有绝对由当事人控制的诉讼模式，也没有完全由法院掌握的诉讼模式。因而，对二者的区分只是相对的，也就是说需要一个实质性的标准来分辨实际中的诉讼体制归属。对于其划分标准，学者之间的认识分歧很大，有人主张以当

[①] 参见张卫平：《民事诉讼基本模式：转换与选择之根据》，载《现代法学》1996年第6期。

事人和法院何者在诉讼程序进行中起主导作用为依据进行划分;有人则强调以当事人和法院何者在确定审理对象,即诉讼标的上起主导作用为依据进行划分。其中,后者并不否认以何者在诉讼程序进行中起主导作用为划分标准,只是认为程序标准是相对的、是量的标准;而实体标准,即法院作出裁决所依据的证据资料是否来源于当事人、法院的判断对象是否以当事人的主张为限,在实体问题上对当事人与法院的权限划分作出了质的规定。

当事人主义诉讼模式和职权主义诉讼模式的划分,凸显了中国法院职权主义的弊端,对提升民事诉讼当事人的主体地位、实现诉权的程序保障、加强审判权的自律和自省功不可没。但是,学界往往以纯粹的当事人主义为标准评价职权主义之恶,法院任何形式的职权运用都被理解为与当事人主义背道而驰。最后,导致最高人民法院在一些司法解释如《民事证据规定》中基本上放弃了法官的一些必要权力,在一般案件中,依职权进行勘验,询问当事人证人的权力等全部被否定,审判改革设定的"程序自缚"[①]的目标变质为"法官自缚"。不仅如此,实行纯粹的当事人主义诉讼模式过于将当事人主义诉讼模式理想化,缺乏相关制度的配合。因为它过分强调当事人对诉讼程序推进和实体审理内容的主导权,将诉讼过程定位在双方当事人的竞争和对抗上,希望通过对抗格局发现真相,将法官定位为绝对消极中立的"裁判员"角色,从而阻隔了法官与当事人之间的交往沟通。具体表现在两个方面:其一,在诉讼程序上的辩论常遭到来自当事人或法官之策略性诉讼技巧的影响、控制或扭曲,当事人希望通过诉讼资料或证据的保留影响诉讼结果,法院又常常隐藏心证,顾虑与当事人进行法律上的讨论从而加重法院的负担;其二,程序制度上尽量使双方当事人享有地位平等、风险平等以及听审机会平等,但由于法律生活的复杂化,一般社会大众常不清楚自己究竟有哪些请求权而无从于诉讼上的主张,或适当运用程序上的制度,而法律专门用语的艰涩难懂,亦对当事人构成语言沟通上的障碍,法律知识的欠缺使得当事人在程序上之处分自由或选择自由受到限制。[②]

---

① 季卫东:《法律程序的意义》,载《中国社会科学》1993 年第 1 期。
② 参见沈冠伶:《论民事诉讼程序中当事人之不知陈述》,载《台湾政大法学评论》2000 年第 63 期。

当事人主义诉讼模式的弊端必须通过阐明权等制度予以克服。一方面,阐明权在救济弱势一方当事人时起到制约策略性行为的作用。对抗格局对当事人的言语行为并未作太多限制,当事人为了追求个体利益的最大化,就会将语言的功能予以工具化和片面化,背离交往行为表达真诚性的要求。现实中策略行为不可避免,其协调效果取决于外界制约,"只有语言交往对行动者的目的行为作出一定的限制,它才能一直发挥作用"①。另一方面,阐明权通过探明当事人真意及开示法官心证,起到沟通法官与当事人之间意思表示的作用。

除阐明权之外,其他司法权力也都在西方国家被强调。特别是20世纪中期之后,西方国家民事诉讼法普遍对当事人和法官的关系进行了较大的调整。法官在民事诉讼中的职权有所扩大,当事人程序处分权的范围在缩小。这种职权扩张是面对诉讼案件的膨胀,为促进诉讼、提高司法效率而增强法官对诉讼案件的控制。如德国1976年的《简化修订法》突出了失权制度和法官的阐明义务,将失权制度扩展到诉讼攻击和防御方法的提出方面,强调法官对案件事实有对其法律观点予以指出的义务。"二战"后,英美国家民事诉讼中的法官职权也有所加强,出现了许多管理型法官,一些案件中呈现了加强行政司法管理的倾向。

四、从我国民事诉讼发展的轨迹和审判权不规范行使看发现真实的必要性

我国自1992年开始全面市场化改革,也因此导致了大量的纠纷进入法院,法院强烈要求改革以往的审判方式,减少案件积压,实现以相同的司法资源处理更多案件的目的。为此,在理论界论证和配合下,法院系统全面开始了以重塑证据法为核心的造法运动,司法实践开始了一场自身的变革。

学界是这些改革措施的呼吁者和论证者,二者的互动显而易见。学界的理论成为司法改革的有力后盾,而司法实践又推动了理论的不

---

① 〔德〕哈贝马斯:《后形而上学思想》,曹卫东、付德根译,译林出版社2001年版,第53页。

断创新。而学术在相当程度上标示了审判改革的路向。其中对民事诉讼具有结构性影响的证据理论,如法律真实、非法证据排除、证明责任说以及证明标准等理论对民事诉讼理念产生了重大的影响。

不过,相当多的学术观点往往把西方发达国家的诉讼法律图景作为中国诉讼法律的理想图景。① 当然,这里并不是评判西方法律现代化范式的对错,因为这些观点确实对我国司法观念的进步起到了积极作用,但是因为矫枉过正,也因为这些观点缺少相关制度和观念的配合,还因为这些观点在实践中被推崇为解释方法或价值评判标准,结果在一定程度上导致民事诉讼法学不讲道德,民事裁判违背生活常理,更"丢失了对公共领域中基本伦理问题上的相对主义或虚无主义进行批判的能力"②。

民事审判改革的核心问题是证据问题,从其发展脉络可以清晰地看出这一点。当事人主义观念的倡导与践行是经济社会的变革带来的。20世纪80年代开始,中国经济社会生活的最大变化是出现了脱离"单位"的改革。在旧体制下,农民通过人民公社和大队、生产队(组)组织起来,城市则通过工厂、学校、医院等机构将单个的人固定化,整个社会以依国家权力组织起来的所属机构(单位)的关系为核心,生活圈子封闭化、模式化,纠纷类型少且数量不大。但是,市场改革后,多年发挥作用的"单位组织形式"首先在经济领域受到动摇。家庭联产承包责任制和城市企业承包制、租赁制,以及私营经济、外资企业的兴起,有限责任公司和股份有限公司、上市公司的出现,资本市场、产权交易和劳动力市场的活跃,使得大量的纠纷涌入法院。80年代以来,法院案件多人员少,审判力量与任务的矛盾日益突出,为减轻法官和法院调查取证的负担,人民法院开始了以"强调当事人举证责任"为指导思想的民事审判方式改革,由此拉开了审判改革的序幕。

当时审判改革的基本方法就是转移司法的经济成本(如提高诉讼费用、转移证明责任负担),也转移实质正义得不到发现的风险,最后减轻法院的压力。为此,各地法院纷纷推出了审判改革的举措。这些

---

① 参见邓正来:《中国法学向何处去(上)——构建"中国法律理想图景"时代的论纲》,载《政法论坛》2005年第1期。

② 邓正来:《中国法学向何处去(续)——对梁治平"法律文化论"的批判》,载《政法论坛》2005年第4期。

改革举措有的已经废止，如一步到庭的做法、经济案件调解中心的做法；有的则为最高人民法院《关于民事经济审判方式改革问题的若干规定》(1998年)和《民事证据规定》(2001年)等司法解释进一步肯定，各省、自治区和直辖市乃至一些中级人民法院出台的"证据规则""简易程序规则""研讨会纪要"中有些内容就直接为最高人民法院司法解释所吸收。

在"改革"的名义下，法院的新举措往往不会受到质疑。受改革气氛的渲染和改革机制的激励，各地法院推出的改革措施是一浪接一浪。改革的方式可能体现为"操作规程"或某些没有写入"操作规程"的临时做法。当事人或律师在不同法院要了解当地的不同做法，否则就可能遭受风险。比如，南方沿海发达地方法院实施举证时限改革以促进诉讼，而经济落后地区因为法院的案源不足，并没有这样的需求。①

总之，无论是中国民事诉讼理论研究还是司法实践，在司法改革或审判方式改革的旗帜下，都指向一个目标，就是建立理想的当事人主义诉讼。学者围绕着这种模式的构建不断提出一些建议，司法实践不断推出新的改革措施。30年来，民事诉讼法学者和法官探讨较多的一些热点的问题集中于调解制度、当事人主义、程序正义、证明责任以及其他证据制度等。其宗旨都是对证据理念进行新的解释，以期朝着司法现代化的道路前进。

毫无疑问，这些做法的目的就是通过"弱化审判权"来达到辩论主义的要求。法官应当中立审判，不应当主动调查证据，司法审判权是被动的等观念，都是在证据上强化证据规则的约束效果，在程序上推崇举证时限等。但是，当时并没有确定法院行使审判权的必要手段，几乎没有去思考如何规制审判权的滥用，实践首先就因制度不配

---

① 王亚新教授通过对四个经济状况和司法资源不同的法院的抽样调查发现，有的法官反对举证期限的限制，一般允许当事人超过举证期限举证；有的法官则严格遵守举证期限的规制，超过举证期限提出的证据要受到不予采纳的不利制裁。举证期限的作用在于为法官及双方当事人和律师在诉讼过程中提供一种"武器"和"工具"。就举证时限是否被当事人广泛遵守以及法官对于超期提出证据的当事人是否实际发动了失权制裁这方面的问题而言，回答却只能是因人因案而异，弹性极大。参见王亚新：《实践中的民事审判——四个中级法院民事一审程序的运作》，载《现代法学》2003年第5期。

套(如审前准备不完善、审判委员会与审判庭司法责任不清晰、程序漏洞太多等)导致效果不理想,进而与社会期待产生了极大反差,造成了程序公正和实体公正的双重失落。在事实认定方面出现的严重违反真实的情况时有出现,甚至造成了严重的后果。

同时,因为"司法的被动性"[①]被过分强调,完全偏离了它"不告不理"的本意,从而不断强化诉讼程序中法院不作为的合理性,证据调查方面毫无作为的合理性。庭审中,法官讯问当事人或证人甚至受到律师的抵制与上诉。不能回避的是,2001年的《民事证据规定》在实践中造成了不小的负面影响。因为民事诉讼理论和实践把必要司法职权因素与当事人主义要素对立起来,把发现案件真实的实体正义与程序正义对立起来,导致了审判质量下降,出现了更多的当事人信访现象。这里不得不提这一改革过程中出现的两个现象:审判权缺失和滥用。笔者称前者为"审判权缺位",后者为"审判权失范"。

(一) 审判权缺位

审判权缺位是指司法审判中,审判者应当依法适当发挥审判职权但是却怠于行使权力:没有在事实发现方面运用核实证据和自由心证的权力,必将导致案件事实无法得到发现;没有在程序指挥方面发挥阐明权和诉讼合并等程序权力,必然导致纠纷无法得到实质性解决。

---

① 司法的被动性是司法权的重要特征。托克维尔在其著作《论美国的民主》一书中有很精彩的阐释:"司法权的第三个特征,是只有在请求它的时候,或用法律的术语来说,只有在审理案件的时候,它才采取行动。……从性质上说,司法权自身不是主动的。要想使它行动,就得推动它。向它告发一个犯罪案件,它就惩罚犯罪的人;请它纠正一个非法行为,它就加以纠正;让它审查一项法案,它就予以解释。但是,它不能自己去追捕罪犯、调查非法行为和纠察事实。如果它主动出面,以法律的检查者自居,那它就有越权之嫌。"参见〔法〕托克维尔:《论美国的民主》(上卷),董果良译,商务印书馆2004年版,第110—111页。被动性是司法权获得正当性和应予限制的重要依据。司法的被动性主要体现在以下四个方面:第一,司法程序启动上的被动性。只有当事人起诉、上诉或者申诉的事项,法官才能将其纳入审判的视野;当事人未申请的事情法官不得主动进行审判。第二,法官的审查受到当事人诉讼请求和辩论主义的严格约束。第三,法官必须严格遵守诉讼程序,在诉讼过程中保持中立、无偏和超然的形象。第四,法官不但是程序的控制者,而且也是事实和纠纷的积极裁决者,但是这些都应受到一定"度"的限制。可见,司法的被动性与不告不理原则有着很大的重叠。

正确运用审判权是正当程序的前提,审判权管理着法庭运作,掌控着当事人双方的利益平衡,维系着当事人与案件之外的社会利益平衡。如果审判权缺位,那么就无法正常审理案件,司法也将无法正常运作。同时,司法不作为,不能发现正义的结果,将会使司法权无法获得公众信任,司法权威被质疑,进而造成权力更加无法作为的恶性循环。

审判权缺位最突出的表现是:理论上把形式真实和实质真实对立,放弃民事诉讼法所确立的发现案件事实的目标。当时作为民事审判改革核心成果的《民事证据规定》(2001),完全放弃法官职权调查职能,实行低门槛的证据失权制度。特别是根据其第 77 条关于几个证据的证明力的规定,甚至被某证据法学者称为"法定证据制度和自由心证制度"的完美结合。

其实,这一规定是中国司法朝向"万恶的"法定证据制度倒退的申明。因为它完全否定了自由心证制度,而把证明力的大小交给一个简单的规则加以认定。这是企图减轻法官判断证据的劳心劳力的压力,从而推脱发现案件事实真相的责任的宣言。因此,其效果是十分令人失望的。上访案件不断增加,法院门口甚至出现以喝药来证明被冤枉的极端事件。

这是没有消化和理解现代民事诉讼证据规则而造成的难堪的负面效果。时至今日,西方国家的民事诉讼理论和实践仍然把发现真实作为民事诉讼的目的[①],法官必须输出实质正义。虽然我国台湾地区有学者强调与论证值得当事人信赖的真实,但是充其量不过是自认、阐明权、心证公开、自由选择法官制度的强调而已[②],并没有因此否认自由心证制度。

笔者承认,民事诉讼实行辩论主义,也因为当事人有处分权(如自认)等,法院判决认定的事实可能与真实有所出入。但是,在案件双方的事实完全对立、情绪极端对抗时,审判权不能处于弱势,必须为社会输出看得见的正义。如果实践中的事实认定常常偏离"truth"(真实),引起不满和上访,造成剧烈的社会反弹,我们应当反思。因为正义的最终评判者是民众,而不是裁判者自己。

---

① 参见邱联恭:《程序选择权论》,台北三民书局 2000 年版,第 268 页。
② 参见邱联恭:《程序制度机能论》,台北三民书局 1996 年版,第 1—45 页。

我国民事诉讼法对起诉要件的要求过高，事实上已将作为诉讼门槛的起诉要件抬高到实体判决要件，这样就使得很多的案件根本无法纳入法官的审判视野，审判权也无从发挥人们所期望的作用。

（二）审判权失范

如果说审判改革给中国民事司法带来的第一个重大变革是审判权（主要是调查权、勘验权等）过分弱化或缺位的话，那么可以说，它所带来的第二个巨大变革则是审判权的失范。

审判权失范是指法官在诉讼过程中，逃避和背离法律程序自律而产生了审判权无序和滥用的权力异化状态。审判权失范严重背离了公认的法律原则、诉讼规则和操作流程。因为权力的失范，法官的程序权力肆意扩张和恣意行使的活动空间无所限制。在这一过程中，诉讼内和诉讼外的因素交涉频繁，场外交易在很大程度上影响着理性的判断。更加值得忧虑的是，很多审判权失范的样态都能找到自身运作的权源，也就披上了"权力正当化"的外衣。比如，各地法院根据自身的情况制定了自己的审判规范和改革措施。最高人民法院的证据规则标榜的法律真实等观念不仅代替民事诉讼法的规则，更为重要的是，它违反了民事诉讼法的一般原理，由此造成了法律的稳定性不断受到挑战，法官的职权也不断在制度上获得扩张。这样审判权失范更加肆无忌惮。

正当的司法权力可以被合法地用于改革，同时也可能因为事实可以被随意解释，成为法官追求私利的工具。如果说"缺位"是司法秩序建构过程中我们要付出的合理代价，那么失范则是"污染"了公正长河的"水源"，造成全社会对审判权的不信任。我们放弃了正义最低限度的保障——发现事实，结果导致了法官权力的肆意张扬。

审判权缺位与失范是有联系的：审判权缺位是审判权没有发挥应然的作用；审判权失范则是审判权在行使过程中的异化。审判权缺位遮蔽了审判权失范，使我们可能忽视对真正的问题的关注。根本地说，由于司法行政化的现实，中国民事司法中的审判权从来就没有弱化过，只不过转换成为一种不确定的权力，法院或法官时时在动用这个权柄，但是当事人并不知道什么时候它的主人会动用它，特别是在证据规则方面给法官提供了这一形式主义的标准之后。

理论界和司法改革倡导程序优先于实体正义，让法院从繁杂的事实发现拖累中解脱出来。但事实证明，现有的程序对于守法的法官是一种约束，却给不守法的法官提供滥用的方便。由于中国的审判改革是法院自身推动的，各级法院必须拥有相当的权力资源来推动改革，强大的司法职权仍然是朝着当事人主义改造的前提条件。审判权的缺位与失范表明审判权在程序中配置得很不合理，民事程序体系化、审判者自律化的机制还很差。学者所期待的公正而刚性的程序只存在于高雅的论证中，我们民事法律生活的安定其实被冀望并托付给了无法预知其法律职业道德操守是否可靠的裁判者。

审判权缺位和失范表明，必须确立最基本的正义底线，否则，正义将会离我们越来越远。而这个正义的底线就是——实质正义，即发现案件事实。

五、从《民事证据规定》之谬误看发现真实的必要性

《民事证据规定》的指导思想是程序正确即可，至于事实是否得到发现，简单地以"法律事实"来回答，对实质正义能否得到实现并不关心。由此，在实践中造成了程序正义和实体正义的双重缺失。我们必须对这一现实进行检讨，这也对在每个个案中实现公平正义有着极为重要的意义。

（一）举证时限制度应当符合发现案件真实的理念

《民事证据规定》建立了我国的举证时限制度，具体包括：明确当事人提出证据的期限，规定逾期举证的法律后果，设置例外规则——新证据、确有困难可以申请延期举证的情形，延期举证的民事补偿责任，等等。从司法解释的角度明确了当事人审前举证行为的时效性，较之证据随时提出主义是一大进步。

但举证时限制度是一把双刃剑，一方面可以加快诉讼，提高诉讼效率，另一方面却容易造成有意义的证据被法庭排除的后果，严重背离司法公正和案件真实。也就是说，证据失权制度在保障当事人平等诉讼地位、防止诉讼突袭和滥用程序处分权方面对公正是有益的，但

如果不考虑当事人的诉讼能力，过分强调失权的实体后果而不加任何救济的话，负面影响就会显露出来。

在理论和立法上，没有任何国家的民事诉讼法会放弃对实质真实的追求，而程序对于事实发现比较困难的案件，往往设置了特殊的手段。美国等国家通过陪审团审理来解决小部分案件在法官心证处于真伪不明状态下如何认定事实的问题；德日等国家则通过文书提出命令、缓和了证据失权等手段，甚至根据证明责任的负担来作出判决以解决问题。从我国《民事证据规定》来看，由于其本身规定的缺憾和不足以及实际操作中掌握不一，且与其相关的配套制度并未真正形成体系，使此项制度在实务运作中出现了一些问题：一是对当事人的利益保护不周，在尚未建立起完善的审前程序时就放弃大陆法系法官对事实负责的精神，其合理性值得推敲。二是《民事证据规定》中对一审程序、二审程序和再审程序中的新证据都作了规定，但具体的判断标准单一且不十分明确，导致实践中的操作有严有松。三是举证的期限规定得不尽合理，失效点的设定不明确。《民事证据规定》对于不存在证据交换环节的案件没有明确证据失权的失效点，因此立法对于举证行为的失效点仍需进一步明确。四是对当事人实体权利的救济方式很单薄，法律结果形式单一，过于严格的失权后果易造成对当事人合法权益的潜在危险，且与审前程序以及其他配套程序的配合不协调。五是举证时限对法官形成正确心证存在影响。六是与社会实践需要不吻合。当事人收集、获得、保全证据的能力在我国目前相对较低，也缺乏立法上的明确规定和司法上的保障与配合。我国还未建立律师强制代理制度，对于具有雄厚经济基础的当事人来说自然能够请到经验丰富的律师为其代理，而经济条件较差的当事人甚至连律师也请不起，国家的法律援助等一些免费的司法服务毕竟有限，大量的当事人处于弱势地位。

发现真实是两大法系共同追求的目标，是实现诉讼公正的前提，不管建构何种诉讼制度都不能放弃对发现真实的努力，证据失权制度也不例外。证据失权的设计在充分考虑诉讼效率的同时也必须兼顾实体的真实。世界上对真实的追求大致存在两种基本制度类型："一是严格的时限＋充分的举证权利＋完备的审前准备程序＋法官较少的干预＋不间断的集中审理主义，这主要指的是英美法系；二是宽松的举证时限（德国的举证时限较为严格）＋较弱的举证权利＋简约的审前准备程序＋法官积极干预（阐明权）＋间断审理主义，这一般指大陆法系。"①无论是理论界还是实务界，两大法系都没有轻言放弃对真实的追求，仍然把真实作为追求的主要价值目标。我国在进行制度设计时也不应忽视对真实的尊重，举证时限制度恰恰没有反映这一要求。我国的举证时限制度与两大法系特别是德国的证据失权制度存在很大差异。两大法系证据失权制度更强调失权的法律后果，不以举证的时间作为衡量证据是否进入诉讼的唯一标准，且有一整套配套措施如法官的自由裁量权、释明权等保障证据失权制度的顺利运行，以削弱过于严厉的失权后果对诉讼公正和发现真实的影响，实现证据失权制度的立法本意。反观我国的举证时限制度，将举证的时间作为是否失权的唯一标准，而不考虑当事人的主观状态等多维因素，实际上给当事人设置了十分严厉的失权后果，极大地影响了诉讼发现真实的程度，加之配套措施的缺失和现实环境的制约，给当事人举证造成了消极影响，一定程度上与证据失权的理论相背离。

必须根据《中华人民共和国民事诉讼法》（以下简称《民事诉讼法》）第65条的规定，对举证时限制度进行修改。淡化举证时限的作用，并且赋予法官对当事人是否故意拖延诉讼等的司法自由裁量权。

（二）必须将举证责任与事实发现的目的结合起来加以认识

证明责任理论是我国民事诉讼法学研究的前沿问题，是民事诉讼的脊梁。我国民事诉讼长期奉行"行为责任说"，该说的特点是只关注当事人的举证行为，不关注诉讼的结果问题，更不对法官应当如何裁判给出规则。"至于当事人提不出证据或所提证据不足以证明其主张的真实性，是否一定要获得不利于己的裁判，并作为我国民事诉讼法举证责任的一项内容，我们的回答是否定的。"②民事审判方式改革的重要途径就是"强化当事人举证责任"，理论上学者提出证明责任（举证责任）除了传统上理解的谁主张就由谁提供证据加以证明，即行为意义上的举证责任外，还有另外一个最基本的含义即不尽举证责任应

---

① 肖建华：《回归真实：民事诉讼法的真谛》，载《河南省政法管理干部学院学报》2006年第1期。

② 柴发邦：《民事诉讼法学》（修订本），法律出版社1982年版，第219页。

当承担的法律后果,即结果意义上的举证责任的负担。① 该说认为,当事人如果提不出证据证明自己的主张,就要承担败诉的风险,这种结果意义上的证明责任才是证明责任的本质。这一学说与当事人主义诉讼模式相呼应,把案件真实不能发现的风险明确地转移给当事人,大大地减轻了法院调查收集证据的压力,很快就在实践中被法院接受。

该学说把法官调查证据的职权与证明责任对立起来,认为结果意义上的证明责任是证明责任的本质,法官不必依照职权调查收集证据,负有证明责任的当事人不能证明自己的主张就承担待证事实真伪不明的风险。证明责任制度的本质从裁判方法论意义完全衍变成当事人的风险责任,证明责任成为漠视正义的理论工具。证明责任在中国本末倒置。因此有必要重新解读证明责任的真正含义所在。

1. 证明责任是民事法律适用的例外

必须明确证明责任是民事法律适用的例外,是为解决部分案件事实真伪不明而在实体法或诉讼法中确立的一种裁判。罗森贝克明确指出:"证明责任规范是对每一部法律和法律规范的必要补充。"② 也就是说,证明责任的本质是关于待证事实真伪不明时,裁判者确定由哪一方当事人承担败诉的风险,不是任何案件中都实际地推给当事人这个风险。

2. 证明责任是对法律三段论的补充

法庭确认的案件事实一般会出现三种结果:① 一方主张的事实被确认,即法庭相信一方证明了自己的主张。② 一方提出的证据明显不足,无法证明其主张的事实,法庭确信其主张的事实不成立。③ 双方当事人都提出了证据证明自己主张的事实,而双方主张的事实又相互矛盾,法庭无法确信哪一方当事人讲的是真的,哪一方当事人讲的是假的。在这种情况下,法院才有必要根据证明责任分配规

---

① 参见柴发邦:《民事诉讼法学》(修订本),法律出版社1982年版,第224页。

② 〔德〕罗森贝克:《证明责任论》,庄敬华译,中国法制出版社2002年版,第4页。

则,判决承担证明责任的一方当事人败诉。所以,大量的案件是根据第①和第②这两种情形裁判的,而根据第③种情况(即证明责任)裁判只是适用法律的例外。第③种情形其实是一种真实性没有得到确认的情形,但是又不能一概驳回事实主张者的请求。"如果人们想强制法官,让他将真实性没有得到确认的主张作为不真实来对待,这恰恰是对自由心证的扼杀。""自由评价证据要求法官根据自己的生活经验,对在诉讼中有争议的主张的真实如否,从诉讼的整个过程中,获得自由的心证;证明责任则指示法官在自由的证明评价使自己一无所获,那么就必须作出一个判决。"①所以第③种情形才需要有证明责任规范指示法官在对事实存在与否不能确信的条件下如何作出裁判,它不能与第②种相提并论。这是为了保障真实性的发现,同时也保障了自由心证制度的落实。

3. 客观证明责任的局限

客观证明责任(结果意义上证明责任)不能取代主观证明责任,也不能以之排斥当事人自认制度、真实陈述、推定等制度,更不能排斥法官讯问当事人制度、调查勘验制度。罗森贝克甚至指出:"有证明责任的当事人的诉讼活动并不构成我们学说的本质。因为法官必须在考虑言辞辩论的全部内容的情况下作出判决,所以,必须同样重视不负有证明责任当事人的主张和提出的证据。"②如果因为客观证明责任的概念而完全排除主观证明责任的概念,就等于将小孩与洗澡水一同倒掉。③"事实上,客观的证明责任及其分配存在于我们民事诉讼的不同阶段和种类中,在这些场合,收集证据和为进行真实性审查提供资料,不是当事人承担的义务,而是法官承担的义务。"④

夸大客观证明责任的意义,单纯强调当事人的败诉风险,忽视主

---

① 〔德〕罗森贝克:《证明责任论》,庄敬华译,中国法制出版社2002年版,第15页。
② 〔德〕罗森贝克:《证明责任论》,庄敬华译,中国法制出版社2002年版,第21页。
③ 参见〔德〕罗森贝克:《证明责任论》,庄敬华译,中国法制出版社2002年版,第22页。
④ 〔德〕罗森贝克:《证明责任论》,庄敬华译,中国法制出版社2002年版,第31页。

观证明责任,结果是结果意义的证明责任不被认为是法律适用的例外与补充,而是被等同于负有证明责任的当事人的诉讼行为,因此淡化了通过法庭中的全部辩论发现案件真实的审判宗旨,否定了法官能动地调查和审查判断证据的必要性,成为司法实践拒绝依职权进行证据调查和审查的理论基础。

(三) 正确认识证据能力与证据排除的范围

证据能力,也称证据资格,或称证据的适格性,指对于证明系争的实体法事实,有资格作为证据资料的能力。民事诉讼中,当事人对赖以支持其权利主张的系争要件事实的证明,提出的证据必须具有证据能力。在英美法系中,具有证据能力的证据才会被法庭采纳;证据有证据能力的,才具有可采性。这里就需要排除某些证据,排除的方式是通过法律规范确定其不具有证据能力。所以,证据能力主要涉及法律问题,证据能力也被称为证据的合法性或法律性。而在欧洲各国,很少用证据能力规则排除某些证据进入民事案件的审判。一方面是因为大陆法系没有陪审团作出事实裁判的传统,只重视法官的自由心证,并通过自由心证制度保障各种证据得到合理的利用;另一方面是为尽可能发现案件事实之所需,不排除对认识案件事实有帮助的证据。我国司法解释确立了非法证据排除规则和调解中的自认排除规则,但是由于证据理论研究尚不深入,实践经验总结也不够,证据排除规则特别是非法证据排除规则还需要完善。不少学者认为,根据实践的需要,我国法律上还应当设立一些证据能力规则。但是,在哪些情况下应当排除哪些不适当的证据,是需要加以讨论的。

实践中,尽可能严格解释非法证据的范围,限制排除规则的滥用,这是必要的。因为非法证据这一概念主要是在刑事诉讼中使用的。刑事案件中,为保障人权,法律对公权力加以限制,禁止公安等机关以非法手段收集证据,特别是以刑讯逼供的方法获得证据。但民事诉讼中,特别是在英美法系国家,由当事人及其律师取证,不存在对公权力取证的约束问题,也不存在一般的非法证据排除问题。如果当事人及其律师的取证侵犯了他人隐私或侵害了公共利益,则应当排除。严格地说,这是发现案件事实和保障隐私权的冲突如何取舍和权衡的问题。在实践中,应当明确:A 未经允许偷录他人的谈话资料,在什么情况下侵犯了他人的隐私权;B 当事人或律师哪些证据调查手段是违反了法律禁止性规定的手段等。现在由于这些问题没有明确的规定,实践中有关判例对同一问题出现了完全相反的态度。

(四)重视文书提出命令、证明妨碍等证据收集制度

证明妨害是指不负证明责任的当事人,故意或过失以作为或不作为的方式,使负有证明责任的当事人不可能提出证据,使待证事实有否处于不明的状态。该制度应当和文书提出命令一起使用。两个证据收集手段,是法院运用职权来取证的方法。文书提出也是当事人行为意义上的举证责任的表现形式。提出文书的范围就只能限于书证,是否可以扩及物证等其他类型的法定证据,就有疑问。证明妨碍,是否只限于诉讼中的妨碍,能否把诉讼开始前毁灭证据的行为视为证明妨碍,也需要司法解释进一步规范。强调结果意义的证明责任,必须同时强化行为意义证明责任的功能,加强法官对不负证明责任的当事人提出证据的义务的管理和约束。

在一些案件中,证据收集特别困难,如果该证据为对方或案外人所掌握,法院就需在争点整理等审前准备阶段,命令对方或其他证据持有人提交。证据的汇集对法院作出公正的裁判而言是必要的前提,这对于公益诉讼或其他现代型诉讼的运作更是不可或缺的。

《民事证据规定》正在修改中,笔者有幸参与提出若干建议,我们期待其司法理念将朝着发现案件真实的目标前进,对过去的理念有所反思和检讨。

第二章 客观真实与法律真实之辩

探求案件真相一直是诉讼的主要目的。"诉讼程序公正的内在力量是为探索真相而追求的程序自治性,即对纠纷天然求真格局的固定。"①但是,在诉讼证明活动中,事实认定者需要借助证据并严格遵循程序才能将所谓的"案件事实"转变为"案件真实",以求之真相作出裁决。基于不同主体于不同时空中对事实、证据与真实的不同认知,必将导致不同的结果以及对该结果的不同评价。这不仅是不可避免的,而且这种现象始终萦绕着诉讼程序。在近年来我国诉讼程序的研究中,由此也引发了诸多争执,其中客观真实与法律真实之争尤甚。鉴于商榷之必要,本章节首先从法哲学的角度探究事实与真实,理清事实与真实之法哲学内涵及识别之观点,分析诉讼程序中的案件事实与案件真实概念及构成要件,以此作为探讨之前提;其次梳理客观真实与法律真实各自的具体指向、历史沿革、必要性及可行性,进而予以评价;最后归纳总结客观真实与法律真实之争的异同点并指出两者的趋同性,为后续内容作出铺垫。

一、辩之前提:事实与真实

(一) 事实

"事实"看似稀松平常的词语,却有着丰富的哲理内涵,从古至今也是"兵家必争之地"。关于"事实"的界定与理解,无论是本体论还是认识论,甚至现代分析哲学中的语言哲学,众说纷纭且分歧严重。其

---

① 马贵翔:《诉讼本质之思辨——从探求真相到实现程序正义的内在逻辑》,载《甘肃政法学院学报》2008年第1期。

中，就"事实"之内涵而言有三种观点值得推敲。

1. "自在之物"

此观点认为"事实"就是外在于人的事物、事件及其运动、发展、变化、变动以及相互关系和相互作用的全部情况和过程。该"事实"即为客观存在，它包括在人之前或之外的具有先在性的自然界，打上了人类意志烙印的人化自然、人工自然等一切具有客观实在性的存在本身。[①]罗素曾说："事实的意义就是某件存在的事物，不管有没有人认识它存在还是不存在。"[②] 就该内涵而言，可以从以下几个方面予以阐释：

（1）"事实"是指客观存在的"存在体"。这个"存在体"就是指事物、事件本身，其本身的存在就是事实，也即是说，人们可以将发生或存在的一些现象和状态（包括精神状态和物理状态）都称为事实。如某把刀子刀体用铁打成，刀刃上镀了钢并配上了木制把柄，这些都是事实；如果有人说，这把刀子全部用铁打成，没有用其他任何材料，这就不是事实。显然，客观事物本身就能构成事实。这是事实最重要的方面。事实也指"存在体"自身运动、发展、变化、变动的全部情况和过程。如从事物的产生、发展直到灭亡都是事实。事实还指"存在体"相互之间的关系。如人与人之间的关系，人与物之间的关系，物与物之间的关系等。最后，事实还指"存在体"相互作用的全部情况和过程。如单个事物的运动、发展、变化、变动能形成事实，两个或两个以上事物相互作用也能形成事实。[③]

（2）"自在之物"事实观是本体论（Ontology）的体现。本体论是"关于存在的科学"，用 Ontology 一词表示"关于诸存在物的科学"，又可以将之译作"存在论"。无论如何翻译，其内容都是探究宇宙万物的本原或基质。在本原追问的征途中，本体论经历了"在时空上"自然哲学、"在逻辑上"批判哲学和语言学困境之后，着重于人类精神的"终极关怀"。这其中被国人广为接受的马克思辩证唯物主义哲学，曾一时

---

① 参见孙伟平：《论事实》，载《社会科学家》1997年第5期。
② 〔英〕罗素：《人类的知识》，张金言译，商务印书馆1983年版，第177页。
③ 参见裴苍龄：《也论事实、命题与证据》，载《中国刑事法杂志》2003年第3期。

成为显学,至今仍大行其道。该哲学派别不仅强调"唯物"而且注重"辩证"。其主张世界的本原是物质,物质第一性、精神第二性;物质决定意识,意识是客观事件在人脑中的反映,客观事件独立于意识之外;物质的特性为客观实在性。以此区分唯物主义和唯心主义。与此同时,它认为物质世界永远处于运动与变化之中,且是互相影响,互相关联的,而不是静止不变的机械式反映。以此区分机械唯物论和辩证唯物论。

（3）"自在之物"事实观强调"事实"先于人或外在于人的客观存在性,甚至可以说是与人无关的。但是,"自在之物"事实观却未能就"属人的"事物是否构成事实加以明确地表态。这样对"事实"的界定诚然符合于唯物主义客观性原则,但却未能就客观性与主客体的关系作进一步的分析,因此,常常被加以唯客体主义式的理解和使用。① 另外,事实和事物、事件等属于不同层次的范畴,后者是科学的对象,是科学所力图把握的;而前者是哲学的对象,它虽然以后者为依据,但在含义上却不相同。维特根斯坦曾经说过:"世界是事实的总和,而不是物的总和。"②所以,"自在之物"事实观承认"事实"是外在于人的客观存在,具有唯一的"客观实在性",但是没能实现该"客观性"与人之"主观性"的对接,仅为或者就是在人之范畴之外,不具有实质价值。

2."为我之物"

所谓"事实"就是主体对"存在体"的正确表象。"为我之物"事实观中的"存在体"就是"自在之物"事实观中的客观事物、事件及其过程。另外,我国学者对"表象"具体解读为"反映与把握""断定与陈述"等。例如,孙伟平先生曾经指出:"事实是主体关于客观事物、事件及其过程的反映与把握,有时进一步指主体关于客观事物、事件及其过程的正确反映或把握,即真理。"③彭漪涟先生曾说:"事实乃是对呈现于感官之前的事物或现象的某种实际情况（某物具有的某种性质或某些事物具有某种关系）的一种断定或陈述。"④张继成先生认为:"事实

---

① 参见孙伟平:《论事实》,载《社会科学家》1997年第5期。
② 〔奥〕维特根斯坦:《逻辑哲学论》,郭英译,商务印书馆1985年版,第22页。
③ 〔德〕哈贝马斯:《后形而上学思想》,曹卫东、付德根译,译林出版社2001年版,第53页。
④ 彭漪涟:《事实论》,上海社会科学院出版社1996年版,第123页。

只是对事物实际情况的一种陈述,是关于客观事物的知识,而不是指客观事物自身。事实不是孤立于人的认识、经验之外的,不是没有进入人的认识领域的一种纯粹的'自在之物'。"①有鉴于此,"为我之物"事实观认为"事实"就是主体对"存在体"的认识,只有当客观事物、事件等进入人的认识领域或作为现象呈现于感官并为观念所接受,主体对此作出判断后才知觉到这个事实,否则"存在体"仍是一种原生态的现象。对主体而言,如果视而不见,听而不闻,嗅而不觉,仍然不能说我们知觉到了一个事实,没有任何意义。

"为我之物"事实观是认识论(Epistemology)的体现。古希腊哲学家们在建立本体论的同时,也进行了认识论的构建。因为当我们在断定"世界是什么"的时候,不得不问:"我们对世界的这种认识正确吗?"或者"我们怎么知道世界是这样呢?"本体论与认识论是相辅相成的,不解决认识论问题,本体论将失去基础;不承认世界的存在,认识论将没有对象,成为空中楼阁。近代以来,以笛卡尔为首的近代哲学创始人从研究认识客体为主转向研究认识主体为主,展开了近代哲学从"本体论"到"认识论"的第一次转向。② 以主体性、基础主义和表象论为特点的近代认识论认为,真理是主观对客观的正确反映,由此得到的知识能够把握客观对象的本来面目。

然而就"事实"概念而言,"为我之物"事实观在强调认知的主体性与表象论的前提下,混淆了"事实"与"对事实的认知"两个不同范畴、不同层次上的概念,把"对事实的认知"视为"事实"本身,其有意无意中忽视了"事实"的客观实在性。可是,"事实"的这种客观实在性是不以人的意识为转移的,是"事实"的唯一性。另外,主体"对事实的认知"要受到主体、客体和认识工具等多方面因素的制约,其结果可能与"事实"相符,也可能偏离"事实"。在现实生活中,这种认知可能出现

---

① 张继成:《事实、命题与证据》,载《中国社会科学》2001年第5期。
② 哲学转向:第一次转向,由"本体论"转向"认识论";第二次转向,由"认识论"转向"语言哲学";第三次转向,由"现代主义"转向"后现代主义"。有人认为,西方哲学发展经历了三个阶段,即本体论、认识论和语言哲学,那么哲学研究向度只存在前两次转移;况且所谓的"现代主义哲学"和"后现代主义哲学"指向不明,众说纷纭,莫衷一是,将其视为哲学范畴勉为其难。在此笔者置争执于不顾,姑且使用哲学三次转向论。

人言人殊的"事实"——事实判断。① 显然将这种仁者见仁智者见智的"事实认知"视为"事实"本身,是不妥当的。

3."客观存在状态"

"客观存在状态"事实观强调"事实"具有不依赖主体主观意识的客观存在性,而且指出了"事实"是一种被主体认知的状态。该事实观强调前者,意为说明这是"事实"的根本属性,是区别"事实"与"非事实"的本质特征;指出后者,则是说明"事实"的可识性,只有进入主体认识领域并作为现象呈现于感官被接受之存在状态。"客观存在状态"事实观相对完整且合理地界定了人在事件和认识中的主客体关系,并能较为准确地分析"事实"之具体形态:事实既包括了客体性事实,即一切对象的客观存在及其现实状况,也包括了人本身的主体性事实,即"通过主体本身的存在和变化而表现出来的事实"②。"客观存在状态"事实观坚持对事物、现实、事实等,"当作人的感性活动、当作实践去理解""从主体方面去理解",坚持"人的本质是人的社会存在",把实践唯物主义的观点与思维方式贯彻到底。这一定义上坚持了事实的客观存在特性,把一切并非客观存在的、观念的、精神性的、主观性的对象都排除在事实之外,与一切唯心主义划清了界限;同时,它也排除了把人本身归结为主观、精神、意识、"非现实存在"的唯心主义。它不但肯定一切客体本身的存在是事实,而且肯定人、社会、主体本身的存在与客观状况也是事实,肯定主体和客体之间关系的存在也是事实,从而与旧唯物主义划清了界限。③

相比较而言,"客观存在状态"事实观虽然相对较为合理,但是其关注视角则为个别主体与客体的主客体关系,并没有从主体性转向交互主体性或主体间性,从个人化转向社会化。这种"是因主体不同而不同的客观事实"④仅仅存在于个别认识范围,若将此观点推广至诉讼程序领域,还不完善。因为,诉讼程序中是一个多主体的认知过程,其

---

① 参见李玉华:《诉讼证明中的事实与真实》,载《诉讼法论丛》2005年第10卷。
② 李德顺:《价值论》,中国人民大学出版社1987年版,第269页。
③ 参见孙伟平:《论事实》,载《社会科学家》1997年第5期。
④ 肖建华:《回归真实:民事诉讼法的真谛》,载《河南省政法管理干部学院学报》2006年第1期。

中不乏案件事实中原被告、裁判者以及相关诉讼参与人,针对他们对各自的认识而得到不同"事实"状况需要加以调整,尽管只有裁判者的认知才具有决定性意义。

于是,"事实"不仅是个别主体对客体对象的表象,而且也是一个社会共同体的"共识"。这种主体间性的共识既包含了一切"存在体"的客观存在及其过程状况,也涵盖了主体间性的事实,即通过主体本身"目的—手段复合体"的存在以及主体间交互行为的变化而表现出来的事实。"客观存在状态"事实观体现了本体论哲学和认识论哲学。应当在此基础上拓展至分析哲学领域,尤其是分析哲学中基于"语言哲学"发展而成的"交往行为理论"或者成为"主体间性理论"。

"语言哲学转向"是现代哲学发展历程中的一次重大变革。经历了"存在"问题、"认识"问题之后,现代哲学家以"语言"作为思考哲学的基点,反思形而上学或本体论,重新识别主客体关系。正如艾四林先生所言:"现代哲学不再像近代哲学那样从主客关系出发,而是通过意义辨别和语言表达的分析来解决认识问题。"[1]哈贝马斯赞同"语言是存在之家",并在语言学转向和韦伯合理性理论的批判中,认识到认识论(意识哲学)的最大弱点,即把人的精神活动同"生活世界"及语言中介物分裂开来。因此意识哲学只能陷于主客体关系的泥潭中不能自拔,尤其认识论哲学停留在孤立的主体中,从而不单无法解决认识论本身的基本问题,而且也无法解决认识论以外更普遍的社会问题。哈贝马斯在"语言哲学转向"研究成果的基础上,从"主体间性"的角度提出了交往行为理论,并以此思考、解读现代社会的伦理、道德、政治和法律等重大理论与现实问题。就"主体性事实"发现而言,主体在"言谈情境"中真诚表达、自由沟通,就有关问题达成"共识",完成了孤立主体性事实向"主体间性事实"的转变。在交往行为中,单个主体与其他主体相互协调,"主体间性"代替了主体性,从而"克服了主体与客体、主观与客观的两难"[2],也为发现"主体性事实"奠定了客观性与正当性。

---

[1] 艾四林:《哈贝马斯交往理论评析》,载《清华大学学报》(哲学社会科学版)1995年第3期。

[2] 〔德〕哈贝马斯:《现代性的哲学话语》,曹卫东等译,译林出版社2004年版,第369页。

什么是"事实"呢?苏联著名哲学家柯普宁曾将事实概括为:① 现象,事物和事件本身被称为事实;② 我们对事物及其特性的感觉和知觉也被认为是事实;③ 事实也指我们想用它们来论证或反驳某种东西的不容置辩的理论原理。① ① 将事实等同于事物是不恰当的,可能会出现诸多逻辑推演上的错误。③ 把事实视为理论原理是值得商榷的。理论原理来源于事实,但不等于说理论原理就是事实。理论原理的一般性、间接性与事实的特殊性、直接性有着无法跨越之鸿沟,因此无法将两者等同。② 将事实视为我们对事物及其特征的感觉和知觉,是有道理的。从某种程度上来判断,关于我们所处在一个经验世界之中的说法是毋庸置疑的。我们通过关于事物及其特性的感觉、知觉,作为一种对于客观事物及其特性的认识,从而获得一种相应的知识,进而认识我们所在的世界。其中关于经验知识的获得,或者说"我们的知识来源何方"的疑问,诸多哲学家都对之有所追问。其中我们的知识来源于经验事实,即事实是人对世界上发生事件的感知,而得到的感觉、知觉成果。这一说法被康德等理性哲学所论证。一个事物及其情况,如果不经过人的感觉、知觉,尽管客观存在,但是没有进入人的认识领域,没有被主体所发现、认识、接受,就谈不上主体知道什么事实,也就不可能由此得到何种知识,更谈不上能够认识所在的世界。

尽管"严格地说事实是不能定义的"②,但是我们还是可以从以下四个方面理解和把握"事实"。① "事实"是客观的。"事实"就是客观事实,是不以人的意志为转移的客观存在。它也不取决于主体的感觉与认知与否,是一种"自在之物",是诉讼证明活动中所谓的"事实"的原始状态。如,张三向李四借钱的事实,是客观存在的而不是臆断、子虚乌有的。这就是说,"事实"之所以是"事实",首先必须是存在的。② "事实"是经验知识。"事实"是关于对实务及其情况的知识。只有当事物呈现于感官之前并为概念所接受,由主体作出判断,才能知觉到了一个事实。于是,事实是人对呈现于感官之前的事物或其情况的一种判断,是关于事物(及其情况)的一种经验知识。所以,事实作为一种感性的经验知识形式,是一切认识的出发点。这是唯物主义认识

---

① 参见彭漪涟:《事实论》,上海社会科学院出版社1996年版,第101页。
② 〔奥〕维特根斯坦:《逻辑哲学论》,郭英译,商务印书馆1985年版,第6页。

论的基本命题。③"事实"可以被认识。从时空的角度而言,事实可以为过去的事实和现在的事实,而没有未来的事实。无论哪一种事实都是可以被人们认识的,只是对于不同的事实认识的手段和方式不同罢了。对于过去发生的事实我们只能通过有关的证据材料间接地去认识,而对于正在发生的事实我们可以亲自去感知和体验。不能被认识的事实不具有任何意义。④"事实"是一个特殊的肯定命题所表述的内容。"事实"没有正负真假。所谓"负事实"即事实的否定,就是肯定事实的不存在,不存在就无所谓事实。所以"负事实"的说法是不成立的。不言而喻,与之相对应的所谓"正事实"也就没有意义。事实既然是真的特殊命题所肯定或表示的,假的特殊命题当然也就不肯定或表述事实,这是没有问题的。但是,命题有真假,事实是否也有真假呢?人们之所以提出要求事实是确凿无疑的,也不是因为有什么错误的事实、假事实的存在,而是由于人们对于呈现在感官面前的事物、现象,有时可能作出错误的判断,把不存在的现象当作事实,即把不是事实说成是事实。就此而言,事实也有一个需要论证的问题。固然,直接经验的事实,一般是无须论证的,但是,如果出现判断有误的情况,一个命题是否确实肯定了某个事实,那却是需要论证的。至于间接经验的事实,如历史文献所记载的事实,同时代其他人所直接经验而对别人为间接经验的那些事实,一般则需要论证。①

(二) 真实

作为现代词语的用法,"真实"有三种含义:一是跟客观事实相符合,不假的;二是真心实意;三是确切清楚。②"真实"在哲学上的含义十分丰富,其也有三层含义:一是指主体所认识的对象"存在"或"有",这与哲学中的本体论有关。二是指主体对客体认识的具体内容与特定客体的内在规定性相一致,对客体的表象、现象特别是本质的反映都与客体相符合。在这里"真实"认识对象的"存在"是没有问题的,关键在于主体的认知是否与客体相符合,这属于哲学中认识的问题。三

---

① 参见彭漪涟:《论事实——关于事实的一般涵义和特征的探讨》,载《学术月刊》1991年第11期。

② 参见字词语辞书编研组编:《新编现代汉语词典》,湖南教育出版社2016年版,第1626页。

是指主体对客体的评价或感受。这层含义上的"真实"既不属于本体论也与认识论无涉,仅仅为价值观上的判断。黑格尔对此曾说:"譬如我们常说到一个真朋友,所谓一个真朋友,就是指一个朋友的言行态度能够符合友谊的概念。同样,我们也常说一件真的艺术品。在这个意义下,不真即可以说相当于不好,或自己不符合自己本身。"①总而言之,"真实"在不同的境域或语境中可以被用作不同的含义,时而为"真理"、时而为"真"、时而为"真值",但又不完全等同于任何一个因素。

在人类认识史上,关于"真实"的探求始终都是围绕着怎样判断真实和如何实现真实两个基本要素而展开的。所以"真实"的知识结构中就包含了"实现真实的途径"和"判断真实的标准"两个方面的内容。这两者密切关联,没有厘清"判断真实的标准",无论"实现真实的途径"多么完备,认识实践中也会面对辨别真假的无可奈何;没有澄清"实现真实的途径",也就不可能实现所谓的真实,更谈不上"判断真实的标准"问题。对于此,哲学史上曾经提出过融贯论、符合论、实用论等真理观。

融贯论,又称为融洽论,认为真理根本上是整个命题系统的性质,个别命题只因与整体相融贯而衍生地被赋予真理的性质,融贯论坚持真理就是整个信念或命题系统内各部分的一致。一般认为,融贯论属于哲学中的唯理论传统,唯理论者认为感觉经验是不可靠的,不可能为知识提供坚实的基础。在"实在""语言""经验""观念"和"真理"的交互关系中,"既然不存在能够用作真理基础的那种语言与世界之间的对应关系,那么真理就必定在于命题本身之间的一种融贯关系,真理被视为构成一个系统或一个信念集合,被视为满足融贯性标准的一个整体"②。依照融贯论之观点,只有一个绝对体系是真的,排除了体系内的其他真理存在的可能性。实际上,在一个大命题系统中总是包含着多个小命题系统,这些小系统之间的融洽一致就使得那个大命题系统成为真理。小系统本身内部一致性是可能的,按照融贯论,这每一个小系统及其命题都应当是真的,但是融贯论认为只能有一个是

---

① 〔德〕黑格尔:《小逻辑》(第2版),贺麟译,商务印书馆1980年版,第86页。

② 李建华:《西方哲学的真理观评析》,载《湘潭大学学报》(哲学社会科学版)1997年第4期。

真,其余必为假。这就使得融贯论陷入自相矛盾或者"无穷后退"的尴尬处境。所以,融贯论有其缺陷。

符合论主张真实在于与客观事态相符合。符合说的主要结构为:命题—事实—符合。理论试图在思想或陈述与事物或课题间建立关系,认为真或假原则上完全取决于如何关联客观实在,它是否准确地描述(换言之,符合于)实在。从其基本内涵可以看出,符合论必须有两个前提:第一,存在独立于命题的实体,且与主体互相独立。没有与思想相对立的实体就没有所谓的符合。第二,人能够认识客体。如果人的认识不能通达客体也不存在认识是否符合客体的问题。符合论是以实在论与可知论为基础的真理一元论,这种论断是一个传统模式,可以追溯至一切古希腊哲学家,例如亚里士多德在《形而上学》一书中曾经表述过这样的思想:说是者为非,或者说非者为是,是假的;说是者为是,非者为非,是真的。现代哲学家罗素、早期维特根斯坦、奥斯汀及绝大多数逻辑实证主义者都是符合论的倡导者和坚持者。

符合论的不足之处在于其本身构成因素的模糊性。命题、事实和符合词义都在模糊状态,由此而得到的符合论也就造成了表达不清的模糊情形。例如,何为"事实"?人们总是将外在于人的存在、感觉经验等捉摸不定的词语等同于"事实",这就导致了"事实"可能不是"事实"的情形。另外,何为命题与事实的相"符合"?根据什么标准、依据判断它们是否符合?这也是哲学家们争论不休的话题。罗素和早期维特根斯坦认为"符合"即为结构同型、一一对应,奥斯汀、皮切尔和怀特等人用关联、和谐、相配、相应等概念来阐释"符合",但也无功而返。

所谓实用论是指一种以有用性为真理依据的哲学理论。19世纪末20世纪初出现的实用论,使得真理论研究由符合论和融贯论传统进到符合论、融贯论和实用论三足鼎立的现实。其根本原因在于实用论不是从主客体关系的认识论,而是从意义论的角度探讨真理问题,这种模式揭开了解释真理论的全新视野。

查尔斯·桑德斯·皮尔士的信念真理论认为:"真正的信念或意见是人们借以准备行动的东西"以及"真理不同于谎言的地方,只在于以真理为依据的行为必然达到我们指向的地方,而不是离开它。"①威廉·詹姆斯有用即真实观认为"真"是任何开始证实过程的观念的名称,而"有用"则是它在经验里完成了的作用的名称。正是在这个意义上,詹姆斯认为:"有用就是真理。"他特别强调:"'它是有用的,因为它是真的',或者说'它是真的,因为它是有用的',这两句话的意义是一样的。""如果它能双倍地满足我们的需要,它便是最真的。"因为"真理是从经验中产生,并随时随刻代表我们各个人的最有利的反应"②。约翰·杜威的工具即真理观主张"真理就是效用"。"效用是衡量一个观念或真理的尺度",因为"工具本身是无所谓真或假的,它只有有效或无效,恰当或不恰当,经济或浪费之别"。③

实用论将真理视为有用性的世俗阐释受到了广泛的批评,其误点在于是把真理性等同于有用性,颠倒因果;用价值理念来判断认识论,夸大了真理的主观性,缩小了真理的客观性。可以这样断定,所有真理都是有用的、有价值的,或者真理是实用的或者真理是有效的,即是"真理的有效性理论"。而有用即真理则是实用论中的"有用性真理理论"。两者不属于同层面的概念,亦不可同日而语。但是,真理的这种"实用或有效"是真理之结果,而不是因为"实用或有效"所以真理的逻辑。实用论则颠倒了"真理"与"实用或有效"的因果关系,用带有价值概念的"实用或有效"界定"真理",模糊了"真理"的客观性,扩容了"真理"主观性。其结果就会是"真理"堕落到"钞票也是真理"的荒唐地步。

相比较而言,符合论似乎比融贯论和实用论更具有说服力,我国诉讼证明中适用的是符合论中的马克思主义真理观。马克思主义真理理论认为真理即客观事物及其规律在人的意识中的正确反映。在总的宇宙发展过程中,人们对于在各个发展阶段上的具体过程的正确认识,是对客观世界近似的、不完全的反应。相对真理和绝对真理是辩证统一的,绝对真理寓于相对真理之中,在相对真理中包含有绝对

---

① 曾志:《真理的意义探究——实用主义真理观的意义视界》,载《天津社会科学》1999年第6期。

② 〔美〕威廉·詹姆斯:《实用主义》,陈羽伦、孙瑞禾译,商务印书馆1979年版,第104、64、392页。

③ 〔美〕约翰·杜威:《哲学的改造》,许崇清译,商务印书馆1933年版,第78、85页。

真理的成分,无数相对真理的总合就是绝对真理。

但是,真理论不仅涉及主客体关系,而且涉及主体间关系;真理论不仅要讨论真的意义问题和真的标准问题,而且还要讨论真的认可问题。因此在符合论的基础上,真理也应当是任何被某特定群体一致同意的东西,或者在其他版本中,是特定群体可能就此达到一致同意的东西。也就是说,某一断言的真实性取决于这一断言能否仅通过讨论而得到一个普遍且无疑的共识,即共识论。其实说真理论不仅涉及主客体关系,而且涉及主体间关系,这并不是一种太新的观点。早在古希腊的苏格拉底和折中主义逻辑学中便包含了真理共识论的萌芽,近代以来的以彭加勒为代表的约定论、以皮尔士为代表的共识论和由洛伦岑与卡姆拉所开创的爱尔兰根学派也是真理共识论的早期代表。"在当代西方哲学家中,哈贝马斯大概是对真理的共识论进行了最系统论证的人了。"①哈贝马斯认为真实是指人际间语言交往中的一种"有效性要求",即与记述式言语行为相联系的真实性要求;真理是指对这一要求的话语兑现,这种话语兑现指的是话语主体通过言语论辩而达成的共识。命题之为真的条件是所有其他人的潜在的同意,真理和真实的检验标准并不是如真理符合论所言的客观性,而是它的主体间性。可见,哈贝马斯的共识论真实观就是主体间的商谈论真实观,"有效性要求"的共识不是一种既成事实的共识而是需要在商谈中所达到的"基于理由的共识"。这一共识论真理观从主客关系的视阈到主体间商谈中达成共识的转向,为我们认识诉讼程序中的案件真实提供了新的角度。

二、辩之内容:客观真实与法律真实

(一) 案件事实

案件事实也是难以给出确定含义的。虽然难以界定案件事实的具体含义,但是案件事实作为事实的下位概念是可以确定的。就"案件"词义而言,案件是指有关诉讼和违法的事件或者泛指事件。因此,

---

① 童世骏:《论真理的认可问题》,载《学术月刊》2000年第2期。

可以将案件事实限定为进入诉讼程序中的事实。如此可以将没有进入诉讼程序的事实剔除出案件事实的范畴,使得诉讼程序聚焦于案件事实,心无旁骛。既然案件事实属于事实,那么案件事实就应当具有事实的属性,即案件事实应当具有客观性事实和主观性事实的特征。客观性事实特征表现为案件事实是不以意志转移的客观存在,主观性事实特征表现为案件事实是能够被主体认知的,并且能在诉讼主体间的交互行为中表现出来。

诉讼程序中的事实可以分为三个层面:其一是诉讼前发生的事实,如甲借给乙1万元人民币,这一事实是具有客观性的,它不依赖于法官、当事人和其他诉讼参与人的认识而存在。其二是当事人在诉讼中陈述的事实。案件事实须经当事人主张才能够成为审理的对象,而经过陈述这一环节后,事实便被打上了主观的印记。当事人陈述的事实可能为真,也可能为假,还可能半真半假。其三是法院裁判认定的事实,这是运用证据确定的事实,是经过证明过程认定的事实。而无论是证据本身,还是证明过程,并非是纯客观的,证人对案件事实的陈述具有一定程度的主观性自不待言,就连物证这样的实物证据也很难说是纯客观的,因为用物证来证明案件事实时,离不开当事人对物证与待证事实相关性的说明,离不开法官对两者间联系的认识。证明过程是提出证据、对证据进行质询、审查判断证据的过程,证据调查过程是依法律程序进行的,而法律程序本身就是人为之物。裁判中认定的事实是运用证据、通过诉讼程序合成的事实,已不再是诉讼前实际发生的事实了。尽管科学地设定诉讼程序和证据规则,合理地、谨慎地运用证据,能够减少认定事实的失误,最大限度地逼近真实,但断言通过证明完全能够发现客观真实,或者不加区分地把发现客观真实作为诉讼证明的唯一目标,则无论如何是不恰当的。[①]

根据不同的标准,可以将案件事实进行不同的划分。根据是否称为诉讼证明对象可以分为需要证明的事实、不需要证明的事实和禁止举证的事实。需要证明的事实是作为证明的对象;不需要证明的事实是没有必要证实的事实,是众所周知的事实和推定的事实;禁止举证的事实是禁止证明事实本身的事实。根据法律的不同可以将案件事

---

① 参见李浩:《论法律中的真实——以民事诉讼为例》,载《法制与社会发展》2004年第3期。

实分为实体法事实和程序法事实。按照案件事实的重要程度又可以将之分为主要事实、间接事实和辅助事实。我国学界认为案件事实包括实体法事实、程序法事实和证据事实,但是在证据事实是否为证明对象上有一些分歧。① 在我国近年来的学术研究中占据着重要地位、引起大家的广泛参与与关注的一种划分方式,即是客观事实与法律事实。客观事实是指就司法证明活动而言,是指确实在客观世界中发生的案件事实。法律事实是指法律意义上的事实,是由法律规范所调整的,可以引起一定法律后果的事实。在司法活动中,法律事实指由证据证明的案件事实,是经过人的主观活动明确或确认的案件事实。② 何家弘先生曾经论证了客观事实与法律事实的关系:法律事实是以客观事实为基础的,是由客观事实所决定的。但是,法律事实并不完全等同于客观事实。在任何案件中,在任何司法活动中,法律事实和客观事实都存在着质和量的差异。第一,法律事实在质上并不完全等于客观事实。因为法律事实是由证据证明的事实,而用证据证明是一种人的行为,所以法律事实并不完全是客观的东西,其中或多或少都会掺杂一定的人的主观因素或作用。第二,法律事实在量上也不等于客观事实。一般来说,案件中客观事实的数量都会大于法律事实的数量,因为并非所有与案件有关的客观存在或发生的事实都可以由证据证明,都可以成为法律事实。由于各种各样的原因,案件中的一些客观事实会在证明的过程中遗失,甚至根本就没能获得进入司法证明过程的资格。由此可见,法律事实带有主观的色彩、人为的品格。美国学者吉尔兹曾经指出:"法律事实并不是自然生成的,而是人为造成的,一如人类学家所言,它们是根据证据法规则、法庭规则、判例汇编传统、辩护技巧、法庭雄辩能力以及法律教育等诸如此类的事物而构设出来的,总之是社会的产物。"中国也有学者认为:"诉讼中所呈现的并最终为法院所认定的事实,乃是经过证据法、程序法和实体法调整过的、重塑了的新事实。这种新事实因为不可避免地渗透了人的主观意志,因此可以称之为主观事实;又由于它是在诉讼活动过程中形成

---

① 参见甄贞主编:《刑事诉讼法学研究综述》,法律出版社2002年版,第236页。

② 参见何家弘:《论司法证明的目的和标准——兼论司法证明的基本概念和范畴》,载《法学研究》2001年第6期。

并成立于诉讼法上、仅具有诉讼意义的事实,因此也可以称之为诉讼事实或法律事实。"①总之,法律事实不等于客观事实。②

(二) 客观真实

1. 客观真实的内涵

从神示证据制度、法定证据制度和自由心证证据制度的历史发展长河中都能寻觅到客观真实观的踪迹,但是现代以来的客观真实概念是对大陆法系内心确信的实体真实的继承与发展。实体真实产生的缘由是对纠问式诉讼程序的反思和对自由心证证据制度的倡导。纠问式诉讼程序发端于罗马帝国时期,盛行于中世纪后期的欧洲大陆国家的君主专制时期和我国古代封建专制社会。这种诉讼模式是司法主体异化、证明程序形式化的诉讼程序。司法机关依职权主动追究,被告人沦为诉讼客体,为求得证据之王——口供,是刑讯逼供的对象,诉讼证明活动完全依照已经设定好的证据证明力的大小进行。这种形式化的证明程序,使得发现案件真实步入了形式化,形式真实是其表征之一。实体真实就是大陆法系国家在资产阶级革命时期反对纠问式诉讼模式和形式证据制度的斗争中逐步形成的,沿袭至今。

在大陆法系国家,民事诉讼法中的真实分为形式真实和实质真实两种对立的学说。形式真实归因于民事纠纷私权性质与辩论主义原则的贯彻执行。民事纠纷是指平等主体之间发生的、以民事权利义务为内容的违反民事法律义务规范而侵害了他人民事权利的社会纠纷。总的来讲,民事纠纷就是处理平等主体间人身关系和财产关系的法律规范的总和。这种社会纠纷从本质上而言是私权性质的纠纷,应当允许纠纷主体解决纠纷方法的自主选择性。这是毋庸置疑的。因此,在以诉讼作为公立救济的纠纷解决过程中,当事人可以采取和解、调解以及承认与撤诉等基于本人真实意思表达的自行行为。如在法律规定的和解条件成立的情况下,裁判者面对诉讼当事人和解的情况,也只能在和解的基础上作出裁判,而无需再积极探知纠纷案件事实清楚

---

① 江伟主编:《证据法学》,法律出版社1999年版,第117页。
② 参见〔德〕罗森贝克:《证明责任论》,庄敬华译,中国法制出版社2002年版,第21页。

与否,证据确实充分与否或者是在高度盖然性的基础上作出裁决。民事诉讼法中的辩论原则认为,其一当事人必须提出作为裁判依据的事实;其二当事人之间无争执的事实,法院不必调查可直接作为裁判依据;其三当事人之间有争执的事实,需由当事人提供证据加以证明,原则上法院不得主动调查取证。在案件事实和证据由当事人支配的辩论主义下,民事诉讼程序发现的事实也只能是形式真实的,当然也不排除实质真实发现的偶然性。因此,在辩论主义的背景下所谓的形式真实也是"法院于审理案件中应受当事人意思之约束。即仅在当事人主张事实及所提证据之范围内认定事实。对于当事人二造不争执之事实,则不应再为调查,而遥为真实"[1]。与形式真实相对应的是实质真实。实质真实认为在国家设立法院处理纠纷之后,法院就负担起通过审判查找案件真相,准确适用法律保护人们合法权利的职能,而正确适用法律的前提就是法院要查明已经发生的案件事实,否则无法履行其职责、无法保障人们的合法权利。因此,发现真实是诉讼制度的基本理念,"人民对法院寄予的最大希望就是准确地对事实作出认定,这一点是谁也不能否定的"[2]。正是在这个意义上,所谓的实质真实就是指"法院于审理案件中,对于有关系之证据,不受当事人意思之约束,应自行探求事实之真相,自行搜集或调查各项为必要之证据"[3]。"实体真实发现主义者,乃关于事实及证据,不为当事人意志所拘束,而务期发现实质上真正之事实也。"[4]

"客观真实"是我国证据法学理论中的重要概念,被作为一种不言自明的概念加以使用。但是,现在看来,证据法学理论研究需要明确在适用"客观真实"情景中的"意指"与"所指",厘清具体内涵,规避不必要的争执。

关于"客观真实"的内涵,我们有必要从我国传统的证据法学理论与此有关的论述入手。巫宇甦先生曾经在其著作中说过:"我国人民司法机关在进行诉讼时,历来遵循'以事实为根基,以法律为准绳'的原则……只有经过查证属实的证据,才能作为'证明案件真实情况'的

---

[1] 周荣:《证据法要论》,商务印书馆1936年版,第5页。
[2] 〔日〕石井一正:《日本实用刑事证据法》,陈浩然译,台北五南图书出版公司2000年版,第8页。
[3] 李玉华:《诉讼证明中的事实与真实》,载《诉讼法论丛》2005年第10卷。
[4] 刁荣华:《刑事诉讼法释论》(上册),台北汉苑出版社1977年版,第7页。

根据。这里所说的'事实''案件真实情况'是指案件的真实情况,而不是任何其他形式、其他程度的真实。我国诉讼中证明的任务就是确定案件的客观真实。也就是说,在刑事诉讼法中,应该确定犯罪事实是否发生,是否被告人所为,以及是否存在某种从重、加重、从轻、减轻或免除其刑事责任的情节等。在民事诉讼法中,应该确定对于判明当事人的权利、义务有法律意义的事实。司法机关所确定的这些事实,必须与客观上实际发生的事实完全符合、确定无疑。"[1]陈一云先生也说过:"我国诉讼中的证明任务是查明案件的客观真实或案件的真实情况……查明案件的客观真实,归根结底,就是要求司法人员的主观认识必须符合客观实际。"[2]由此可知,这里的"客观真实"是指"客观上实际发生的事实",此概念仅指客观世界中发生的案件事实,是"案件的原初状态"。这种"客观真实"是独立于司法机关而有待于认识的"客观发生的纠纷事实"本身。

学界对"客观真实"还有一种语言表达形式。这也是我国传统证据法学理论研究中最为常见的一层含义,即是指"认识结果与实际情况的符合"。陈光中先生曾说:"客观真实是指在诉讼中司法人员运用证据所认定的案件事实符合客观发生的案件实际情况,也就是我们通常所说的查明(判明)案件事实真相,是主观符合客观的真实。"[3]"诉讼中的客观真实,是指办案人员在诉讼中所认定的案件事实符合客观存在的案件事实。"[4]"诉讼中的客观真实是指司法人员依法对案件事实的认定与案件客观的本源事实相符合。"[5]又如刘金友先生认为:"所谓客观真实,即人们的认识符合客观实际,如果人们的认识不符合客观实际,那它无论被主观上觉得如何,它在客观上就是不真实的,而是虚假的、错误的。"[6]宋朝武先生曾说,客观真实原则的含义包含三个方面的内容:① 弄清事实的真相,掌握民事纠纷发生、发展的实际情况;

---

[1] 巫宇甦:《证据法学》,群众出版社1983年版,第78页。
[2] 陈一云:《证据法学》,中国人民大学出版社1991年版,第114页。
[3] 陈光中:《关于刑事证据立法的若干问题》,载《南京大学法律评论》2000年春季号。
[4] 陈光中:《诉讼真实与证明标准改革》,载《政法论坛》2009年第2期。
[5] 陈光中:《公正与真相:现代刑事诉讼法的核心价值观》,载《检察日报》2016年6月16日,第003版。
[6] 刘金友:《证据法学》,中国政法大学出版社2001年版,第316页。

②事实是指绝对的客观事实;③当事人和司法工作人员应不遗余力地探究事实真相,通过收集到的证据来判断纠纷发生的真实情况。①在此意义上,"客观真实"的含义是指主观认识与客观实际之间的符合关系,两者相符合就是"客观真实",否则即不是"客观真实"。

从上述所述可以得知,在我国传统证据法学理论中,"客观真实"具有双重含义:第一层含义为"实际发生的纠纷事实"本身,要求司法人员认定的案件事实要达到此层面上的真实;第二层含义是指"认识结果与客观实际相符合",要求司法人员对案件事实的认识必须符合客观实际。前者即为认识的客观对象,后者则为对客观对象的认识。"案件真实"的双重含义在具体的适用空间中其"意指"和"所指"不一,需要加以区分。在此主要讨论的是第二层面的"客观真实"。

2. 客观真实不仅必要而且可能

在任何诉讼程序中,坚守客观真实都是实现司法公正之必需。司法即为法的活动,其理想状态是法的运作过程和结果中各种因素达到公平、平等、正当的状态,也就是说法的运作要达到司法公正。司法公正是国家政治民主、进步的重要标志,也是国家经济发展和社会稳定的重要保证。司法公正包括实体公正和程序公正,前者指司法权的运作包括保障诉讼主体在实体法上的权利得到维护、损害的权利得到合理处置,且处置行为适度与适当;后者指司法权的运作应当符合程序法价值的要求,践行诉讼程序的正当性和诉讼权利的平等性。坚持客观事实,准确认定案件事实,既是实体公正的基本要求,因为裁决认定的案件事实与客观事实不符合,就无法实现实体公正,也是程序公正的内在需求,因为程序的正当性要求之一在于实现实体权利。国际刑法协会前主席巴西奥尼先生指出:"有了真相,才会有正义,有了正义,才会有公平。"②另外,客观真实是裁判结果可接受性的基础。可接受性是法律论证的基本原则之一,其余逻辑有效性、融贯性共同成为法律论证正当化的基本标准。所谓的可接受性是指人们内心对外在因

---

① 参见宋朝武:《客观真实原则之再认识》,载《社会科学战线》2003年第6期。

② 蒋安杰:《公平正义真相是世界和平的三大支柱——访国际刑事法学会主席巴西奥尼先生》,载《法制日报》2004年9月18日,第4版。

素的认可、尊重而形成的心理状态与倾向。可接受性可以从法律规范本身、法律规范与事实之间的关系或者程序至上加以论证。就客观真实而言,司法机关在实体法和程序法的规范之下合乎理性地运用法律于案件事实,得出与实际发生的纠纷相符合的裁判结果,诉讼参与人及社会公众对其是可以接受的。也就是说,当法官认定的事实与案件事实一致时,在此基础上作出的裁判才最容易让当事人接受,诉讼参与人既觉得伸张了正义,也觉得不冤枉。

客观真实在我国诉讼程序中体现为三大诉讼法均要求司法人员应当"以事实为根据、以法律为准绳",认定案件事实应当"忠于事实真相"等规定。忠实于事实真相是从办案人员的主观态度方面提出来的,是针对实践中公安司法人员故意隐瞒、歪曲事实真相而言的。要求公安司法人员忠实于事实真相,虽然并不意味着一定能查明事实真相,但是这是查明事实真相的前提。[①]

客观真实主张者认为,从辩证唯物主义认识论的可知论原理和古今中外的司法实践经验中可知,在一定条件下,诉讼能够查明案件事实并准确认定案件事实;案件事实本身所具有的客观性、确定性为查明案件事实提供了前提;在证据裁判主义现代诉讼基石之上,证据的客观性为办案人员主观认识与案件客观事实相符合提供了可能性;最后,随着科学技术的发展增加了人们获得证据、发现真相的机会,科学技术在诉讼中的运用扩展了人对证据材料和案件事实的认知能力,这些为实现客观真实提供了更多的保证。

3. 对客观真实的评价

诉讼程序适用法律的过程可以分为以下四个步骤:① 认定事实;② 寻找相关的一个或若干法律规范;③ 检验得到认定的事实是否满足相关规范的事实构成,并以整个法律秩序为标准,将事实涵摄于相关的规范;④ 宣布法律后果。[②] 不可否认的是,对案件事实真实情况置之不理的民事诉讼制度是不能得到支持并长期存在下去的,尽管各

---

① 参见陈光中、李玉华、陈学权:《诉讼真实与证明标准改革》,载《政法论坛》2009 年第 2 期。

② 参见〔德〕魏德士:《法理学》,丁小春等译,法律出版社 2003 年版,第 296—297 页。

国民事诉讼中关于真实的理念有所不同,发现真实的方法、手段不尽一致,接近真实的程度也有差异,但各国法院裁判中认定的事实多数是与实际发生的事实相一致的,这一判断应当不会错。

客观真实说是比较符合我国原有的民事审判方式的。我国原有的民事审判方式是一种高度职权化的民事审判方式,其重要特征之一是,为查明案件的客观真实,极为强调人民法院调查收集证据的功能,反对审判人员坐堂问案,要求他们走出法院,到案件发生地,深入群众作全面、客观、周到、细致的调查研究,在真正查明事实、分清是非的基础上处理案件。1982年3月,我国颁布了第一部《中华人民共和国民事诉讼法(试行)》,该法第56条在规定"当事人对自己提出的主张,有责任提供证据"的同时,仍然责成"人民法院应当按照法定程序,全面地、客观地收集和调查证据"。随着改革开放后我国社会、经济条件的巨大变化,原先支撑客观真实说的理念条件与制度条件趋于消失,如民法是私法、民事权利是私权的观念被重新认识,计划经济逐步转向市场经济,超职权主义的诉讼模式受到批判,审判方式中更多地引入当事人主义的因素,提供证据的责任向当事人回归,法院逐渐退出调查收集证据主力军的位置,法院依职权调查证据后来被限定在相当狭小的范围内。这一切注定了客观真实说退出主流学说的地位,强调法院职权调查收集证据的诉讼模式比证据主要靠当事人及其诉讼代理人收集的诉讼模式更容易发现真实,但即便如此,也未必能够完全达到客观真实。我国现行民事诉讼法将收集和提供证据的责任置于当事人,最高人民法院《民事证据规定》又进一步缩小了法院依职权调查取证的范围,因而客观真实说就更加缺乏技术上的支撑了。事实上,无论是民事诉讼理论界还是司法实务部门,现在已经几乎没有人再主张客观真实说了。

客观真实说作为一种理想的价值而存在,无疑具有积极意义,但这一学说是有缺陷的,其最大的问题就在于过于浪漫主义而脱离了诉讼的实际,而法学不同于文学,不容有浪漫主义的生存空间。①

---

① 参见李浩:《论法律中的真实——以民事诉讼为例》,载《法制与社会发展》2004年第3期。

4. 客观真实的完善和发展

客观真实主张者在与法律真实主张者的辩论中，逐渐将客观真实观加以完善与发展，其中有"客观真实"具体指向的缩小、证明标准的层次性、关注程序正义和诉讼效率等。

传统的客观真实论认为，司法机关所确定的事实必须与客观上实际发生的事实完全符合，确实无疑。所谓"完全"即为诉讼主体对案件所有事实和情节的认识做到与客观事实全部一致和完全吻合。后来，客观真实论也认识到，在诉讼中诉讼主体查明案件所有的事实和情节，是不可能也是没有必要的事情。所谓的客观真实是指在一定程度上的绝对真实，其体现在对案件关键事实的认定应当且能够做到案件事实的确定性和唯一性。例如，刑事诉讼法中的"谁是犯罪嫌疑人"，民事和行政诉讼法中影响责任认定的关键事实和情节。另外，完善后的客观真实论强调绝对真实与相对真实的辩证统一，杜绝只承认绝对真实而否认相对论或者只承认相对论而否认绝对论。其承认由于诉讼案件主客观多方面的原因可能导致案件确实无法查清，或者案件的主要事实能够查清但是有些细节和情节也难以查清。这样一来，客观真实论亦在绝对真实和相对真实的辩证统一中完善、发展。

传统客观真实观确认了三大诉讼的证明标准为"案件事实清楚、证据确实充分"，相对较为刻板且不具有层次性。修改后的客观真实论认为，三大诉讼的性质不同、功能相异，无法统一要求"完全符合"的客观真实。另就各个诉讼程序而言，传统的客观真实论也没有视不同情况规定不同的证明标准，"完全符合"的客观真实较为"刻板"、没有层次性。于是，客观真实论者根据辩证唯物主义关于主要矛盾和次要矛盾的关系，认为应当抓住主要矛盾解决问题。因此，坚持客观真实理论，并非意味着在一切案件，以及案件中的所有事实上都坚持实现客观真实，而是指在关键事实和情节上要力争做到客观真实。

传统客观真实论主张者认为，传统客观真实论与程序正义并不矛盾，"坚持客观真实会导致刑讯逼供等违法行为"的说辞并不可靠。同时，其认为传统客观真实观夸大了诉讼主体在认识案件事实过程中的主观能动性，主张只要充分发挥人的主观能动性就能查明客观真实，有意无意忽视了在诉讼程序中对案件事实的认识还要受到诉讼时效、证据调查手段以及科技水平等诸多方面的制约，再加上案件事实的复杂性，有时难以在有限的诉讼期限内对案件事实的认识达到客观真实，对案件全部事实情况达到客观真实更是不可能。总之，现代诉讼的价值目标是多元的，但传统的客观真实仅仅关注实体公正，而对程序正义和诉讼效率的价值关注不够。①

（三）法律真实

1. 法律真实的内涵

法律真实的内涵是持有法律真实观的学者在阐述、揭示与批判客观真实的过程中衍生并逐渐完善的。

樊崇义先生认为：首先，证据的本质特征是一种不同于纯粹客观自然物的客观物质，而仅仅作为一种纯粹客观自然物是无法成为证据，进而成为定案根据的。纯粹客观自然物成为证据或定案根据的前提是诉讼主体在诉讼过程中的主客观的辩证统一活动，即诉讼主体对证据的收集、保全、审查与判断的主观认识与客观事实的统一。"这种客观物质之所以能够证明案件真实情况，关键在于它是在人们直接感知的基础上对客观事物存在的实际情况所作出的一种陈述，因而这种客观物质必须是人们的概念已经接受并作出断定的。"其次，辩证唯物主义的认识论认为人的认识运动的根源在于主体、客体的矛盾运动，且认识活动极具重复性与复杂性。诉讼证明活动亦是如此，它要求诉讼主体认识客观事物，并使得主观与客观相符合。而认识活动由此得到的结果只能是经验事实，即诉讼主体对客观事物作出的一种判断。然而，"客观事实是经验事实的原始模型，是经验事实生存的根基和土壤，经验事实是以诉讼的方法对客观事实形成的认识结论。二者的区别在于客观事实是纯客观的东西，而经验事实则包括主观认识和客观存在两个方面的要素"。再次，绝对真理与相对真理是辩证统一关系。绝对真理是通过整个人类无限发展的认识过程而不断接近的，相对真理指在一定条件下对有限的客观事物的相对正确的认识。绝对真理由发展中的相对真理的总和构成，并通过相对真理表现出来；相对真理都含有绝对真理的成分、颗粒。两者相互联结，相互转化。所以，对

---

① 参见陈光中、李玉华、陈学权：《诉讼真实与证明标准改革》，载《政法论坛》2009年第2期。

案件事实的认识只能达到近似于客观真实,而且越接近客观真实越有说服力。客观真实要求的"那种必须达到或一定达到的说法,在理论上是不成立的,在实务上是有害的,更是无法实现的"。最后,在司法实践中,诉讼主体对客观真实"普遍感到原则、笼统、操作性差,经常因为对客观真实产生歧义理解,使案件事实、证据发生分歧,乃至互相扯皮、推诿、拖延诉讼时限,个别案件由于证明标准不统一,导致打击不力或判决不公,形成错案"。因此,客观真实在理论上存在局限性、在实践中存在弊端。客观真实"是一种司法理想模式,其实用性、操作性差,不能真正解决诉讼证明中的问题"。

依据上述内容,樊崇义先生提出法律真实概念。即:法律真实是指公、检、法机关在刑事诉讼证明的过程中,运用证据对案件真实的认定应当符合刑事实体法和程序法的规定,应当达到从法律的角度认为是真实的程度。因为,法律真实与我国刑事诉讼法规定的宗旨和任务相一致;法律真实简明扼要、具体明确,可操作性强,易于适用;法律真实为证据的调查和运用指明了方向,澄清了在运用证据过程中容易混淆的环节和概念。[①] 另外,还有一种类似的进一步解释法律真实的说法:"所谓法律真实,是指在发现和认定案件事实过程中,必须尊重体现一定价值的刑事程序要求,在对案件事实的认识达到法律要求的标准时,即可定罪量刑,否则,应当宣布被追诉人无罪。所谓法律要求的标准,是指法律认为对事实的认识达到据此可以对被告人定罪的标准,这种标准可以表述为'排除合理怀疑的标准',但不要求是绝对的客观上的真实。"[②] 何家弘先生在详细阐述"证明与司法证明""自向证明与他向证明""证明与查明""司法证明的主体与客体"和"司法证明的目的与标准"等司法证明的基本概念的基础上,分析了"客观事实与法律事实""客观真实与法律真实""绝对真实与相对真实"和"实质真实与形式真实"等司法证明的基本范畴,指出了司法证明的目的是客观真实,标准是法律真实。他明确指出,法律真实指司法活动中人们对案件事实的认识符合法律所规定或认可的真实,是法律意义上的真

---

① 参见樊崇义:《客观真实管见——兼论刑事诉讼证明标准》,载《中国法学》2000年第1期。

② 樊崇义等:《刑事证据前沿问题研究》,载何家弘主编:《证据学论坛》(第1卷),中国检察出版社2000年,第208—209页。

实,是在具体案件中达到法律标准的真实。① 有学者认为:"法律真实是指人民法院在裁判中对事实的认定遵循了证据规则,符合民事诉讼中的证明标准,从所依据的证据看已达到了可视为真实的程序。"②

坚持法律真实观的学者虽然对客观真实展开批判,但是并不否认客观真实的存在,而是认为:"案件的客观真实与法律真实之间有着密切的关系。实际上,在诉讼过程中,存在着三种事实状态,即客观真实、主观真实和法律上的真实……这三种事实之间存在着密切的内在联系。主观事实、法律上的事实,都是从客观事实衍生而来的。"③"法律上的事实是以客观事实为基础的,就本质而言,它是客观事实的模拟,是客观事实在法律上的反映。"④"我国应该建立在辩证唯物主义认识论基础之上的法律真实……法律真实虽然包含客观真实的内容,但法律真实并不等于客观真实。"⑤综上所述,主张法律真实的学者认为,在诉讼视野中,并不存在纯粹客观的案件事实,而诉讼中再现的只是法律意义上的事实,而非原始状态的实际事实,所有的案件事实都是经过规范整理后对该事实的认识。司法人员在作出裁判时,作为裁判基础的事实只能是在法规约束下形成的法律事实,要求这种法律事实必须达到符合客观真实的程度,方可作出裁判是不现实的。因此,在诉讼证明活动中,"迫在眉睫的问题,是要把案件发生后的客观事实与法律事实的联系和区别划分开来,把证据材料和定案的根据——证据区分开来"⑥。这样确定的证明标准才较为科学。由此可见,主张法律真实的学者非常强调在理论上区分两种事实:客观事实和法律事实。在区分客观事实和法律事实的基础上,主张法律真实观的学者从法律事实作为裁判根据的正当性入手,致力于探讨一种更符合诉讼自身规律的证明标准,并尝试性地提出了"排他性""排除合理怀疑"等具体

---

① 参见何家弘:《论司法证明的目的和标准——兼论司法证明的基本概念和范畴》,载《法学研究》2001年第6期。
② 李浩:《我国民事证明制度的问题与原因》,载王利明、江伟、黄松有主编:《中国民事证据的立法研究与应用》,人民法院出版社2000年版,第161页。
③ 彭漪涟:《事实论》,上海社会科学院出版社1996年版,第101页。
④ 李玉萍:《论司法裁判的事实根据》,载《法学论坛》2000年第3期。
⑤ 〔奥〕维特根斯坦:《逻辑哲学论》,郭英译,商务印书馆1985年版,第6页。
⑥ 〔德〕哈贝马斯:《现代性的哲学话语》,曹卫东等译,译林出版社2004年版,第369页。

建议。

2. 法律真实在我国诉讼法学界的产生背景

从一定意义上说,法律真实观即为形式真实观,其渊源久远。欧洲中世纪的法定证据制度是其典型代表。法定证据制度事先规定证据证明力的大小及其证据取舍,法院裁判时直接运用法律规定计算证明力的大小认定案件事实。这种直接要求法官机械地计算证据证明力的大小,束缚了法官的手脚,限制了法官根据不同案件情况运用逻辑思维和理性判断事实,最终影响了案件事实的发现。近现代以来,法律真实观的最直接的体现是在英美法系的当事人主义诉讼模式中。这种真实观的基本特征表征为通过正当程序认定的事实被视为真实。当事人主义诉讼模式与正当程序深刻影响着法律真实观在英美法系国家中的确立与发展。该诉讼模式要求对立的当事人决定着审理的内容、法官和陪审团消极被动且事实认定与法律适用相分离;正当程序理念促使当事人追求程序正义而导致诉讼程序日益竞技化,在很大程度上放弃了对真相的追求,形式法律真实自然日趋彰显。

法律真实观在我国的兴起有其独特的历史背景。① 肇始于20世纪末21世纪初的审判方式改革,实务界和理论界在深刻思考我国现有的诉讼模式和审判方式,在理性对比、分析域外审判方式的前提下,采取趋当事人主义诉讼模式之利、避职权主义诉讼模式之害的方式,开始借鉴吸收两者之长处。其中有些学者效仿西方主张法律真实代替客观真实的主张也随之受到青睐。② 诉讼价值从一元走向多元,也是法律真实观兴起的原因之一。在我国传统的诉讼理念中,诉讼价值追求实体公正的一元化随着我国社会发展的进程而逐渐改变,尤其是改革开放引导的商品经济的发展,诉讼不仅仅要求得案件的公正处理而且要在"看得见""阳光普照的法庭"下化解。与此同时,"随着20世纪90年代以来西方程序价值理论的引入以及哲学价值论对诉讼法学的影响,国内法学界开始了关于程序价值理论的讨论。诉讼法学界于20世纪90年代中期后展开的这场诉讼价值的学术大讨论,尽管到今天还存在一些重大的分歧,如在实体公正与程序公正的关系问题上,究竟坚持程序公正优先还是坚持程序公正与实体公正的并重。但是,在这场讨论中,大家一致认识到诉讼价值目的不应是单一地追求实体公正,而应是多元的。伴随着程序价值多元论的兴起,诉讼法学界也逐渐认识到查明案件事实真相也并非诉讼的唯一目标。相应地,理论界开始对传统的客观真实说提出质疑,这也就是为什么目前倡导程序公正优先论的学者大都主张法律真实说的原因。"①

3. 对法律真实的评价

毫无疑问,在客观真实与法律真实论战的过程中,两者相互指出对方的缺陷,在阐述、论证本方观点的同时也修正、完善了各自坚守的阵地,进而推动了我国正在发展的证据理论和证据立法。这是不无裨益的。

就法律真实观而言,它既有积极的一面又有理论上的缺陷。

(1) 法律真实观的积极一面表现在:① 法律真实观指出了传统客观真实观的绝对性与片面性缺陷,认为司法人员的认识活动能够"完全"认识到案件事实的原始状态,忽视了认识活动是单个认识主体的非至上性。从认识论的角度看,恩格斯在《反杜林论》中曾说,一方面,人的思维的性质必然被看作是绝对的,另一方面,人的思维又是在完全有限地思维着的个人中实现的。这个矛盾只有在无限的前进过程中,在至少对我们来说实际上是无止境的人类世代更迭中才能得到解决,从这个意义上来说,人的思维是至上的,同样又是不至上的,它的认识能力是有限的,同样又是不至上的。按它的本性和历史使命的终极目的来说,是至上和无限的;按它的个别实现和每次现实来说,又是不至上和有限的。这就是说,辩证唯物主义的可知论是从人类在整体上、在无止境的时间更迭中所具有的对客观世界的无限认识能力或所能实现终极认识目标上来说的,而不是说我们的每一次具体的认识活动都能发现或达到绝对真理。从人对具体事物的认识这一意义上看,认识是相对的,这种相对性不仅表现为认识能力的相对性和非至上性,还表现在认识结果的相对性、不确定性和阶段性方面。② 在具体

---

① 哲学转向:第一次转向:由"本体论"转向"认识论";第二次转向:由"认识论"转向"语言哲学";第三次转向:由"现代主义"转向"后现代主义"。有人认为,西方哲学发展经历了三个阶段,即本体论、认识论和语言哲学,那么哲学研究向度只存在前两次转移;况且所谓的"现代主义哲学"和"后现代主义哲学"指向不明,众说纷纭,莫衷一是,将其视为哲学范畴勉为其难。在此笔者置争执于不顾,姑且使用哲学三次转向论。

② 参见卞建林、郭志媛:《论诉讼证明的相对性》,载《中国法学》2001年第2期。

的诉讼证明中,受各种主客观条件的限制,司法人员对案件事实的认识只能达到相对真理的程度,而不可能是终极的绝对真理意义上的"客观真实"。"对一个具体刑事案件的证明标准,只能达到近似于客观真实,而且是越接近客观真实越有说服力。那种'必须'达到或'一定'要达到'客观真实'的说法,在理论上是不成立的,在实务上是有害的,更是无法实现的。这不仅因为,刑事案件是过去发生的事情,根本无法使之再现、重演,而且人们去认识它、调查它还要受到种种条件的限制,'客观真实'只能成为刑事案件证明的一个客观要求,它告诫办案人员要奋力地接近它,它绝不会成为个案的一个具体的证明标准。"①② 法律真实观在实体与程序之间主张程序正义、在公正与效率之间提倡诉讼效率。从诉讼价值的角度看,法律真实论者认为,围绕着证据的运用所进行的活动无论具有何种诉讼类型,都是以解决利益争端和纠纷为目的的法律实施活动,其中尽管包含着认识过程,但并不仅仅等同于认识活动。诉讼活动是在程序法限制和规范下进行的活动,包含着一系列法律价值的实现和选择过程。裁判者就争端和纠纷的解决所作的裁判结论,并不一定非得建立在客观真实的基础上。利益争端的解决,诉讼目的的实现,有时完全可以与事实真相是否得到查明毫不相关,而直接体现出裁判者对法律的理解和法律价值的选择。裁判者在程序法的严格限制下所认定的事实是法律上的事实,而不是什么社会或经验层面的事实。这种事实建立的基础不是什么先验的客观事实,而是裁判者在听取各方证据、意见的前提下,当庭所作的主观判断。② 由此可见,法律真实观在实体公正与程序公正上侧向于程序,在司法公正与效率之间主张在追求公正的前提下追求效率。法律真实观冲击了我国传统的"重实体、轻程序"理念,促进了诉讼理念的进一步完善。正如学者所言:"正是这种推动,使得我国传统的一元化诉讼价值观发生了多元化的转变。"③

(2) 法律真实观的理论缺陷当然也是明显的。① 法律真实论者

---

① 樊崇义:《客观真实管见——兼论刑事诉讼证明标准》,载《中国法学》2000年第1期。

② 参见陈瑞华:《刑事诉讼的前沿问题》,中国人民大学出版社2000年版,第197—201。

③ 艾四林:《哈贝马斯交往理论评析》,载《清华大学学报》(哲学社会科学版)1995年第3期。

只承认诉讼认识的相对性,而否定诉讼认识的绝对性,认为在诉讼中司法人员对案件事实的认定只能达到相对真实,不具有确定性。法律真实论者信奉:"法律寻找的是最大可能性,而不是确定性。确定性是几乎不可能实现的。"①② 有些人"把认识论的一般规律与诉讼证明的特殊规律对立起来,以个性否定共性,以特殊规律否定一般规律,犯了白马非马的错误"②。③ 有些人"过分夸大了程序公正的价值和作用,并把程序正义与认识规律对立起来,从而有意无意地否定或贬低了认识规律对诉讼证明的指导作用"③。④ "法律真实"这个概念是一个伪概念。法律真实的概念不符合认识论的要求,因为判定事实真伪的不能是法律的规定;从法律规范的功能来看,法律真实说不能成立是因为法律不具有判定事实真假的功能;法律真实只能作为判定证据是否充分的标准,而不能作为判定证据是否真实的标准。因此,"无论是刑事实体法律规范还是刑事程序法律规范都不具有判定案件事实是否真实的功能。'法律真实'所陈述的基本内容与判定证据是否充分的标准重复,所以'法律真实'证明标准是不能成立的"④。

三、辩之结果:差异与趋同

持法律真实观的学者认为,司法实践中不存在客观事实,那么也就无所谓认识与客观事实是否符合的客观真实。"客观事实观在实践中不但无法实现,而且会带给我们一系列的严重后果,如任意司法、蔑视法律和法治等。"⑤客观真实只"是一种司法理想模式,其实用性、操

---

① 〔英〕理查德·梅:《刑事证据》,王丽等译,法律出版社 2007 年版,第 78 页。
② 陈光中、陈海光、魏晓娜:《刑事证据制度与认识论》,载《中国法学》2001 年第 1 期。
③ 何家弘:《论司法证明的目的和标准——兼论司法证明的基本概念和范畴》,载《法学研究》2001 年第 6 期。
④ 张继成、杨宗辉:《对"法律真实"证明标准的质疑》,载《法学研究》2002 年第 4 期。
⑤ 樊崇义等:《刑事证据前沿问题研究》,载何家弘主编:《证据学论坛》(第 1 卷),中国检察出版社 2000 年版,第 206 页。

作性差，不能真正解决诉讼证明中的问题"①。而持客观真实观的学者认为，法律真实无法代替客观真实标准，因为无论从认识论的角度看，还是从法律理论的角度看，法律真实说都不能成立。梳理他们之间的相同点与不同点，这样便于识别两者之基本内涵与主张，也利于进一步研究诉讼中的"事实"与"真实"，为推动研究诉讼证明活动的属性、特征及其诉讼标准奠定基础。

(一) 客观真实与法律真实的争议点

1. 客观真实与法律真实的相同之处

客观真实与法律真实的论战，表面上针锋相对，但是二者也有诸多的相同之处。

(1) 法律真实论者也承认客观真实论者所坚持的在诉讼活动中客观真实的价值追求。"对于我们每个人来说，如果在诉讼过程中能够发现案件的客观真实情况，是最好不过的事情，或者说，再没有任何一种主张比这种主张更完美了。正因为如此，人们对于如何发现客观真实，不知道倾注了多少热情和精力。"②

(2) 客观真实论者也承认在案件中会有一些事实无法查明或者存在无须证据证明的事实，如推定、司法认知等。"有一部分案件由于种种原因和条件的限制，在法定期限内甚至永远没能查明案件事实真相，包括某些案件成为疑案，无法确证被追诉者为有罪或无罪；已经侦破的案件，查明了犯罪行为的实施者，但不可能把一切犯罪事实细节都查清，有的案件某些与定罪量刑有关的情节（如动机等）也难以查清，与此相适应，刑事诉讼中经常适用两种事实推定：① 有罪证据不足的推定为无罪，② 罪轻、罪重查不清的推定为罪轻。这两种推定显然都不是客观真实，而是法律真实。"③"司法实践中，并非对每个案件

---

① 樊崇义：《客观真实管见——兼论刑事诉讼证明标准》，载《中国法学》2000 年第 1 期。

② 樊崇义等：《刑事证据前沿问题研究》，载何家弘主编：《证据学论坛》（第 1 卷），中国检察出版社 2000 年版，第 202 页。

③ 陈光中：《诉讼中的客观真实与法律真实》，载《检察日报》2000 年 7 月 13 日，第 003 版。

的证明均达到了客观真实的程度。其原因是多方面的,或因证据未及时收集而损毁消失,或因未深入调查没有获得必要证据,或因缺乏、没有运用必要的科学技术手段,或因办案人员思想方法主观片面作出错误判断,或因慑于权势、徇于私情故意歪曲事实,等等。"①而这正是主张法律真实的学者所反复强调的。

（3）客观真实论者和法律真实论者都将其学说的哲学基点建立在辩证唯物主义认识论上。两者均认为主观与客观的辩证统一、绝对真理与相对真理的辩证统一。

（4）两者还有这几个方面的相同点：① 刑事诉讼事关国家刑罚权的适用,且对公民的惩罚性制裁往往具有无法有效补救的特点(如人头落地,无法死而复生等),因此,刑事证明标准应当尽可能地高；② 法官对案件事实的认识受到证明对象的限定,而非原封不动地认识犯罪事实本身；③ 在法官对案件事实认识的过程中,证据犹如沟通过去与现在的独木桥,唯有借助证据,法官才能对案件事实形成认识；④ 法官在证据的帮助下可以对已成过去的犯罪事实形成正确认识。只不过,客观真实观更强调此种认识结论的绝对正确性,而法律真实观则包含了对此种认识结果可错性的承认。②

2. 客观真实与法律真实的争议点

尽管如此,客观真实观与法律真实观也有如下的争议点：

（1）运用辩证唯物主义认识论中的角度不同。两者虽然都是建立在辩证唯物主义认识论的基础之上,但是由于两者的角度不同,导致两者得出的结论相反。客观真实论者是从人类整体和整个认识活动的角度出发,强调认识能力的至上性和无限性以及真理的绝对性,当然其并没有否认认识能力的有限性和真理的相对性。而法律真实论者则是从诉讼个体和单个诉讼案件认识过程的角度出发,侧重于诉讼主体认识的有限性和真理的相对性,同时也不否认在个别情况下实现认识绝对性的可能性,但是诉讼主体无法判断可能性的实现与否。因此可以说,两者都承认了认识的主观与客观的辩证统一,但是出发

---

① 陈一云主编：《证据学》(第2版),中国人民大学出版社2000年版,第117页。
② 参见樊崇义、吴宏耀：《法律真实与客观真实的争论》,载《检察日报》2001年10月12日,第003版。

视角与侧重点不同,结论也就有异。

(2) 诉讼证明活动中是否存在一个"纯粹的客观事实"。客观真实观认为诉讼证明活动的最好结果就是使得裁判者的主观认识活动能够与客观实际相符合,达到主观与客观的统一。因此客观真实观承认在裁判者之外确确实实存在一个事实,这个事实是案件纠纷发生时的事实,即为"纯粹的客观事实",并且裁判者能够认识这个事实,甚至将该事实作为检验其主观认识是否与之相符合的外在标准。法律真实观认为,已经发生的案件事实与历史事实相类似,人类只能通过记载该事实的载体加以认识,又由于诉讼证明活动中的裁判者并不是案件事实的亲身经历者且记载该事实的载体可能因为主观方面的因素制约而失真,所以对该事实的认知仅为经验事实,不可能存在一个裁判者之外的"纯粹的客观事实"。因此认识的结果只能通过诉讼程序过滤的证据并以此认定的事实。

(3) 客观真实与法律真实主张的证明标准不一。所谓的证明标准即为在诉讼证明活动中,承担证明责任的一方对待证事实需要论证到的真实程度。承担证明责任的一方必须将其主张的待证事实证明到法定的程度,否则即视为没有履行证明义务,那么裁判者也无法认可其所主张的待证事实为真实。这里的法定的程度即为证明标准。证明标准之诉讼真实观的具体体现,有不同的真实观就有不同的证明标准。客观真实观认为应当将待证事实证明到客观真实的程度。在我国传统证明标准为一元化,即为客观真实观的指导下的三大诉讼法的证明标准均为案件"事实清楚、证据确实充分"。这也是客观真实观证明标准的经典表述。法律真实观认为按照诉讼程序将待证事实证明到法律规定的标准即为真实程度,最终得出排除其他可能性的结论,其经典表述为"排除合理怀疑""内心确信"或"高度盖然性"。客观真实论主张的证明标准侧重于待证事实真实与否的"客观性"上,要求裁判者的主观认识与客观实际的一致性、符合性,而法律真实观则偏向证明标准的"主观性"上,主张对待证事实证明到一个正常理智的人所能认识到的、排除其他可能性程序的唯一结论。

(二) 客观真实与法律真实的趋同

经过学者们的探讨、商榷和对比分析,有关客观真实与法律真实的异同点已是众所周知。但是自争论炙热状态以降,客观真实与法律真实进一步修正的理论内核中诸多因素呈现出趋同之势。如有关客观真实论的修正观点指出：我们批判的"客观真实说"，是建立在对辩证唯物主义认识论的片面理解基础上的；只要按照完整的辩证唯物主义认识论对其作出适当修正，它就仍然具有存在的价值。根据辩证唯物主义认识论的三个要素，修正后的"客观真实说"应当包含三方面的内涵：首先，法官对案件的认识必须以案件事实为基础，而不可主观臆断；其次，在终极的意义上，承认案件事实是可以认识的，诉讼制度应以发现案件事实为基本目标；最后，在具体诉讼过程中，遵循法定诉讼程序得出的符合法定证明标准的事实，应当作为法官裁判的基础事实。在我们看来，传统的"客观真实说"忽略了认识论的辩证法，事实上导致了诉讼证明要求理论上的真空；而"法律真实说"将其任务定位于操作性的层面，忽略了辩证唯物主义的反映论和可知论，容易陷入相对主义的泥潭。修正的"客观真实说"坚持了辩证唯物主义反映论、认识论和辩证法的统一，更加完整地解释了诉讼证明过程。在修正了的"客观真实说"的三个方面的内涵中，最后一方面内容的意义在于为法官的具体裁判行为提供一种"授权性"的理论依据，相当于通常所谓的"法律真实说"。但第一、二方面并不是可有可无的，由于有了这两个方面的内容，修正后的"客观真实说"在以下三个方面优于"法律真实说"。

1. 有利于调动法官的主观能动性，为法官自由心证的形成提供依据

法官对案件事实形成心证的过程，也就是客观存在的案件事实被法官从主观上逐步认识的过程。这一过程既不是完全主观的，也不是完全客观的，而是在主客观的相互作用中一步步推进的。承认了存在第一性的同时也承认人能够认识客观存在，意味着我们相信法官的主观努力会对其认识案件事实的结果产生重要影响。从而有利于调动法官的个人智慧，使证明结果（在一定的司法条件下）最大限度的接近案件真实。

2. 使判决的正当性基础更加坚实

前文说过，"客观真实"或者"法律真实"这类学说的一个主要功能是为一种证据制度提供理论依据。这种依据既支持着一种制度的确立，也支持着一种制度的运作。在制度运作的层面，以"法律真实说"作为正当化依据是有缺陷的。按照"法律真实说"，在案件审理已尽而

仍然真伪不明时,法官就应该依照举证责任规则作出判决;但"法律真实说"并不解释为什么这样做。如果解释,也主要是从效率的角度,即"虽然事实并未查清,但由于司法资源的有限性,只能到此为止了"。这样的解释对于尚处在法治化初期的普通中国百姓而言,可能是很难接受的。当事人也许会问:"法官凭什么把我的案子糊里糊涂就给判了?是法律不保护我的权利,还是法官实在太无能?"对此问题拒绝回答,显然不利于司法权威的确立。根据修正的"客观真实说",我们可以对这类情形作出更为圆通、也更容易被当事人接受的解释:案件之所以没有完全查清就判了,不仅是司法效率的要求;更重要的是,法官已经尽力,而他对案件事实的认识只能让他作出这样的判断。也就是说,这个事实就是当前看起来最接近"客观真实"的事实了。由于回避了"法律真实说"那种冷冰冰的法律家逻辑,上述解释显然更容易为普通百姓所理解和接受。

3. 避免诉讼程序的机械化、形式化,为制度变革提供理论上的支持

与"客观真实说"相比,"法律真实说"代表了一种典型的形式化思维。这种思维的一个特征是相信法律是一个自足的有机体,通过这个有机体自身的有效运作,足以实现预定的目标。树立这样一种思维,有利于减少法律实施的不确定性,维护司法机关的权威地位。在这种思维下,人们通常只关注程序是否被遵循,规则是否被实施,而很少提倡从道德的、文化的、社会的或者其他的外部视角来评判法律制度本身。但这种思维发展到了极端,就会带来法律制度机械化、形式化的弊端,从而限制法律制度的发展。"法律真实"的观念下,诉讼的目的在于获得一种"形式精确"。如果满足于这种"形式精确",司法裁判制度很容易陷入自说自话的境地,甚至出现司法专断。在我国当前的证据制度改革中,培养法律至上的观念、树立司法机关的权威固然重要,但保持一种制度的张力,使之能够随着时代的发展不断完善同样重要。修正的"客观真实说"容纳了"法律真实说"中体现的法律家思维,同时又承认并且强调诉讼程序应以确定"客观真实"为其终极目标,从而在程序安定与程序变革之间找到了一个平衡点。[①] 就其论证而言,

---

① 参见江伟、吴泽勇:《证据法若干基本问题的法哲学分析》,载《中国法学》2002年第1期。

这种观点已经完成了对传统客观真实观的修正，且结合了法律真实观的内核，业已很难断定其为二者中的哪一个。

另外，客观真实与法律真实两者所主张的证明标准也趋同一面。传统一元化的证明标准备受质疑，尤其是对民事诉讼和刑事诉讼两大类性质不同、任务有异的诉讼形态统一规定案件"事实清楚、证据确实充分"实属不当。《民事证据规定》第 73 条第 1 款规定："双方当事人对同一事实分别举出相反的证据，但都没有足够的依据否定对方证据的，人民法院应当结合案件情况，判断一方提供证据的证明力是否明显大于另一方提供证据的证明力，并对证明力较大的证据予以确认。"司法解释制定者和民事诉讼法学界诸多学者均认为该条文规定了"高度盖然性"证明标准。① 2015 年最高人民法院《关于适用〈中华人民共和国民事诉讼法〉的解释》（以下简称《民诉法解释》）第 108 条第 1 款规定："对负有举证证明责任的当事人提供的证据，人民法院经审查并结合相关事实，确信待证事实的存在具有高度可能性的，应当认定该事实存在。"第 3 款规定："法律对于待证事实所应达到的证明标准另有规定的，从其规定。"并于第 109 条规定："当事人对欺诈、胁迫、恶意串通事实的证明，以及对口头遗嘱或者赠与事实的证明，人民法院确信该待证事实存在的可能性能够排除合理怀疑的，应当认定该事实存在。"由此可见，民事诉讼法证明标准已经由原来的"事实清楚、证据确实充分"转换为"高度盖然性"加"排除合理怀疑"，即为由"客观真实观"转变为"客观真实观"与"法律真实观"的结合。

就刑事诉讼法领域而言，以前的刑事诉讼法以及相关解释、规定均没有对证明标准作进一步说明。2010 年《关于办理死刑案件审查判断证据若干问题的规定》第 5 条对办理死刑案件"证据确实、充分"的含义进行了解释，即：① 定罪量刑的事实都有证据证明；② 每一个定

---

① 参见李国光主编：《最高人民法院〈关于民事诉讼证据的若干规定〉的理解与适用》，中国法制出版社 2002 年版，第 463 页；黄松有主编：《民事诉讼证据司法解释的理解与适用》，中国法制出版社 2002 年版，第 351 页；常怡主编：《民事诉讼法学》（修订版），中国政法大学出版社 2005 年版，第 218 页；田平安、陈彬主编：《民事诉讼法学》（第 2 版），法律出版社 2010 年版，第 210 页；蔡虹主编：《民事诉讼法学》（第 3 版），北京大学出版社 2013 年版，第 256 页；董少谋主编：《民事诉讼法学》（第 2 版），法律出版社 2013 年版，第 277 页；何家弘、刘品新：《证据法学》（第 5 版），法律出版社 2013 年版，第 336 页。

案的证据均已经法定程序查证属实;③ 证据与证据之间、证据与案件事实之间不存在矛盾或者矛盾得以合理排除;④ 共同犯罪案件中,被告人的地位、作用均已查清;⑤ 根据证据认定案件事实的过程符合逻辑和经验规则,由证据得出的结论为唯一结论。2012年《中华人民共和国刑事诉讼法》(以下简称《刑事诉讼法》)第53条规定:"对一切案件的判处都要重证据,重调查研究,不轻信口供。只有被告人供述,没有其他证据的,不能认定被告人有罪和处以刑罚;没有被告人供述,证据确实、充分的,可以认定被告人有罪和处以刑罚。证据确实、充分,应当符合以下条件:(一)定罪量刑的事实都有证据证明;(二)据以定案的证据均经法定程序查证属实;(三)综合全案证据,对所认定事实已排除合理怀疑。"《刑事诉讼法》对"证据确实、充分"须满足三个条件的规定,尤其是"排除合理怀疑"的规定是一个新的变化。这说明"排除合理怀疑"证明标准只要求刑事诉讼法证明标准达到相对的真实。由"事实清楚、证据确实充分"转向"排除合理怀疑",也就意味着,《刑事诉讼法》证明标准已经从"客观真实观"转变为"客观真实观"与"法律真实观"的结合。

第三章 民事诉讼立法主义与事实发现

一、民事诉讼立法主义概述

每个国家和地区的民事诉讼立法都有若干重要的立法指导思想，但由于法律文化传统和理论演绎的不同，对于这些重要指导思想所冠以的名称、形成的体系有所差异，对于事实发现的追求路径也有一定的差异。

我国通常将民事诉讼法的立法指导思想称为"基本原则"。1982年《中华人民共和国民事诉讼法（试行）》第一章的标题就是"任务和基本原则"，除了前三条分别涉及立法根据、立法任务和空间效力外，第4—15条都是"基本原则"。1991年《民事诉讼法》将第一章的标题微调为"任务、适用范围和基本原则"，除了前四条分别涉及立法根据、立法任务、对事效力和空间效力外，第5—17条也都有归于"基本原则"的意图。经2007年、2012年、2017年三度修改，民事诉讼法第一章除增加"诚实信用原则"外，有关基本原则的立法技术并没有太多实质性的变化。[①] 对于民事诉讼法到底有多少个基本原则，学术界的分歧很

[①] 也有学者对此提出质疑。2005年，陈桂明、李仕春发表了《诉讼法典要不要规定基本原则》一文，提出了尖锐的质疑，引起了较大关注和争论。该文认为，基本原则在我国对于程序法典的重要性被夸大了，诉讼法典可以不规定基本原则。因为，第一，基本原则很难完全独立于诉讼价值和具体原则之外。比如说，为什么程序公正原则、诉讼效益原则就不能成为基本原则而规定到民事诉讼法典中去？第二，民事诉讼法上的基本原则不应当也不能承载规制诉讼主体的行为准则和司法准则的功能。遵行严格规则主义和程序法定主义的民事诉讼法，其立法的目标就是提供一套完备的诉讼行为规则体系。抽象模糊的基本原则只能导致当事人的无所适从和法官自由裁量权的滥用。第三，淡化法律特别是程序法的阶级属性和程序法典基本原则上的政治功能，是历史发展的必然要求。第四，法律讲究语言精练、逻辑严密、可操作性强，程序性规范尤其如此。而基本原则是抽象的、不确定的、没有直接可操作性。第五，在民事诉讼法典中规定基本原则，显然是给最高人民法院预留了法官造法（制定司法解释）的场所，这样既加重了最高人民法院的负担，也违反了程序法定主义。参见陈桂明、李仕春：《诉讼法典要不要规定基本原则》，载《现代法学》2005年第6期。

大,最多的一种观点认为民事诉讼法共有18项基本原则:① 同等和对等原则;② 审判权由人民法院行使原则;③ 人民法院独立进行审判原则;④ 当事人诉讼权利平等原则;⑤ 保障和便利当事人行使诉讼权利原则;⑥ 当事人在适用法律上一律平等原则;⑦ 依法调解原则;⑧ 合议原则;⑨ 回避原则;⑩ 公开审判原则;⑪ 两审终审原则;⑫ 使用本民族语言、文字进行民事诉讼原则;⑬ 辩论原则;⑭ 处分原则;⑮ 检察监督原则;⑯ 支持起诉原则;⑰ 人民调解原则;⑱ 民族自治地方制定变通或者补充规定原则。有学者则认为,有15项基本原则,其中,合议、回避、公开审判、两审终审不是基本原则(而被称为民事诉讼的基本制度),但把涉外民事诉讼的同等原则、对等原则也列入基本原则。这些原则或多或少都与诉讼中的事实问题或真相有联系。尤其是辩论原则、处分原则、直接言辞原则与事实问题关系更为密切。

在大陆法系国家或地区,通常将民事诉讼法的立法指导思想称为"立法主义"。所谓立法主义,实质上就是立法的指导思想。大陆法系诉讼法学理论经历了长期、完整的历史发展过程,针对民事诉讼立法在不同问题上的立法态度的不同,总结形成了一套完整的民事诉讼立法主义体系。具体而言,主要包括:① 处分权主义,即基于私法自治的大原则,当事人有权自由处分其私法权利;发生纠纷后,有权决定是否起诉或终结诉讼,何时、在何种范围程度内对谁起诉,此即为处分权主义。② 当事人主义与职权主义,即对于法院审判所需内容资料和审理程序,全部由当事人主导的称为当事人主义,全部由法院主导的称为职权主义。③ 辩论主义与职权探知主义,是指诉讼审理所需要的主要事实和证据资料,均须由当事人主张和收集提供的,称为辩论主义;均须由法院负责的,称为职权探知主义。④ 当事人进行主义与职权进行主义,是指当事人向法院起诉后或上诉后,诉讼程序推进的决定权归当事人、还是归法院,归当事人的称为当事人进行主义,归法院的称为职权进行主义。⑤ 言词主义与书面主义,是就民事诉讼程序进行中当事人和法院的诉讼行为方式而言,均须以言词方式的称为言词主义,均以书面为之的称为书面主义。⑥ 直接主义与间接主义,如果法官在审理程序中须亲自听取当事人的言词辩论及调查收集证据的,称为直接主义;反之称为间接主义。⑦ 公开主义与不公开主义,是指就法院的庭审活动是否向当事人之外的社会人士公开的问题,公开的称为公开主义;不公开的,称为不公开主义。此外,还有自由顺序主义和法定顺序主义、对席判决主义和缺席判决主义、自由心证主义和法定证据主义等多层次、多样化的立法指导思想。①

关键的问题是，大陆法系的"立法主义"是否等同于我国的"基本原则"？二者是否都与事实发现相关，二者在对待事实发现的问题上有何差异？

1. 并非所有的民事诉讼法的基本原则或者立法主义都与事实发现直接相关

这是首先应当明确的一点。例如，辩论原则（辩论主义）、处分原则（处分权主义）、直接言词原则（直接言词主义）、当事人主义或职权主义、自由心证主义或法定证据主义等与事实发现直接相关；当事人进行主义与职权进行主义、公开主义与不公开主义等对事实发现有一定的保障或配合作用；但同等和对等原则、审判权由人民法院行使原则、人民法院独立进行审判原则、当事人诉讼权利平等原则、保障和便利当事人行使诉讼权利原则、当事人在适用法律上一律平等原则等，与事实发现的关联性就比较小，甚至几乎没有关联。据此，本章主要选择处分权主义、辩论主义、直接言词主义等与事实发现有关联的立法主义进行重点研讨。

2. 大陆法系的"立法主义"与我国的"基本原则"在构成体系、基本内涵方面大不相同

大陆法系诉讼法理论上，通常存在一对一对的对应立法主义；而我国立法规定的基本原则通常是从中摘取或合理借鉴的某一个立法主义，并有简单化、绝对化理解的态势。例如，在对待民事诉讼中法院审判所需的主要事实和证据资料的来源问题上，大陆法系有辩论主义与职权探知主义两种立法主义相对应而存在；就辩论主义而言，其核心内容有三项：① 判断权利发生或消灭的法律效果所必需的要件事实（或主要事实），只要在当事人的辩论中没有出现，法院就不得以它为基础作出判决。② 法院在判决理由中所需要认定的事实只限于当事人之间争执的事实。至于没有争执的事实（自认及拟制自认），不仅没有必要以证据加以确认，而且也不允许法院作出与此相反的认定。

---

① 参见陈荣宗、林庆苗：《民事诉讼法》，台北三民书局2004年版，第43—57页；陈计男：《民事诉讼法论》，台北三民书局2004年版，第271—279页。

③ 认定所争执的事实所需要的证据资料必须从当事人提出的证据中获得,不允许法院依职权调查证据。① 但我国《民事诉讼法》第 12 条仅仅将其表述为"当事人有权进行辩论"。对于其内涵,除了强调辩论原则贯穿民事诉讼法始终以外,立法和司法解释长期未进一步具体明确,其内涵处于模糊不清的状态。有学者在研讨该条的立法初衷时,有过如下评述,"从基本原则的具体内容和条文的具体规定看,在一定程度上讲,其目的就是宣传社会主义法律,号召人民知法、守法"②,基本原则强调了社会主义法律的阶级属性和优越性,带有很强的政治色彩。换言之,前者在发现真相方面具有诉讼操作和程序保障的作用,后者更多的是具有政治和法律宣传作用。正是由于二者理论进路和基本内涵的显著差异,早在 20 世纪 90 年代张卫平教授就将我国的辩论原则称为"非约束性辩论原则",将大陆法系的辩论主义称为"约束性辩论原则",并提出了从"非约束性辩论原则"向"约束性辩论原则"发展的呼吁。③

3. 在对待立法主义或基本原则的科学态度上不同

大陆法系的立法主义是问题导向的,分类标准多样,既有针对程序启动、证据资料来源、诉讼行为方式等微观问题,也有针对当事人与法院权力配置结构的问题。大陆法系对待各种立法主义的态度相对理性,不过分夸大某一种立法主义的绝对优越性;而是主张根据社会发展情势、由立法者或法官不断创设或调整的司法政策作出灵活应对。陈荣宗先生认为,在欧洲大陆法系国家,"一百多年来实施民事诉讼法之经验积累极为丰富,所建立至许多立法主义,有者已成为坚立不动之基本原则,有者尚待时代考验。由于时代环境之不同,以及各国社会情况之差异,加上民事诉讼程序本身具有阶段性与变动性,人类已体验过许多民事诉讼法之立法主义,尚未发现有何种立法主义为

---

① 参见〔日〕兼子一、竹下守夫:《民事诉讼法》,白绿铉译,法律出版社 1995 年版,第 71 页。

② 陈桂明、李仕春:《诉讼法典要不要规定基本原则》,载《现代法学》2005 年第 6 期。

③ 参见张卫平:《我国民事诉讼辩论原则重述》,载《现代法学》1996 年第 6 期。

绝对完美,可无条件适用于全部民事诉讼法程序"①。我国民事诉讼法的基本原则是宣传导向的,学理上和实务中对待基本原则的态度更习惯于零和思维,把基本原则的适用强调到极致,却缺少了一些辩证思维。在我国传统的法学理论中,通常将基本原则描述为贯穿于某部门法始终、对立法起着指导性作用的准则,这一点在民事诉讼法的基本原则的界定方面也不例外。例如,有的认为民事诉讼法基本原则"是指在民事诉讼整个过程中起着指导性作用的准则";有的认为民事诉讼法基本原则"是指贯穿于整个《民事诉讼法》和民事诉讼过程的根本性和指导性规则"②。这类观点长期占据理论支配地位,流行于主流民事诉讼法学教科书中,产生了极大的影响。所以,笔者建议不强调基本原则的真理性和贯彻始终性,而是重视立法主义或诉讼原则对保障法院实施自由裁量而实现正义的理性思辨过程。基于这种思路,下文将重点研讨民事诉讼国内立法原则或立法主义与相关民事诉讼程序的完善之间的关联性问题,以期对民事诉讼立法的进一步修订提供参考。

二、处分权主义与发现真实

(一) 处分权主义的基本内涵

民事诉讼目的主要为解决私权争议,因此,在纠纷解决过程中难免受"私权自治"的民法理念的深刻影响。德国学者认为:"当事人的这种处分自由是与对私权的处分权相对应的(私法自治)。如果诉讼法要在诉讼中夺走当事人的这种自由,就会与私法自治产生矛盾。"③在民事诉讼中,承认当事人对诉讼标的拥有处分自由的思想,称为"处分权主义"或"处分原则"(Dispositions maxime)。诉讼法上的处分原则,与私法自治理念密切相关。

---

① 陈荣宗、林庆苗:《民事诉讼法》,台北三民书局2004年版,第42页。
② 李祖军主编:《民事诉讼法学论点要览》,法律出版社2001年版,第41—43页。
③ 〔德〕罗森贝克等:《德国民事诉讼法》,李大雪译,中国法制出版社2008年版,第522页。

按照大陆法系的通说,处分权主义的基本内涵如下:

1. 诉讼程序启动权原则上归当事人享有

民事诉讼程序只能依当事人的起诉而开始,法院只能处于消极被动地位,不得依职权主动开启诉讼程序。法谚曰:"无原告则无法官(Wo kein Kläger, da kein Richter)。"① 如果从广义上理解,处分原则还要求上诉审程序必须依当事人上诉而开始,再审程序必须依当事人提出再审之诉才能开始。大陆法系学者认为,在无人起诉的情况下法院作出的判决,以及诉已经撤回的情况下法院作出的判决,均为无效判决,属于法院侵犯了当事人的程序启动权、终结权,可通过上诉或再审予以撤销。②

2. 诉讼标的确定权只能归当事人享有

诉讼标的,是指在诉讼中作为法院审理和判决内容的实体权利主张,也称当事人的"诉讼请求"。③ 在实践中,民事诉讼总是围绕着诉讼标的而开始、发展乃至终结的:在起诉阶段,诉讼标的决定着法院事物管辖权的基础,并决定级别管辖;诉讼系属后,诉讼标的界定了法院的审理范围,当事人也只能以此为对象进行攻击防御(如果原告要求审理此外的实体请求,只能通过另行起诉或者诉的变更来实现);在裁判阶段,法院只能在诉讼标的的范围内作出判决,并对诉讼标的事项产生既判力。

原告在起诉时,通过向法院提出诉讼请求的方式确定了诉讼标的。法院只能针对诉讼标的作出裁判,而不应超出诉讼标的进行裁判。法谚曰:"当事人的请求,就是法院裁判的范围(Ne eat iudex ultra

---

① 只有在公共利益遭到侵害的情况下,才允许有例外。例如重婚案件,在德国可由主管行政机关提起撤销婚姻诉讼(《德国民法典》第1316条),在日本可由检察官提起诉讼(《日本人事诉讼程序法》第19条);在法国,为了维护公共秩序,检察得对各种案件提起诉讼(《法国新民事诉讼法典》第423条)。但无论如何,法院自己都不能主动开始诉讼程序。

② 参见〔德〕穆泽拉克:《德国民事诉讼法基础教程》,周翠译,中国政法大学出版社2005年版,第69页。

③ 参见〔日〕中村英郎:《新日本民事诉讼法讲义》,陈刚等译,法律出版社2001年版,第110页。

petita partium）。"①在实践中，即使原告本来可以胜诉，但只要当事人没有请求就不能判决。例如，当事人请求赔偿损失，但根据实际情况应当判决瑕疵修补，这时诉应当被驳回（除非当事人变更了诉讼请求）；当事人请求返还本金，法院不能附加判决支付利息；当事人只提起了部分请求权（可能是为了节约诉讼费用），法院不能对全部请求权进行判决等。不过，为了诉讼经济，可以赋予法院释明权。虽然法院可以释明，但诉讼标的范围的决定权仍归于当事人。

德国学者认为，如果法院的判决超出了原告的诉讼请求，不会导致无效，只是被告可以通过上诉程序请求救济。如果当事人没有提出上诉，该瑕疵随着既判力的发生而不再予以重视。②这意味着，当事人不能以此为由要求再审。我国《民事诉讼法》第200条规定，判决超出或遗漏请求的可以申请再审。这一规定是否合理呢？一方面，是否将超出请求的判决列为再审理由，是一个司法政策选择问题。笔者认为，超出诉讼请求的判决应当以无效判决对待，应当允许当事人通过上诉或再审途径请求废弃原判决。另一方面，对判决遗漏当事人诉讼请求的情形该如何处理，较为复杂一些。通常认为，法院的判决是建立在当事人主张的诉讼标的和诉讼请求的基础之上的。法院判决遗漏了一项或多项应予判决的诉讼标的或诉讼请求，即为判决脱漏。如何解决判决的脱漏问题，各国的做法不尽一致。大陆法系的一般经验是作出补充判决。所谓补充判决，是指发生裁判遗漏的法院对应裁判事项另行作出判决予以补正。③

3. 诉讼程序终结权主要归当事人享有

根据处分权主义的要求，是否启动诉讼程序由当事人决定，是否终结、何时终结诉讼同样由当事人决定。在正常情况下，诉讼通过法庭辩论、作出判决而终结。但是，当事人完全可以通过以下方式提前或者非正常地终结诉讼：

---

① 〔德〕奥特马·尧厄尼希：《民事诉讼法》（第27版），周翠译，法律出版社2003年版，第121页。

② 参见〔德〕罗森贝克等：《德国民事诉讼法》，李大雪译，中国法制出版社2008年版，第458页。

③ 参见赵泽君：《民事裁判遗漏的补充判决制度》，载《政法论坛》2008年第5期。

(1) 撤诉。原告可以撤回起诉，上诉人可以撤回上诉，再审申请人可以撤回再审申请。关于撤诉的时间，大陆法系一般规定在"判决宣告前"；关于撤诉的方式，可以由单方撤诉，也可以由各方共同向法院声明撤诉；关于撤诉的效力，撤诉自撤诉声明向法院表示时生效，撤诉的效力是使诉讼系属归于消灭，但当事人仍然保有实体权利（撤回上诉将导致认诺一审判决）；关于撤诉的限制，撤诉无需法院批准，但原则上须征得对方当事人同意。

(2) 原告放弃诉讼请求，被告承认诉讼请求，或者双方当事人达成诉讼和解。对前两种情况，法院须作出舍弃判决、认诺判决；对后一种情况，诉讼和解经记入笔录直接具有和判决相似的效力。这些都属于当事人通过直接处分实体权利而终结诉讼的方法。

(二) 处分权主义与发现真相理念的冲突

根据处分权主义，民事诉讼应当注重当事人合意解决纠纷机制的构建，而不深究争议案件的事实真相。例如，在合意解决纠纷机制方面，虽然《民事诉讼法》第93条规定，人民法院审理民事案件，"根据当事人自愿的原则，在事实清楚的基础上，分清是非，进行调解"。但是，一般认为并不过分查究事实真相。如最高人民法院《关于人民法院民事调解工作若干问题的规定》第4条规定："当事人在诉讼过程中自行达成和解协议的，人民法院可以根据当事人的申请依法确认和解协议制作调解书。"再如，在事实认定方面，《民事证据规定》第8条规定，"诉讼过程中，一方当事人对另一方当事人陈述的案件事实明确表示承认的，另一方当事人无需举证"，仅仅在涉及身份关系的案件做了例外规定。又如，在审判监督机制方面，《民事诉讼法》第201条对法院调解的再审理由，仅仅限于调解违反自愿原则或者调解协议的内容违反法律的，并没有规定事实不清、证据不足等情形。

处分权主义与发现真相理念的冲突，集中在民事诉讼以何种方式解决纠纷为妥当方面：前者强调，民事纠纷的解决应当尊重当事人的处分权，因为争讼民事权利是私权；后者强调，民事纠纷的解决应当在查明事实真相的基础上，正确适用法律作出权威性判定，因为民事审判活动是一种公权行为。前者强调，民事诉讼应当关注诉讼效率的程序价值，后者更加侧重于诉讼公正的价值目标。适度地强调处分权主义是合理的，但过于强调处分权主义、罔顾案件事实真相，就会损害诉讼公正，进而损害司法公信力。

近年来，我国司法实践中频繁出现恶意诉讼、虚假诉讼或者诉讼欺诈的现象，就是在一定程度上忽视了对发现事实真相目标的追求，片面强调处分权主义或处分原则的负面结果。对于恶意诉讼问题，也有学者将其称为虚假诉讼，并认为虚假诉讼主要有两种表现形式：第一，案件双方当事人恶意串通，共同实施损害第三人的合法权益；第二，案件一方当事人通过在诉讼中伪造证据等方式直接侵犯另一方当事人的合法权益。① 2000 年以后，恶意、虚假诉讼是司法实践中比较突出的问题，司法实务部门多次组织调研、研讨②，这方面的研究有逐渐升温的趋势。有的学者以诉讼欺诈为视角，探讨诉讼欺诈与民事欺诈和刑事欺诈的区别。例如，有学者认为："诉讼欺诈是指诉讼参加人恶意串通，虚构民事法律关系或法律事实，通过符合程序的诉讼形式，使法院作出错误裁判，从而达到损害他人利益、谋取非法利益的目的的违法行为。"③诉讼欺诈与民事欺诈、刑法上的诈骗犯罪以及民事诉讼中的滥用诉权既有区别又有联系。其中，滥用诉权是指诉讼当事人为了达到程序上的利益，在明知没有必要的情况下，过分地使用诉讼上的权利以拖延诉讼等，因此与诉讼欺诈不同。但比较来看，诉讼欺诈似乎只是恶意诉讼或虚假诉讼的一种表现形式而已。

（三）处分权主义与发现真相目标的协调

民事诉讼应当贯彻处分权主义，尊重当事人在纠纷解决方面的意愿，但是，不能以牺牲诉讼公正为代价，不能一味地忽视发现事实真相的追求。申言之，应当在二者之间寻找某种平衡，进行协调。

---

① 参见钟蔚莉等：《关于审判监督程序中发现的虚假诉讼的调研报告》，载《法律适用》2008 年第 6 期。

② 参见柴春元、刘金林：《规制恶意民事诉讼法、净化私权行使空间——"虚假恶意民事诉讼"研讨会综述》，载《人民检察》2004 年第 1 期；魏新璋、张军斌、李燕山：《对"虚假诉讼"有关问题的调查与思考——以浙江法院防范和查处虚假诉讼的实践为例》，载《法律适用》2009 年第 1 期。

③ 陈桂明、李仕春：《诉讼欺诈及其法律控制》，载《法学研究》1998 年第 6 期。

1. 应当明晰处分权主义下的法院的诉讼义务

处分权主义为当事人设定了权利,同时为法院设定了义务。当事人如何行使权利无需过多分析,关键是,如果法院违反了处分原则会产生什么样的后果?① 法院侵犯了当事人的程序启动权、终结权的后果。大陆法系学者认为,在无人起诉的情况下法院作出的判决,以及诉已经撤回的情况下法院作出的判决,均为无效判决,可通过上诉或再审予以撤销。① ② 法院超出或遗漏了当事人诉讼请求的后果。德国学者认为,如果法院的判决超出了原告的诉讼请求,不会导致无效,只是被告可以通过上诉程序请求救济。如果当事人没有提出上诉,该瑕疵随着既判力的发生而不再予以重视。② 这意味着,当事人不能以此为由要求再审。《民事诉讼法》第 200 条规定,判决超出或遗漏请求的可以申请再审。这一规定是否合理呢?一方面,是否将超出请求的判决列为再审理由,是一个司法政策选择问题。笔者认为,超出诉讼请求的判决应当以无效判决对待,应当允许当事人通过上诉或再审途径请求废弃原判决。另一方面,对判决遗漏当事人诉讼请求的情形该如何处理,较为复杂一些。通常认为,法院的判决是建立在当事人主张的诉讼标的和诉讼请求的基础之上的。法院判决遗漏了一项或多项应予判决的诉讼标的或诉讼请求,即为判决脱漏。如何解决判决的脱漏问题,各国的做法不尽一致。大陆法系的一般经验是作出补充判决。所谓补充判决,是指发生裁判遗漏的法院对应裁判事项另行作出判决予以补正。③

2. 应当确立当事人的真实义务

以诚实信用原则作为处分权主义的合理约束。《民事诉讼法》第 13 条第 1 款已经确立了诚实信用原则,即"民事诉讼应当遵循诚实信用原则",并将其放置在第 2 款规定的处分原则之前,制约之意已经比

---

① 参见〔德〕穆泽拉克:《德国民事诉讼法基础教程》,周翠译,中国政法大学出版社 2005 年版,第 69 页。

② 参见〔德〕罗森贝克等:《德国民事诉讼法》,李大雪译,中国法制出版社 2008 年版,第 458 页。

③ 参见赵泽君:《民事裁判遗漏的补充判决制度》,载《政法论坛》2008 年第 5 期。

较明显。与此相配套,《民事诉讼法》第 111 条、第 112 条、第 113 条已经就伪造、毁灭证据,以暴力、威胁、贿买方法阻止证人作证或者指使、贿买、胁迫他人作伪证,诉讼、执行程序中恶意串通侵害他人合法权益等行为的法律责任作了规定。应该说,这些规定对于缓和处分原则与发现真相之间的矛盾有一定的积极作用。但是,还缺乏更为系统的全面理论和制度建构。我们认为,应当从总体上对以下三方面进行完善:

(1) 对恶意提起民事诉讼的行为进行规制。恶意提起民事诉讼,是指行为人没有事实上和法律上的根据,为了谋求不正当利益或意图使得他人受到损害,而向法院提起民事诉讼的行为。从我国既有的理论研究看,它等同或包含下列概念,如恶意诉讼、诉讼欺诈、虚假诉讼、滥用法律诉讼、滥用诉权等。关于其表现形态,有学者认为可分为欺诈性诉讼、骚扰性诉讼、轻率性诉讼、多余性诉讼、重复性诉讼、琐碎性诉讼等六类。[①] 笔者认为,最后一种情形值得商榷[②];而且,该列举也是一种不完全列举,为防止挂一漏万,应从恶意诉讼的基本特征着手,以便随着实践需要不断充实其外延。基本特征有二:① 没有事实和法律上的正当根据,故意提起诉讼;② 通过诉讼这种表面合法的形式,来达到维护合法权益以外的非正当的目的(如通过欺诈获得他人财产、通过诉讼损害他人名誉和商誉、通过诉讼进行自我宣传和炒作、通过诉讼规避法律等)。

(2) 对违反真实义务的行为进行规制。真实义务,是指当事人向法院提出的事实主张和证据材料应当真实、全面,对对方当事人主张的事实和证据应为真实的表态和辩解。可以说,当前我国诉讼违法最为集中的表现,就是欺诈、虚假、恶意否认大行其道而不受法律约束,致使诉讼程序的正义性品格大大降低。为此,应从两方面完善:① 当事人提出诉讼请求所依据的事实、证据,应当真实、全面。当事人虚构事实、歪曲事实真相、在复杂的案件中断章取义地选取于己有利的事

[①] 参见汤维建:《恶意诉讼及其防治》,载陈光中主编:《诉讼法理论与实践》,中国政法大学出版社 2003 年版,第 331—335 页。

[②] 公民能否基于微小的利益提起诉讼,如能否提起 5 角钱诉讼,这本身就是一个司法政策问题。笔者认为,如果当事人起诉请求的只是微小的、纯粹个人的财产利益,可视之为滥用诉权;但如果涉及人身利益或者同时还涉及公共利益(如违法的公厕收费),应当承认这是一种正当的诉讼。

实,或者伪造证据、变造证据,欺骗法庭、损害对方当事人权益的,不但要驳回诉讼、要求其承担诉讼费用,还要进行罚款、拘留的程序性制裁,以及赋予受害方赔偿损失的实体请求权,甚至追究刑事责任。② 当事人对于对方当事人主张的事实和证据,应为陈述,且应为真实、全面的陈述。如果当事人对于他方主张的真实事实(比如其亲自参与的活动)故为否认,或者对真实的证据(比如他亲自签名的合同书)故为否认,待判决认定事实或证据为真时,应当责令承担诉讼费用,同时对否认的当事人进行罚款、拘留,并赋予受害方损害赔偿请求权。

(3) 对后果责任作出更加科学合理的规定。当事人实施了诉讼违法行为后无非有两类程序性后果:一类是在诉讼目的范围内产生的"不利后果",另一类是程序性制裁。我国宜按以下思路进行完善:① 以"不利后果"为原则,以程序性制裁为例外。从某种意义上说,让诉讼违法行为在诉讼目的范围内产生"不利后果",即使行为主体无法获得其所期望的不当利益,这是对其最好的"制裁"(不是制裁、但胜似制裁)。例如,对虚假诉讼的人"驳回诉讼请求",对违法的自认和和解"使其无效",对逾期举证的人"使其失权",对拒不表态的人"视为自认",对持有对方需要的证据又不提供的人"视为对方主张为真实",对伪造的事实和证据"不予认可",对原告拒不出庭的"视为撤回起诉",对被告拒不出庭的"缺席判决",等等。但是,在有些情况下,"不利后果"显然不能充分发挥对受害者的弥补作用和对违法者的惩戒作用。例如,违法行为可能造成了无益的诉讼活动,由此产生的额外费用如果不由行为人承担,就等于是对其他诉讼参与人的惩罚。又如,行为人拒不出庭导致诉讼无法进行,而按撤诉处理或缺席判决又不适合时,就需要拘传到庭。再如,违法行为虽然未给当事人造成利益损害,但严重妨碍了诉讼的正常秩序,不给予罚款、拘留等惩罚性制裁,难以预防该行为将来的重复发生。在这种情况下,《民事诉讼法》第100—103条规定了训诫、责令退出法庭、拘传、罚款、拘留和责令承担诉讼费用等程序性制裁措施,这是必要的。② 以金钱制裁为原则,以人身制裁作为例外。民事诉讼以解决民事争议为目的,原则上采取金钱性制裁措施,而将人身性制裁作为例外,这是各国的通例。① 在我国,涉及金钱制裁的措施主要有两种:一是罚款,二是责令负担费用。关于罚款,根据《民事诉讼法》第 115 条的规定,对个人的罚款金额,为人民币 10 万元以下;对单位的罚款金额,为人民币 5 万元以上 100 万元以下。关于不正当行为引起的费用,《人民法院诉讼收费办法》第 25 条规定:"由于当事人不正当行为所支出费用的,不论实施不正当行为的当事人诉讼结果是否败诉,都由该当事人负担。"在我国,涉及人身制裁的措施主要有四种,即训诫、责令退出法庭、拘传和拘留。其中,"训诫"是一种名誉性的制裁(类似于行政处罚中的"警告"),"责令退出法庭"是一种行为性制裁,二者用于维持法庭秩序是妥当的。"拘传""拘留"都是限制人身自由性质的制裁。针对当事人的拘传措施,今后可以考虑取消,因为这既与民事诉讼的处分原则不符,又不会有什么实际效果。② 根据《民事诉讼法》第 110 条的规定,对于当事人实施的扰乱法庭秩序,作伪证,妨害作证,非法处置查封、扣押、冻结的财产,打击报复证人,妨害公务,拒不执行判决、裁定等行为,在不构成犯罪的情况下给予拘留,这一规定与各国的立法精神基本相符。

三、辩论主义的嬗变与诉讼权利义务的合理配置

(一) 从辩论主义到协同主义

在民事诉讼中,围绕作为法院裁判基础的事实和证据资料由谁提出的问题,形成了两种立法主义:如果由当事人负责主张和提出,就

---

① 从国外立法来看,对当事人的诉讼违法行为,在美国一般是责令赔偿损失(包括律师费),只有构成犯罪时才会受到人身制裁;在法国原则上可以罚款、赔偿损失,只有在干扰证人作证、扰乱法庭秩序时才会驱逐出庭;在德、日原则上只是责令当事人支付迟延的费用,连罚款都很少适用,更不用说人身性制裁了。

② 在各国立法中,拘传主要适用于证人,鲜见对当事人可以拘传的先例。拘传当事人没有意义,因为当事人不到庭可以用缺席判决或罚款解决,严重者可按藐视法庭追究刑事责任;反过来说,即使将当事人拘传到庭,如果其不开口说话,拘传也是徒劳无益。

称为"辩论原则"或"辩论主义"(Verhandlungsmaxime)①;如果由法院依职权调查收集,则称为"职权探知原则"或"职权探知主义"(Untersuchungsmaxime)。

按照大陆法系学者的理解,"辩论主义"主要包含三方面的含义:① 直接决定民事权利发生、变更或消灭的主要事实(构成要件事实),必须在当事人的辩论中出现;法院不能以当事人没有主张的事实作为判决的基础。② 对于双方当事人没有争议的事实,法院应当作为判决的基础;法院仅在当事人之间有争议的情况下调查证据。③ 法院对证据的调查,原则上仅限于当事人提出的证据,法院不能依职权主动调查证据。②

为什么要遵循辩论主义呢?传统的观点认为,民事诉讼的本质是一种私权争议解决方式,基于私法自治的原则,在纠纷解决中应当尊重当事人的意思,作为裁判基础之事实的决定权亦不例外("本质说")。另一种观点认为,当事人是争议私权的利害关系方,根据趋利避害和追求胜诉的心理,他当然会竭尽全力地主张、收集和提出诉讼资料,较之于法院调查收集证据而言,这是一种更有利于发现事实真相的手段("根据说")。还有学者从"诚实信用"的角度出发,认为辩论主义的作用与其说是尊重当事人的意思,不如说是对法院的审判权形成了制约,从而能够防止突袭性裁判,确保裁判的公正性和公信力。③

长期以来,辩论主义一直是大陆法系主导型的民事诉讼理念。但

---

① 在我国,经常有学者将处分原则和辩论原则混淆在一起。大陆法系通说认为:处分原则专指当事人对诉讼标的的处分。而辩论原则与诉讼标的的处分无关,仅仅涉及事实和证据材料的提供;虽然法院原则上只根据当事人提供的材料进行裁判,但当事人无权对事实材料自由处分,而是负有真实、完全陈述的义务。参见〔德〕罗森贝克等:《德国民事诉讼法》,李大雪译,中国法制出版社2008年版,第522页。

② 参见〔日〕兼子一:《民事诉讼法体系》(增订版),酒井书店1978年版,第198页。

③ 参见〔日〕高桥宏志:《民事诉讼法——制度与理论的深层分析》,林剑锋译,法律出版社2003年版,第332页。

是,这并不意味着它没有例外①,也不意味着它是一成不变的。实际上,自 20 世纪 70 年代以来,辩论主义已经遭到了"协同主义"思潮的严峻挑战。1972 年,德国学者贝特曼(Bettermann)率先使用了"协同主义"(Kooperationsmaxime,又译"合作主义")一词。1978 年,德国学者鲁道夫·瓦舍尔曼(Rudolf Wassermann)发表了题为《社会的民事诉讼》的论文,他将 19 世纪的民事诉讼模式称为"自由主义的诉讼模式",而将战后德国的民事诉讼模式称为"社会的民事诉讼模式",并指出支配自由主义诉讼模式的思想基础是"辩论主义",支配社会民事诉讼模式的思想基础是"协同主义"。他还大胆预言,"以往民事诉讼法的基本原理——辩论主义,因现代法制基础改变业已终结了",取代辩论主义原则的是与"社会国家原则"一致的"协同主义原则"。②

目前,尽管大陆法系的多数学者认为,辩论主义不是被取代了,而只是被修正了,但法院的职权不断得到加强,法院和当事人之间的权利义务已经发生了重大调整,这是一个不争的事实。其中,最典型的表现是:法院的诉讼领导权(更多涉及诉讼程序的推进,故放在下文职权进行主义中阐述),法院的释明权(义务),法院的法律观点指出义务(权力),当事人的真实、完全陈述义务等。

(二) 协同主义视角:诉讼权利义务的调整

1. 法院对当事人事实主张的协助——释明义务

释明,又称阐明,是指在当事人的事实陈述或证据材料不清楚、不妥当或不充分时,法官通过询问的方式,敦促其澄清事实主张,或者敦

---

① 辩论主义并非适合于所有的诉讼领域,在实践中存在大量的例外。第一,在涉及公共利益的人事诉讼和非讼程序中,往往采用职权探知主义,而不是辩论主义。第二,即使在普通诉讼程序中,也有例外。《德国民事诉讼法典》第 56 条规定,法院对于当事人能力、诉讼行为能力、代理人的权限等问题,应依职权进行调查;德国学者甚至将这类规定称为"介于辩论主义和职权探知主义之间的职权审查原则(Grundsatz der Amtsprüfung)"。参见〔德〕奥特马·尧厄尼希:《民事诉讼法》(第 27 版),周翠译,法律出版社 2003 年版,第 138 页。

② 〔德〕鲁道夫·瓦瑟尔曼:《从辩论主义到合作主义》,载〔德〕米夏埃尔·施蒂尔纳编:《德国民事诉讼法学文萃》,赵秀举译,中国政法大学出版社 2005 年版,第 371 页。

促其进一步举证的活动。通常认为,民事诉讼中的释明可以分为"澄清不明确的释明""消除不妥当的释明""补充诉讼材料的释明""提出新的诉讼材料的释明"和"举证方面的释明"等五种类型。①

释明原本是法官的一项诉讼权力,后来逐渐演变为法官的一项诉讼义务。据考证,德国1877年《民事诉讼法》就已经对法官的释明问题作了规定,只不过在当时被视为是法官的询问权。在1924年修法时,法院的释明开始转变为一种强制性规定——即法官询问义务(Richterliche Aufklarungspflicht)。在此后的修法活动中,德国进一步扩大了法官释明义务的范围;如1976年的《简化修订法》,将法官与当事人进行法律上的讨论作为法官的一项义务。2001年,德国通过的《民事诉讼改革法》更加强调法院的"实质的诉讼领导",并且赋予了法官通过公开和及时的信息来引导当事人更丰富和更有针对性的活动的任务。② 如今,德国学者甚至将释明义务誉为民事诉讼的"大宪章"(Magna Charta)。③

在日本,法官的释明经历了从职权主义的积极释明到古典辩论主义的消极释明,再到程序保障的积极释明的变迁。具体来说,"二战"以前日本大审法院认可"法院负有释明义务"的范围较广,"二战"后日本最高法院倾向于缩小其范围,甚至一度达到了不认可法院释明制度的程度。不过,从1955年起,日本最高法院的立场又再次朝着"认可法院的释明义务并不断扩大其范围"的方向发展,这种趋势一直延续到今天。④ 1996年,修订后的《日本民事诉讼法典》第149条规定:"审判长为了明了诉讼关系,在口头辩论的期日或者期日之外,就有关事实及法律上的事项对当事人进行发问,并且催促其进行证明。"

如果法官违反了释明义务,会产生什么样的法律后果呢?日本学者认为,一方面,如果法官懈怠履行释明义务,可以成为上诉的理由,

---

① 参见〔日〕奈良次郎:《诉讼资料收集中法院的权限和责任》,载〔日〕新堂幸司编:《讲座民事诉讼》④,弘文堂1984年,第144页。

② 参见 Amtliche Begründung, BT-Drs. 14/4722, S. 62;转引自李大雪:《二战后德国民事诉讼法之改革研究》,西南政法大学2007年博士学位论文,第50页。

③ 参见〔德〕鲁道夫·瓦瑟尔曼:《从辩论主义到合作主义》,载〔德〕米夏埃尔·施蒂尔纳编:《德国民事诉讼法学文萃》,赵秀举译,中国政法大学出版社2005年,第363页。

④ 参见〔日〕新堂幸司:《新民事诉讼法》,弘文堂1998年版,第294页。

但不是再审的理由。作为"判断法院是否产生释明义务"的一个大致标准就是：在因法院未进行释明而使裁判结果发生逆转之盖然性较高的情形下（优势盖然性标准），上级法院应当在斟酌双方当事人公平的基础上，来撤销违反释明义务的原审法院判决。① 另一方面，如果法官过度地行使释明权，即滥用释明权，也将构成违法。不过，日本判例的态度是，即使原审法院对诉的变更进行了释明，也不轻易认定其为违法行为。② 这是因为，在上诉法院认定释明因过度而违法的情况下：如果撤销原判、发回重审，那么对方当事人有可能再次"自发地"提出同样的主张，这时原审法院无权禁止当事人这么做；如果直接改判，则不免有将原审法院的错误转嫁给当事人承担的嫌疑。如此一来，纵使原审法院的释明因使对方感到不公平而显得"过度"，但只要符合事实真相，就不能认为释明违法；而如果不符合事实真相，可以另以"事实认定错误"为由提出上诉。③

我国民事诉讼法学理论研究起步较晚，法院在诉讼中权力过大且经常滥用的问题一直困扰着法学界。所以，自20世纪90年代以来，我国学者的研究多是围绕如何限制法院权力、确立辩论主义法理的问题展开的。直到2000年以后，才出现研究"协同主义"诉讼模式的论文。④ 与此同时，继1991年修订《民事诉讼法》时限制法院调查收集证据的范围、强化当事人举证责任之后，2001年最高人民法院《民事证据

---

① 参见〔日〕高桥宏志：《民事诉讼法——制度与理论的深层分析》，林剑锋译，法律出版社2003年版，第360页。

② 日本最高裁判所昭和45年（1970）6月11日判决认为："纵使法院的释明可能涉及具体的请求原因，事实审法院仍然可以对原告作出这种释明……因此，法院将连带保证债务变更为承包债务的释明行为并不构成违法。"参见《日本最高裁判所民事判例集》（第24卷第6号），第516页以下。

③ 也有学者认为，过度的释明构成上诉法院撤销判决的理由；或者主张，过度释明应成为回避的理由。参见〔日〕高桥宏志：《民事诉讼法——制度与理论的深层分析》，林剑锋译，法律出版社2003年版，第362页。

④ 参见田平安、刘春梅：《试论协同型民事诉讼模式的建立》，载《现代法学》2003年第1期；唐力：《辩论主义的嬗变与协同主义的兴起》，载《现代法学》2005年第6期；王福华：《民事诉讼协同主义：在理想和现实之间》，载《现代法学》2006年第6期等。

规定》也作了一些举证指导的规定①,这些实际上都是关于法院释明权(义务)的规定。但是,仍然存在两方面的问题:第一,现行法律和司法解释未就法院的释明权(义务)作出一般性规定,致使实践中法院释明于法无据或者胡乱释明的情形屡见不鲜;第二,从现有司法解释看,有关释明的条文使用的是"应当",这表明释明既是法院的诉讼权力也是诉讼义务,但对违反这项义务的后果缺乏规定。比如,由于法院未尽释明义务,导致当事人未能及时提交证据,能否按失权处理?如果按失权处理了,能否以法院未尽释明义务为由提起上诉或申请再审?笔者认为,在我国不实行律师强制代理的情况下,对法院违反释明义务的行为,赋予当事人上诉权寻求救济是一种正确的方向,前述日本的判例和理论无疑是一种可资借鉴的经验。

2. 法院对当事人法律见解的协助——法律观点指出义务

法律观点指出义务,是指法院欲将当事人在辩论中没有提出的法律观点作为判决基础时,必须就此向当事人指出并给予其表明意见的机会的义务。② 这里的法律观点,是指法院以当事人所主张的事实、证据为基础而形成的法律评价,包括法律的解释与适用、判例的适用与变更、作为请求基础的法律构成要件、证明责任分配以及证据评价的运用等。

法官的法律观点指出义务,实际上是其释明义务的一部分,最早见之于德国 1924 年民事诉讼修订法。1976 年,德国《简化修订法》第 278 条第 3 款进一步明确规定:"对于当事人明显忽略或认为不重要的法律观点,除附随债权外,法院仅在就此赋予当事人表明意见的机会

---

① 如最高人民法院《民事证据规定》第 3 条第 1 款规定:"人民法院应当向当事人说明举证的要求及法律后果,促使当事人在合理期限内积极、全面、正确、诚实地完成举证。"第 33 条第 1 款规定:"人民法院应当在送达案件受理通知书和应诉通知书的同时向当事人送达举证通知书。举证通知书应当载明举证责任的分配原则与要求、可以向人民法院申请调查取证的情形、人民法院根据案件情况指定的举证期限以及逾期提供证据的法律后果。"第 35 条第 1 款规定:"诉讼过程中,当事人主张的法律关系的性质或者民事行为的效力与人民法院根据案件事实作出的认定不一致的,不受本规定第三十四条规定的限制,人民法院应当告知当事人可以变更诉讼请求。"

② 参见熊跃敏:《民事诉讼中法院的法律观点指出义务:法理、规则与判例》,载《中国法学》2008 年第 4 期。

后,始得作为裁判的基础。"根据"法律观点指出义务"的要求,在诉讼中,法院应就法律适用与当事人进行讨论;法院欲将当事人没有提出的法律观点作为判决的基础时,应当预先向当事人指出,给予当事人发表意见的机会,否则不得作为裁判的依据。① 值得注意的是,由于辩论主义仅仅涉及"作为裁判基础的事实资料"之收集权限与责任分配问题,因此,严格地说,违反法律观点指出义务并没有违反辩论主义。但是,当事人在诉讼中提出事实主张和证据资料并非漫无目的的,而应当是建立在一定的实体法观点基础之上的,如果采用的法律观点不同(如主张违约,还是侵权),需要提出的事实主张和证据材料就会有差别。就此而言,法律观点指出义务与辩论主义又有密切的关联。关于法院和当事人对于诉讼事项的分工,可参见下面的图1②:

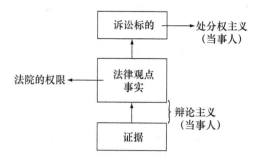

图1　法院与当事人的诉讼权力(利)分工示意图

为什么要让法官承担法律观点指出义务呢？通常认为,主要是为了避免突袭性裁判。所谓突袭性裁判,是指法院违反事实上和法律上的释明义务,没有赋予当事人就相关事实与法律适用表明意见的机会,就以此为基础所形成的裁判。突袭性裁判分为事实认定的突袭与法律适用的突袭。如果法院在诉讼中未适度阐明或未保障当事人陈述意见的机会,以致该裁判所依据的法律观点不能被当事人合理预期,即构成法律适用的突袭。③ 法律层面突袭裁判的发生,主要源于"法官知法"的原则。长期以来,"当事人提供事实,法院适用法律"成

---

① 参见〔日〕吉野正三郎:《诉讼审理中法官的权限与责任》,载《立命馆法学》1988年第1期。

② 参见〔日〕高桥宏志:《民事诉讼法——制度与理论的深层分析》,林剑锋译,法律出版社2003年版,第366页。

③ 参见姜世明:《法律性突袭裁判之研究》,载《万国法律》2000年第6期。

为当事人与法院在诉讼中权能分担的基本准则,这在一方面保护了对法律无知的当事人,减轻了当事人的负担;但另一方面,当事人参与法律适用的权利一定程度上被剥夺了。当事人在不了解法官的法律见解时,难以展开有效的攻击与防御活动,结果常常不得不面临来自法律适用方面的突袭性裁判。法官的法律观点指出义务,正是防止突袭性裁判的重要手段。

我国也有一些有关法律观点指出义务的法律规定,如告知变更诉讼请求、告知举证责任分配等①,但从诉讼行为论的角度看,关于法律观点指出义务的立法依据、适用范围、适用阶段和法律后果都还不够清楚。今后,可以从以下四个方面加以完善:

(1) 在立法中明确规定法院负有"法律观点指出义务"。我国将来修改民事诉讼法时,可以考虑设立专条规定:法院欲适用的当事人明显忽略或认为不重要的法律观点,以及法院的法律观点与当事人的理解明显不同时,应向当事人表明法院的法律见解,赋予当事人陈述意见、补充事实与证据的机会。

(2) 明确法律观点指出义务的范围。原则上,所有影响裁判结论的法律问题都应当成为法官释明的对象,既包括实体法,也包括程序法。前者如争讼的实体法律关系的性质、实体法律构成要件等的理解;后者包括证明责任分配规则、证据排除规则等的理解。

(3) 明确法律观点指出义务的适用阶段。法官指出其法律观点的义务,不仅存在于法庭审理阶段,而且在审前准备阶段也存在,为当事人提出事实与证据指明方向,避免当事人在收集证据资料过程中的无序与茫然。

(4) 明确违反法律观点指出义务的法律后果。法官超越界限指出法律观点,属于违反法官中立原则的行为;而不履行法律观点指出义务,会影响裁判结果的妥当性,这些均属违法行为。为此,法律应当为当事人提供相应的救济手段。一审法官违反法定义务的,当事人可以以此为由提起上诉,二审法院视情况决定发回重审;终审法官违反法定义务的,当事人可以以"违反法律规定,剥夺当事人辩论权利"为由申请再审。但是,如果一审法官违反义务,当事人未及时提起上诉的,不宜再允许其以该理由申请再审,应视为当事人放弃了责问权,但

---

① 参见《民事证据规定》第3、33、35条。

另有其他法定可以申请再审的理由存在时除外。

3. 当事人事实主张自由的限制:真实、完全义务

当事人的诉讼行为,可以分为申请(诉讼请求)、主张和举证三类。其中,与辩论主义存在特别关系的当属其中的主张。主张,是指当事人陈述法律效果或者陈述事实的行为,分为法律主张和事实主张。法律上的主张,是指当事人就与其具体权利有关的法律见解所作的陈述;对此问题,属于法院裁判权的范围,当事人仅仅是提供建议。事实上的主张,是指当事人就与其权利有关的"具体事实存在与否"所作的陈述;对方当事人可能作出的反应包括四种,即否认、不知、自认、沉默。

在 20 世纪 20 年代以前,欧洲各国普遍允许当事人自由地提出有利于自己的事实主张,并无真实义务的限制。但在理论上,已对当事人是否应当承担真实义务展开过讨论。持否定说的学者认为,"真实之确定非为民事诉讼之目的,而系其希望者,然民事诉讼不得保障此项希望"[①];"在德国法(注:指 1933 年《德国民事诉讼法典》修改以前)真实义务仅为道德上之义务(Moralische Pflichten)"[②]。更有学者认为,民事诉讼是当事人之间的决斗,其中应当允许包括诉讼谎言在内的一切手段,法院的任务只在于维持少量的、根本性的规则。[③] 持肯定说的学者则认为:"当事人一方对于对造当然负有诉讼法上之义务,此义务系由法院依照法规或基于法规之授权,因对方利益而认定者。……法律虽未明文规定,但由诉讼法治精神观之,亦宜承认当事人有真实义务。"[④]"诚实信用原则之支配民事诉讼法,实与其支配一切

[①] Wach, Vorträgen über die ZPO. S. 14, 1896; 转引自蔡章麟:《民事诉讼法上诚实信用原则》,载杨建华主编:《民事诉讼法论文选辑》(下),台北五南图书出版公司 1984 年版,第 18 页。

[②] Goldschmidt, Lehrbuch, S. 74; 转引自蔡章麟:《民事诉讼法上诚实信用原则》,载杨建华主编:《民事诉讼法论文选辑》(下),五南图书出版公司 1984 年版,第 19 页。

[③] See Olzen, Die Wahrheitspflicht der Parteien im Zivilprozess, ZZP 98 (1985), S. 413.

[④] Hellwig, System B, 1S. 400ff.; 转引自蔡章麟:《民事诉讼法上诚实信用原则》,载杨建华主编:《民事诉讼法论文选辑》(下),台北五南图书出版公司 1984 年版,第 19 页。

法域相同，国家绝不给予不正之人或无良心之人，以一种工具。"①经过激烈的争论，最终"肯定说"占据上风，其观点在德国 1933 年修改的民事诉讼法中得到了反映。该法第 138 条第 1 款明确规定："当事人应就事实状况为完全而真实的陈述。"在此前后，大陆法系国家纷纷修改了诉讼法，确认了当事人负有真实陈述的义务。②

目前，《德国民事诉讼法典》第 138 条规定（当事人对事实的说明义务）："（1）当事人应就事实状况为完全而真实的陈述。（2）当事人对于对方当事人所主张的事实，应为陈述。（3）没有明显争执的事实，如果从当事人的其他陈述中不能看出有争执时，即视为已经自认的事实。（4）对于某种事实，只有在它既非当事人自己的行为，又非当事人自己所亲自感知的对象时，才准说不知。"德国法的这一立场，对于辩论活动中的自由和无序进行了限制，换言之，就是一种"当事人不能违反自己的认识（来提出主张），当事人不能通过对某一事实的主张或争执来对法院的判断产生误导"的思想，这种思想尽管是一种基于伦理立场的观念，不过，也可以将其理解为"诚实信用原则在诉讼法上的体现"③。1996 年《日本民事诉讼法典》第 2 条亦规定："法院应为民事诉讼公正并迅速地进行而努力；当事人进行民事诉讼，应以诚实信用为之。"可见，诚实信用已经成为日本民事诉讼法的基本原则。

我国法律未对当事人是否负真实义务作出明确规定。考虑到近年来诉讼欺诈、恶意诉讼现象泛滥的现实，有必要考虑修法确认当事人的真实、完全义务。但同时，应注意以下两个问题：

---

① Adolf Baumbach, Elementarbuch des Zivilprozesses 1936. s. 3ff.；转引自蔡章麟：《民事诉讼法上诚实信用原则》，载杨建华主编：《民事诉讼法论文选辑》（下），五南图书出版公司 1984 年版，第 20 页。

② 例如，1895 年《奥地利民事诉讼法典》第 178 条规定："当事人据以声明所必要之一切情事，须完全真实且正确陈述之。"1910 年《匈牙利民事诉讼法典》第 222 条规定："当事人或代理人以恶意陈述显然虚伪之事实，或对他造陈述之事实为显然无理由之争执或提出显然不必要之证据者，法院应科以定额以下之罚锾。"1930 年《南斯拉夫民事诉讼法典》第 242 条规定："各当事人关于其陈述及立证，应就所必要的一切事实状况，逐一依据真实，为完全且明确之陈述。"1942 年《意大利民事诉讼法典》第 88 条规定："当事人关于事实上状况，应完全且真实陈述之。"1947 年《日本民事诉讼法典》第 331、339 条规定，对文书真实性的争执和虚伪陈述可以给予制裁。

③ 〔日〕伊藤真：《民事诉讼法》，有斐阁 1998 年版，第 254 页。

（1）当事人的真实、完全义务是否与辩论主义协调？一般认为，所谓真实义务，并不是"以让当事人陈述真实"的积极义务为内容的，而仅仅具有禁止"当事人蓄意作虚假陈述"或"虽然不知但仍然妄加主张"的消极性内容。换言之，当事人不能违反自己的主观性事实认识来提出主张或作出否认。我国立法应当确认当事人的真实义务，但同时需注意与自认撤回制度的协调，以防当事人以遵守真实为名而滥用撤回自认的权利。而所谓完全义务，是指当事人必须将自己对于事实的认识全部提出到辩论中，而不许隐瞒。如此一来，就可能与辩论主义中当事人只有负担、可以处分主张的部分相矛盾。因此，学者认为，完全义务的内容较为空洞化，宜将其视为与真实义务内容相同的一项义务，也就是说，法院不能命令"当事人进行完全的陈述"，而只有在当事人基于隐瞒部分的事实而作出的不完全陈述从整体上看违反其主观真实时，才禁止其进行这种陈述。①

（2）当事人违反真实、完全义务时，会产生什么样的法律效果（制裁）？日本部分学者认为，对于违反真实、完全义务的行为没有必要给予制裁。理由是：基于"审理的迅速化"考虑，无须将精力放在调查违反真实义务的问题上，法院直接根据查明的真实事实推进诉讼就行了。②但是，德国、法国和英美法系国家都对虚假陈述的当事人规定了一定的制裁措施。德国学者指出，按照公认的观点，蓄意的虚假陈述甚至单方面的毫无证据支持的主张，可能因为欺骗法庭而受到制裁。③而在英美法系，虚假陈述与证人作伪证一样，可能面临严厉的法律制裁。

四、职权进行主义重塑与发现真实的契合性

当事人起诉或上诉后，如果诉讼程序的进程决定权由当事人控

---

① 参见〔日〕高桥宏志：《民事诉讼法——制度与理论的深层分析》，林剑锋译，法律出版社2003年版，第378页。
② 参见〔日〕高桥宏志：《民事诉讼法——制度与理论的深层分析》，林剑锋译，法律出版社2003年版，第381页。
③ 参见〔德〕汉斯·普维庭：《现代证明责任问题》，吴越译，法律出版社2000年版，第50页。

制,称为"当事人进行主义"(Parteibetrieb);反之,如果由法院控制,则称为"法院职权进行主义"(Ametsbetrieb)。① 但在各国实践中,没有哪个国家采取绝对的当事人进行主义或者职权进行主义,通常表现为以哪一种主义为主导的问题。

在历史上,英美法系和大陆法系都奉行当事人进行主义。但自20世纪以来,各国纷纷启动了以提高效率为目标的司法改革,在改革过程中,有些国家保留了当事人进行主义的法律理念,如美国、法国;有些国家则强化了法院的职权,改用法院职权进行主义,如德国、日本。其中,德国的改革是卓有成效的,故下面着重以德国的理论和实务作为分析的重点。

(一)法院的诉讼促进义务

德国1976年《简化修订法》所追求的目标是:将言词辩论、证据调查和判决宣示在经过充分准备的言词辩论(即开庭审理)期日汇总,简言之,即实行"集中审理主义"(Konzentrationsmaxime)。为了达到这种"诉讼的理想状态",法律大大强化了对双方当事人集中实施诉讼行为的要求,并且明显加强了法官驾驭当事人和领导诉讼的权限。② 为了达到这一目标,法律规定了法院负有促进诉讼的义务,并规定了以下举措:

1. 法官的释明权(义务)

《德国民事诉讼法典》第139条规定了法官负有"释明义务":① 审判长应该使当事人就一切重要的事实作充分的说明,并且提出有利的申请,特别在对所提事实说明不够时要加以补充,还要表明证据方法。为达此目的,在必要时,审判长应与当事人共同从事实和法律两方面对于事实关系和法律关系进行阐明,并且提出发问。② 审判长对于应依职权调查的事项中存在的可疑之处,应予以注意。

---

① 参见陈荣宗:《民事诉讼法之立法主义与法律政策》,载台北《法学丛刊》第140期。

② 参见〔德〕奥特马·尧厄尼希:《民事诉讼法》(第27版),周翠译,法律出版社2003年版,第148页。

2. 审前准备

根据《德国民事诉讼法典》第 273 条的规定，审判长或他指定的法庭成员可以采取广泛的措施为开庭做准备，以便诉讼程序尽可能经一次开庭审结。可以采取的措施包括：① 命令当事人对准备书状进行解释、补充，或命其提交文书或勘验物，或设定对事实争点进行说明的期间；② 如果对公文书有疑问，可以要求厅官或者担任公职的人员提供说明；③ 命令当事人本人到场，如果拒不到场可以处以罚款（第 141 条）；④ 传唤证人、鉴定人到场，如果不到场可以责令其承担由此产生的费用，或者处以违警罚款、违警拘留，如果再次不到场可以再次给予违警制裁，或者拘传（第 380 条）。

3. 进行催告，或者设定期间

审前准备可以采取两种方式：一种是先期首次期日（预备庭），另一种是书面的准备程序。在前一种准备程序中，法院可以给被告规定期间，并催促其尽快提出准备书状；在后一种准备程序中，法律规定了被告提交答辩状的时间为 2 周的不变期间。

4. 不准许或驳回攻击防御手段

《德国民事诉讼法典》第 296 条规定，当事人逾期提出攻击防御方法时，只有在法院依其自由心证认为准许提出不至于迟延诉讼的终结，或者当事人就逾期无过失时，才能准许。不过，以失权作为加快诉讼的手段历来遭受质疑，因为，排除当事人的陈述只有当其可能引致至少是实体错误的判决时才具有实践意义。失权的规定具有经常阻碍正义的性质，而且，曾因不合法的失权而被撤销判决的法官因此换来了更多的劳动，并且程序拖得更长；因此他在此后更容易倾向于即使合法的失权也不考虑（对此是没有惩罚的）。①

---

① 参见〔德〕奥特马·尧厄尼希：《民事诉讼法》（第 27 版），周翠译，法律出版社 2003 年版，第 155、157 页。

5. 缺席判决

经法院传唤,原告于开庭审理日不到庭,法院应以被告申请判决驳回原告之诉(不是裁定驳回起诉,而是实体上判决原告败诉);如果被告不到庭,原告申请缺席判决时,原告所为本案的事实陈述均视为已得到被告自认(第 330、331 条)。如果双方当事人都不到庭,或者不为本案辩论,法院可以依既有的审判记录而作出裁判;没有记录的,裁定休止诉讼(第 251—1 条)。

6. 对当事人和其他人员施以制裁

通常的措施是,对拒不到场的当事人、证人、鉴定人予以违警罚款;或者让其承担由此产生的费用,例如当事人因过失迟误期日,或者提出无益的攻击防御方法的,即使其胜诉,也应承担因其不当行为而产生的费用(第 95、96 条)。

(二) 当事人的诉讼促进义务

为了加快程序和集中审理,德国 1976 年《简化修订法》也给当事人设定了严格的诉讼促进义务。这主要体现在《德国民事诉讼法典》的第 282 条中:

1. 一般的促进义务

该条第 1 款规定,当事人各方都应当在言词辩论中,按照诉讼的程度和程序上的要求,在为进行诉讼所必要的与适当的时候,提出他的攻击和防御方法,特别是各种主张、否认、异议、抗辩、证据方法和证据抗辩。如果当事人违反该项义务,法院依自由心证认为会迟延诉讼或者当事人有重大过失时,可以驳回。

2. 提交准备书状的期间

对于当事人的各种声明和攻击防御方法,如果对方当事人不预先进行准备就无法进行陈述的,应该在开庭审理前,以准备书状的方式通知对方当事人。未按照法院指定的期间或者法定的期间提交准备书状的,法院可以驳回其相应的声明和攻击防御方法。

3. 对诉的合法性及时责问的义务

如果当事人对诉的合法性有异议,应该在本案开庭审理前提出。如果法院为被告指定了异议期间的,应该在该异议期间内提出。逾期的责问,只有在被告无过失时,始能允许。

不过,从前述违反法律规定主要产生失权的后果来看,这些并非是真正的诉讼义务,而只不过是本文所称的"诉讼负担"而已。除了这些规定之外,德国法上真正以法律制裁作为后盾的当事人诉讼促进义务,主要表现在以下两方面:一是当事人接到法院传唤后有出庭的义务,违者可处以违警罚款(第141条);二是当事人不能故意实施拖延诉讼的行为,或者提出无益的攻击防御方法,违者可责令其承担由此产生的费用(第95、96条)。这同时也表明,德国所谓的当事人诉讼促进义务,实际上大多是通过加重当事人诉讼负担的方法实施的,它们并非真正的义务;只有少数情况下才以法律制裁作后盾。

从我国民事诉讼法的规定来看,无疑采取的是法院职权进行主义。例如,诉讼期间和期日的确定权,主要由法院享有(当事人只在举证期限方面可以协商,但还须经法院认可);当事人经传唤无理由不到庭或者中途退庭,可以按撤诉处理或缺席判决;当事人不及时举证,会导致证据失权——这些都表明,在相关问题上当事人并不负有积极推进诉讼的义务,而只是作为其诉讼负担。① 从民事诉讼是为了解决私权争议这一诉讼目的来看,这种制度设计大体上是合理的。但有两点值得思考:一是对必须到庭的被告,如果拒不出庭可以拘传。这是一种程序性制裁措施,实际上是要求被告承担诉讼义务,笔者认为,如果对于涉及身份关系等公共利益案件,这种规定是无可厚非的;但是,对一般性的财产案件,只需缺席判决制度就足以达到诉讼目的,而无需拘传。二是对于拖延诉讼的当事人,如果不规定一些制裁措施,将严重降低诉讼效率。今后,宜增加规定当事人的诉讼促进义务,违者可以罚款、拘留或者责令承担费用等。

---

① 参见我国《民事诉讼法》第125条、第136条、第143条、第145条等;以及《民事证据规定》第33条、第34条等。

五、诉讼行为方式的法定主义对发现真实的保障

(一) 程序法定主义对诉讼行为方式的要求

诉讼行为的方式,是指诉讼主体实施诉讼行为的方法和形式。具体来说,诉讼行为的方式包括言词的方式、书面的方式,直接的方式、间接的方式,公开的方式、秘密的方式,以及行为的时间、场所的要求等。对于特定的诉讼行为,法律往往要求其必须以一定的方式实施,否则就有可能影响其法律效果。

民事诉讼程序或者说诉讼行为原则上采用法定主义,但如果要想把民事诉讼程序的进行方式规定得死死的,不给法院和当事人留下丝毫的变通余地也是不可能的。在现代民主和法治社会的条件下,通常认为,民事诉讼应当采取直接、言词、公开、对席的方式。之所以要采取这些行为方式,并将其法定化,不外乎有如下三方面的原因:

1. 有些法定方式对于民事诉讼程序的正当化而言必不可少

法律所规定的有些民事诉讼行为的方式,对于民事诉讼程序及其结果的正当化来说是必不可少的。从法院行使审判权的行为的角度看,如果不设置一定的程序方式,法院总有滥用审判权的冲动。因此,制约权力必须从程序和方式入手。我国学者王亚新教授也曾指出:"在对抗与判定结构下,满足公开、对席、口头、直接等各项原则要求的程序形式对于纠纷解决过程和结果的正当化来说不可或缺,用法律条文把这种形式固定下来顺理成章。"[①]

2. 有些法定方式是长期的民事诉讼实践经验和规律的总结

有些诉讼行为的方式,是长期的民事诉讼实践经验和规律的总结。如果不把这些方式固定下来,则人们在进行诉讼时就不得不一步一步地去尝试。"有了一般操作规程作为指南的话,则这个探索过程

[①] 王亚新:《对抗与判定——日本民事诉讼的基本结构》,清华大学出版社2002年版,第157页。

将会方便得多。实际上,无论存在还是不存在就程序展开样式作出明确规定的诉讼法规,只要纠纷处理的实务持续足够长的时间,多半都会自然地形成某种操作上的习惯或不断同样反复的程序运作样式。诉讼法规的不少规定在许多情况下其实就是这种习惯性的程序操作样式在书面上的记述或表达而已。"①在这种情况下,形成一个法定的诉讼行为方式要求,将大大节约人们在个案中摸索程序样式的时间和精力。

3. 行为方式的法定化是对民事诉讼程序安定性和效率的保障

民事诉讼行为的方式法定化,是保障程序的安定性、提高诉讼效率的要求。与私法行为不拘形式的情况不同,"民事诉讼之进行,要求程序经济及安定之公益,(法院)面对无数之诉讼待处理,不能不预行定有共同遵守之程序方式、行为条件,强制所有利用诉讼之人遵守"②。如果允许诉讼中当事人任意实施诉讼行为,而不必按照固定的方式,那么法院必然不胜其烦而无法发挥工作效率。

总的来说,民事诉讼程序的法定化是一个必然要求。但是,究竟应该在多大程度上通过诉讼法规把程序的进行方式固定下来,又应该给法院和当事人留下多大余地来根据案件情况自由地操作,这本身就是一个因不同国家、不同时代、不同社会需求而可以调整的司法政策性课题。下面,笔者将结合世界各国普遍认可的几种重要的诉讼行为实施方式展开论述。

(二) 言词方式和书面方式及电信方式

在民事诉讼中,如果法律要求当事人和法院的行为均以言词的方式实施,称为"言词主义"(Mündlichkeitsprinzip);反之,如果要求均以书面的方式进行,则称为"书面主义"(Shriftlichkeitsprinzip)。

在人类社会早期的司法制度中,一般采用言词的方式进行审理和判决,书面方式是后来文化发展的产物。到了欧洲中世纪,教会诉讼普遍采用书面审理、秘密审理主义。法国大革命后,新兴的资产阶级

---

① 王亚新:《对抗与判定——日本民事诉讼的基本结构》,清华大学出版社 2002 年版,第 157 页。

② 陈荣宗、林庆苗:《民事诉讼法》,台北三民书局 2005 年版,第 40 页。

对书面审理的方式严加批判,诉讼重新重视言词的方式。1877年《德国民事诉讼法典》非常严格地执行言词主义,但1909年和1924年修订法又开始重视书面审理方式。1976年,德国推行以提高诉讼效率为目的的司法改革,《简化修订法》将"集中审理主义"作为一项主要改革举措,言词主义才又开始焕发生机。不过,绝对地采取言词或书面方式的国家是不存在的。"在今天,言词和书面之间的选择围绕着程序的哪一部分应当安排为口头、哪一部分应为书面这一问题进行。"①

1. 言词方式

虽然言词和书面方式各有优缺点,但言词原则的优点占主要部分,而其缺点是可以克服的。② 言词的优点包括:① 使陈述更加直观、透彻、信息丰富、自然,使法官能够获得直接的印象;② 各诉讼主体通过言词的方式直接交流,使得信息交流非常迅速、直接;③ 所有的矛盾和不明之处,无须拖延可当即消除;④ 法官的能动性能够现场发挥;⑤ 言词的方式还使审理公开,这对于消除对法院的不信任非常有益。其缺点是:不熟练和缺乏经验的当事人面临着无法向法庭陈述法律观点的危险;口语的流动性,使得其陈述的重要内容很容易被忽略或者遗忘等。

现代司法制度一般要求,对某些程序环节必须以言词辩论的方式进行。所谓言词辩论,是指在合议庭、独任法官、受托法官等法院代表面前,各诉讼参与人在某个期日里共同进行的一次活动(大陆法系称为"言词辩论期日",我国称为"开庭审理")。例如,《德国民事诉讼法典》第128条规定了原则上,凡需要判决的事项,都必须经过言词辩论。③ 这意味着:① 不经言词辩论,原则上不允许作出裁判;② 只有经过言词辩论的资料,才能成为裁判的基础;③ 所有言词辩论的内容,都是裁判的基础,并且毫无例外。法院违反言词辩论原则裁判的,当

---

① 〔德〕奥特马·尧厄尼希:《民事诉讼法》(第27版),周翠译,法律出版社2003年版,第143页。
② 参见〔德〕罗森贝克等:《德国民事诉讼法》,李大雪译,中国法制出版社2008年版,第546页。
③ 德国法规定,处理下列事项,言词辩论不是必须的:如裁定程序;督促程序、公示催告、假扣押程序;依法不需由审判组织审理的事项,即可以由审判长、受托法官、书记官处理的事项等。

事人可以通过上诉程序寻求救济。

我国民事诉讼法也遵循言词审理主义，即：原则上，人民法院审理民事案件，必须开庭审理（言词辩论）。未经开庭审理的后果，主要有三处规定：① 第一审法院未经开庭审理就作出判决的，上诉后，二审法院应裁定撤销原判、发回重审；② 判决生效后，当事人可以以"原审法院剥夺辩论权"为由，申请再审；③ 未经当庭出示、当庭质证的证据，不得作为判决的依据。① 与此同时，我国民事诉讼法也规定了若干例外②，规定在特定情形下即使判决事项也不用言词辩论。

2. 书面方式

书面方式的优势在于：它能准确地确定和记录诉讼资料，以防遗忘；能够详细地阐明主体的观点和意见，以免遗漏；对不需要辩论的事项发挥通知和交流作用，迅速经济。其缺点是：当事人各说各话，难以形成辩论焦点；当事人陈述的不明确、误解之处，难以及时消除；过于依赖书面资料的法官，滋生了公众的不信任感等。

大陆法系学者认为，"书面适合下列诉讼行为：该行为的实施和内容在较长时间后必须还能确定。因此，须书面制作的有：诉状；将诉讼带入上一级的所有上诉状；针对缺席判决的异议书；最后还有判决。"③ 但实际上，可以以书面方式实施的行为远远不止这些，例如审前准备活动、各种非讼程序、裁判文书等。有时候，法律为了追求诉讼行为的郑重性、稳定性，还强制规定某些诉讼行为必须采用书面的方式。根

---

① 参见我国《民事诉讼法》第134条；最高人民法院《关于适用〈中华人民共和国民事诉讼法〉若干问题的意见》第305条；《民事诉讼法》第200条；最高人民法院《民事证据规定》第47条。

② 我国法律规定，下列案件可以不开庭审理（言词辩论）：① 法院对上诉案件，应当组成合议庭，开庭审理；经过阅卷和调查，询问当事人，在事实核对清楚后，合议庭认为不需要开庭审理的，也可以径行判决、裁定；② 法院审理再审案件应当开庭审理，但按照第二审程序审理的，双方当事人已经其他方式充分表达意见，且书面同意不开庭审理的除外；③ 特别程序、督促程序、公示催告和破产程序；④ 作出不涉及实体问题的财产保全、先予执行、证据保全的裁定等。参见《民事诉讼法》第169条；最高人民法院《关于适用〈中华人民共和国民事诉讼法〉审判监督程序若干问题的解释》第31条第2款等。

③ 〔德〕奥特马·尧厄尼希：《民事诉讼法》（第27版），周翠译，法律出版社2003年版，第143页。

据我国相关法律和司法解释,下列情形属于典型的强制采用书面形式的诉讼行为(参见表1):

表1 我国《民事诉讼法》中有关诉讼行为书面方式的要求

	适用事项	形式要求	后果
1	管辖、仲裁协议	书面形式[《中华人民共和国仲裁法》(以下简称《仲裁法》)第4条、《民事诉讼法》第34条]。	否则无效
2	委托授权	委托他人代为诉讼,必须向人民法院提交由委托人签名或者盖章的授权委托书,授权委托书必须记明委托事项和权限(《民事诉讼法》第59条);解除委托授权,必须书面通知法院(《民事诉讼法》第60条);离婚案件的当事人不能出庭的,必须出具书面意见(《民事诉讼法》第62条)等。	否则无效
3	证据形式	书证必须提交原件(《民事诉讼法》第70条);鉴定部门和鉴定人应当提出书面鉴定结论,在鉴定书上签名或者盖章(《民事诉讼法》第77条);对域外形成的证据,必须经当地公证机关证明,并经我国使领馆认证(《民事证据规定》第11条);提供外文书证或者外文说明资料,应附有中文译本(《民事证据规定》第12条)。	否则不予采纳
4	当事人的诉请行为	申请财产保全、先予执行、证据保全、要求法院调查证据,应当提供书面申请;上诉、申请再审,必须提交上诉状、再审申请书。不过,起诉不要求必须采用起诉状的形式(《民事诉讼法》第120条)。	否则不予处理
5	法院的诉讼行为	判决必须用判决书,并记明法定事项,加盖印章、署名(《民事诉讼法》第152条);受理案件,应当送达受理案件通知书、应诉通知书(《民事诉讼法》第126条,简易程序除外);拘传当应发拘传票,罚款、拘留应当用决定书(《民事诉讼法》第116条)。	否则无效

3. 电信方式

现代电子通信技术的发展,使得人们在不到庭的情况下也能将自己的声音、图像等信息以直接或间接的方式出现或再现于法庭。例如,1996年《日本民事诉讼法典》第204条增加了"以影像等手法通信通话方法进行询问"的规定,即:"法院询问居住地远的证人时,根据最高法院规则的规定,相隔两地的人通过影像或声响的收发通信,在彼此能看见的情况下,用通话的方法,可以进行询问。"2001年,德国《民事诉讼改革法》创造了通过电信进行辩论,即"视频辩论"(Videoverhandlung)的方法。根据《德国民事诉讼法典》第128a条的规定,依申请并经双方当事人同意,法院可以许可这种辩论。这种电信辩论的方法,广泛适用于询问证人、鉴定人和当事人。① 2005年3月,德国《关于在司法中使用电子交流形式的法律》在法院系统内全面引入电子文件处理,其主要目的是让法院全面实现电子文件管理,同时让当事人之间以及法院与当事人之间的电子交流成为具有法律约束力的交流形式。而此前使用电子文件的范围仅限于当事人向法院递交文书或者法院采取电子文件方式向特定的人群送达。②

在我国,关于通过电信的方式实施民事诉讼行为还受到很大的限制。目前,当事人通过电子邮件、传真、网络等方式起诉、提交诉答文书等,都还没有明确的依据,实践中法院是不予准许。仅有的规定是,2001年《民事证据规定》第56条第2款规定了在证人确有困难不能出庭作证时,"经人民法院许可,证人可以提交书面证言或者视听资料或者通过双向视听传输技术手段作证"。2012年修正后的《民事诉讼法》增加一条作为第87条,即"经受送达人同意,人民法院可以采用传真、电子邮件等能够确认其收悉的方式送达诉讼文书,但判决书、裁定书、调解书除外。采用前款方式送达的,以传真、电子邮件等到达受送达人特定系统的日期为送达日期"。总之,我国民事诉讼法如何适应现代科技的发展,从便利当事人行使诉权、降低诉讼成本、提高诉讼效率的角度,及时引入新型诉讼行为实施方式还是一个值得进一步研究的课题。

(三) 直接的方式与间接的方式

在民事诉讼中,要求必须由裁判法官直接听取当事人辩论、亲自进行证据调查的审理方式,称为直接审理主义或直接主义(Unmittelbarkeit);反之,将他人审理所得之结果作为裁判基础,从而间接从事审理工作的方式,称为间接审理主义。二者的区别,就在于裁判结果是否由裁判法官亲自获得。③

---

① 参见[德]奥特马·尧厄尼希:《民事诉讼法》(第27版),周翠译,法律出版社2003年版,第145页。
② 参见李大雪:《二战后德国民事诉讼法之改革研究》,西南政法大学2007年博士学位论文,第14页。
③ 参见陈荣宗:《民事诉讼法之立法主义与法律政策》,载台北《法学论丛》第140期。

在大陆法系,直接审理主义经常与言词审理主义合称"直接、言词原则"。① 直接审理主义的优点是:裁判法官能够亲自听取当事人的辩论和证人证言,能够现场观察诉讼参与人陈述时的表情、语调、身体动作和实物证据的具体外貌,可以丰富法官形成心证的资料基础。在实行自由心证的国家,直接审理主义是对司法审判的基本要求。如果法院的审判违反了直接审理主义,通常会导致判决无效。例如,《法国新民事诉讼法典》第458条规定了未听取法庭辩论的法官参与裁判评议的,该判决无效(但只能通过上诉途径救济)。《德国民事诉讼法典》第309条规定了判决只能由曾参与为判决基础的言词辩论的法官为之。"在作出决议之前更换法官的,必须重新进行辩论",否则当事人可以提起上诉和再审;在正常的法律程序穷尽以后,还可以向宪法法院提出违宪抗告。② 相比之下,我国并未承认直接主义,因为法官因回避等事由更换后并不要求重新审理,法律也从来不为此提供救济。③

但是,在法院案满为患的今天,要求裁判法官亲自处理与案件有关的所有问题是不可能的,实际上也是不必要的。除法庭辩论活动以外,其他均可采取间接审理主义,比如由合议庭的审判长、个别法官或另行委托、指定其他法官从事本案的辅助工作。常见的辅助工作包括:① 委托其他机构或法院调查证据;② 由审判长、合议庭成员或其他法官处理辅助性事项,尤其是审前准备工作;③ 审判委员会讨论决定案件的活动等。

(四) 公开的方式和秘密的方式

根据法庭审理是否允许普通公民旁听,可分为公开主义和秘密主义。凡允许公民自由旁听的,即为公开主义或公开审理主义;反之,则为秘密主义或秘密审理主义。

---

① 通常情况下,二者是一致的,例如审判法官直接主持听取法庭辩论过程,既是直接主义,又是言词主义的体现。但也有不一致的时候,例如,法官亲自阅读证人的证言、当事人的答辩书等,属于直接主义,但不属于言词主义。

② 参见〔德〕罗森贝克等:《德国民事诉讼法》,李大雪译,中国法制出版社2008年版,第397页。

③ 我国只在《仲裁法》第37条中规定了仲裁员回避后重新仲裁的问题。

公开原则是法治国家原则和民主原则的组成部分。[①] 这一原则服务于法官活动透明化的目的,并且成为对独立和中立的司法信任的基础。正如尧厄尼希教授所言,人们"对关起门来的程序怀有古老的天然的偏见;在公众的眼睛和耳朵前进行的事情更容易获得信任。实际上,一定程度的程序控制——例如法官怎样对待当事人和证人、是否公正地领导了辩论——只有通过公开才能达到"[②]。正因如此,世界各国无不把公开原则作为诉讼的基本原则,有些国家还在宪法性文件中作了规定,对于违反公开原则的审判活动通常可以通过上诉进行救济。例如,《日本宪法》第82条第1项规定:"法院的审理和判决行为,于法庭上公开进行。"《德国法院组织法》第169条规定:"在审判法院的辩论应当公开进行,包括公开宣告判决和裁定。违反公开性,属于绝对的上告理由。"《法国新民事诉讼法》第446条规定:"法庭辩论应当公开进行,否则无效;但在法庭辩论终结前,当事人未对此进行责问的,此后即不得再主张。"

但是,公开审判有可能侵犯他人的隐私权,或者泄露他人的商业秘密,为此,各国也都规定部分案件可以秘密审理。1976年联合国《公民权利和政治权利国际公约》第14条第1项规定:"人人有资格由一个依法设立的合格的、独立的和无偏倚的法庭进行公正的和公开的审讯。"但同时又规定:"只有在民主社会中的道德的、公共秩序的或国家安全的理由,或当诉讼当事人的私生活的利益有此需要时,或在特殊情况下法庭认为公开审判会损害司法利益因而严格需要的限度下,可不使记者和公众出席全部或部分审判。"

我国法律明确承认公开审判的原则。《中华人民共和国人民法院组织法》第7条规定:"人民法院审理案件,除涉及国家机密、个人隐私和未成年人犯罪案件外,一律公开进行。"《民事诉讼法》第134条规定:"人民法院审理民事案件,除涉及国家秘密、个人隐私或者法律另有规定的以外,应当公开进行。离婚案件,涉及商业秘密的案件,当事人申请不公开审理的,可以不公开审理。"我国学者通常认为,公开审

---

① 参见〔德〕罗森贝克等:《德国民事诉讼法》,李大雪译,中国法制出版社2008年版,第68页。

② 〔德〕奥特马·尧厄尼希:《民事诉讼法》(第27版),周翠译,法律出版社2003年版,第146页。

判是指法院审理过程向群众公开、向社会公开,依法不公开审理的案件也应当公开宣告判决。所谓向群众公开,就是允许群众旁听;所谓向社会公开,就是允许新闻记者采访、报道。① 不过,我国法律没有对违反公开原则的后果作出明确规定。笔者认为,应当从两个方面来分析:一方面,法院应当公开审理而不公开的,当事人可以以程序违法为由提起上诉;但是,似乎不应允许再审,在世界各国也没有这样的立法先例。另一方面,法院本不应当公开审理而违法公开审理,造成当事人财产损失或名誉损害的,可否主张赔偿? 笔者认为,如同法院错误采取财产保全、先予执行措施一样,这种情况应当纳入国家赔偿的范围之内。

(五) 民事诉讼行为的时间

民事诉讼以公正为最高价值追求,但同时也不能不顾及效率问题。如果公正的结果来得太迟,裁判的价值就会大打折扣。正如法谚所说:迟来的正义为非正义。美国经济分析法学家波斯纳(Posner)更是强调:"正义的第二种涵义——也许是最普遍的涵义——是效率。"② 为了便捷地实现司法正义,自 20 世纪 70 年代以来西方国家发起了一场名为"接近正义"的改革运动。这场运动的发起人莫诺·卡佩莱蒂(Mauro Cappelletti)教授认为:"新型的正义以对实效性的探索为标志……包括所有曾经忽视的法律援助的问题、诉讼迟延的问题、诉讼成本和小额请求的问题等。"③

诉讼效率问题,实际上就是诉讼行为实施的及时性的问题。从诉讼行为论的角度看,需要关注以下三个方面的问题:

1. 诉讼期日和期间

任何诉讼行为的实施,都需要在一定的时空条件下进行。关于民事诉讼的期日和期间,我们简单关注以下四对概念:

---

① 参见江伟主编:《民事诉讼法》,高等教育出版社 2007 年版,第 42 页。
② 〔美〕波斯纳:《法律的经济分析》,蒋兆康译,中国大百科全书出版社 1997 年版,第 31 页。
③ 〔意〕莫诺·卡佩莱蒂等:《当事人基本程序保障权与未来的民事诉讼》,徐昕译,法律出版社 2000 年版,第 65 页。

(1) 期日和期间。期日,是指法院、当事人和其他诉讼参与人一起实施诉讼行为的某一日。期间,是指前述主体各自单独进行或者完成某种诉讼行为的时间段。对于诉讼行为来说,期日的意义,主要在于当事人和其他诉讼参与人于期日不到场,可能会产生视为撤诉、缺席判决、给予制裁等法律后果;而期间的意义,主要在于逾期导致失权。

(2) 总体期间和具体期间。就期间来说,又分为两类:总体期间,是指从法院受理案件到审理终结的时间段,通常称为审限。具体期间,是指为完成某一阶段或者某一项诉讼任务而需要的时间段,如举证期间、答辩期间等。对于诉讼行为来说,逾越具体期间往往产生失权的法律后果;而逾越总体期间(这主要是针对法院的审判行为而言),不会有任何诉讼法效果,关于审限的规定只是一个训示性规定。

(3) 不变期间和可变期间。不变期间,是指法定的不能延长和缩短的期间,如上诉期间、申请再审的期间。可变期间,是指法定或指定的可以延长或缩短的期间,如举证期间、调解期间等。区分两者的意义有二:一是不变期间的耽误,只能申请恢复原状(顺延),不能申请延长;而可变期间的耽误,可以申请延长或重新确定。二是不变期间的耽误,属于公益性违法,当事人不能抛弃责问权,或者说即使抛弃责问权也不影响法院依职权调查;可变期间的耽误,对方不责问,法院可以不予关注。

(4) 法定期间、指定期间和商定期间。法定期间,即法律规定的期间;指定期间,是指法院依职权指定的期间;商定期间,是指当事人协商确定的期间。这种分类,反映了一国民事诉讼采取的是职权进行主义,还是当事人进行主义,尤其是当事人在期间的确定方面有多大的主导权,往往是决定性因素。

2. 诉讼失权制度

民事诉讼中的失权,是指当事人(含第三人)在民事诉讼中原本享有的诉讼权利因某种原因或事由的发生而丧失。[①] 通常情况下,诉讼权利的丧失均以时间的流逝即时限的届满为其基本原因。而从根本

---

① 参见张卫平:《论民事诉讼中失权的正义性》,载《法学研究》1999年第6期。

上说,民事诉讼中失权的正义性,源于人们对诉讼效率和诉讼经济价值目标的认同。

在中外民事诉讼中,常见的诉讼失权情形主要有如下五种情况:

(1) 答辩权的丧失。这是指在法律规定的答辩期限内,当事人未能及时提出答辩而丧失答辩的权利,即法律视为被告、被上诉人亦承认对方的事实主张。例如,根据《德国民事诉讼法典》第276条的规定,在书面审前准备程序中,审判长在将诉状送达被告时应该催告被告,如果他要对原告之诉为自己辩护,就应该在诉状送达后两周的不变期间内以书面向法院提出。逾期提出的,法院只有依自由心证认为准许提出不至于言词诉讼或当事人无过失时,才能准许。目前,我国民事诉讼法对此未作规定。

(2) 上诉权和再审申请权的丧失。上诉权和再审申请权的丧失,是指上诉人和再审申请人在法定的上诉期间或再审申请期间内没有实施上诉或申请行为,在该法定期间届满后即丧失上诉权和申请权。例如,我国《民事诉讼法》第164条规定:"当事人不服地方人民法院一审判决的,有权在判决书送达之日起十五日内向上一级人民法院提出上诉。"相反,没有在15日内提出上诉的,将丧失上诉权。

(3) 主管和管辖异议权的丧失。例如,我国《仲裁法》第26条规定:"当事人达成仲裁协议,一方向人民法院起诉未声明有仲裁协议,人民法院受理后,另一方在首次开庭前提交仲裁协议的,人民法院应当驳回起诉,但仲裁协议无效的除外;另一方在首次开庭前未对人民法院受理该案提出异议的,视为放弃仲裁协议,人民法院应当继续审理。"根据《民事诉讼法》第127条的规定,人民法院受理案件后,当事人对管辖权有异议的,应当在提交答辩状期间提出;人民法院经审查,认为异议成立的,裁定将案件移送有管辖权的法院;认为异议不成立的,裁定驳回。

(4) 证据提出权的丧失。当事人应当在举证期限内提供证据材料,逾期可能导致证据失权,这是举证时限制度的当然内涵。我国《民事证据规定》第34条规定:"当事人应当在举证期限内向人民法院提交证据材料,当事人在举证期限内不提交的,视为放弃举证权利。""对于当事人逾期提交的证据材料,人民法院审理时不组织质证。但对方当事人同意质证的除外。"目前,这是我国证据失权的主要法律依据。但是,由于证据失权事关案件真相的查明,因此应当在形式正义和实质公正之间做好权衡,不宜做简单化处理。德国的司法实践值得我们反思,"在不断增加的联邦宪法法院和高等法院的约束性判例的压力下——失权的规定越来越应被看作是钝刀;曾因不合法的失权而被撤销判决的法官因此换来了更多的劳动,并且程序拖得更长;因此法官在此后更容易倾向于即使合法的失权也不考虑"①。

(5)责问权的丧失。所谓责问权,又称异议权,是指在一方当事人或法院的诉讼行为存在违反程序性规定的瑕疵时,(另一方)当事人享有的提出异议,要求法院除去行为效力、纠正行为错误的诉讼权利。责问权的行使应当及时,否则将导致责问权的丧失。例如,《日本民事诉讼法典》第90条规定:"当事人在知道或应当知道违反有关程序规定的情况下,如果不立即申述其异议(责问),则丧失对此申述异议(责问)的权利。但是,对于不能放弃的权利,不在此限。"我国还缺乏这方面的明确规定。

3. 给予法律制裁

当事人和其他诉讼参与人应当及时地实施各种诉讼行为,不得故意拖延、妨碍诉讼的正常进行,否则,不仅会面临诉讼失权的后果,还会遭到法律制裁。法律制裁包括两种类型:一种是程序性制裁,常见的制裁措施包括罚款、拘留、责令承担诉讼费用等;另一种是实体性制裁,常见的民事实体制裁就是损失赔偿,刑事制裁就是追究刑事责任。

(六)民事诉讼行为的场所

民事诉讼行为总是在一定的时空范围内实施的,时间、空间都是诉讼行为的有机构成要素。而且与私法行为可以在任意场所实施不同,基于程序法定主义的要求,诉讼行为的实施往往有一定的场所要求。

对于诉讼行为的场所,如果法律有特别要求,应从其要求。如果没有要求,则应按照最能发挥诉讼行为效果的原则来实施。例如,我国澳门特别行政区《民事诉讼法典》第99条规定就对"作出行为之地方"作了原则性规定,即:"一、诉讼行为应在能使其产生最佳效果之

---

① 〔德〕奥特马·尧厄尼希:《民事诉讼法》(第27版),周翠译,法律出版社2003年版,第155页。

地方进行；但得因须表示尊重或存有合理障碍，而于其他地方进行。二、如并无理由须在其他地方作出行为，则在法院进行有关行为。"按照这一总的原则，可具体分为以下三种情况：

1. 审判行为的场所

法院实施的各种审判行为，原则上应在法院的法庭内以开庭的方式实施。但法律另有规定的除外，包括：① 法律有特别规定，例如，根据我国《民事诉讼法》第 135 条的规定，人民法院审理民事案件，根据需要进行巡回审理，就地办案。② 事实上不能在法院内实施的行为，例如，需勘验现场、调查物证等。③ 在法院内实施不适当的行为，例如证人因病卧床不起，需要到其住处听取证言等。

2. 送达行为的场所

根据送达的权限主体不同，可分为当事人送达主义和法院职权送达主义。目前，英美法系国家多采当事人送达主义，而大陆法系多采法院职权送达主义。例如，根据《美国联邦民事诉讼规则》第 4 条 c 项的规定，原告应在向法院提交起诉状之日起 120 天内向被告送达传唤状和起诉状，逾期法院有权撤销诉讼。而根据《日本民事诉讼法》第 98 条的规定，除另有规定外，送达依职权进行，由法院书记官处理。关于送达场所，两大法系基本上都要求送至被送达人住所地。"交付送达时，原则上应为受送达人的住所、居所、营业所或事务所，对法定代理人的送达，其地点也可以是本人的营业所或事务所。"①根据我国《民事诉讼法》第 84、85 条的规定，我国采用法院职权送达主义。如果受送达人是公民的，采用直接送达或留置送达的地点应是其住所地；如果是法人或其他组织的，应送达至其主要营业地或主要办事机构所在地。如果采用直接送达、留置送达有困难的，我国立法变通规定了委托送达、转交送达、邮寄送达、公告送达等方式，从而使得送达场所变得不确定，并通过法律拟制的方法确认送达。

---

① 〔日〕三月章：《日本民事诉讼法》，汪一凡译，台北五南图书出版公司 1997 年版，第 357 页。

3. 其他诉讼行为的场所

其他的诉讼行为，主要是当事人和其他诉讼参与人实施的诉讼行为。通常情况下，其他诉讼参与人的诉讼行为必须在审判人员面前实施，才能产生诉讼法效果。例如，当事人私下可以在任何场所达成和解协议、管辖协议，但在向法院主张该类协议的内容之前（即须经"主张行为"这个媒介），这类协议是不能实际发生诉讼法效果的，而事实上处于私法契约性质的地位。再如，一方当事人对于相对方当事人主张诉讼请求和事实表示承认（认诺和自认），如果不在法庭面前实施该表示行为，则就不能称之为诉讼上的认诺和自认，也就不能发生诉讼法上的法律效果。① 又如，在英美法系国家，证人如果不在法庭上亲自向法官陈述自己感知的案件事实，而是在法院书写书面证言，通常会因为其属于"传闻证据"而被排除。以上例证表明，有些诉讼行为的实施场所，对该诉讼行为的法律效果有着直接的影响。但如果法律对某些行为的实施场所没有特别要求，则当事人可以在任意场所实施，只需遵循能够最佳发挥其行为效果的原则即可。

---

① 《民事证据规定》第 8 条第 1 款规定："诉讼过程中，一方当事人对另一方当事人陈述的案件事实明确表示承认的，另一方当事人无须举证。但涉及身分关系的案件除外。"这里的诉讼过程中，实际上就是要求在法院面前，是一种场所的要求。

第四章　诉讼真实观与民事诉讼立法完善

民事诉讼的程序规定对于诉讼真实的发现具有相当重要的影响。这里所讨论的民事诉讼的程序规定中对于诉讼真实的发现有重要意义的制度包括讼争案件诉讼程序、非讼事件诉讼程序。讼争案件诉讼程序中又着力探讨一审程序立法完善的问题、二审程序立法完善的问题、再审程序立法完善的问题。一审程序立法完善的问题涉及审前准备程序与诉的合并制度，二审程序涉及对于一审程序认定事实的结果如何加以审理和纠正，再审程序则涉及对于已经生效的判决中认定事实的情况如何加以审理和纠正的问题。因此需要认真分析，考虑如何对其加以完善才可以更加有助于诉讼真实的发现。

在非讼程序中，虽然多数非讼事件不存在实体争议，但是其中也不可避免地涉及真实的发现的问题。不光是涉及程序性事项的时候需要查明事实，在涉及实体争议的时候也需要发现真实。并且，非讼事件还要考虑如何将节约司法资源、当事人的成本与发现诉讼真实结合起来。这就需要完善非讼程序。

一、一审程序的立法完善

（一）审前准备程序的立法完善

2012年《民事诉讼法》修改后增加了程序分流、庭前会议等程序，这些程序跟之前已经存在的证据交换、举证期限制度结合，构成了我国审前准备程序的系统。审前准备程序其实主要是针对复杂疑难以及证据数量较多、需要甄别的案件，至于与简单案件有关的审前准备程序，主要是程序分流制度。近年来全国民事诉讼的收案数量增加不少，作为应对的方法：一方面各地法院纷纷提高适用小额诉讼程序的诉讼标的额标准，这有助于简化程序，快速地解决纷争。不过，相对于小额诉讼程序解决二审法院审理案件数量多的困难情况有较大的帮助而言，一审法院还是需要实实在在地处理这些纠纷，因此对于审理案件数量较多的一线二线大城市的基层人民法院而言只是具有部分的价值。换句话说，小额诉讼程序并没有直接提高一审法院发现真实的能力，对于一审法院案多人少的局面也没有脱胎换骨的缓解。另一方面就是，在案件开庭审理之前通过《民事诉讼法》第133条规定的程序分流制度分流。其中只有转入督促程序比较有新鲜的意义（这是立法新增的规定）。然而需要指出的是，实际起诉到法院的当事人希望利用该程序的愿望是否强烈还是个问题。起诉到法院的当事人，如果知道在我国《民事诉讼法》中有督促程序，那么其自然就会预先判断对方当事人是否会对之提出异议，进一步决定是起诉还是申请法院发出支付令。这一点可以通过对当事人充分地宣传、告知去解决，具体适用该制度的时候可以由立案庭工作人员告知当事人。如果是当事人的诉讼代理人（尤其是律师）向法院起诉的话，那么就需要看律师是否因为代理费用方面的原因不愿意使用督促程序。在这一点上比较难以控制。但是督促程序适用与否归根到底取决于对方当事人的态度，一旦对方当事人提出异议，那么就不会直接产生执行根据。如果为了提高解决纠纷的效率由法院在非讼程序中按照诉讼程序的步骤"实质审理"申请人所提出的请求，当法院判断该请求在实体法上成立就可以直接作出生效的支付令并转入执行程序的话，那么就相当于为了解决案多人少的问题轻率地对案件作出判断，就相当于利用督促程序规避诉讼的规定，就相当于用督促程序消灭一审、二审程序，就相当于通过督促程序剥夺当事人完整的诉讼权利，就相当于为了法院自己的需要对案件来进行审理。这无疑是本末倒置，将法院的需要放在当事人的程序利益与实体利益之上，显然是与国家设置法院解决纠纷的目的相违背的，无疑是不能允许的。因此宁可适用剥夺当事人上诉权的小额诉讼程序，仅赋予当事人第一审程序完整的程序保障，也不能完全无视当事人的程序利益，将本来应当适用诉讼程序审理的案件用非讼程序解决。案多人少从本质上讲是国家对司法的投入是否受到限制的问题，要解决这个问题，大体上有以下的途径：① 强调法官的职业素质与职业操守，或者运用绩效考评等奖惩措施刺激法官积极办案；② 通过民事诉讼程序的优化去解决案多人少的问题，也就是这里所讨论的审前程序；③ 扩充审判人员及辅助人员，提高硬性薪资水平，取消审限的规定。这三条途径中，第一条大体上是现在一般所采用的办法，也是没有办法的办法，是在现有的硬性与软性条件下尽力改善的做法。第三条做法则是比较彻底的做法，强调审判工作硬性环境的一面。当然取消审限的规定虽然是世界上大多数先进国家的做法，但是这也会导致诉讼程序的迟延，影响司法的公信力。何况即使是不设置审限的德日等国，也在尽力解决所谓诉讼迟延的问题。因此，有时第二种途径与第三种途径之间并不是矛盾的，可以一起采用。事实上考虑到各国民情的不同，德国督促程序中当事人不提出支付令异议的概率比较高，而我国被申请人不提出支付令异议的概率可能就没有那么低了，因而尝试利用督促程序解决案多人少的问题的做法可能还需要认真分析、试验。

在民事诉讼的历史上，出现了同时提出主义与自由顺序主义不断轮换的现象。在这种轮换的过程中，原来被放弃的那种模式又部分或全部地被拿来作为提高解决纠纷效率的途径。在德国普通法时期，严格要求在某个程序时期终结时排除其他陈述或其他证据方法，将其规定为原则，因此当事人因为不确定对方当事人会对其提出什么样的攻击防御方法，为了避免失权，于是在主要陈述之外，提出为防止主要的陈述被法院拒绝时一切可能的攻击防御方法（诉讼资料）——即预备的攻击防御方法。这就迫使当事人把某些只是可能比较重要的诉讼资料在程序的较早时期提出。这虽然可以加快诉讼程序的进行，但也反过来导致了诉讼资料的过度膨胀，效果适得其反。因此1877年《统一民事诉讼法典》完全摒弃了这种做法。这种早期的同时提出主义失权极其严格，因此属于比较纯粹的立法规定。同时提出主义具体来说有四个明显的特征或者做法：① 严格地分割审理的时期。在适用同时提出主义时，法院会将审理分成不同的时间段，例如第一个时间段由原告主张事实并声明证据，第二个时间段由被告主张和声明证据，第三个时间段则调查证据。每个时间段结束，当事人其他的事实主张以及证据声明都被禁止（失权）。② 对于陈述的内容又有要求。但传统的同时提出主义对于陈述内容到什么程度，还有不同的观点。有种说法认为，同时提出主义只要求当事人提出现在可以提出的攻击防御方法就可以，而另一种观点认为，同时提出主义还要求当事人提出所有可能想到的攻击防御方法，这其中不仅包含了当事人现在可以提出的攻击防御方法,还包含预备的主张,当事人如果没有提出全部的可以想到的攻击防御方法,那就会被失权。③ 要求当事人在陈述内容上要充分,但只有在当事人因不可归责于自己的事由而未能陈述时才会被失权。④ 只判断当事人是否因不可归责于自己的事由没有在规定的时间点之前提出诉讼资料,如果没有正当的事由,那么就驳回迟延提出的诉讼资料,不管迟延提出诉讼资料有没有造成诉讼的迟延。

众所周知,德意志帝国1877年的民事诉讼法采用的是自由顺序主义的做法,没有继续沿用同时提出主义。到了1924年,德国民事诉讼法有了一次较大的变更,这次变更采用了所谓的集中审理原则,包含了两点做法:① 加强辩论期日的准备措施,而且这不仅是法院的权限,也是法院的义务。这种变更的目的是促使法院尽可能在一次言词辩论中终结案件。② 对迟延提出的攻击防御方法进行失权。为了达到上述促使法院尽可能在一次言词辩论中终结案件的目的,法院有权以指定期间的方式要求当事人说明特定的争点或者对此提出证据,对于原告或被告逾期提供的攻击防御方法,如果没有正当的事由,法院有权驳回。到了1933年德国民事诉讼法修改的时候,又进一步放宽了失权的规定,如果当事人没有在准备书状中通知,也可以失权驳回这种攻击防御方法。但是这种做法还是不足以解决诉讼程序迟延的问题,为此,1967年在斯图加特地方法院院长 Rolf Bender 的主导之下进行所谓的集中审理的试点工作,试点为期1年,取得了显著的效果,由此导致了1976年《简化修订法》的出台。而斯图加特模式的理论来源最远可以上溯到奥地利民事诉讼法之父 Franz Klein,中可以追溯到德国学者 Fritz Baur 所写的《通往诉讼的言词辩论集中审理之路》。Franz Klein 认为,进行诉讼不能只考虑到个人的权利保护,也要考虑到社会全体的利益,诉讼不只是当事人个人在法院进行的私事,也是国家所提供的国家福利制度。因此需要对法官的职权与当事人的自由之间的关系进行调整,法官依职权进行诉讼的权力应当强化,法院应积极加快程序的进行;反之,当事人个人自由决定诉讼进行的权限要被限制。这种思想也影响了德国民事诉讼法的历次修改,包括上述两次修改,而1976年的《简化修订法》则是最重要的一次修改。

而 Baur 的理论其实又源自于刑事诉讼程序中主要审理期日之前的调查程序制度,主要是把这个调查程序制度移植到民事诉讼当中;具体地讲,为了能够将言词辩论与调查证据强制地结合在一个期日里，应当在这个期日之前加上一个先行程序，这个先行程序是由有时间限制的文书交换开始的，而后由一个先行期日作为准备程序的结束。当时德国的刑事诉讼案件都是在一个主要的审理期日审理完成的，将刑事案件分成类似于民事诉讼中的多个期日来进行是很难想象的。所以德国的刑事诉讼是在充分地完善主要审理期日的准备程序前提下禁止将两个主要审理期日的时间间隔超出10天，而所谓的准备程序就是由检察官来进行的调查程序。按照这种设想，Baur将民事诉讼的程序按照时间先后，分为三个阶段：先行程序（或者称为书状交换程序）→先行期日程序→言词辩论及证据调查期日。具体来讲，在书状交换阶段中，当事人必须在书状中完全地提出诉讼标的、主张事实并声明证据，包括与诉讼有关的文书要求提出，以及所有这些文书在当事人之间要相互交换。而这种交换程序也限制一定的期限长度，此期间最长为三个月。因为可以规定配套的失权制度（只有在当事人可以证明没有在此期间提出诉讼资料并无过失时才允许提出新的诉讼资料），这种书状交换程序可以促使当事人提出完整的诉讼资料。在先行期日阶段中则采用言词的方式进行，讨论并决定本诉的诉讼要件是否具备，也就是说，要在先行期日中解决起诉是否合法，是否要移送管辖或者对中间争点作成裁定等问题。并且，诉状中所记载的事实也是在这个程序中进行整理和筛选的。也就是说，可以在这个程序中确定什么样的事实需要去证明（什么样的事实已经因为当事人自认或没有争议而不需要证明），当事人为了证明事实应当提出什么样的证据等。所以法官可以在这个程序中通知当事人，听取其意见，尤其是可以排除当事人与诉讼代理人之间的沟通障碍问题。而且在这个阶段里还促使当事人达成和解、舍弃、认诺。因为在整理诉讼资料后，法官、当事人双方对于案件事实、证据已经有一定掌握的情况（先行期日终结之后）下就可以考虑是否进行和解、舍弃、认诺了。这时候如果当事人没有能够和解、舍弃、认诺，那么才需要进入一般的证据调查阶段。最后，在调查证据及言词辩论阶段中，证据调查是这个阶段的核心，在进行证据调查之后由当事人进行言词陈述，最后才由法院作出判决。纵观这三个阶段，第一个阶段最为重要。

如前所述，吸收了Baur理论的Bender试行了斯图加特模式。这个模式主要贯彻三个原则：言词原则、集中审理原则、直接原则，并且要实现由合议庭3名法官从起诉到诉讼终结为止直接参与证据调查的设想。那么,斯图加特模式的具体程序可以分成以下的三个步骤。① 进行书状交换程序。案件受理后送给审判长确定一个期日,一般是指定 6—8 周后的一个期日,要求当事人到场。具体地,原告要带证据到场,如果证据是证人,那么重要的证人也要到场。同样,被告要在 3 周内提出书面答辩,法院收到被告的答辩状以后,要求被告通知答辩状中的重要证人到场。这时也可以进行鉴定。② 要进行所谓的预先评议程序。在原告对被告提出的答辩状提出反论书状后,合议庭要进行一次预先评议程序。由在第一个程序中参与证据调查的受委托法官报告事实要点和可能适用的法律规定,然后按照事理逻辑的顺序列出该案法律问题的清单,以及对一些法律问题作出建议答案,接着由合议庭对这些建议答案进行评议。当合议庭对这些法律问题发生疑问时,就委托法官在评议后查询相关资料,最终作出评议结果。③ 证据调查与言词辩论程序。言词辩论期日由合议庭听取到场当事人意见开始,由当事人对合议庭的预先评议结果提出意见;而后合议庭再退庭讨论上述法律问题的清单是否在听取当事人的意见之后得到解决,另外又产生了哪些问题。因为当事人在开庭时所作的陈述会导致案件事实的认定发生变化。一般当事人陈述的案件事实与之前书状中所陈述的内容会有一半的不同,在少部分案件中当事人提出诉讼请求所依据的民法条文也都发生了变化。在这一次中间评议结束之后,合议庭会在一些有希望达成和解的案件中提议双方当事人达成和解方案,当案件不适合进行和解时就直接进行证据的调查,而证据调查主要是询问证人、鉴定人。在证据调查结束以后,合议庭再次退庭评议调查证据的结果。如果法官们的心证已经形成了确信,那么也要讨论拟出当事人和解的方案。这次评议之后,合议庭再出庭告知和解方案,并且说明理由,有时也有必要说明合议庭对于本案的判断及其理由。如果当事人不接受合议庭提出的和解方案,或者合议庭也没有在之前的评议活动中拟定和解方案,那么就由律师最终结束辩论,这种辩论活动类似于对于合议庭之前的评议结果提出不服理由,所以合议庭可以结合这种理由判断合议庭的观点是否正确。在这些程序都完成以后,就由合议庭闭庭作出最后的评议。从这种过程来看,斯图加特模式需要的准备时间与预留的主要期日时间都比较长。因为在主要期日当天可能会花费时间调查一些证据。

斯图加特审理模式产生了较为良好的效果。德国 1976 年《简化修订法》就吸收了这一模式,其主要的内容就在于集中诉讼程序、加速诉讼程序,其内容又主要有三个重点:① 设置两种言词辩论的准备程序,包括以言词方式进行的早期第一次期日程序或以书面方面进行的书状先行程序;② 强化了失权的规定;③ 创设了当事人的诉讼促进义务。而这一立法也影响到了日本民事诉讼。1996年《日本民事诉讼法典》也进行了修改,增设了三种准备程序:准备性言词辩论、辩论准备程序、书状先行程序。其中的准备性言词辩论是与主期日辩论程序相对应的,在这个程序中,法官主要从事争点与证据的整理活动。不过,没有在这个程序中提出的攻击或防御方法不会立即被失权,而是要根据对方当事人的申请说明理由,然后由法院判断是否符合失权要件。在辩论准备程序中,则是由接受委托的法官整理争点,如果一方当事人在该程序中缺席,那么就是视为其自认了出席该程序的对方当事人所主张的事实。不过,当事人没有在这个程序中提出的攻击或防御方法也不会立即被失权,仍然是要根据对方当事人的申请说明理由,然后由法院判断是否符合失权要件(与早期第一次期日准备程序相同)。第三种书状先行程序则与德国的书状先行程序完全不同。日本民事诉讼中的这一程序是用来避免离法院路途较远的当事人到法院而采用的争点整理方式,不过,这一程序也没有规定当事人如果不答复或拒绝答复的制裁规定。所以综合看来,日本的准备程序主要是用来整理争点和证据的,并不是为了集中审理和促进诉讼的,因此并没有规定类似于德国那样严格的失权规定。

回到我国的立法和司法解释的规定来,2015年我国制定了审前会议制度,审前会议主要是进行证据交换和整理争点。这有助于更充分地发现案件真实。不过该程序主要具有训示的意义,而没有强制的意义,并不是在所有的程序中都可以采用审前会议程序,因为是否采用这个程序是由法院根据具体情况决定的。而且准备程序并没有失权的效果,对于当事人没有任何约束。因此需要借鉴其他国家关于争点整理与失权制度来对我国的审前会议制度进行完善。

(二) 诉之合并规则的立法完善

按照大陆法系德日等国民事诉讼法的传统理论,原告对于同一被告的多数请求,只要受诉法院对于全部请求都具有管辖权而且诉讼种类同一,即使是基于不同的理由,也可以在一个诉讼中合并。客观请求合并只适用于有多个诉讼请求也就是诉讼标的的情形。但是并没有任何规定强制要求原告作出客观请求的合并。而一般所说的诉的合并,就是指这种诉的客观请求的合并。这种合并的价值在于可以更好地使法官和当事人发现案件真实,也有助于节约司法资源。诉的合并可以使得在同一程序中的多个请求的审理期日相同,当事人可以在一个期日里一起进行辩论、调查证据,法院也可以对这些请求合并作出判决,所以它也可以防止判决矛盾。但是,各个请求之间其实不需要具有法律上或经济上的关联性才能够合并,即使是彼此之间没有任何关系的多个请求也可以合并,只要这些都是同一个原告对同一个被告提出的多个请求。不过这反过来并不是说诉的合并可以随意进行,因为将多个请求合并在一个诉讼程序里毕竟会影响到被告的利益,而且这也会导致法院审理的困难,因此当事人要选择采用哪种合并方式(选择合并、预备合并或者重叠合并等)都要设置一定的条件。而且要进行诉的合并,如果不具备合并的条件,那么法院原则上还是要将各个诉分开审理并作出裁判。

如前所述,诉的合并可以分为若干种类型,有累积的合并、真正的预备合并、非真正的预备合并等。在理论上有争议的是选择的合并,日本学者三月章承认这种合并的类型,但是德国学者大多否认这种合并的类型,只是在例外的情况下允许进行这种合并。一般所谓的累积合并就是通常所说的单纯合并,也就是说,原告在起诉时提出位阶相同的多个请求,而这多个请求并没有被排列审理与审判的次序,法院对于所有的诉讼请求都必须作出裁判,不能在其中选择一个诉讼请求判决原告胜诉。累积的合并按照各个请求之间在内容上有没有互相的联系,也可以分为有关联的累积合并与无关联的累积合并。

所谓的真正的预备合并是指原告起诉提出了先位请求并且也是希望法院能够判决先位请求胜诉;那么后位请求只是备位请求,也就是说,如果先位请求获得满足,就不用再去审理备位请求,只有当先位请求不合法或无理由时,法院才需要对后位请求进行裁判,而且需要在裁判文书中按照原告提出的请求的顺序依次作出裁判。与此相对,如果是所谓的非真正的预备合并的情形,原告除了要求审理主要请求有没有理由以外,还要求进一步审理辅助请求,要求法院判决辅助请求胜诉,所以日本学者中村英郎以及我国台湾地区学者陈计男教授也将其称为重叠的诉的合并。真正的预备合并与非真正的预备合并的区别就在于主位请求不成立备位请求应当如何处理,真正的预备合并的主位请求不成立,那么法院就应当对备位请求进行裁判,但是非真正的预备合并的主位请求不成立,那么法院不得裁判备位请求,因为这时候备位请求已经因为主位请求不成立而无需审理。反过来讲,如果在真正的预备合并中主位请求成立,那么就不需要审理备位请求,如果在非真正的预备合并中主位请求成立,那么就必须继续审理备位请求。从这一点就可以得知为何将这两种合并都称为预备合并,因为这两种合并都是要首先看主位请求是否成立来判断是否要继续对备位请求进行审判。

其实在这两种合并中,备位请求的诉讼系属在起诉时都已经发生,只不过在真正的预备合并中,备位请求的诉讼系属在主位请求胜诉判决生效时溯及地消灭,而在非真正的预备合并中,备位请求的诉讼系属在主位请求败诉判决生效时溯及地消灭。真正的预备合并适用的范围比较广,非真正的预备合并一般只适用于少数的情况。例如离婚请求与附随请求的合并,又如原告同时起诉要求法院判决确认某个前提法律关系存在,并根据这个前提法律关系请求同一个被告给付,如果法院认为被确认的法律关系胜诉,那么就需要对给付的请求作出判决。这种合并的主要价值在于有利于节约司法资源,因为可以避免对同一纠纷作出两个判决,也可以避免两个判决之间发生矛盾。同样,为了维护被告的程序利益,防止原告任意地捆绑两个诉进行预备的合并。虽然预备的合并不要求两个诉相互排斥,但是大多数情况下这两个诉是要相互排斥的。如果这两个诉彼此之间不排斥的话,那还是有必要限制合并的可能性,原则上要求先位请求和备位请求之间具有法律上或经济上的关联性,先位请求跟备位请求必须是要追求同一个或同一种类的目的。如果没有任何的关联性,那么被告的程序利益就会受到危害。例如,原告本来可以按照普通的诉的合并的方式,起诉要求被告支付价金并且要求被告返还租赁物,这两个请求之间没有联系,那么这时法院就可以先对已经适合作出判决的诉讼请求先作出判决(部分判决或一部判决),而不需要看其他请求的结果。这是因为,如果原告是用预备合并的方式提出这两个请求的话,那么如果先位请求胜诉而被告上诉,那还要等到二审的结果才能知道需不需要审理备位请求,更何况,如果法院认为先位请求有理由,那就根本不需要对备位请求作出裁判。所以这就意味着一个时间里只能先解决先位请求的问题，导致审理的机械化，对于被告的防御而言非常不利。所以，预备合并这种类型里面两个请求无论是不是相互排斥的关系，都必须是追求相同或同一种类的目的。那么，如果原告是以预备合并的方式起诉提出两个请求，那么法院就需要阐明，使得原告能够采用单纯诉的合并的方法起诉。

至于客观的选择合并，其范围要远远大于日本和我国台湾地区学者的论述。只要原告起诉时主张了一项或其他请求，而且对这两项请求也没有排列先后顺序，那也构成客观的选择合并。但是客观的选择合并限制得比较严格。因为一般情况下这种合并的诉讼请求不明确。比方说，原告起诉要求法院判决被告按照原来的买卖合同给付，或者判决解除合同赔偿损害，又比方说，原告起诉要求法院判决被告承租人支付拖欠的租金或者判决被告与其解除租赁合同之后返还租赁的标的物等。在这些情况中，两个诉讼请求在逻辑上来讲是相互排除的关系，但是原告没有确定到底要提出什么样的诉讼请求，反而要求法院来选择针对某个请求进行裁判。这种情况就属于典型的没有提出明确的诉讼请求的情形，因此起诉不具备形式合法条件，法院应当阐明要求当事人是否改变诉讼请求或者改变合并的类型。这种方法也可以保护被告防御的程序利益并维持法院审理与裁判的便利性。但是，选择合并之诉也有可以提起的情形，实体法或程序法明文规定可以采用选择合并时，那么就可以采用选择合并的方法。例如选择之债的情况，债务人享有选择权，因此原告可以采用选择合并的方式提起这种诉，而且法院不得从中选择一个请求判决，法院必须判决被告是否应当作出这种给付或那种给付的判决；而债权人只能在申请执行时要求按照哪一种给付进行强制执行，但是因为债务人有权选择，因此债务人仍然可以对债权人作出另一种给付。不过，如果是债权人享有选择权，那么债权人在起诉时就必须选择其中一个去起诉而不能采用选择合并的情形。另外，允许采用选择合并的另一种情形是请求权竞合的情况，这种情况就是日本学者三月章批判的选择合并的典型情况，这是日本的诉讼标的旧说（相当于德国的旧实体法说）为了解决请求权竞合的问题不得不提出的解决办法。也就是，由原告将竞合的几个请求权作为不同的诉讼标的合并请求法院审理，所以构成客观的选择合并。如果是采用二分肢说诉讼标的理论，那么请求权竞合并不构成客观的诉的合并，而只是构成多个请求的理由或裁判的理由的合并，而且按照法官知法的原理（iura novit curia），法院有权自主决定应当采用哪个请求权对原告提出的诉讼请求进行裁判，原告也不能将这些请求权排列顺序，法院也不受这个顺序的约束。当然，法院也应当听取当事人的意见。这种情况的请求权竞合被德国学者拉伦茨称为请求权基础的竞合，这还不是真正的请求权竞合，而真正的请求权竞合是基于不同的生活事实而产生出的多个在法律上、经济上具有相同给付目的的请求权的竞合。例如为履行合同价金而开具支票就属于这种情况，在这里合同价金给付请求权跟票款给付请求权竞合，因为生活事实不同，因此按照二分肢说构成两个诉讼标的，所以原告可以采用预备合并的方式。对于这些情况，采用诉讼标的（旧）实体法说的学者一般也使用重叠合并或者竞合合并的概念。所以选择合并实际上要包括两种情况，第一种情况是在被告享有选择权的选择之债中，如果原告的请求有理由，那么法院必须判决被告要作出这种给付或那种给付；第二种情况则发生在竞合的请求权的情形中，法院可以在判决理由（竞合的请求权）中选择其中之一判决原告胜诉。

由于诉的合并具有发现案件真实、防止裁判矛盾的价值，因此可以考虑在将来的立法中采用上述的合并类型，具体的审理规则也可以根据上述论述确定。

二、二审程序的立法完善

（一）二审上诉程序的构造问题

本文所谓二审上诉程序的构造，包含两方面关系：第一个方面涉及第一审法院所使用的事实及证据资料（具体的各个证据属于证据方法，对证据方法的调查结果为证据资料，而当事人所主张的事实与证据调查结果所得合称为诉讼资料，故本文也使用"事实及证据资料"这一概念）在第二审中能否继续使用；第二个方面涉及第二审法院的审理范围（亦即第二审所使用的事实证据资料或诉讼资料是否限于第一审的范围），换言之，为第二审法院可否自行运用新的诉讼资料判断本案之问题，如确实可以，那么第二审法院所运用的新的诉讼资料是否应受到限制，也属于这一方面。

在民诉理论及比较法上,关于第二审上诉程序的构造模式,向来有三种:一为复审制,一为事后审制,一为续审制。[①] 其中,复审制与事后审制属于完全对立的模式。前者是第二审法院全面重新搜集所有诉讼资料进行审理的模式,而依照后者模式,第二审法院的审理以第一审中已经取得的诉讼资料为限;依照前者模式,第二审法院自然不受第一审法院所取得的诉讼资料的限制,反之,在后者模式中,第二审法院原则上必须以第一审已取得的事实及证据资料为限进行判断,并且禁止当事人在第二审中再提出新的事实与证据。

若适用复审制,那么既然法院的裁判基础是在二审中重新确立的,则当第二审法院认定的结果与第一审的结果不同,亦即第二审法院认为一审判决错误时,原则上是直接撤销一审判决并自行作出二审判决;只有存在例外情形才会将案件发回第一审法院重审。反之,如果适用事后审制,则第二审法院只是依据原来一审所认定的事实及调查的证据作为裁判基础复核一审判决是否有错误而已,因此当第二审法院认为一审判决有错误时,也不是撤销一审判决并自行改判,而是还要将案件发回第一审法院,最终由第一审法院自行纠正。因此复审制与事后审制对于二审诉讼程序的定位本来就有差异,前者将第二审与第一审作为平行的、具有同等功能的事实审审级,而后者是将第二审诉讼程序定位为纯粹的审查第一审判决是否有错误的审级,且该审级也不去审理本案原告诉讼请求是否成立。这是第二审上诉程序的构造模式对于二审审理结果的影响。

由上述分析可见,复审制与事后审制为两种对立性较为浓厚的构造模式。以往已有学者指出这两种二审程序的构造模式各自的优缺点。[②] 复审制符合民事诉讼法上由听取当事人辩论的法官直接就本案问题作出裁判的所谓"直接审理主义",因而裁判者可以在诉讼过程(亦即裁判基础——诉讼资料的形成过程)中为形成正确的裁判基础而积极行使诉讼指挥权并履行诉讼法上的义务(例如履行阐明义务、法观点指明与讨论义务等),这有助于发现案件真实。再者,在复审制

---

① 参见陈荣宗:《民事诉讼法》(下),台北三民书局 2010 年版,第 681—684 页。

② 参见傅郁林:《论民事上诉程序的功能与结构——比较法视野下的二审上诉模式》,载《法学评论》2005 年第 4 期。

的上诉程序的构造模式下,第二审法院的合议庭法官能够亲自听取当事人辩论并重新进行证据调查,故而有较高的概率去形成鲜活的记忆,这对于最终法官的心证成形具有很高的价值。况且,一般而言第二审法院的法官遴选程序更为严格,似乎可以对其能够正确认定案件事实寄予稍高的期待。反之,在事后审制模式下,第二审法院只是主要依据第一审庭审的卷宗材料(当事人所提交的证据材料、庭审笔录、诉讼代理人的代理词、一审合议庭的评议笔录、审委会讨论记录等)来审查第一审判决是否有错误而已,因此第二审法院的合议庭法官并未能够亲临审理现场,故而其对于证据调查及事实辩论未必能够形成鲜明而正确的直接印象,由此似乎对于案件真实的发现并不是非常有利。此外,固然事后审制有利于明确第一审与第二审法院的分工的作用。因为按照现代民事诉讼审级制度的要求,宜最大化地强调第一审事实发现的机能,使得大多数纠纷都能在第一审得到充分地解决,这也要求第一审法院能够积极履行阐明义务,并对当事人及其诉讼代理人(尤其是律师)善尽其法讨论义务等实质的诉讼指挥权,尽量使得第一审程序能够更加充实。而第二审仅在事后专门判断第一审的判决内容有无错误即可,如此可以最大限度地减轻第二审法院的负担,并使得第二审法院能够集中精力从事审判业务指导及其他司法行政管理工作,达到合理分配不同审级法院工作的效果。然而期待所有的事实争点乃至于法律争点都能集中在第一审程序中解决恐怕并不现实。因为事实上在我国有大批的案件不得不迁延至第二审程序方能解决,将案件程序拖至第二审法院最终解决也是众多当事人及其诉讼代理人的诉讼策略,再者就我国法官的业务能力而言,还是需要继续强化法官的阐明义务、法讨论义务,从我国司法实务的实际情况看第一审法院法官的上述诉讼指挥能力及积极性还有待进一步地提升,因此,事后审制对于第一审法院法官的上述诉讼指挥能力及积极性的较高要求使得目前我国司法实务很难贯彻这种二审审理的构造模式。况且即使在德国、日本等大陆法系法制先进国家,尽管强调法官实质的诉讼指挥权及其行使的积极性已存在多年,但事实上仍然无法做到将大多数的纠纷定格在第一审程序中解决,还是不得不通过第二审程序甚至第三审程序才能彻底终结纷争。这对于我国而言当然有一定的教示意义。另外,德日等国均采用强制代理制度,而以当事人本人进行诉讼为例外,德国更是原则上要求律师强制代理,故而德国律师更能在第一审程序中积极主张事实并提出证据,并且其更能有效回应审判长的诉讼指挥活动,但我国却并没有类似的律师强制代理制度,导致很难执行事后审制。由于我国没有采用律师强制代理制度,因而容易对不精通法律或因财力有限不愿聘请律师的弱势当事人的诉讼权利造成侵害。这是因为不精通法律或因财力有限不愿聘请律师的弱势当事人很有可能不知道如何主张、行使诉讼法与实体法上的权利,也不知如何提出一审程序的瑕疵。

然而,复审制下需要在二审程序中将一审法院所取得的诉讼资料一概推倒重来,这对司法成本以及当事人的程序利益并非有利。复审制可能造成双重诉讼成本的弊端且容易造成诉讼程序的拖沓。更何况我国第二审程序的审理期限通常只是一审审限的一半,因此在客观上很难有充足的时间将案件重新审理一遍。另外,即使第二审法院能够将案件重新审理一遍,在客观上也未必能确保二审另行改判的判决就比原来的一审判决更正确,因而没有确切的证据表明第二审法院的裁判正确率绝对高于第一审法院。因此在这两种上诉程序的构造模式之间,势必需要有一种"中间"模式调和上述两者,以便能够达到发现"当事人与法院都希望发现的真实"。这是因为,在民事诉讼中的真实发现需要付出一定的诉讼成本,这种诉讼成本对于国家法院而言意味着人力、物力与时间的支出,而对于争议的双方当事人而言意味着时间、金钱、精力的耗费。故而发现真实需要法院与当事人在诉讼程序中做到什么样的程度,也是值得探讨的问题;尤其是对于当事人而言,其在进行诉讼中,可能已经盘算过本案的真实发现所需要投入的诉讼成本,但这一诉讼成本并非恒定不变的,因为当事人的计算很可能跟不上诉讼程序的进展,原来所预计的诉讼成本仍然不断增大。因此这时当事人所希望发现的客观真实,就不得不与其现在调整过的诉讼成本的预期相适应。这就是我国台湾地区学者邱联恭教授所说的"寻求存在于实体利益与程序利益的平衡点上的法"[①]。

总之,在二审诉讼资料的搜集方面,需要在复审制与事后审制之间达成一个有效的平衡。一概按照复审制的要求,在第二审程序中重复劳动去搜集、调查事实与证据资料,貌似有利于真实发现,然而细究

---

① 姜世明:《民事诉讼法学的制高点——进入一个博大精深的美丽殿堂》,载《月旦法学教室》2011年第2期。

之后便会发现实际情况未必如此。事后审制则过于"符合"诉讼经济的要求，因而绝对地封闭了第二审法院再行调查认定事实、搜集证据的可能性，又未免显得矫枉过正。因此合理的做法是将这两种二审审理的构造模式结合起来，以兼收两者之妙用。这就要求：第一，第二审法院不必在一审的事实认定与证据认定没有错误的"苗头"的情况下就贸然对全部的案件事实与证据重新展开审理。复审制的审理构造基本上是对本案重新审理，而后再判断当事人的上诉是否成立。这种构造因为上述的"没有确切的证据表明第二审法院的裁判正确率绝对高于第一审法院"并不具备特别的优势。第二，第二审法院为了能够判断一审法院的事实认定及证据资料是否正确，应当有权去搜集新的事实与证据资料，不需要封死第二审法院再行调查认定事实、搜集证据的可能性。因此，折中的做法是既允许法院搜集新的事实与证据资料，也保留第一审法院所取得的诉讼资料，使得法院在第二审程序中仍然可以运用这些诉讼资料，并且，在第二审法院对这些事实及证据资料的正确性产生怀疑时，有权对这些事实及证据资料进行核实。这就是所谓的续审制。在续审制这一审理构造下，第二审法院可以援用第一审辩论终结时的诉讼资料（事实及证据资料），因此可以避免重新审理带来的（事实认定方面的）不确定性；并且当事人可以在第二审中提供新的事实、证据，这就可以在第二审法院认定一审的事实、证据资料错误时补充正确的诉讼资料，有助于排除一审诉讼资料的错误，为二审正确地裁判创造合理的基础。值得注意的是，续审制并未禁止第二审法院针对第一审法院所认定的事实及调查的证据进行核实并作出新的认定，因而是一种颇为取巧的做法。一方面这有助于节省第二审法院的精力，使得第二审法院能够集中注意力处理第一审法院认定事实及证据时的谬误，最终使得案件的真实能够得到发现。另一方面，这也符合诉讼经济与灵活性的要求，即当事人与法院都能从全面审查第一审事实认定错误的泥潭中拔足出来，集中精力解决第一审审理所未尽的事项，解决第一审认定事实及证据可能有错误的部分，续审制也容许第二审法院与当事人继续调查第一审已经认定的事实与搜集的证据，这与牢牢限制当事人追复第一审所提出的事实与证据的事后审制大不相同。

另外，通常意义上的续审制并不限制当事人在二审中提出新的事实与证据，这符合所谓的自由顺序主义的精神。所谓的自由顺序主义,是不限制当事人主张事实、提出证据的立法主义。如前所述,事后审制绝对地封闭了第二审法院再行调查认定事实、搜集证据的可能性,因此倒逼诉讼当事人及其诉讼代理人必须在第一审中全力以赴地主张事实、搜集证据。单以事实的主张而言其实并不太难,然而证据的搜集往往需要耗费时日,强制当事人必须在第一审中搜集并提出较有难度。所以,这不仅会产生上文所述的困难,也招致审理的僵硬化与机械化。此外,当事人唯恐因第一审未能提出事实及证据导致其在第二审中无法提出,就不得不滥用主张事实及举证的权利大量提出事实及证据,而这样一来又导致无用诉讼资料的膨胀,进而导致诉讼迟延。因而续审制无疑是针对这种审理的僵硬化与机械化所开出的一剂良药。相应的,当事人的举证权、事实陈述权等当事者权也能得到充分的保障,换言之,这能够体现出对当事人程序利益的维护。

诚然当事人主张事实、搜集并提出证据等活动在严格意义上并非当事人的"权利"。如果仔细比较这种活动与民法上当事人的"权利"就会发现其中的区别。民法上当事人所享有的权利,往往意味着当事人可以通过行使这种权利获得一定的"经济利益",而当事人主张事实、搜集并提出证据等活动并不意味着可以直接取得类似的利益。对于原告乃至于被告而言,这种活动最多只是意味着现在的利益格局是否应当改变,因为判决并非是生产某个"新"的实体权利或法律关系。同样的道理,当事人主张事实、搜集并提出证据等活动也不意味着当事人的义务或责任。一方当事人无论是对于对方当事人还是对于法院来说,都不负担这种主张事实、搜集并提出证据的义务,也不会因为没有尽到这种义务而承担所谓的"责任",这是因为,即使当事人败诉,也不会产生出"新"的实体义务。因此当事人主张事实、搜集并提出证据等活动只是意味着原告承受着一定的负担,如果其未能做到,那么法院将判决其败诉。这相当于民法中的"不真正义务",也相当于民事诉讼法上的证明责任。尽管经常有观点将证明责任当做一种真正的责任,而非通说所认为的一种结果意义上的风险。但是自从"二战"以来,英美法系中的程序保障理念逐渐深入人心,在欧洲及日本掀起了程序保障的第三次浪潮,对德国这样的传统大陆法系国家也产生了不小的影响。德国在大战以前并未充分地强调程序保障理念,而是在战后,由其学者充分反思,首先在其基本法(即宪法)中规定了所谓的听审请求权。这种听审请求权或听审保障的要求涵盖了辩论权、在场见证权、记录阅览权等。总之，在战后越来越强调民事诉讼法与宪法的关联的话语背景之下，诸多国家更加强化民事诉讼中当事人的程序保障。而在日本这样的宪法未直接修改添加类似于听审保障的规定的国家，其民事诉讼学者立足于尊重人的尊严的原则与贯彻国民主权的原理，并基于宪法上有关自由权、诉讼权、财产权的保障的规定，认为当事人享有类似的程序保障的地位。就此而言，当事人在诉讼程序中作为诉讼主体，其所能够在诉讼程序上实施的提出诉讼资料、证据资料的活动，应属于一种权能，亦即当事人有权在民事诉讼中提出事实以及证据。相应的，法院在判决中，也必须斟酌当事人在言词辩论中所提出的事实及证据并将其作为裁判的基础；反之，当事人未提出的事实及证据则不得加以斟酌（即辩论权的消极效果）。故而续审制对于当事人的程序保障、当事者权或听审保障请求权有相当的维护功能。

与此种当事人的程序保障的做法相搭配，续审制的裁判方式也较为合理。续审制虽然是折中复审制与事后审制的制度，但是续审制下的第二审程序在性质上仍然属于事实审，此审级中大多数案件的重点仍然是判断第一审法院认定的事实是否正确。但是，事后审制主要致力于依赖第一审法院已经取得的诉讼资料来审查第一审法院认定的事实是否正确，因而不过是换了判断的主体（由第一审法院变为第二审法院），故而很难确保能够真正察觉第一审认定事实的问题。而续审制正是为了回应民事诉讼发现真实的需求，不仅由第二审法院再行审理，并且是由第二审法院合议庭先运用第一审法院所取得的诉讼资料及二审中新掌握的诉讼资料自行判断案件事实。续审制与事后审制不同，其虽然也使用第一审法院所取得的诉讼资料，但并不依赖第一审法院所取得的诉讼资料，无论是当事人还是法院均可以对第一审所取得的诉讼资料加以批评、修正或重新评价。从这一点看，续审制更为接近于复审制。因而，在续审制下，第二审法院也是先自行对案件事实结合新诉讼资料对第一审法院认定事实的结果进行重新判断后，再回顾原来的一审判决有没有错误。这与事后审制下第二审法院先利用第一审中所取得的诉讼资料判断原来第一审判决有无错误后，再针对上诉请求有无理由作出判断不同。因而续审制认定事实的根据不仅在于第一审已经取得的诉讼资料，还在于第二审中当事人新提出的事实与证据，而且第二审法院也并不受制于第一审中已经取得的诉讼资料。因此续审制更能满足民事诉讼发现案件真实需要的追求，从而，续审制下第二审法院的判决更能够使当事人信服。

然而，虽然续审制更加灵活、重视约束诉讼成本之下的真实发现，但其并不限制当事人在第二审程序中主张事实、提出证据，也使得续审制看起来过于"灵活"。相对而言，因为续审制并没有在第二审一开始时固定事实、证据等攻击防御方法，导致当事人可能在第一审中手握抗辩事实及证据而不提出，专门在第二审程序中滥行提出事实与证据。因此当事人会格外重视第二审程序而轻视第一审程序。这样，诉讼程序会不必要地延伸到第二审程序中，并且也会造成第二审程序的过度臃肿。为此还是需要吸取事后审制的一些优点加以弥补。当事人在第二审程序中可以对第一审中所提出的事实与证据再进行争执，同时其还能自由地提出完全新的事实与证据，则未免过度。不过，若完全采用事后审制的做法，原则上禁止当事人在第二审程序中主张新的事实与证据，恐怕就是矫枉过正了。因此如何能够在审级制度的设计上充分结合，发扬事后审制与续审制的优点，也是颇为困难的课题。具体而言，续审制不限制当事人在第二审中主张新的事实与证据，这有可能导致当事人在第二审程序中滥行提出事实与证据，使得第二审程序肥大化；反之，事后审制原则上禁止当事人在第二审程序中提出新的事实与证据，当事人为避免在一审中未能及时提出事实与证据使得将来在第二审程序中发生失权效果而在第一审举证期限提出所有的关联的事实、证据要求一审法院审理，这会使得第一审程序发生迟延，造成审理程序的浪费。如何妥善安排续审制的架构，亦即如何妥当设置第二审程序的攻击防御方法的失权制度，确实非常值得探讨。

若是追根溯源，第二审中当事人的事实主张及证据提出的失权问题恐怕还是需要追问到第一审或者整个民事诉讼程序中当事人主张事实与提出证据的失权问题。因为如果第一审中当事人主张事实及提出证据即受到严格的要求——必须在审理之前或诉讼审理阶段进行，那么第二审中当事人还能够主张的事实与提出的证据当然也就随之减少，这是由于全案的事实及证据本来就有限的缘故；反之亦然。一审、二审程序中的诉讼资料，在全部诉讼资料总和维持不变的情况下，基本上是此消彼长的关系。因此第二审程序如何架构（适用复审制、续审制、事后审制或者综合多种制度的优点）方能发现真实，与第一审程序的举证期限制度或攻击防御方法失权制度不无关联。再者，我国的举证期限或域外的攻击防御方法失权制度不仅适用于第一审程序中的事实或证据的提出时机，其实也涉及第二审程序中"新"的攻击防御方法的提出是否受限的问题。单从发现案件真实的要求来看，民事诉讼程序中的攻击防御方法似乎不应设置对应的提出时间的限制，然而不论是在实证法抑或是在理论中都有及时提出攻击防御方法的要求和主张，这在第二审程序当中也不例外；故而如何合理地理解乃至于适用这些规定与理论，当然会对于能否在二审中发现案件真实产生影响。

关于我国民事诉讼二审程序的构造，在我国学界中有一种观点认为，我国民事诉讼的第二审程序采用的是续审主义的结构。此说的根据在于，我国《民事诉讼法》第170条规定了原审判决认定基本事实不清的，第二审法院可以查清事实后改判；此外，《民诉法解释》第342条规定了当事人在第一审程序中所实施的诉讼行为，在第二审程序中对当事人仍有拘束力，当事人推翻在第一审程序中所实施的诉讼行为则受到限制。这种观点似乎仍有商榷的余地。按照续审制的构造，其接近于复审制，第二审法院乃是先结合第一审程序中已经取得的诉讼资料及第二审程序中新收集的诉讼资料自行判断案件真实如何，而后才能回顾一审判决认定事实有无错误进而作出判决。因此，原审判决认定基本事实不清的，按照复审制与接近于复审制的续审制的做法，应该是由第二审法院直接判断案件事实作出判决即可，无需发回重审。况且第二审程序为事实审，也是第一审诉讼程序之续行程序，只不过构成第二审法院裁判基础的事实及证据资料通常更为丰厚而已，既然第二审程序是第一审程序的延伸，则第二审法院与第一审法院具有大体同等的价值，当案件事实认定需要修改时，自然是以撤销原判决并自行作出判决为原则较为妥当。这一点考虑到我国台湾地区的情况，也可以得出类似的结论。我国台湾地区民事诉讼第二审程序采用接近于续审制的结构，当第二审"法院"认为第一审"判决"认定事实、适用"法律"不当时，原则上都是采用"废弃原判决自行判决"的做法；只有在第一审的诉讼程序有重大瑕疵、第一审违背诉讼程序的相关规定并与第一审"判决"内容有因果关系或者第一审违背诉讼程序的相关规定导致第一审"判决"内容不适合作为二审辩论与裁判的基础的情况下，第二审"法院"应"废弃原判决发回一审"。故而，我国民事诉讼第二审程序与一般所说的续审制存在上述的差异。我国《民事诉讼法》第 170 条既然规定原审判决认定基本事实不清的,第二审法院可以查清事实后改判,那并不能说明我国第二审程序采用的就是续审制,至少不算是"纯正意义"上的续审制。

　　判断第二审程序的构造的另一个标志是事实及证据资料的来源问题。复审制抛开第一审所取得的事实与证据,法院在第二审中重新来过;事后审制则禁止当事人在第二审中提出新的事实及证据;而续审制一方面允许在第二审程序中提出新的事实与证据,并且承认可以继续援用第一审所取得的事实及证据,另一方面也可以判断第一审所取得的事实及证据资料有无错误。上述观点认为,可以依据《民诉法解释》第 342 条的规定认为我国采用的是续审制。这似乎有速断之嫌。诚然在第二审程序中,当事人在一审所实施的诉讼行为,对于第二审也有效力。不过这主要指的是当事人在第一审所曾经实施的承认、放弃、变更诉讼请求、自认以及第一审法院所调查的证据。因此,当事人在第一审中作出了自认,又在第二审中对该自认的事实进行了争议或提出新的证据,则第二审法院也不得采纳,而必须根据第一审中当事人所自认的事实进行判断。至于当事人如果已经在第一审中对对方所主张的事实提出了争执,在第二审中又提出新的观点进行争执,并不算违反这里的规定。因此这里就会涉及《民诉法解释》第 342 条的规定应如何理解的问题。如果将本条适用的外延扩大到所有的诉讼行为,例如,要求当事人所主张的主要事实都不能再予以变更,那么无疑是接近于事后审制的做法,亦即牢牢固定当事人在第二审程序中提出的事实及证据。反之,如果将《民诉法解释》第 342 条所规定的"诉讼行为"的外延缩小至上述"承认、放弃、变更诉讼请求、自认以及第一审法院所调查的证据"的范围内,则对于第二审程序结构的判断并无重大影响。① 因为续审制与事后审制的区别主要在于是否允许提出新的事实及证据,并不在于第二审程序中原来一审中所实施的"承认、放弃、变更诉讼请求、自认以及第一审法院所调查的证据"是否继

---

① 至于当事人原来在第一审程序中所未争执的主要事实,其在第二审程序中仍可追复,以此打破"拟制自认"的限制。这是因为,拟制自认要发生一般自认的效果,必须要斟酌口头辩论的全部趣旨判断当事人没有对该事实进行争执的意思,故而当事人即使在第一审程序中未争执,也可以在第二审程序中进行争执(追复)以表明其不发生自认的意思。虽然在这种情况下,法官可能会结合自由心证作出对该当事人不利的事实认定。

续有效。无论是续审制还是事后审制，都承认原来一审中所实施的"承认、放弃、变更诉讼请求、自认以及第一审法院所调查的证据"在第二审程序中继续有效，只是事后审制不允许当事人在第二审程序中提出新的事实主张及证据。因此，《民诉法解释》第342条的规定与我国《民事诉讼法》是采用什么样的二审程序的结构这两者之间并没有太大的直接表征关系。要将续审制与事后审制区别开来，判断我国《民事诉讼法》是采用续审制还是事后审制，还需要探讨我国在第二审程序中当事人可否提出新的事实及证据的问题。

（二）二审的举证期限制度

我国《民事诉讼法》及《民诉法解释》都规定了举证期限制度。该举证期限制度不仅适用于第一审程序，也适用于第二审程序。因《民事诉讼法》第139条第1款有明文规定，当事人在法庭上可以提出新的证据，且《民事证据规定》第41条第2项规定了二审中可以提出新证据的数种情形。这些规定都表明我国对于第二审程序中证据的提出设置了特定的限制，然而这些限制又与德日等大陆法系国家对于攻击防御方法提出的时机的限制有相当的差异，以至于对于诉讼中真实的发现也有相当的影响。诉讼中的真实，涉及案件事实的查明，案件的事实首先需要当事人尽到其主张责任，而后通过证据证明之，因此，如前所述，第一、二审程序中所适用的举证期限制度对于二审程序的真实发现会有很大的影响，在展开下一部分的讨论时，也不吝重申。当然，以上探讨也只是开启了一种思考方法，具体而言，是一种类型化的思考方式。

更准确地讲，我国二审程序的审理结构，可能既不是"纯正的"续审制，也不是"纯正的"事后审制与复审制。这可以采用类型化的法学方法来加以分析。在法学的概念体系或类型体系中，因确定不同类型的要素具有可变性，故随着某些要素的消失、新的要素的加入或地位的变化，可以使得一种类型过渡到另一种类型；从而使得在类型系列中，可能存在几乎并连（要素特征相当近似）但仍然可以加以区别的类型，在这些类型中，各种要素的变化可以展现出一定的规律，使得各种类型的排列呈现出一定的顺序并展现出这种规律（类型之间相互过渡、转换的现象）。① 这种典型的例子在民商法中体现为商事主体的组织形式，例如合伙、人合公司、两合公司、资合公司等，就构成了密切并连的类型系列。在我国民事诉讼二审审理的结构的讨论中，也是如此。可以看到，续审制、事后审制、复审制之间有一些显著的区分的要素，例如：第二审法院对于一审判决的处理模式、第二审程序中可否提出新的诉讼资料、第二审程序中第一审法院所取得的诉讼资料能不能继续维持等。然而，通过比较法的研究可以发现，其实各国并没有严格地按照这些要素去界定其本国民事诉讼二审程序的审理构造，有的国家在其民事诉讼立法中也作出了一定程度的变通。

实际上，第二审法院对于一审判决的处理模式，依照各国的立法，也并不是"一刀切"地发回或直接改判；另外，在第二审程序中也并不是"一刀切"地允许或禁止当事人提出新的事实及证据资料，有的国家或地区是设置了时间的限制；有的国家或地区是原则上准许，但也有一定的限制的做法。例如德国与我国台湾地区的民事诉讼中的第二审程序就不是一概禁止或准许当事人提出新的事实及证据以最大限度地发现案件真实，2000年以后的民事诉讼第二审程序的改革中都加入了限制当事人提出新的事实及证据的规定。因此，德国与我国台湾地区虽然原来采用的是续审制，但现在的二审审理构造确实有些接近事后审制的做法，至少是在第二审程序中当事人可否提出新的事实及证据资料的问题上，故而我国台湾地区的民事诉讼法学者将这种审理构造称为"更加严格的续审制"②。而我国民诉程序的第二审审理的构造实际也不适宜被简单地归为续审制或事后审制，当然，我国的第二审程序的审理构造完全不可能是复审制。我国第二审程序的审理构造应当是与续审制或事后审制都有所不同的构造。因此在民事诉讼第二审程序中存在着多种构造，且各国民事诉讼第二审程序的审理构造又各不相同，也未必都能与续审制或事后审制完全吻合，故而上文认为我国民事诉讼第二审程序的构造应当是处于各国民事诉讼第二审程序的审理构造的序列中的中间地带。换言之，我国民事诉讼第二

---

① 参见〔德〕卡尔·拉伦茨：《法学方法论》，陈爱娥译，商务印书馆2003年版，第345—347页。

② 魏大喨：《第二审新攻击防御方法提出之禁止与缓和——从德、日新法检讨我国新制》，载《月旦法学教室》2003年总第96号。

审程序与一般所说的续审制不同,我国《民事诉讼法》第170条既然规定原审判决认定基本事实不清的,第二审法院可以查清事实后改判,这就表明我国第二审程序的构造与事后审制有细微的联系。此外,我国民事诉讼第一审、第二审是采用举证期限制度限制当事人提出新的证据,这与德日等国当事人因迟延提出攻击防御方法而失权的处置方式与结果上都不完全相同。我国民事诉讼第二审程序的审理构造,与我国台湾地区所采用的所谓"更加严格的续审制"也并不相同。并且,我国民事诉讼第一审、第二审对于诉讼资料(证据及事实)的限制方式与结果对于确定我国民事诉讼第二审诉讼程序在民事诉讼第二审程序的审理构造的光谱位置中,应当比第二审的裁判方式更为重要。因为第二审的裁判方式与法院的审理方式的联系并不十分密切,第二审法院在事实不明的情况下将案件发回重审,也具有节约上级法院司法资源,使得上级法院可以负担更多的审判业务指导工作的作用。故而以下的研究将集中在我国一审与二审民事诉讼程序的审理构造方面展开讨论。这种讨论对于分析我国民事诉讼第二审程序的构造,进而分析怎样对民事诉讼第二审程序制度进行修改才能尽可能地发现案件事实而言,具有相当重要的意义。

  如前所述,第二审程序能否发现案件真实,与第二审中当事人所能提出的诉讼资料是否受到严格的限制有关[①],而第二审中当事人所能提出的诉讼资料是否受到严格的限制,一方面取决于第二审程序所自带的举证期限规定的适用,另一方面则当然地受到第一审诉讼程序所适用的举证期限制度的影响,因为第一审所能提出的诉讼资料如果受到举证期限制度的严格限制,那么第二审也就不能提出被禁止在第一审中所使用的诉讼资料。

  大陆法系国家如德日等国通过制定成文法规定当事人的民事实体权利义务,因此大陆法系等国的民商事法律不仅在事先是作为当事人的行为规范,在民事纠纷发生的事后也是作为法院的裁判规范而发生作用的。因为在大陆法系国家的民事诉讼中,是以民事实体法律规定为大前提进行三段论式的推理,最终作出裁判的。这种司法三段论法,即是以某个完整的民商事实体法律规范为大前提,以具体生活中所发生的案件事实与作为大前提的民商事实体法律规范的构成要件

[①] 在我国的举证期限制度中,主要是证据而非事实,下文将详细阐述。

（或简称为法律规范的要件）相一致为小前提，以针对具体个案的情形适用作为大前提的民商事实体法律规范的法律效果，以导出具体的法律效果。

在司法三段论这一过程中，大前提是普遍适用的抽象规则，当然所谓的普遍适用与抽象也只是相对于具体个案事实的情况而言的，但无论是适用于多小范围内事项的民商事完整规范，也是具有可以重复适用的特性。例如《中华人民共和国侵权责任法》（以下简称《侵权责任法》）第6条所规定的侵权行为，即是从各种各样的具体侵权行为中抽象出一切侵权行为的特征并凝练地描述了整个侵权行为的抽象态样。立法机关在制定法律之时充分考量了侵权行为的后果，通过在法条中规定侵权行为法律后果的方式（陟罚臧否）对侵权行为作出了笼统的评价，此即为完整的民商法法律规范中的法律效果。因而德国学者将某个完整的民商事实体法律规定分为构成要件与法律效果两部分，这与我国有观点将某个完整规范分为假定条件、行为模式与法律后果略有不同。① 另外所谓完整的民商事法律规范，必须是包含构成要件与法律效果两部分的完整的规范。在民商事实体法律中，有许多规定并非是完整的规范。例如，《中华人民共和国民法通则》（以下简称《民法通则》）第1条就与构成要件或法律效果无关，而是立法的原则性规定；又例如，在民商法规范中有效力规定与训示规定之分，训示规定并不具有强制效力，因而也不是关于构成要件与法律效果的规定；此外，例如民商法规范中的附则规定，也不是直接关于构成要件与法律效果的规定，因此都不是这里所说的"完整的规范"。再者，一些补充或解释完整的民商法规范的规定，也不独立地构成一个完整的规范，而可以被视为完整的规范的一部分；例如，《侵权责任法》第2条第2款是为解释本法第6条民事权益的规定，本法第16条及第22条是解释本法第6条损害赔偿的法律效果的规定。这些完整的民商事法律规定中的构成要件，又可以抽取其中作为规制对象的事态的经典特征——构成要件要素与具体的案件事实一一对比，如果对比一致（或

---

① 假定条件与行为模式这两者在实质上差别不大，而且将其作区分没有实际的好处，因为将其区分开来并不会对三段论的结构产生重大的影响，再者，在有些民商事法律规范中假定条件与行为模式很难区分，而有的民商事法律规范中只有假定条件而没有行为模式，或者只有行为模式而没有假定条件，例如上述的《侵权责任法》第6条的构成要件中就只有行为模式而没有假定条件。

称为该当),就可以将具体的案件事实涵摄进入构成要件的外延中,这就满足了司法三段论的小前提。最终针对具体的案件事实去适用大前提导出结论。①

由此就可以明确当事人在民事诉讼中所主张的事实的性质。当事人在民事诉讼中所主张的事实,应当是与法律规范的要件或构成要件要素——对应的事实。这是因为,具体的生活事实包罗万千,而被立法者选来作为发生法律效果的事实又很少。我国台湾地区有学者将这种事实称为主要事实,而德国学者则直接将其称为法律规范的要件,并不区分生活中所发生的事实与法律规范所规定的抽象的构成要件事实。在民事诉讼中,作为攻击防御方法被当事人提出(主张、抗辩)的事实,多数是法律规范的要件。并且,辩论主义第一层面主张责任与第二层面自认的事实,也都是法律规范的要件。这些事实也是当事人在民事诉讼中攻击防御的关键。在大陆法系德日等国规范出发型的模式下,当事人在起诉时就已经自行寻找某个完整的民商事实体法律规范并推演司法过程中的三段论加以验证,当其得到权利或法律关系存在的结论后,就会去起诉主张该权利或法律关系。② 该权利或法律关系,按照诉讼标的旧实体法说构成诉讼标的与审判对象,适用所谓的处分权主义。除了在消极确认之诉中,通常主张权利或法律关系存在的原告,会援用所谓的权利发生规范作为根据,其在诉讼中所需要主张的事实(满足辩论主义第一层面主张责任的要求)就是该权利发生规范的法律规范要件,即权利发生事实。反之,被主张权利或法律关系存在的被告,为获得胜诉判决,必须援用对抗、排斥该权利或法律关系发生或存在的完整的民商事实体法律规定(反对规定)作为根据,这些根据按照学理又可细分为权利障碍(妨碍)规定、权利消灭规定、权利排除规定,其在诉讼中所需要主张的事实即为这些规定的法律规范的要件,即权利障碍(妨碍)事实、权利消灭事实、权利排除事实。消极确认之诉中则恰恰相反,因为原告起诉是主张被告所主张的权利或法律关系不存在,因此援引的民商事规范与一般的诉讼的情况

---

① 这在结构上似乎仍然是一种形式逻辑的判断,尽管实际上远非如此。但本文讨论的重心并不在于法律适用的方法,而主要在于强调民商事实体法律规范与案件事实之间的关联,由此导出主张构成要件事实的问题。

② 一般而言,原告起诉是主张权利或法律关系存在,当然消极确认之诉除外。

完全相反。

然而民商事实体法律的规定相当复杂，除了上述四类法律规范以外，针对权利障碍（妨碍）规定、权利消灭规定、权利排除规定，在民法中又有其他规定与这些规定相互排斥。例如诉讼时效抗辩足以对抗原告所主张的请求权，而诉讼时效经过这一事实所要发生的抗辩权的法律效果又可以被诉讼时效中止或中断这一事实所排斥。因此在民商事法律规范中可能存在多重规范辗转排斥彼此的法律效果的情况。因此对立的双方当事人会各自援引这些对自己有利的法律规范的要件以导出对自己有利的法律效果。同时，为能够确定这些法律规范的要件确实存在，在实施辩论主义的案件中，需要双方当事人提供证据予以证明。当然，民事诉讼中当事人并不会固守证明责任的分配去举证，因为可以预料当事人为了获得胜诉判决而积极举证；并且在民事诉讼中双方当事人提供的证据都可以被法官用作对其不利或有利的心证认定，所以提供证据的一方当事人与对该事实负担证明责任的一方当事人并不一致。

因此，可以从司法三段论法这种裁判方式中推导出当事人提出请求及法院裁判的构造。一般原告通过起诉主张权利或法律关系的存在，并主张权利发生的事实，而后被告针对原告所主张的事实酌情进行否认、抗辩或自认。被告如果援用对自己有利的规范而提出这些规范的法律规范要件（即权利障碍事实、权利消灭事实、权利排除事实），就构成抗辩。这种事实的主张等都是在言词或书面辩论中提出来的，而后再由当事人申请提出证据方法，在法庭作出证据裁定准许提出或调查后再依照各种证据方法的具体程序进行证据的搜集与调查。在这一过程中，事实的主张与证据的调查是混合一体存在于言词辩论的全过程中的，并且原则上事实的主张与证据的调查只有逻辑上的差别，而没有阶段上的截然的划分。传统的德日民事诉讼并不要求当事人主张事实需要依照一定的顺序，也不要求当事人在起诉或主张事实时就提供证据加以证明。这是一种非常自由的审理顺序，故而被称为自由提出主义。而且，事实的主张与证据的提出可以混合、散布在历次开庭的言词辩论过程中（证据结合主义），历次开庭的言词辩论具有同等的价值（口头辩论的一体性）。这就是大陆法系德日等国传统的庭审的构造。而我国民事诉讼的审理构造与此很不相同。按照我国《民事诉讼法》的规定，我国的庭审阶段分为证据调查阶段与法庭辩论阶段。因此可以看到,我国的民事诉讼是先关注证据,再由双方当事人对证据、事实乃至于法律适用展开辩论。因此,我国的民事诉讼可以说与大陆法系的规范出发型诉讼有很大的不同,而是在生活中发生的具体案件事实(而非法律规范的要件)完全清楚的情况下酌情处理可以得到双方当事人信服的结果的过程。并且,在开庭审理之前,法院需要确定一个举证期限,通常当事人只能在该期限内提出证据;《民事证据规定》第34条对举证期限作了非常严格的规定,逾期提供的证据,除对方当事人同意质证外,不得组织质证。按照这种规定,基本上在民事诉讼的第二审程序中将不存在任何可以提供的新证据可言,但《民事证据规定》第41—43条作了较为狭窄的例外规定。按照《民事证据规定》第34条的规定,实际上我国民事诉讼第二审审理的构造关于第二审程序能否收集新的事实及证据这一点来看,反而跟事后审制比较接近。而如前所述,事后审制对诉讼真实的发现并不十分有利。尽管2012年《民诉法解释》第99、101、102条又放宽了举证期限制度,但是还需要在解释时进一步明确,以防止第二审的审理构造成为事后审制。

大陆法系德日等国传统的自由提出主义或随时提出主义在"二战"前后出现了一定的变化。在德日等国都出现了强调当事人不能通过迟延主张事实、提供证据的方式导致诉讼迟延的观点。这种观点影响了德日等国的立法,德日等国的民事诉讼法如今都有禁止当事人迟延提出攻击防御方法或迟延提出的攻击防御方法不予斟酌的规定,这种规定被称为"攻击防御方法因迟延提出而失权"。而所谓的"攻击防御方法",按照《德国民事诉讼法典》第282条第1款的列举,包括当事人提出诉讼请求理由(攻击方法)或得据以对抗请求(防御方法)的事实主张、否认、法律规范的要件之抗辩、证据抗辩(主张对方所使用的证据方法不合法或证明力较弱)等。从这种规定看,德日等国的失权制度不仅针对证据(即证据方法),还针对法律规范的要件(或主要事实),当然,如果某一法律规范的要件已经因为当事人未能及时主张提出而不得再被提出,则能证明该事实的证据也同样不能再提出(而且提出这些证据也没有价值)。换句话说,如果某一证明对象已经不能再被提出,则相关的证据也不能被提出。相对而言,我国的举证期限制度是专门针对证据而言的,也就是说,当某一证据已经不能提出时,即使当事人再去主张某个事实也没有意义。然而如前所述,在审理的逻辑上自然是要先确定什么样的事实需要去证明，再去厘清需要提出什么样的证据。而且，从审理的实际情况看，如果当事人在开庭审理之前不能确定什么样的事实需要证明，那自然也无法提供相应的证据；什么样的事实需要去证明，不仅取决于本方当事人，还要看对方当事人提出了什么样的否认与抗辩。因此在《民事证据规定》举证时限制度实施几年之后，又不得不制定缓和的规定，尤其是《民诉法解释》第 99 条第 3 款，就是为了解决针对对方当事人提出的否认或抗辩提出新的证据的问题。然而就实质而言，是当事人为了能够证明足以否认或对抗对方当事人提出的否认或抗辩之事实提出新的证据的问题，这里面不仅涉及提出证据证明对方当事人所提出的抗辩事实是不存在的，也涉及当该当事人针对对方当事人所提出的抗辩事实再提出否认性或阻碍性抗辩提供证据加以证明的情况。

这是《民诉法解释》中的缓和规定所涉及的情况。不过，即使有上述放宽的规定，也不足以应对其他可以允许当事人提出新的事实和证据的情况。例如，一方当事人主张了权利发生事实后，对方当事人提出了权利障碍事实，然而法官的心证偏向于认定该事实不存在，于是对方当事人将不得不再次提出新的具体的抗辩事实。因为权利障碍事实包括很多种，当事人除了可以主张无权代理以外，还可以主张无权处分、法律行为违反法律的强制性规定而无效等，并且当事人也可以另辟蹊径主张民法中的时效抗辩或一时抗辩，或主张其他的合同的解除权、撤销权、终止权，也可以主张权利消灭事实加以对抗。而这种情况是不被包括在《民诉法解释》第 99 条第 3 款所规定的情况当中的。因此这种情况或许会因为《民诉法解释》第 99 条第 3 款没有明确规定而属于例外情形，导致该对方当事人不能提供证据证明上述的新的具体的抗辩事实（即对抗原告的基本规定的反对规定的法律规范的要件）。那么，即使该对方当事人知道提出新的具体的抗辩事实也没有用。然而这种情况下确实不能归责于该对方当事人。因为不可能强求当事人预料到诉讼当中法官心证的结果（除非当事人事先已经跟法院有过沟通），更何况法官心证的结果如果没有及时向当事人公开的话（在我国实务中或许并不少见），当事人根本无法及时有效地再提出新的具体的抗辩事实挽救诉讼将要出现的败局。再者，强制性地要求当事人必须在举证期限以内就预计所有可能的情况一次性提出所有的攻击防御方法，虽然在诉讼技术上也并不是不可能，例如，在上述情况下，对方当事人可以在举证期限里提出，如果法院认定抗辩事实不存在，则主张其他的新的具体的抗辩事实（预备抗辩），并收集相应的证据去证明，但这样会导致当事人为了防止败诉而假定法院认定事实的情况而大量地提出预备抗辩，这对于不熟悉法律的当事人而言未必可行，更何况也会造成大量的预备抗辩进入法院审理范围，加重法院与对方当事人的负担，如此一来，又反而与举证期限制度的本来目的相冲突了。举证时限制度的本来目的就是为了防止当事人故意拖延举证而提出新证据导致法院迟迟不能查明案件事实并裁判结案，而如果当事人为了防止败诉被迫大量地提出预备抗辩，这除了增加该当事人的举证困难，耗费其时间、精力、金钱外，也会导致对方当事人为了针对这些预备抗辩而再次提出预备的再抗辩及相应的证据，导致对方当事人耗费的时间、精力、金钱有所增加，同时也会使得法院审判组织面对诉讼资料的大幅度膨胀。这与举证期限制度所要达到的诉讼经济的目的并不相符。

综上所述，针对这种情况比较合适的处理办法并不是强使当事人预先提出假定抗辩并花费时间、精力、金钱去收集证据，而是可以先审理当事人已经提出的主张、否认或抗辩事实是否成立。当法院认为原告的权利发生事实并不成立时，当事人就不必再提出抗辩事实；反之，则被告需要提出抗辩事实并由双方当事人提出证据进行攻防。当进入再抗辩、再再抗辩等多重抗辩环节时，也是如此。这样可以有效地实现审理的机动灵活性，并不会妨碍法院针对本案争议的案件事实逐一调查以发现案件的真实。事实上，在德国采用自由提出主义之前，普通法时期也有采用所谓的法定顺序主义的做法，也就是要求当事人在开庭审理之前一次性地提出所有的主张与抗辩及再抗辩事实。但这种做法过于机械，导致诉讼的审理丧失了弹性，也使得程序过于臃肿庞大。因此从历史的角度看，法定顺序主义、自由提出主义也是一种互相轮替乃至于交融的过程，两者各有利弊，一旦其中之一长期施行之后，其弊端必然会逐渐显现乃至于增加，故而不得不采用一些措施（例如失权制度）加以纠正。当然，德国及日本也有制度准备上的优势。因为德国是采用律师强制代理制度的国家，律师与法官的沟通并没有非常大的障碍，加上德国也是法学先进的国家，因此他们实施攻击防御方法的失权制度不至于有太大的问题。并且，德国与日本都是明确规定法院阐明义务的国家，当事人所未能及时提出的攻击防御方法，法院在特定情况下可以通过发问或暗示的方式催促当事人去提；另外，如果当事人已经提出了攻击防御方法的模糊线索而未能明确提出的话，法院也可以发问或暗示，使得当事人去补充或更正。日本实施失权制度也较为谨慎，只要当事人给出了合理的解释就不会禁止其提出，也没有罚款或训诫的规定，因此也不至于对当事人的其他实体利益造成重大的不利影响。而我国《民事诉讼法》除了对于新证据的提出开了比较狭窄的例外以外，还规定在两种不同的情形下（按照当事人有没有因故意或重大过失而延迟提出证据），可以对当事人采取轻重不同的强制措施。然而这样的规定却与失权制度本身的目的并不一致。因为失权制度适用的结果应当是该证据不能提出，导致该证据所要证明的事实即使得到主张也没有效果，从而导致当事人败诉，因此失权制度适用的结果最多就是一方当事人败诉。但是，我国当事人并不能够接受法院单纯因为当事人举证迟延就判决当事人败诉的情况。然而现在因为当事人迟延提出的证据与本案的基本事实有关、足以影响本案的胜败，因此立法者不得不允许当事人提出该证据，但还是规定了相应的强制措施（最严重的措施为罚款），这也是变相地从当事人的胜诉利益中扣除一定的部分（即该当事人小部分地败诉）。我国现行法律规定的罚款的数额已不能算是小额，如果法院罚款的数额超出或者占到诉讼所争议的财产价值相当比重的部分，当事人恐怕就很难接受。因此在强制措施的实施方面还是要考虑到我国当事人的实际情况，稍微有所控制。

因此需要提出的一个问题是，我国民事诉讼的举证期限制度既然不能使得一方当事人针对对方所主张的事实提出证据证明具体的抗辩事实，那么实际上我国第二审程序所能够使用的新的证据与事实是非常少的。虽然2012年《民诉法解释》对此已经有了缓和的规定，规定了一些例外情况，也规定在有些情况下采取强制措施替代判决当事人败诉，然而并没有改变第二审证据的收集基本上受制于第一审的范围的情况，因此这有些接近事后审制。不过，这仍然不是纯正意义上的事后审，因为当事人在第二审中还可以提出新的证据（受到《民事证据规定》第42条规定的限制）。第二审中当事人提出新的事实及证据资料的容许性也是很重要的问题，在这里也一并讨论。

首先需要讨论域外一些国家的规定并与我国的规定进行对比。《德国民事诉讼法典》在2001年修改时将其第二审程序改为审查错误、排除错误的程序,第二审法院原则上受到第一审法院认定事实的拘束。新的攻击防御方法只有在符合立法规定的例外情形的条件下才可以提出。只有在第二审法院对于一审认定事实的完整性或正确性有怀疑的具体根据,或因不可归责于当事人的事由而未在第一审程序中提出攻击防御方法时,才准许当事人提出新的攻击防御方法(《德国民事诉讼法典》第531条第2款)。当事人在第一审中未提出而在第二审中提出的新的攻击防御方法都是被规制的对象,在第一审言词辩论终结前就已经存在的攻击防御方法,只要当事人没有能在第一审言词辩论终结前提出,不管当事人有没有过失,都属于新的攻击防御方法。如果当事人提出的新的攻击防御方法被第一审法院明显忽略或认为不重要,那么第二审法院应当准许。第二审法院所采用的法观点与一审不同时,必须让当事人有机会根据第二审法院的法观点变更其所主张的事实及相关的证据;同时法院应尽到其阐明义务,告知当事人其法律观点与第一审法院不同,并赋予当事人就该项法律观点表达意见的机会。因此如果第一审法院在一审判决前告知当事人某项法律观点不重要,导致当事人将相应的攻击防御方法推迟到第二审主张,那么也不能禁止当事人在第二审中提出该新的攻击防御方法。又比如,当事人在第一审中已经提出了某个攻击防御方法,但又因为第一审审判组织的诉讼指挥再次撤回该主张,并在第二审程序中提出;它虽然属于提出新的攻击防御方法,但是因为法院的问题,因此仍然可以提出。再者,如果当事人并非因过失而未能在第一审中提出新的攻击防御方法,法院也应当准许当事人提出,例如,该攻击防御方法是在第一审言词辩论终结之后才发生的,那么这时不能认为当事人没有提出该攻击防御方法是有过失的。由此可见,即使是审理起来比较快速、并不会导致诉讼迟延的攻击防御方法(例如诉讼时效抗辩),按照《德国民事诉讼法典》第531条的规定,这种攻击防御方法仍然不能在第二审提出,因为失权制度不仅是要防止第二审诉讼程序的审理迟延,也是要实现第一审诉讼程序审判集中化的目的。不过,限制第二审中攻击防御方法的提出也并非各国惯例,因为同属于大陆法系国家的日本就没有类似严格的规定。日本民事诉讼法在1998年生效的新民事诉讼法中对于第二审的审理程序也有所改革。固然在立法修改之前,如果第一审迟延提出的攻击防御方法已经被驳回的话,那么在第二审中就不得提出。在修改之后,经过争点整理程序终结后,当事人在第二审中提出攻击防御方法时就负担说明义务(《日本民事诉讼法典》第298条第2款),这也是间接地限制第二审的攻击防御方法的做法;另外根据《日本民事诉讼法典》第301条第1款的规定,审判长在听取当事人的依据后,确定提出新的攻击防御方法的时机,如果当事人并未遵守,则也需要说明理由。因此,当事人在第二审程序中更新诉讼资料的权限也受到一定的约束,不能任意提出攻击防御方法。当然,德日两国关于第二审当事人提出新的攻击防御方法的限制并不完全一致。日本显然采取比较宽松的态度,而德国则采取较为严格的限制。因此,回溯上文所讨论的民事诉讼第二审程序的审理构造,便可发现德国民事诉讼第二审程序在本世纪初的修改使得德国民事诉讼第二审程序的构造较为接近于事后审制;而日本民事诉讼第二审程序的构造则接近于续审制,只是也并不等同于纯粹的续审制,因为当事人在第二审程序中提出攻击防御方法也受到一定程度的限制。

我国当事人在第二审中还可以提出新的证据,但只限于在一审庭审后新发现的证据、当事人因客观原因无法自行调查取证申请法院调查收集证据而法院未准许的这两种情况。因而我国对于第二审当事人可以提出的证据的规范模式并不同于德日等国。当事人在一审庭审后新发现的证据,可能范围较广,但却与法院的法观点及诉讼指挥行为并没有直接关联;而当事人因客观原因无法自行调查取证申请法院调查收集证据而法院未准许的证据的范围,又略微狭窄了一些。我国当事人在第二审中还可以提出新的证据的范围比起德日等国而言互有长短,但是最高人民法院并没有强调当事人未能及时举证与法院诉讼指挥权限的关系,这就不太合理。更何况这里只涉及证据,而不涉及事实的主张。

(三) 具体的完善建议

为了使得第二审程序中更能纠正一审法院认定事实的错误、实现发现案件真实的作用,对于第二审的审理构造以及第二审举证期限制度应当进行完善。完善的主要方向是:尽量放宽第二审当事人提出攻击防御方法的时机,当事人未能在第一审中提出的攻击防御方法如果与法院的诉讼指挥有关系,应当予以准许。为此提出以下立法建议:

取消《民事证据规定》第42条第二审举证时限的规定,当事人在第一审中只是负有促进诉讼的义务,但并不意味着所有的证据原则上都只能在第一审中提出。增设第二审当事人提出新的攻击防御方法的限制规定:"当事人可以在第二审程序中适时提出新的攻击防御方法。第一审程序中应当提出的攻击防御方法,在第二审程序中仅在以下情形下允许:(一)第一审法院误认为某一攻击防御方法不重要而未能促使当事人提出。(二)因第一审程序的瑕疵或不可归责于该当事人的原因导致该当事人无法主张。二审法院可以要求当事人说明未能在第一审中提出攻击防御方法的理由并举证释明之。"

三、再审程序的立法完善

再审程序发现真实的功能是否完善,主要取决于再审事由的规定。对于什么样的事由当事人可以申请再审,就能够决定在什么样的范围内的案件有机会排除原审认定事实的错误,实现发现真实的功能。然而又因为再审程序实属通常民事诉讼程序中的例外,一般只能在非常罕见的情况下才能启动,因此如何合理地设定再审事由也是非常重要之事。以下将针对我国《民事诉讼法》及其解释中关于再审事由的规定进行评析,尝试分析我国再审程序发现案件真实的功能强弱。

(一)我国的再审事由中并未规定"应当参加诉讼的当事人,因不能归责于本人或者其诉讼代理人的事由,未参加诉讼"这一情形

诉讼本应由实力相当而素有能力的两造对立而为审理,然考虑到当事人未必精于讼务,且一人实在有限,故可委托当事人代理,实施诉讼行为。然而,我国《民事诉讼法》第200条规定的再审事由过于狭窄。按《民事诉讼法》的规定,专属管辖错误可作为再审事由,而当事人未经合法代理,纵然代理人实施的诉讼行为导致该当事人败诉,也不能申请再审,立法可谓轻重相失。管辖错误对于裁判公正的影响,是较轻的影响因素;而未经合法代理对于裁判的正确率而言,是相当重要的影响因素。按照举轻以明重的法理,本条立法的不完备显而易见。故此再审事由有待补正。

(二)原告诈称被告下落不明,进行公示送达,从而获得缺席判决的不能申请再审

实务中已发生的原告明知被告居所而伪造证据、诓骗法院,称被告下落不明云云,法院不知而误为公告送达,使该被告人受到莫名的"天外裁判"。对于此种案例,我国《民事诉讼法》并未规定可再审,可能极大地损害了被告的利益。

(三)就同一诉讼,已经法院判决、裁定或调解并生效的不能申请再审

前诉确定判决书或裁定书、调解书发生既判力或与既判力有同一效力,能够禁止后诉的提起或对后诉发生积极效力。然而后诉法院因疏忽未发现该确定判决书或裁定书、调解书,作出生效判决,按照目前我国实务,均由后诉法院或其上级法院自行"撤销"后诉的确定判决。而当事人申请再审的事由却不包括上述情形,实在令人费解。假如没有其他特别的理由,岂非"只许法院改判,不许百姓申请"?这可以说侵犯了公民的诉讼权。

(四)未区分绝对的再审事由与其他再审事由

所谓绝对的再审事由,指原确定裁判的程序上有重大瑕疵,再审法院一旦认定有该事由,立即进入本案审理,而不必考虑再审事由与原判决的结果是否有因果关系。德日民事诉讼法一般以审判组织不合法,未经合法代理,法官未遵回避规定,诈称被告下落不明而公示送达,就同一事件存有既判力之本案判决或与既判力有同一效力之调解书、裁定这5个事由作为重大程序瑕疵、绝对上诉事由。再审法院一旦认定有上述事由存在即开始审理原审请求有无理由。而其他再审事由如诉讼中法官、当事人及其代理人的犯罪行为,新证物,法律适用显有错误等,皆要求该事由与判决错误有因果关系,否则仍驳回再审之诉。此前我国的再审司法解释不考虑两种再审事由的区分,导致再审事由的审查形同一个漏勺,难以有效发挥筛查错误判决的机能,也就难以达到严格准入、高改判率的制度理念。

(五)再审补充性原则被忽视

如前所强调的,再审应为例外的救济渠道,而纷争应集中于一、二审解决。如果当事人在事实审中已经得知再审事由存在,却不上诉,等到判决确定后,依再审程序寻求救济,这是在浪费司法资源。同时,如当事人对于再审事由已经在上诉审中向法院主张,而未被法院所采

纳，如果也允许其提起再审，恐怕也将导致司法资源的浪费。试举一例，民间借贷纠纷中，债权人盗用债务人在其他文件上的指纹捺印，诉讼中债务人始终不争执该指印的真实性，因此债权人获得胜诉判决。而债务人直到二审判决生效后，主张指印为伪造，申请鉴定、提起再审。对于该债务人来说，自己是否在借贷的合同文书上捺印，他不可能不知道、不记得。如果再允许他就该事由申请再审，无异于鼓励当事人不顾信义、有技巧地拖延诉讼。

由此可见，我国再审程序事由的规定存在一定的缺失，需要加以补充，以实现发现真实的目的。因此提出以下完善的建议：如上所述，再审事由宜增加当事人未经合法代理、有既判力或与既判力同一效力之判决或调解书存在、当事人诈称对方当事人下落不明而申请公示送达三项。并明确绝对再审事项，以达到各项再审事由宽严结合的效果，方便法院筛除那些改判可能不大、对于发现案件真实没有多少价值的案件。

四、非讼事件程序的立法完善

（一）诉讼事件及非讼事件的区分

非讼事件与家事事件通常被合并规定在一个程序法中。我国民事诉讼中的非讼程序涉及较广，包括特别程序、公示催告程序等。然而德国日本等国通过制定家事及非讼事件法，对通常民商事纠纷以外的纠纷进行统一的规定。因此在这里也合并探讨非讼事件及家事事件的立法完善问题。

诉讼案件与非讼事件不同。诉讼事件以双方当事人两造对立为主要形态，并且要求围绕着某个对象展开诉讼的攻击防御，也就是说，需要有诉讼标的；法院对双方当事人所作出的生效判决将会对当事人产生既判力，进而能够影响当事人的实体权利义务，为此，又需要赋予当事人充分的程序保障。这种程序保障，便是通常民事诉讼所采取的对审、公开、言词、直接的审理程序。反之，非讼事件与此不同。传统的非讼事件不存在对立的双方当事人，而只有单独的程序参与人，而且也不存在诉讼标的一说（因为是非讼），所以在理论上只承认有程序标的,因而也不必通过言词程序保障当事人的程序利益。在非讼程序中,往往比较重视法院的职权运行,也就是说,由法院裁量是以书面还是以口头方式来进行非讼程序,不允许当事人自行协商或单方确定,只是法院在作出决定前应当听取当事人陈述的意见,在该程序中,也不采用一般民事诉讼所使用的所谓辩论主义或当事人提出主义;在非讼程序的证明方面,则采用自由的证明,证明不需要使用法定的证据类型、法定的证明程序,而不需要像一般的民事诉讼那样采用严格的证明。传统的非讼事件包括:监护案件、遗产管理与遗嘱执行、登记事件等,另外非讼事件并不是说没有争议的事件,存在争议的事件也可能成为非讼事件,例如离婚时请求保留居住的房屋或请求保留或让与家庭生活所需要的物品的案件。这种存在争议的事件与一般没有争议的非讼事件稍微不同,因为可以采用处分权主义,但是在事实与证据方面还是采用一般非讼程序的职权探知主义;而在审理方式方面,存在争议的非讼事件仍然采用言词程序,例如前述离婚时请求保留居住的房屋或请求保留或让与家庭生活所需要的物品的案件原则上还是要经过言词辩论,如果采用书面方式审理的话需要特别说明其理由。其目的主要是为了保证当事人的诉讼权利。

另外,在家事事件中有一部分不属于非讼事件,例如确认婚姻关系是否存在之诉、撤销婚姻与离婚事件、确认亲子关系存在或不存在、确认收养关系存在或不存在、婚生子女否认事件、因婚姻关系消灭而产生的损害赔偿请求案件、因夫妻财产关系而产生的请求等事件,它们实质上都是存在争议的案件,而且原则上都是当事人围绕着实体权利义务(尤其是财产权)所发生的争议案件,因此是属于家事诉讼案件而不是属于家事非讼案件。最高人民法院《民事案件案由规定》将婚姻、收养关系列为诉讼,就是很明显的例子。上述家事诉讼事件一般是采用处分权主义、辩论主义,当事人可以对诉讼标的法律关系进行承认、放弃、变更诉讼请求,请求调解或达成和解。只是在部分婚姻非讼案件中是采用片面的处分权主义。也就是说,在离婚案件或撤销婚姻的案件中原告可以放弃自己的诉讼请求但被告不能够承认原告的诉讼请求,因为在这两种诉讼中,社会公共利益要求维持已经存在的婚姻关系;在特定情况中(例如相当于《德国民法典》第1565、1568条所规定的部分情形),即使被告承认了原告的诉讼请求,法院也不受到这种承认的拘束而判决离婚或撤销婚姻关系。这与发现案件真实也有很大的关系。因为如果允许被告在诉讼中承认原告的诉讼请求，那么被告就可以不用等原告提出夫妻感情确实已经破裂的事由（例如被告与他人通奸的事实）而逃脱法院认定这一事实，这样一来，被告就有可能避免原告请求法院认定其通奸的事实而达到逃避净身出户等不利后果。在婚姻撤销诉讼中，可能会因为有其他事实排除撤销婚姻的效果，例如当事人在客观上有愿意继续婚姻关系的事实等，为了能够继续婚姻关系，维持社会关系的稳定，一般不能允许被告承认原告的诉讼请求。而在确认婚姻关系是否存在的诉讼中，因为这种婚姻关系是否存在，只是单纯的法律关系或事实是否存在的问题，不宜由当事人自由承认存在婚姻关系，因此一般既不允许被告承认原告的诉讼请求，也不允许原告放弃自己的诉讼请求。

（二）非讼事件中诉讼资料的提出与收集问题

非讼事件一般是采用完全的职权探知原则。职权探知原则或职权探知主义与辩论主义的三个层次相对应，也分为三个层次（或三个命题）。首先，为了能够认定对于裁判具有重要性的事实，法院应当依职权主动进行必要的释明。无论是对原告有利还是不利的诉讼，法院在认为有必要时，都可以斟酌当事人没有提出的事实，并依职权调查证据。但法律有相反规定的，不在此限。至于这种必要性，或者说，什么样的情况下法院可以这么做，则是由法院自由裁量。当然，在彻底地采用职权探知主义的非讼事件以及家事诉讼事件中（详见下文），为了避免法院根据具体的情况可以探知可以不去探知的情况，应当明确法院对于就裁判具有重要性的事实必须进行必要的阐明，这是法院的义务。因此，即使是当事人没有主张的事实，法院也可以斟酌，并且应当加以斟酌。其次，当事人之间没有争议的事实，法院也不受到拘束，如果法官对于某个事实产生疑问，仍然应当调查证据判断其是否存在。换句话说，当事人的自认对法官没有拘束力。最后，对于有助于查明案件事实的证据，法院可以提出，并且按照职权探知主义的要求，法院应当提出，不会因为当事人没有提出就不能提出。

而家事诉讼事件诉讼资料的收集与提出则较为复杂，既有可能适用辩论主义，也有可能部分或全部地采用职权探知原则。这是因为，有些家事诉讼案件虽然被称为诉讼案件，但其诉讼资料的提出与收集要受到发现真实这一要求的制约。例如确认婚姻关系是否存在的诉讼,如前所述,只是单纯的法律关系或事实是否存在的问题,而且它又涉及社会公共利益,所以只能采取彻底的职权探知的做法。而离婚与撤销婚姻关系案件则部分地采用职权探知,但是,因婚姻关系消灭而提出的损害赔偿请求以及因夫妻财产关系所产生的请求,以及请求给付赡养费、抚养费、抚育费的案件,仍然属于财产权纠纷,里面存在着双方当事人的争议,因此还是按照一般的民事诉讼所采用的辩论原则进行审理。

(三)我国担保物权实现案件中的事实认定方式问题

担保物权程序一般被认为属于非讼程序,采用所谓的形式审查。理由主要是:第一,在非讼程序中,法院只能作形式审查,而不能依职权审查实质事项;第二,即使是在非讼裁定的过程中,当事人对于实质事项发生争议而提出的主张与抗辩,法院都不得对此加以审理,私权纠纷等实质问题应当由当事人另行向法院提起民事诉讼,按照诉讼程序的审理方式进行调查、认定事实;第三,法院在担保物权实现案件中所作出的裁判,并不具有类似于生效判决的既判力。

这种观点固然具有一定的合理性。因为担保物权实现程序的本意是使得债权人可以通过比较简易的方式取得执行根据,以迅速实现抵押债权,以此来补充抵押制度,完善抵押制度的功能。但是上述形式审查的观点还存在一定的不合理之处。具体来说包含三点理由:第一,这会加重法院与当事人的负担。因为这时双方当事人已经对于实体权利义务发生了争议,如果还要求当事人另行起诉,这就使得法院没有办法将实体纠纷也一并解决,造成司法资源的浪费,也增加了当事人的诉讼成本。因为本来是可以考虑在担保物权程序中合并解决实体权利义务关系的争议的,但形式审查的观点却严格地区别这两种程序,这就放弃了扩大该非讼程序解决纠纷的功能。其实,在非讼程序中,如果当事人已经对实体争议进行了充分的争议,已经达到相当于进行诉讼的激烈程度,那么也不妨承认在非讼程序中法院可以对实体争议作出判断,并且能够拘束后诉法院及当事人。第二,形式审查的做法没有能够利用非讼程序阻止不应作出的执行根据。例如,抵押人在程序中已经能够提出公证文书证明债务清偿期的推迟,如果法院仍然要求当事人另行起诉,这就导致诉讼成本的浪费。第三,过分地强调在担保物权实现程序中确保当事人能够取得执行根据,也有可能会影响抵押人的财产权。如果抵押人没有其他更为有效迅速的救济途径的话，那么担保物权实现程序就有可能对抵押人进行不当执行，这会损害当事人的财产权。

因此，出于上述考虑，笔者认为，也可以在担保物权实现程序的不同阶段采用不同的程序规则来进行审理。也就是说，在担保物权实现程序的前阶段中可以采用非讼化的审理方式，在后阶段中则可以采用诉讼化的审理方式。因此，审理担保物权实现程序的法院应当对于特定的实体争议加以审理判断，赋予当事人进行争执的机会，并且对于这种审理程序的结果也可以承认能够发生一定的拘束力，这样就可以扩大非讼程序解决实体争议的功能。

具体来说，一方面担保物权实现程序要保障债权人实现其担保物权，因此不仅是抵押权人，其他担保物权人也可以通过这种程序去实现其权利，这样可以方便担保物权人迅速地取得执行根据。但同时也要兼顾债务人的程序保障权，为此也要赋予债务人在程序中陈述意见的机会，这样可以避免法院发出不当的执行根据。而没有被登记的担保物权的实现程序中，当债务人对于担保债权的发生及范围有争议时，也不妨在赋予双方程序参与人充分的程序保障的情况下由承办非讼事件的法院就地办理，在该担保物权实现程序中尽可能地排除可能导致执行受到阻碍的情形。从这一点看，担保物权实现程序也不是单纯地制造执行根据的程序。另外，担保物权实现程序虽然可以由司法辅助人员审理，但并不会妨碍上述设想。因为由司法辅助人员审理担保物权实现程序，其主要的根据是这些案件多数事实比较简单、争议较少，更能够迅速终结。而在该担保物权实现程序中，司法辅助人员依据形式审查作出裁定时，如果当事人对于实体问题提出争议而表示不服时，应当由法官审理作为救济。具体而言，在程序中，关于变卖权能是否存在等实体问题也应当尽可能在该程序中合并审理。关于担保物权以及被担保的主债权是否存在，以及上述权利的范围等实体问题，则具有比较强烈的诉讼争议的性质，不太需要法院职权介入，因此可以采用比较合适的诉讼程序（在担保物权实现程序中以更接近于通常民事财产诉讼的方式）处理，例如可以在担保物权实现程序中采用处分原则、辩论原则、主张责任及证明责任、言词辩论、直接审理等方式。并且，从当事人提出实体争议开始，就需要赋予当事人积极参与案件的审理的机会。反之，对于其他讼争性不强的事项，仍然可以继续采用非讼程序的方式进行审理。总之,在担保物权实现程序中可以依据当事人所争议事项的性质,分别采用不同的审理的方式,这样最大限度地发挥非讼程序集中解决争议的功能,也不会危害到非讼程序迅速、经济的要求。尤其是在双方当事人同意对于实体问题(担保债权等实体权利是否存在、范围等事项)采用一般诉讼程序的方式加以审理时,也可以在该担保物权实现程序中直接由司法辅助人员按照一般诉讼程序的方式直接进行审理,而不宜再要求当事人另行起诉。

不过,这也不能否认双方当事人可以另外提起诉讼请求实现担保物权。因为如果双方当事人的争议核心焦点正是在实体问题上,那么就没有必要强行要求当事人先启动担保物权实现程序,再在双方当事人提出实体问题的争议时启动诉讼程序。因此,可以说担保权利人有权选择是先启动担保物权实现程序,再在双方当事人提出实体问题的争议时启动诉讼程序,或者也可以直接起诉行使担保物权。否则也会增加法院的司法成本及担保权利人的诉讼成本。某些担保物权,例如最高额抵押权,其不动产登记的内容中最多记载抵押权的权利范围、最高债权限额、存续期限、义务人与主债务人(当抵押物所有权人为了主债务人的利益设定抵押权时,抵押债务人即义务人与主债务人不同),而不会记录被担保债务的基础法律关系(例如产生主债务的合同),而且被担保债务的清偿期一般也不会有明确的规定,因为最高额抵押通常是面对将来的债务进行担保,更何况,已经因为清偿或诉讼时效届满而无法实现的债权也没有记录在不动产登记簿上,所以没有办法依据登记内容进行形式审理。所以在这种情况下,没有必要先要求抵押债权人先启动担保物权实现程序,再在担保物权实现程序中审理主债务、抵押债务是否存在,这就会导致司法资源与诉讼成本不必要的增加。因此可以允许抵押权人直接起诉要求抵押债务人承担担保责任,也可以在这个程序中合并要求实现担保物权。同样的道理,法定抵押权与一般根据当事人的约定设定的抵押权不同,法定抵押权(建筑优先权等)没有办法根据不动产登记机关出具的登记簿或者权利凭证认定抵押权与主债权存在,因此没有办法像约定抵押权那样可以在非讼程序中很快初步确定实体争议,因此需要允许债权人起诉请求法院判决确认法定抵押权或主债权。而且在最高额抵押与法定抵押的情况中,抵押人更有可能对抵押债务或主债务是否存在提出争议,因此允许抵押权人直接提起确认之诉更合适。只是由于法院在确认之诉中判决抵押权人胜诉,该确认判决不具有执行力,因此为了符合诉讼经济的要求,更需要允许抵押权人在确认之诉中合并要求实现担保物权。

综上所述,在此提出以下立法完善的建议:第一,明确非讼事件不采用辩论主义与处分权主义,而应彻底地规定采用职权探知主义。第二,可以在担保物权实现程序的不同阶段采用不同的程序规则来进行审理。也就是说,在担保物权实现程序的前阶段(也就是当事人没有争议实体问题时)中可以采用非讼化的审理方式,在后阶段(当申请人或被申请人通过主张、抗辩等方式提出实体问题时)中则可以采用诉讼化的审理方式,其中可以混合使用一般民事诉讼所采用的辩论原则、言词原则等方式。第三,如果双方当事人的争议核心焦点正是在实体问题上(例如最高额抵押或法定抵押等情形),那么就没有必要强行要求当事人先启动担保物权实现程序,再在双方当事人提出实体问题的争议时启动诉讼程序。担保权利人有权选择直接起诉行使担保物权,并在该诉讼中合并要求实现担保物权。

五、证据规则的立法完善

我国自 2012 年《民事诉讼法》修改、2015 年《民诉法解释》施行以来,从发现真实角度而言,民事诉讼证据制度有了较大的进步和完善。包括:

第一,基本上取消了逾期举证的失权制度。使得当事人逾期提交的证据能够进入诉讼,有利于对于案件事实的发现。根据《民事证据规定》第 34 条的规定,当事人应当在举证期限内向人民法院提交证据材料,当事人在举证期限内不提交的,视为放弃举证权利。对于当事人逾期提交的证据材料,人民法院审理时不组织质证,但对方当事人同意质证的除外。而 2015 年《民诉法解释》第 101 条则规定:"当事人逾期提供证据的,人民法院应当责令其说明理由,必要时可以要求其提供相应的证据。当事人因客观原因逾期提供证据,或者对方当事人对逾期提供证据未提出异议的,视为未逾期。"第 102 条规定:"当事人因故意或者重大过失逾期提供的证据,人民法院不予采纳。但该证据与案件基本事实有关的,人民法院应当采纳,并依照民事诉讼法第六十五条、第一百一十五条第一款的规定予以训诫、罚款。"我国在强调当事人举证责任,减轻法院负担,方便集中庭审的立场下,曾经严格规定举证期限制度,使得逾期提交的证据失权,不能进入诉讼。以上司法解释的规定表明:即使当事人故意或者重大过失没有按期提交证据,只要与案件基本事实有关,法院均应当采纳,证据并不失权,当事人承担被训诫、罚款的责任即可。

第二,设置了文书提出命令制度,并以证明妨碍制度作为保障措施,推定公文书证内容为真实。为了扩大当事人收集书证的能力,2015年《民诉法解释》设置了文书提出命令规定,规定当事人可以申请法院调取对方当事人手中持有的书证,对方当事人无正当理由拒绝提交的,法院可以认定申请人所主张的书证内容为真实。该条规定无疑促使不负证明责任的一方当事人提交所持有的书证,为查明案件事实提供有利条件。该解释第112条规定:"书证在对方当事人控制之下的,承担举证证明责任的当事人可以在举证期限届满前书面申请人民法院责令对方当事人提交。申请理由成立的,人民法院应当责令对方当事人提交,因提交书证所产生的费用,由申请人负担。对方当事人无正当理由拒不提交的,人民法院可以认定申请人所主张的书证内容为真实。"第113条规定:"持有书证的当事人以妨碍对方当事人使用为目的,毁灭有关书证或者实施其他致使书证不能使用行为的,人民法院可以依照民事诉讼法第一百一十一条规定,对其处以罚款、拘留。"该解释同时对公文书证证明力给予高度肯定,推定其内容为真实,除非有相关证据能够予以推翻。第114条规定:"国家机关或者其他依法具有社会管理职能的组织,在其职权范围内制作的文书所记载的事项推定为真实,但有相反证据足以推翻的除外。必要时,人民法院可以要求制作文书的机关或者组织对文书的真实性予以说明。"

第三,明确了证明责任的分配规则。2015年《民诉法解释》规定了主观证明责任和客观证明责任,并且基本按照大陆法系通说——法律要件分类说对客观证明责任做出了分配规则,指引当事人进行举证和法院按照该规则裁判案件。该解释第90条规定:"当事人对自己提出的诉讼请求所依据的事实或者反驳对方诉讼请求所依据的事实,应当提供证据加以证明,但法律另有规定的除外。在作出判决前,当事人未能提供证据或者证据不足以证明其事实主张的,由负有举证证明责任的当事人承担不利的后果。"该条第1款即对主观证明责任的规定,当事人应当按照自己的事实主张提出证据,也被称为提出证据的责任。第 2 款即对客观证明责任的规定,也被认为是说服责任。第 91 条规定:"人民法院应当依照下列原则确定举证证明责任的承担,但法律另有规定的除外:(一)主张法律关系存在的当事人,应当对产生该法律关系的基本事实承担举证证明责任;(二)主张法律关系变更、消灭或者权利受到妨害的当事人,应当对该法律关系变更、消灭或者权利受到妨害的基本事实承担举证证明责任。"基本按照法律要件分类说,将法律规范分为权利产生规范(法律关系存在)、权利妨碍规范、权利消灭规范和权利制约规范,并据此进行证明责任分配。

第四,确立了法院组织质证的重心和法院审查核实证据的原则——自由心证原则。2015 年《民诉法解释》明确了法院组织质证的重心——证据的三性,指引当事人从证据的合法性、关联性和真实性进行质证,并且设置了法院审查核实证据的原则——自由心证原则,法院根据"经验法则"和"逻辑推理"对证据进行审查核实,并对自由心证进行限制,要求法院公开心证的理由和结果。这有助于法官在事实认定问题上对个案进行灵活判断,并对其事实认定进行事中和事后的监督。该解释第 104 条规定:"人民法院应当组织当事人围绕证据的真实性、合法性以及与待证事实的关联性进行质证,并针对证据有无证明力和证明力大小进行说明和辩论。能够反映案件真实情况、与待证事实相关联、来源和形式符合法律规定的证据,应当作为认定案件事实的根据。"第 105 条规定:"人民法院应当按照法定程序,全面、客观地审核证据,依照法律规定,运用逻辑推理和日常生活经验法则,对证据有无证明力和证明力大小进行判断,并公开判断的理由和结果。"

第五,限制了民事诉讼中"非法证据排除规则"的适用,改变了以往在民事诉讼司法实践当中,对"非法证据排除规则"过于宽泛的适用,使得一部分收集方式有争议的证据得以进入诉讼。2001 年《民事证据规定》第 68 条规定:"以侵害他人合法权益或者违反法律禁止性规定的方法取得的证据,不能作为认定案件事实的依据。"该条规定使得在民事司法实践当中,陷阱取证、私下未经同意的录音录像、悬赏取证等方式获取的证据能否具有证据资格受到争议。"非法证据排除规则"是美国民事诉讼的重要证据规则之一,设置的目的主要是限制公权力机关采取侵犯公民人身权利、财产权利、隐私权等方式进行收集调查证据,在民事诉讼中适用原则有所区别。2015《民诉法解释》减缓了"非法证据排除规则"在民事诉讼中的适用,该解释第 106 条规定:"对以严重侵害他人合法权益、违反法律禁止性规定或者严重违背公序良俗的方法形成或者获取的证据,不得作为认定案件事实的根据。"该条限制了非法证据排除规则的适用条件。实际上,由于民事诉讼中当事人双方地位平等,而且收集证据的手段极为有限,对证据资格的排除应当慎用,才有助于发现真实。

第六,明确电子证据的概念以及设立了专家辅助人制度。2015《民诉法解释》配合信息化社会的发展,拓展了民事诉讼中的证据种类,采用列举式立法方式明确定义了电子证据,并规定存储在电子介质中的录音资料和影像资料,适用电子数据的规定。该解释第 116 条规定:"视听资料包括录音资料和影像资料。电子数据是指通过电子邮件、电子数据交换、网上聊天记录、博客、微博客、手机短信、电子签名、域名等形成或者存储在电子介质中的信息。存储在电子介质中的录音资料和影像资料,适用电子数据的规定。"在对专业性事实认定的问题上,《民诉法解释》设置了专家辅助人制度,吸收英美法系的做法,允许当事人委托专家针对鉴定意见帮助进行质证,该质证意见被规定成当事人陈述,有助于在事实认定问题上扩大当事人的参与权。该解释第 122 条规定:"当事人可以依照民事诉讼法第七十九条的规定,在举证期限届满前申请一至二名具有专门知识的人出庭,代表当事人对鉴定意见进行质证,或者对案件事实所涉及的专业问题提出意见。具有专门知识的人在法庭上就专业问题提出的意见,视为当事人的陈述。人民法院准许当事人申请的,相关费用由提出申请的当事人负担。"第 123 条规定:"人民法院可以对出庭的具有专门知识的人进行询问。经法庭准许,当事人可以对出庭的具有专门知识的人进行询问,当事人各自申请的具有专门知识的人可以就案件中的有关问题进行对质。具有专门知识的人不得参与专业问题之外的法庭审理活动。"

第七,明确了民事诉讼的证明标准。《民事证据规定》第 73 条第 1 款规定:"双方当事人对同一事实分别举出相反的证据,但都没有足够的依据否定对方证据的,人民法院应当结合案件情况,判断一方提出证据的证明力是否明显大于另一方提出证据的证明力,并对证明力较大的证据予以确认。"该规定从表面上看来采取的是"优势证据"的证明标准,但是立法者的原意却是"高度盖然性"的证明标准,该规则试图确立"高度盖然性"的证明标准,"高度盖然性"的此种"法律真实"在内心确信的程度上必须至少达到足以令人信服的高度盖然率。2015《民诉法解释》明确了我国民事诉讼中的证明标准,采纳了三种证明标准:① 对于一般事实主张,法院形成心证的标准是高度盖然性。该解释第 108 条第 1 款规定:"对负有举证证明责任的当事人提供的证据,人民法院经审查并结合相关事实,确信待证事实的存在具有高度可能性的,应当认定该事实存在。"② 对于欺诈、胁迫、恶意串通事实的证明,以及对口头遗嘱或者赠与事实的证明,法院形成心证的标准是排除合理怀疑。该解释第 109 条规定:"当事人对欺诈、胁迫、恶意串通事实的证明,以及对口头遗嘱或者赠与事实的证明,人民法院确信该待证事实存在的可能性能够排除合理怀疑的,应当认定该事实存在。"③ 对于众所周知的事实、根据法律规定推定的事实、根据已知的事实和日常生活经验法则推定出的另一事实,其反证证明标准是足以反驳;对于已为人民法院发生法律效力的裁判所确认的事实,已为仲裁机构生效裁决所确认的事实,已为有效公证文书所证明的事实,其反证证明标准是足以推翻。该解释第 93 条规定:"下列事实,当事人无须举证证明:(一) 自然规律以及定理、定律;(二) 众所周知的事实;(三) 根据法律规定推定的事实;(四) 根据已知的事实和日常生活经验法则推定出的另一事实;(五) 已为人民法院发生法律效力的裁判所确认的事实;(六) 已为仲裁机构生效裁决所确认的事实;(七) 已为有效公证文书所证明的事实。前款第二项至第四项规定的事实,当事人有相反证据足以反驳的除外;第五项至第七项规定的事实,当事人有相反证据足以推翻的除外。"

尽管 2015《民诉法解释》在举证期限、证明责任分配、法院组织质证和审查核实证据的原则、证据尤其是书证的收集、证明标准、电子证据和专家辅助人等制度上促进了发现真实的目标的实现,但是仍旧有不足和可以完善之处,笔者就此提出以下五个方面的建议:

(一) 扩大文书提出命令的适用范围并增强其可操作性

2015《民诉法解释》设置了文书提出命令制度并为其提供了保障措施,但是在司法实践当中,文书提出命令制度的适用却不尽如人意。其中,有以下两方面主要原因:一方面我国文书提出命令的适用范围较窄。文书提出命令是大陆法系重要的书证制度,其设置目的:"一是加强证据持有人的证据调查协力义务,强制持有证据的对方当事人或第三人将其所持证据提出,促使当事人将所掌握的事实、证据及相关诉讼资料,尽可能在诉讼程序前阶段提出。二是使法官和当事人能及早了解案情并整理、确定及简化争点,以利于试行和解,或集中调查证据,使言辞辩论集中而有效率,以促进审理集中化,发挥各审级应有功能,健全诉讼制度,提升裁判质量及司法公信力。并通过文书提出拒绝权的设定,兼顾真实发现与保护其他社会价值的利益平衡。"①纵观大陆法系各国家及地区的立法,一般设置文书提出命令制度,都是为了敦促文书持有人提交证据,实现证据协力义务,帮助法院认定事实。所以文书提出命令的适用对象即文书持有人一般包括对方当事人和第三人。如 1877 年颁布的《德国民事诉讼法典》第 421 条至第 431 条规定了对方当事人提出、民法中的提出义务、不提出证书的结果及第三人的提出义务等内容;1996 年颁布的《日本民事诉讼法典》第 219 条至第 225 条详细规定了文书提出义务、申请文书提出命令、使文书特定的程序及当事人不服从文书提出命令时的法律后果等;我国台湾地区 2000 年的"民事诉讼法"第 342 至 351 条同样对文书提出命令的申请要件、文书特定协助义务和不遵从文书提出命令之效果等作了规定。② 我国 2015 年《民诉法解释》中文书提出命令适用的对象仅包括对方当事人,如果文书持有人为第三人,在我国只能适用申请法院调取制度,根据 2012 年《民事诉讼法》和 2015 年司法解释的规定,我国当事人申请法院调取证据的条件为:① 证据由国家有关部门保存,当事人及其诉讼代理人无权查阅调取的;② 涉及国家秘密、商业秘密或者个人隐私的;③ 当事人及其诉讼代理人因客观原因不能自行收集的其他证据。当事人及其诉讼代理人因客观原因不能自行收集的证据,可以在举证期限届满前书面申请人民法院调查收集。该适用条件较为苛刻,根据我国尽量限制申请法院调取证据和法院依职权调查证据的司法现状,不利于当事人获取书证。目前 2015《民诉法解释》中关于文书提出命令制度没有设置具体的申请和审查程序,致使各地法院

---

① 许士宦:《新民事诉讼法》,北京大学出版社 2013 年版,第 198 页。
② 参见吴静:《日本文书提出命令制度及其启示》,载湖北省法学会诉讼法等研究会编:《湖北省法学会诉讼法学研究会 2016 年年会论文集》,第 205—211 页。

在司法实践当中适用不一,当事人及其代理律师也没有具体的程序指引。1996年的《日本民事诉讼法典》第221条对文书提出命令的申请要件作了清晰的规定。根据该条第1款之规定,其申请应当明确载有如下事项:① 文书的标示(文书的名称、文书的类别、制作人姓名和制作时间等);② 文书的旨趣(文书记载内容的概略或要点);③ 文书持有人;④ 要证事实;⑤ 文书提出义务的理由。根据第222条的规定,明确文书提出命令申请中记载的前条第1款第(一)项或第(二)项所列事项显著困难时,可用其他事项代替上述事项,但以文书持有者足以识别申请文书为限。同时应向法院申请使文书持有人明确同款第(一)项或第(二)项所列事项。申请人依据前项规定向法院提出申请时,除申请明显没有理由外,法院可以要求文书持有人明确前项规定后段中所言事项,以避免摸索证明的情形发生。

为了扩大当事人收集书证的能力,增强文书提出命令在司法实践当中的可操作性,在立法和司法解释中应当增设以下内容:① 增加第三人为文书提出命令适用对象。目前立法和司法解释中,对于第三人手中持有书证,当事人只能申请法院调取,而申请法院调取证据的条件较为严苛。在我国重视当事人举证,尽量限制法院依申请和依职权调取证据的现状下,扩大当事人收集书证的能力对于发现真实有重要意义。② 赋予文书持有人拒绝权。在允许当事人通过文书提出命令获得第三人和对方当事人持有的书证的前提下,应当赋予第三人和对方当事人有正当理由的拒绝权。比如涉及个人隐私、商业秘密、免证特权等领域的书证。③ 规定申请文书提出命令的期限。当事人申请文书提出命令,应当在一审举证期限届满前提出,有正当理由的可以申请法院延期提出。④ 规范文书提出命令的申请条件。应当提交书面申请并附有证据,申请书内容应当包括:a. 待证事实;b. 书证大致内容,与待证事实之间的关联性;c. 文书持有人持有证据的情形;d. 申请文书提出命令的理由。⑤ 明确法院的审查标准。法院的判断标准应当主要包括两方面:a. 文书与待证事实之间的关系;b. 有无调查的必要。⑥ 赋予文书持有人程序参与权。法院在进行审查文书提出命令申请时,必要时可以通知文书持有人参加并进行解释说明。

(二) 规范电子证据的收集提取、展示、审查判断程序

尽管2015年《民诉法解释》通过列举式立法的方式定义了电子证

据,并且规定了对于采用电子信息方式存储的录音资料和影像资料适用电子数据的规定。但是对于电子证据收集、提取、展示、审查判断程序均没有详细规定,2016年最高人民法院、最高人民检察院、公安部联合下发了《关于办理刑事案件收集提取和审查判断电子数据若干问题的规定》,使得刑事诉讼中电子证据的运用走到了民事诉讼之前。

作为信息社会重要的证据种类之一,电子数据具有高科技性和不稳定性,易于篡改,因而对其的提取、展示、审查判断应当有特殊的规则予以规定。建议在民事诉讼立法和司法解释当中采取以下完善措施:

1. 进一步明确电子数据的类型及其取证方法

有学者通过数据分析的方式分析了我国2014年度"威科先行"和"Open Law"两组数据库中以"电子数据"为关键词检索民事判决书,分别检索到"4126"和"4420"起案件,涉及合同、无因管理、不当得利纠纷、婚姻家庭、继承纠纷、侵权责任纠纷等10类案由,其中涉及电子数据的种类大致包括以下几种:① 直接打印输出件;② 公证文书;③ 录音影像;④ 当事人事前确认过的电子数据。[①] 在取证原则上应当秉承合法性、及时性、全面性、及时性的原则。《江苏省律师电子证据的固定采集与展示业务操作指引》中规定电子数据收集取证的常用方法包括打印、拷贝、拍照、摄像、制定司法文书、查封扣押、公证及数据解析和恢复八种。特殊方法则包括网络取证、破解密码、恢复数据等。

2. 设置电子数据取证过程中网络服务提供商的义务

"在电子数据的收集取证过程中,不论是当事人及其代理人,还是人民法院作为主体进行证据收集,都会需要第三方即电子技术专家和网络服务提供者的辅助。电子技术专家和网络服务提供者在电子数据的收集取证过程中能够为收集取证主体提供强有力的技术支撑,保证电子数据收集取证的完整性、可靠性。为此,我们应在电子数据的收集取证中建立电子技术专家及网络服务提供者为主体的第三人辅

---

① 参见王晓月:《民事诉讼中电子数据举证形式类型与认证研究》,载《齐齐哈尔大学学报》(哲学社会科学版)2016年第5期。

助制度。"①还应当就第三方的资格认定以及电子证据收集的监督问题进行规范。

3. 建立电子数据的保全制度

电子数据具有复杂性和信息含量大的特点,保证电子数据的保全方法和程序合法能够避免数据的泄露、毁损,从而保全电子数据的证据效力。电子数据保全应遵守完整性原则。完整性原则要求电子数据本身和其所存储的计算机载体都要具有完整性。② 因而电子数据的保全还应当遵循"环境安全"和"分别保管"原则,在保全方式上可以增设网络保全。

4. 完善电子数据的审查判断标准

主要包括三个方面:

(1) 最佳证据规则中对电子数据"原件"的认定。对于电子数据证据的"原件"可借鉴加拿大的"原件置换"或美国的"功能等同"。所谓"原件置换",即系统的真实性可替代记录的真实性。"功能等同",即《美国联邦证据规则》第 1001 条所规定的"如果数据被存储在计算机或类似装置里面,则任何可用肉眼阅读的、表明其能准确反映数据的打印物或其他输出物,均为原件"③。

(2) 对非法获取的电子数据的证据资格的认定。主要包括对于采取侵犯他人隐私权、商业秘密方式获取的证据,以及通过非法软件获得的证据证据资格的认定。侵犯他人隐私权、商业秘密获得的电子数据符合违反禁止性法律的规定,应当予以排除,而违反《软件产品管理办法》(已失效)《国家版权局关于不得使用非法复制的计算机软件的通知》《计算机软件保护条例》等规定,采取非法软件获得的电子数据在司法实践当中有所争议,可以由法院根据当事人获取电子数据时是否明知该软件的非法性来进行裁量排除。

(3) 电子数据证明力的认定标准。评判电子数据证据的证明力

---

① 朱先梅:《我国民事诉讼中电子数据适用问题研究》,安徽大学 2016 年硕士学位论文。
② 参见何家弘:《传说、传闻、传真及其他》,载《证据学论坛》2002 年第 4 期。
③ 刘品新:《论电子证据的原件理论》,载《法律科学》(西北政法大学学报) 2009 年第 5 期。

时需考虑以下因素：① 电子数据证据生成、转录及存储方法和介质载体的可靠性；② 电子数据信息的完整性及确保其完整的方法的可靠性；③ 获取电子数据信息人员的专业技术能力；④ 可能对电子数据信息产生变更的其他影响因素。评判电子数据信息的真实性时需考虑以下因素：① 电子数据信息的生成或存储系统是否以一种不影响电子数据信息存在的方式运行；② 存储或生成电子数据信息的系统是否存在遭受病毒干扰或黑客袭击的情形；③ 电子数据信息是否由与其使用者利益对立的另一方当事人所保管；④ 其他影响电子数据信息真实性的合理性怀疑。[①]

（三）扩大"证明妨碍制度"的适用范围及明确其适用条件

1. 建立证据协力义务并扩大证明妨碍制度的适用范围

证明妨碍也称为证明妨害，是指不负证明责任的当事人，在具备一定主观归责要件（如故意、过失）将证据方法毁灭、隐匿或妨害其利用，使负举证责任的当事人承受败诉判决，将产生不公平的结果，从而在事实认定上，就负证明责任的当事人的事实主张，做对其有利的调整。[②] 我国 2015 年《民诉法解释》将证明妨碍制度作为了当事人违反文书提出命令的制裁效果，在书证提出制度上适用了证明妨碍制度。证明妨碍制度通过法院的推定来督促不负证明责任的当事人履行证据上的协力义务，从而提交证据，帮助法院完成事实认定，在大陆法系被广泛适用。如德国借助经验法则、真实义务、协力义务等思想和法理，认定当事人具有协助收集资料的义务，并将此与证明妨碍制度联系起来。《德国民事诉讼法典》第 427 条规定："如果对方当事人不服从提出证书的命令，或者按照第 426 条规定的情形，法院认为应由证书证明的事实是重要的，并且认为申请有理由，而对方当事人承认证书为其持有，或者默认对方申请时，法院可命令该当事人提出证书。对方当事人未提供证据证书是，举证人关于证书的性质和内容的主张，视为已得到证明。"第 441 条规定："（1）为证明文书的真实与否，也

[①] 参见王威权：《电子数据证据保全问题研究》，安徽大学 2016 年硕士学位论文。

[②] 参见黄国昌：《证明妨碍法理之再检讨》，载《法学丛刊》2005 年第 4 期。

可采用核对笔迹的证据方式。(2) 在此情形下,举证人应提出申请核对笔迹,或者根据第 432 条申请交出标记,必要时应申请证明笔迹的真实性。(3) 适用于核对的笔迹在对方当事人手中时,对方当事人依举证人申请有提出的义务。对方当事人不服从提出进行核对笔迹的命令,或者在第 426 条的情形下,法院相信对方当事人并未否定该项笔迹的存在时,就可将该项文书视为真实。"第 446 条规定:"对方当事人拒绝对他进行讯问,或者对于法院的要求不做表示,法院应考虑全部案情,特别考虑拒绝的理由,依自由心证,判断当事人所主张的事实可否视为已得到证明。"《日本民事诉讼法典》第 208 条规定:"在询问当事人本人的情况下,该当事人无正当理由不出庭或者拒绝宣誓或者陈述时,法院可认定对方当事人所主张的有关询问事项为真实。"《日本民事诉讼法典》第 224 条规定:"当事人不服从提出文书提出命令时,法院可认定对方当事人所主张的关于该文书的记载为真实;妨碍对方当事人使用为目的,毁灭有提出义务的文书或其他方法使之不能使用时,法院可以认定相对方关于该文书的主张为真实。"我国台湾地区"民事诉讼法"第 282 条第 1 项规定:"当事人因妨碍他造使用,故意将证据灭失、隐匿或致碍难使用者,法院得审酌情形认他造关于该证据之主张或依该证据应证之事实为真实。"从上述立法例来看,德、日通过对真实义务、协力义务的规定,采取类型化的方式由法院自由裁量是否适用证明妨碍制度,主要集中在笔记鉴定、书证提出和当事人陈述领域中,而我国台湾地区则全面设置了证明妨碍制度,作为对妨碍举证行为的一般处理规定。而我国 2015 年《民诉法解释》对证明妨碍的适用较为狭窄,仅限于书证提出领域,不利于敦促不负有举证责任的一方当事人提交证据,发现真实。因而,在民事诉讼立法和司法解释当中,应当建立普遍性的证据协力义务,并以此为基础扩展证明妨碍制度的适用范围。

2. 明确证明妨碍制度的适用条件及后果

民事诉讼立法和司法解释当中,应当明确证明妨碍制度的适用条件并建立配套的多元化后果体系,增强证明妨碍制度的可操作性,具体包括:第一,引入过失作为证明妨碍制度的主观要件。我国 2015 年《民诉法解释》对于证明妨碍的适用条件规定只有一个即"对方当事人无正当理由拒不提交书证",而对于有无"正当理由"的判断成为了司法实践当中的难点。有学者提出:"与刑事犯罪不同之处在于,因对法益的损害程度存在明显差异,故不同的主观方面在民事行为中的外观化区别也不似犯罪中那样的明显,而对于当事人主观方面的判别又只能依赖于其外在行为或表现,因而欲证明妨碍人对于证明妨碍后果系积极追求或放任,仍然较为困难;同时,实施证明妨碍的当事人为了避免证据法和诉讼上的不利益,一般不会承认证明妨碍系故意为之。相比之下,欲证明对证据方法承担一定的妥善保管责任的人未适当履行相关义务致使证据方法灭失或不堪使用的,则难度较小。基于此种考量,德国法律制度将故意与过失两种主观方面均在证明妨碍制度中予以评价,这种基于实践的做法是具有合理性和可行性的。我国在进一步构建证明妨碍制度时,无疑应当效法。"[1]第二,证明妨碍的客观要件包括积极的作为和消极的不作为。积极的作为是不负证明责任的一方当事人对证据或者证据材料的积极影响,而消极的不作为则是对证据或者证据材料保管或者提交义务上的不履行,多见于医疗诉讼当中。第三,明确证明妨碍制度的制裁后果。我国 2015 年《民诉法解释》对书证领域的证明妨碍后果规定了两种方式:一是处以罚款、拘留等诉讼法上的制裁;二是推定书证内容对其不利。对这两种方式是否并处或者择一行使,司法解释当中没有明确规定。"两者相比,公法上的制裁未必能比推定举证责任方的主张为真等诉讼法上的不利益后果具有更强大的震慑作用。就对妨害民事诉讼的强制措施,根据《民事诉讼法》第 115 条的规定,对个人的罚款最高为 10 万元,对单位的罚款最高为 100 万元,拘留的最长期限为 15 日。设若一民事案件中原告主张被告应向其给付 1000 万元,如果被告实施证明妨碍行为被罚 10 万元即可获得原告败诉之结果,而如果其依法提出书证则会败诉而须向原告支付 1000 万元,在这样的情况下,当事人自然会作出趋利避害的选择。因此,如果单独适用公法上的制裁,不仅可能违反当事人平等的原则,还会诱发债务人利用这一方法借机逃避债务,带来更多其他的问题。"[2]

---

[1] 马龙:《论德国民事诉讼中的证明妨碍制度——以德国联邦法院的判例为考察对象》,载《证据科学》2015 年第 6 期。

[2] 同上。

(四) 建立司法认知制度

我国目前的民事诉讼立法和司法解释当中,尚无司法认知的概念体系,而是代之以免证事实的概念体系。《民事证据规定》第9条规定:"下列事实,当事人无需举证证明:(一)众所周知的事实;(二)自然规律及定理;(三)根据法律规定或者已知事实和日常生活经验法则,能推定出的另一事实;(四)已为人民法院发生法律效力的裁判所确认的事实;(五)已为仲裁机构的生效裁决所确认的事实;(六)已为有效公证文书所证明的事实。前款(一)、(三)、(四)、(五)、(六)项,当事人有相反证据足以推翻的除外。"2015年《民诉法解释》对此进行了修正,该解释第93条规定:"下列事实,当事人无须举证证明:(一)自然规律以及定理、定律;(二)众所周知的事实;(三)根据法律规定推定的事实;(四)根据已知的事实和日常生活经验法则推定出的另一事实;(五)已为人民法院发生法律效力的裁判所确认的事实;(六)已为仲裁机构生效裁决所确认的事实;(七)已为有效公证文书所证明的事实。前款第二项至第四项规定的事实,当事人有相反证据足以反驳的除外;第五项至第七项规定的事实,当事人有相反证据足以推翻的除外。"该条区分了法律推定和事实推定,并且将众所周知的事实、法律推定的事实、事实推定的事实与已决事实、经过公证的事实的反证标准予以区别。但是,免证事实仅从当事人举证责任的角度予以规定,司法认知的效果可能是免除当事人的举证责任,如果司法认知是从法院和当事人在事实认定引入材料中的权限角度予以规范,则有助于法院在当事人主导的民事诉讼进程中更好地认定事实。

司法认知(Judicial Notice),亦被译为审判上的知悉,它是指法官在审判过程中对法律或者事实的认知或者知悉,即凡是某一件事属于法律上规定为司法认知或者审判上知悉的,法院将断定其存在,而无需当事人举证予以证明。司法认知的主体仅限于审判机关。法院可以依职权对特定的事项进行司法认知,诉讼当事人虽然可以以申请的形式请求法院对某些特定的事项进行司法认知,但没有自行采取司法认知的权利和资格。法官进行司法认知的理论基础有以下几点:第一,维护法律适用的统一性的要求。第二,降低事实证明的难度。第三,法官被认为是法律适用的专家。英国证据法学者 Thayer 曾说过,在缩短和简化程序方面,司法认知有巨大的作用,在有能力的法官手里,是一个有用的工具。对于那些既难以证明又显而易见的事实,法官采取司法认知,减轻了当事人的证明负担,帮助进行事实认定。法官进行司法认知前应告知当事人,对应当或是可以认知的事实和法律进行调查、研究,确定其真伪,判断其公知、公认和客观性的程度,为作出还是不作出司法认知做准备。

因而我国在民事诉讼立法和司法实践当中应当引入司法认知的概念和制度设置,具体包括:① 明确法院进行司法认知的对象。主要包括对事实和法律的司法认知:事实包括显著的事实,法官职务上知悉的事实(政府事项、司法事项、既判力事实),自然规律、科学原理和科学技术分析方法,能够被证实的事实,经验法则及习惯。法律包括国内法(宪法、法律、行政法规和行政规章、地方性法规),国际法(国际条约、国际惯例、海商法)及外国法。法官私下知悉的事实和经公证的事实不应当在司法认知的范畴内。② 规定司法认知的适用条件。主要适用可预见性原则和关键事实刹车原则,可预见性原则是指当事人双方根据司法认知的内容,预先知晓或是估计到法官有可能对哪些事实进行司法认知,进而根据这种预知来作出行动安排和计划的原则。关键事实刹车原则是指被认知的事实对案件的主要问题来说都是边缘性的。能够有效地约束司法认知的过分自由,消除对司法认知武断的分类所带来的捉摸不定和不公平的结果。③ 规定司法认知的启动程序。司法认知的启动程序主要包括两种,一是法院依职权启动,二是依当事人申请启动。④ 规范司法认知的查明程序和救济程序。查明是指通过调查研究,明确有关事实真伪的活动。法官在司法认知前的查明活动就是对应当或是可以认知的事实和法律进行调查、研究,确定其真伪,判断其公知、公认和客观性的程度,为作出还是不作出司法认知做准备,包括:① 司法认知前的释明。法官进行司法认知前应告知当事人,如果法官将要认知某一事项,应立即告知当事人及其诉讼代理人,当事人及其代理人可以在法律规定的时间内进行反驳,这样既防止了司法认知错误的出现,又增加了当事人对司法认知的信任。② 允许当事人进行对抗性检查。在进行司法认知前允许当事人进行抗辩,法官运用司法认知对案件作出最后裁决之前,法院应该告知双方当事人并让与案件有关的对立当事方对将要进行的司法认知发表意见。③ 赋予当事人程序救济权。当事人认为法院作出司法认知不当或者错误的,对于司法认知可以通过上诉进行救济。

(五) 进一步明确多层次的民事诉讼的"证明标准"体系

证明评价,是指法官检验证据是否有证明力及证明力的大小,从而认定案件事实的过程。而证明标准,也称为证明尺度、证明额度或证明强度,是指法官对案件事实获得证明与否的衡量标准。前者被认为是事实问题,后者则是法律问题,由民事诉讼法来规定。关于证明标准要达到什么程度并非没有争议,主要的学说包括客观真实说和盖然性学说。客观真实说在我国曾经长期占据主导地位,认为要"事实清楚,证据确实充分",但是近年来不断遭受挑战。一方面,三大诉讼采取同一证明标准本身就令人质疑。将民事诉讼的证明标准和刑事诉讼的证明标准等同,会造成当事人民事权利难以实现的景象。另一方面,客观真实的要求不符合人的认识规律。在诉讼中,案件事实通过证据在法官面前呈现,其中糅合了证人、当事人、法官等人的主观思想和经验,无法达到绝对的客观性。正如日本最高法院1958年的判旨所指出的那样,诉讼上的证明原本就不同于自然科学工作者基于实验所做的理论上的证明,是一种历史性证明。理论证明的目标是真实,与此不同,历史性证明只要具有高度盖然性就可以了……对于理论上的证明,在当时的科学水平上,是没有反证的余地,而历史性证明作为诉讼上的证明留有反证的余地。大陆法系和英美法系均采用盖然性的证明标准。大致来说,大陆法系选择采用高度盖然性的证明标准,也被称为原则性证明尺度。如1885年德国帝国法院曾指出,由于人们的认识方法受到若干限制,无法就要件事实获得真实的认识。因此,若以彻底的良心尽其所能利用实际生活中现有的认识方法已获得高度盖然性时,即视为真实。将这样获得的高度盖然性称为获得了真实的确信就是十分妥当的。而英美法系在民事诉讼领域采取优势盖然性的证明标准,又被称为证据优越(Preponderance of Evidence)。美国学者摩根诠释了该标准:"凡于特定之存在有说服负担之当事人,必须以证据之优势确立其存在。法官通常解释说,所谓证据之优势与证人之多寡或证据的数量无关,证据之优势在于使人信服的力量。有时并建议陪审团,其心如秤,以双方当事人之证据置于其左右之秤盘,从而权衡何者有较大的重量。"①《民事证据规定》第 73 条试图确立"高度盖然性"的证明标准,"高度盖然性"的此种"法律真实"在内心确信的程度上必须至少达到足以令人信服的高度盖然率。② 2015 年《民讼法解释》对此作出了明确,官方解释指出,"高度可能性"即"高度盖然性"。此条规则改变了《民事证据规定》易被误读的方式,明确事实认定所应当达到的程度。对于"高度可能性"的具体证明程度,有学者向该条司法解释起草者处了解,"高度可能性"的证明力从概率上讲约为 75%。③

1. 明确"排除合理怀疑"和"高度可能性"之间的界限

2015 年《民讼法解释》对于民事诉讼的证明标准区分了两个层次:一是针对一般事实形成心证的证明标准是高度盖然性的证明标准;一是针对欺诈、胁迫、恶意串通事实的证明,以及对于口头遗嘱或者赠与事实的证明,人民法院确信该待证事实存在的可能性能够排除合理怀疑的,应当认定该事实存在。对此官方解释指出:证明标准具有内在的层次性,针对不同的证明对象和待证事实,需要满足不同程度的盖然性要求。④ "排除合理怀疑"在英美法系国家是刑事诉讼采取的证明标准,处于证明标准体系的最高等级。对于"排除合理怀疑",曾任英国民事上诉法院院长的丹宁勋爵于 1947 年在 *Miller v. Minister of Pensions* 案中讲到:"刑事案件中被告人有罪的证明标准不必达到确定性,但是必须达到很高的可能性。排除合理怀疑的证明并不是排除怀疑阴影的证明。如果允许想象的可能性将使审判倾斜,法律将不能保护公众。如果指控的证据很有力,只是极小的有利于被告人的可能性,就应当以'当然可能,但一点都不合理'这样的裁决驳回这种可能性。案子就证明到了排除合理怀疑,但是任何低于该程度的证明都不

---

① 冷根源:《论英美证据法上的民事证明标准——兼论我国民事证明标准之革新》,载《政治与法律》2000 年第 5 期。
② 参见李国光:《最高人民法院〈关于民事诉讼证据的若干规定〉的理解与适用》,中国法制出版社 2002 年版,第 461 页。
③ 参见施小雪、阎巍:《澄清与重构——民事诉讼证明标准的中国进路》,载《尊重司法规律与刑事法律适用研究》2016 年集。
④ 参见沈德咏:《最高人民法院民事诉讼司法解释理解与适用》(上册),人民法院出版社 2015 年版,第 357—358 页。

够充分。"我国目前刑事诉讼中采纳了这一原则作为对"证据确实、充分"的解释,被认为是我国刑事诉讼证明标准由客观真实走向法律真实的一个重要表现。在技术操作层面,高度盖然性仅次于排除合理怀疑,二者是民刑诉讼的"一般"和"最高"标准,但从主观确信角度来看,很难抽象区分民刑证明标准的高低。日本刑诉法学者将"高度盖然性"与"排除合理怀疑"视为同一判断的表里关系,前者是双重肯定的评价方法,后者是排除否定的评价方法。民事诉讼中的证明标准是"证据优势"即可。① 最高人民法院出版的理解和适用也在有意模糊两者的界限,排除合理怀疑并不是要求待证事实有百分之百的存在可能性。尤其在民事诉讼中,不像刑事诉讼中事关个人的自由与生命,即使适用排除合理怀疑的证明标准也要衡量公正与效率的关系,不能过分僵硬的适用。排除合理怀疑本身就不是一个明确的易于量化的证明标准,希望立法和司法解释能进一步明晰之。

2. 明确降低证明标准的情形

尽管在官方解释中声称要建构根据"内在的层次性,针对不同的证明对象和待证事实,需要满足不同程度的盖然性要求"的多层次证明标准,但是我国民事诉讼立法和司法解释当中仍然没有对低于"高度可能性"的证明标准作出规定。实际上降低证明标准是减轻证明责任的重要方式之一,有助于在证明困难和证明不能时进行事实认定。如日本学者认为,在公害案件中,应该降低受害人对于侵权行为与损害结果之间的因果关系的证明标准,举证只要达到显示出"因果关系存在具有相当的盖然性即可",并认为这种程度固然超过疏明层次但尚未达到证明的高度。这种主张可以在特定案件中降低证明标准的学说,在民法学界有一定的支持率。特定案件大致包括关于医学、化学及物理学等因果关系之证明较为困难的场合;公害、矿害以及产品责任的场合;诸如交通事故因被告投保而可以转移损害风险的场合。② 我国也有学者提出我国目前实体法立法体系内就有明确降低证明标

---

① 参见〔日〕田口守一:《刑事诉讼法》,刘迪、张凌、穆津译,法律出版社 2000 年版,第 217 页。

② 参见〔日〕高桥宏志:《民事诉讼法制度与理论的深层分析》,林剑锋译,法律出版社 2003 年版,第 475 页。

准的指向内容,如原告只需要提供"初步证明"。最高人民法院《关于审理食品药品纠纷案件适用法律若干问题的规定》第 5 条第 2 款规定:"消费者举证证明因食用食品或者使用药品受到损害,初步证明损害与食用食品或者使用药品存在因果关系,并请求食品、药品的生产者、销售者承担侵权责任的,人民法院应予支持,但食品、药品的生产者、销售者能证明损害不是因产品不符合质量标准造成的除外。"

第二编

事实发现与诉讼结构再转型

第一章 从当事人主义到诉讼合作主义

一、当事人主义的基本要素及其影响

(一) 当事人主义的基本要素

我国民事诉讼在承继具有深厚历史底蕴和制度根基的职权主义的同时,以法律移植的方式借鉴和吸收了前苏联民事诉讼中强烈的职权主义色彩,从而进一步巩固和强化了法院在民事诉讼的主导地位。法院可以依职权启动保全程序、再审程序等多种程序,采纳当事人未主张的事实作为判决的基础,在客观真实观念的驱使下亦可依职权主动调查收集证据。毫不讳言,职权主义色彩弥漫和渗透到民事诉讼的多个角落。这样的诉讼结构赋予法院多重权力的同时,亦要求其承担繁重的调查任务和事实发现职责,当事人只需消极配合法院的职权行使,未被赋予作为诉讼主体相应的程序权利与证据收集手段,进而引起诉讼权限配置出现相当的倾斜和不均衡。

在民商事案件数量较少、类型单一(主要为家事案件与人身损害赔偿案件等)的情况下,这样的制度设计基本能够满足司法实践的现实需要,也能够保证实质正义。当改革开放引发的经济浪潮促发大量民商事冲突和纠纷不断涌入法院,法院的审判力量立显捉襟见肘时,仍然要求法院对每个案件积极主动地进行职权调查已经无法做到,遭受严重束缚和压制的当事人也急需摆脱程序的从属地位,重新配置主体间的权限、变革民事诉讼已势在必行。为此,民事司法改革的闸门于 20 世纪 80 年代末自上而下地全方位铺开,由表面到实质、由宏观到微观,努力描绘和塑造中国民事诉讼的现代化图景。

透析这一图景的基本工具是民事诉讼模式理论。民事诉讼模式是指:"对特定或某一类民事诉讼体制基本特征的揭示。"①这种宏观的理论解析方法试图借助于经济体制与民事诉讼体制之间的关系纽带剖析当今主要法律谱系下的民事诉讼类型,"以民事诉讼基本模式概括民事诉讼体制的基本特征,阐明民事诉讼基本模式与特定民事诉讼体制中各具体诉讼制度的相关关系,分析同类模式民事诉讼体制的形成中各外部因素的影响和作用"②,为中国民事诉讼的制度改革选择合理的范式,指明民事诉讼的前进方向。当事人主义和职权主义是两种基本的民事诉讼模式,而对于两大法系民事诉讼的模式归属,学者之间始终见仁见智、歧见重重。③ 尽管如此,我国民事诉讼应当实现从超职权主义到当事人主义的模式转变却是学者和实务家的共识。当事人主义如同一幅生动而美妙的画卷展映出来,吸引着亟须制度转型的民事诉讼关注的目光,但是对其含义绝对化的理解所产生的一些副作用,值得特别关注。

在中国的法治语境和法律话语系统中,当事人主义所意欲构建的理想图景是立体而多元的。

1. 作为裁判基础的要件事实由当事人决定,法院不得超出当事人请求的范围予以裁判

民事诉讼处理的是奉行私法自治的民商事私权纠纷,很大程度排斥国家的强权干预。法院应当充分尊重当事人的自治意愿和主体地位。具体表现为:① 当事人决定影响法律效果发生、变更或者消灭的要件事实的范围,法院受制于当事人确定的审判对象,不得超出当事

---

① 张卫平:《诉讼构架与程式——民事诉讼的法理分析》,清华大学出版社2000年版,第6页。

② 江伟、刘荣军:《民事诉讼中当事人与法院的作用分担——兼论民事诉讼模式》,载《法学家》1999年第3期。

③ 大多数学者认为,英美法系民事诉讼采用当事人主义,大陆法系民事诉讼采用职权主义。参见田平安:《我国民事诉讼模式构筑探析》,载《中外法学》1994年第5期;陈桂明:《诉讼公正与程序保障》,中国法制出版社1996年版,第158—168页;等等。持有不同观点的学者认为,无论是英美法系还是大陆法系,其民事诉讼采用的都是当事人主义诉讼模式,只有前苏联和东欧的民事诉讼可归入到职权主义诉讼模式之中。尽管是少数说,却逐渐为越来越多的学者所接受。参见张卫平:《诉讼构架与程式——民事诉讼的法理分析》,清华大学出版社2000年版,第9—22页。

人主张的要件事实范围进行裁判,当事人没有提出的要件事实,法院不得作为裁判的基础;② 当事人之间无争议的事实,负担提供证据责任的当事人无须举证,法院受当事人自认的约束,应依当事人自认的事实予以裁判;③ 当事人有权自主决定是否启动诉讼程序,法院不得依职权启动。此即为大陆法系民事诉讼中的处分权主义和辩论主义。

2. 当事人承担要件事实的证明责任

当事人主义诉讼模式的建构过程也是证明责任功能不断彰显和扩大的过程,证明责任理论是当事人主义的核心组成部分。获得胜诉判决是当事人的基本心理导向,只有提供充足的证据证成要件事实,才能让并非案件亲历者的法官确信其主张的诉讼请求的正当性。因此,一方当事人应当承担要件事实的证明责任。在我们所建构的当事人主义诉讼模式下,一方当事人必须承担证明要件事实成立或者不成立的责任,一旦不能证明要件事实成立或者不成立,将承受败诉的风险,从而使得要件事实真伪不明与败诉风险之间建立起直接关联,成为不可分割的组合。证明责任就像一把达摩克利斯之剑时时悬于当事人头顶,督促当事人提供证据,排除和截留要件事实真伪不明状态出现之可能性。我国观念中的民事证明责任理论排斥作为克服要件事实真伪不明的法院职权调查证据制度。当法官自由心证用尽,要件事实依然处于真伪不明状态时,法官可能会根据已经掌握的可视性的证据资料直接判决负证明责任的一方当事人败诉,不会依据职权进行可以更好地澄清事实的证据调查。在当事人主义的观念中,法院只有在法律明确规定的情况下才可以依职权进行证据调查,应尽量减少司法职权的运用,极端的观点更是认为,法院任何的职权行使都与当事人主义相违背。

3. 当事人主导诉讼程序,诉讼两造积极对抗,法官消极被动裁判

当事人主义诉讼模式最为直观的体现是在庭审方式的变革上,这是吸收和借鉴英美法系民事诉讼的结果。传统民事诉讼的宗旨在于发现客观真实和促进实质正义,为此法官居于庭审程序的主导地位,掌控庭审的进程,积极主动地调查证据,即使是当事人没有提出申请的证据亦是如此。法官庭审主导地位大大削减了当事人对诉讼程序的实质参与,使其更多扮演程序接受者的角色。当事人主义的兴起有

助于改变当事人在诉讼程序中的弱势地位，提升当事人对庭审程序的控制权。在新的诉讼格局下，当事人不仅可以控制诉讼程序的启动和结束，而且有权控制提出证明要件事实的证据资料范围，在庭审程序中充分表达自己的法律观点和见解，还可以询问已方和对方的证人。诉讼两造的积极对抗成为诉讼的基调和主线。为了争取利已裁判，双方当事人尤其是代理律师竭尽全力提供能够证明要件事实成立或者不成立的证据，有时故意不提出甚至隐藏或者损毁有利于对方主张的证据。在整个庭审过程中，当事人自主决定是否提出证据、提出何种证据，是否申请法院职权调查、确定案件的争议焦点和证据，是否接受对方提出的事实或者证据等种种事项。当事人或者律师的诉讼技巧有时成为决定诉讼走向和结局的关键角色。在这种你来我往的攻击和防御的对抗过程中，当事人成为名副其实的程序主宰者，诉讼程序深深烙上当事人主义的司法竞技色彩。作为硬币的另一面，法官退出司法场景的中心，始终保持消极、中立和超然的仲裁者姿态，不会自行确定诉讼资料和证据资料，很少依职权主动调查证据，更少对庭审的进程发表实质性意见，只是在耐心听取诉讼两造主张的诉讼资料和证据资料的基础上生成法律裁判。

(二) 当事人主义观念的影响

制度变革者将诉讼模式的建构放置于民事诉讼体制改革的大背景下，试图通过当事人主义的引进和发展建立起适应市场经济正常运转的程序保障体系。当事人主义要求法官在民事诉讼中秉承中立超然的地位，不能积极运用司法权力干涉当事人对诉讼程序的支配权，正好与市场经济鼓励私法主体积极参与交易活动、自主表达主体意愿的理念相契合。

市场经济主体交易活动的活跃也使得交易链条更加复杂，链条中的任何一节或者一段发生断裂都会滋生纠纷，进入到司法程序的民商事纠纷成倍增长，使得本就沉疴在身的法院更是不堪重负。全国法院系统在1988年受理一审民事经济纠纷190万件，至1995年达到了398万件，整整翻了一倍。这种沉重的审案压力促使法院不断革新既有机制，探求能够更好地反映经济格局变化的制度配置。当事人主义大幅削减法院的司法职权，将事实发现的主导权转移给当事人，法院只是消极被动地裁断案件，不但减轻了法院的审案压力，而且卸去了诉讼的风险负担,正好迎合了法院制度变革的需要。因此,当事人主义自诞生之后就获得了学者的共鸣和法院的积极反馈,成为指导我国民事司法改革的基本理念,并且逐渐落实到实然的制度框架之中。

《民事证据规定》是当事人主义的典型表现样态。《民事证据规定》将证明责任视为最为重要的制度,开篇就用了足足五个条款规定证明责任,第2条确定了证明责任的败诉风险:没有证据或者证据不足以证明要件事实的,承担证明责任的当事人要承担败诉后果。第8条规定当事人诉讼上的自认对法院产生直接约束力,法院不能也没有必要进行职权调查。为了实现证据适时提出主义,第34条规定的举证时限要求当事人必须在规定的举证时限内提出证据,否则将丧失作为证据的资格。《民事证据规定》也大大压缩了法院职权调查证据的范围,只有有损国家利益、社会公共利益或者他人合法权益之危险或者需要依职权启动与实体争议无关的程序事项时,法院才可主动依职权调查证据。这是两种不言自明的法院职权调查证据范围,即使不以明确形式予以确定,法院也应主动采取证据调查。

《民事证据规定》基本放弃了法院依职权调查证据的权力,尽力实现司法的"去职权化",深深刻上了当事人主义诉讼模式的印迹。同时,当事人主义也逐渐被吸纳到作为根本法的《民事诉讼法》之中。2007年修正的《民事诉讼法》增加当事人有权对超出诉讼请求的判决或者裁定申请再审的规定,成为吸收和接纳了作为大陆法系民事诉讼理论精髓的辩论主义的表征。可见,当事人主义诉讼模式和程序理念已经深刻重塑和改变了我国民事诉讼的面貌。

二、当事人主义诉讼模式的绝对化和局限性

迈向现代化进程的中国民事诉讼制度选择了绝对当事人主义作为民事司法改革的发展方向,并为我们描绘出一幅如画如卷的现代民事诉讼的司法场景。这种司法场景是博采众家之长的结果,既蕴涵了作为大陆法系民事诉讼理论基石的辩论主义和处分权主义,又融合了作为英美法系民事诉讼精髓的对抗制和司法竞技主义,成为包容性很强的法治范式。当事人主义在民事诉讼的现代化转型过程中发挥了无法替代的作用,两大法系共有的诉讼标的、辩论主义、证明责任、既

判力等经典理论逐渐充实到民事诉讼理论体系中,大大扩宽了民事诉讼的研究视野。更为重要的是,在实然的制度运行过程中,当事人主义重新配置了当事人与法院在民事诉讼中的权能和责任,加强当事人的程序主导性地位,削弱法院的司法职权,限制法官权力的恣意行使,深刻改变了民事诉讼的样貌,实现了民事诉讼理论和实践的突破性进展。

然而,我们也为当事人主义诉讼模式付出了很大的代价。这种理想化的现代民事诉讼图景似乎走向了超职权主义的另一极端,片面介绍和理解了大陆法系的当事人主导原则和英美法系的对抗式辩论原则,法院或法官的权力被过度压缩,导致任何形式法官权力的行使都有悖于当事人主义,实际上背离了民事诉讼以国家权力处理民事私权纠纷的本质。法官被塑造成消极被动的司法裁判者,不能主动依职权调查证据,不能行使阐明权,当事人要对自己提出的要件事实承担证明责任,要件事实出现真伪不明就要承担败诉风险。法官卸下了解明要件事实的重担,却将这种重担套在当事人头上,使其处于诉讼的风口浪尖上,直面诉讼成败。因此,重新审视和认识当事人主义的本质,省思当事人主义的缺陷和弊端显得极为必要和急迫。

(一) 诉讼模式分析方法的静态性

诉讼模式已经成为研究者普遍采用的透视法院与当事人权限配置和责任分担的工具。法院与当事人被置于分析框架的两端,审判权和诉权之间的此消彼长的博弈过程促使诉讼模式不断地发生游移和变动,呈现出职权主义和当事人主义两种不同的模式样态。研究者通过对实然的制度运作样态的考察和不同法域民事诉讼制度的比较分析,运用理性的思维高度抽象地概括和提炼出划分和判别诉讼模式的基本标准。依照既定的标准,当今主要法系的民事诉讼被分为当事人主义模式或者职权主义模式。"诉讼模式的实质,在于通过既定的标准,将诉讼的具体形态格式化,从而实现当事人起诉与法院裁判的规范化运作,使权利保护的完整性与有效性得以体现。"[1]诉讼模式从宏观的视角描述了作为诉讼主脉络的法院与当事人之间的关系的不同配置,在甄别和归纳民事诉讼的共性和规律的基础上指明了我国民事

---

[1] 高志刚:《民事诉讼模式正当性反思——一个实践哲学的视角》,载《法学论坛》2011年第1期。

诉讼的发展路向。

在西方法治先进国家,也有学者采用当事人主义或者职权主义描述法院与当事人在诉讼程序中的关系。不过,他们并未将其上升到诉讼模式的高度,也未将当事人主义和职权主义完全对立起来。或许是基于对法治文明的崇拜,我们在法治移植过程中不加区分地直接照搬了当事人主义和职权主义,并冠以"诉讼模式"这样新颖的术语,脱离了西方法治语境必然导致制度移植过程中的碎片化和绝对化。实际上,西方的法治从来都是非模式化的,"并不是完成了的,也不是一个确定的模式或图景,而是一直在时代挑战和危机面前不断地洗心革面"[①]。

诉讼模式带有研究者鲜明的主观认识论色彩,是对本体论意义上的诉讼结构进行理论再加工和改造的结果。该分析方法不具有普适性意义,也很难从法治先进文明中探寻到踪迹,"在外国的民事诉讼理论中很少有学者使用民事诉讼基本模式这一概念,也很少运用模式分析的方法来探讨各国民事诉讼体制的差异"[②]。原因在于,诉讼模式只是静态地强调足以体现制度本质属性的核心要素和基本要素,沉浸于从法律文本上探寻模式的归属,忽视可能影响到庭审运作的程序细节,难以应对流动不居的司法场景的变化。法院与当事人主体间的关系是诉讼模式重点考察的对象,对于诉讼两造间的关系则无法给出合理的解释和说明,而这恰恰是近些年来民事诉讼发展的新迹象。此外,高度抽象的诉讼模式理论只能从宏观上笼统地描述当事人主义和职权主义的结构样态,作为"一种纯理论上的模式划分方法,无法用来对两种程序的实际运作方式作出全面的比较分析"[③],也无法应对千变万化的司法实践灵活处理的需要。

诉讼如同一辆缓缓前行的列车,前后车厢环环相扣,层层推进。诉讼从本质上说是动态的。静态的诉讼模式理论无法深入到诉讼的本源挖掘法院与当事人主体间关系的动态变化,这是诉讼模式理论的致命缺陷。"我们在当前民事诉讼模式的研究中,对于模式的判断和

---

① 马长山:《法治的平衡取向与渐进主义法治道路》,载《法学研究》2008年第4期。

② 张卫平:《诉讼构架与程式——民事诉讼的法理分析》,清华大学出版社2000年版,第4页。

③ 陈瑞华:《刑事审判原理论》,北京大学出版社1997年版,第300页。

研究往往基于对诉讼体制表象的观察,进而根据反映在诉讼程序中的某些特征框定其为某种诉讼模式,不可避免地会流于肤浅,不能深入问题的本质,建构模式的努力往往会沦为狭隘和薄弱的理论建构。"① 就连理论之集大成者也承认,诉讼模式"并不提供解决民事诉讼运行中各种诉讼问题的方案"②,事实也是如此。诉讼模式理论无法合理解释诉讼过程中当事人主体间关系的变动,更无法对诉讼内的正义和诉讼外的正义进行适当的平衡。因此,走出诉讼模式预设的理论藩篱,更加注重当事人主义和职权主义在动态运作中的程序内容似乎是更为合理的选择。

(二) 绝对当事人主义界定标准的偏颇性

我国的当事人主义兼采大陆法系的处分权主义与辩论主义和英美法系的对抗制之精华。尽管很多学者主张诉讼模式的判定基准在于法院与当事人在诉讼程序的地位和作用,但更为学者和实务家所津津乐道的是法庭审理的方式和庭审格局。"在我国比较法学界和民事诉讼法学界研究外国民事诉讼时,往往以具体的诉讼模式或庭审方式为标准,把各国民事诉讼对立起来。就是不论称之为当事人主义的诉讼模式还是称之为职权主义的诉讼模式,实质上都是从诉讼的运作方式上分析和研究市场经济条件下各国民事诉讼。因而引起当事人主义与职权主义概念的混乱,其结果不仅把英美法系国家民事诉讼和大陆法系国家民事诉讼对立起来,而且混淆了作为现代民事诉讼的一种运作方式的德国和日本等大陆法系国家的职权主义'职权进行主义'与从内容到形式都采用职权主义的中世纪封建社会的职权主义'职权探知主义'的界限。"③在这种制度理念下,当事人主义完全排斥法官职权,法官于庭审程序行使的诉讼指挥权或者证据调查权等被视为违反当事人主义。

---

① 高志刚:《民事诉讼模式正当性反思——一个实践哲学的视角》,载《法学论坛》2011 年第 1 期。

② 张卫平:《诉讼构架与程式——民事诉讼的法理分析》,清华大学出版社 2000 年版,第 6 页。

③ 白绿铉:《论现代民事诉讼的基本法理——对我国民事诉讼制度改革的浅见》,载《中外法学》1999 年第 1 期。

当事人主导和控制诉讼程序的,称为当事人进行主义;法官主导和控制诉讼程序的,称为职权进行主义。① 前者主要为英美法系所采用,后者主要为大陆法系所采纳。据此而对两大法系民事诉讼定型为当事人主义和职权主义过于片面,实质上没有抽离出能够反映现代民事诉讼的共性和规律,单纯按照法官在庭审程序中是否具有权力或者程序控制权来划分诉讼模式是错误的。

民事诉讼的本质是法院利用国家公权力强制解决民事私权纠纷的路径,在必要的时候适当行使国家权力才能真正发现案件真实和实现实质正义。任何民事诉讼都不能缺少法官权力的行使,否则也就不能称其为民事诉讼。两大法系民事诉讼变革的基本趋势就是加强法官在诉讼程序中的权力,法官的职权在当事人进行主义和职权进行主义中以不同形式表现出来,只是权力强弱程度不同而已。以庭审程序中的法官职权作为判定基准无法真正掌握当事人主义的本质和精髓,无法准确界定和区分两大法系的民事诉讼。因此,只能以当事人是否具有对诉讼实体内容的控制权和支配权作为判定基准。"在民事诉讼中,当事人有无决定审判对象,即争点的权利,就成为区分当事人主义与职权主义的最实质性的标志。"② 当事人自主决定是否提出以及提出何种诉讼资料和证据资料,法院受当事人请求事项约束的为当事人主义。相反,法院可以超出当事人提出的诉讼资料和证据资料的范围自主确定审判对象和审理范围的为职权主义。

当事人决定和支配诉讼的实体内容,法官尊重对于实体内容的处分权,在其起诉的范围认定事实和适用法律,这才是当事人主义的本质面貌。这使得诉讼的程序控制权掌握在当事人手中还是法官手中对于制度的归属显得不是非常重要。"不论是当事人运作诉讼的当事人进行主义还是法院依职权主持和指挥诉讼的职权进行主义,都是以当事人决定诉讼的实体内容的当事人主义为前提的。所以,这两种运作方式并不是对立的,而只是当事人主义诉讼的不同表现形式而

---

① 参见〔日〕三月章:《日本民事诉讼法》,汪一凡译,台北五南图书出版公司1997年版,第198—199页。

② 白绿铉:《论现代民事诉讼的基本法理——对我国民事诉讼制度改革的浅见》,载《中外法学》1999年第1期。

已。"① 英美法系和大陆法系的民事诉讼都应称为当事人主义诉讼。

我国在法律移植过程中过于重视法庭审理方式的差异,笼统地以法院在庭审程序中的职权大小作为划分当事人主义和职权主义的基准,未能总结出两大法系民事诉讼的共同规律,导致所建构起来的当事人主义徒具其表,缺少支撑当事人主义运作的骨架。进而言之,单纯从法庭审理方式上模仿和借鉴英美法系的对抗制,无法从本源上撼动法院对诉讼实体内容的支配权和控制权,职权主义的诉讼本质就从未发生实质改变。可以说,当事人主义在我国还未全面建立起来。

(三) 适用范围的泛化

当事人主义的判断基准是事实和证据的主导权是否掌握在当事人手中,这恰恰是大陆法系辩论主义的核心内容。② 不过,并非所有的事实都受到辩论主义的规制和调整,辩论主义仅适用于主要事实。经过当事人主张的主要事实是法官事实认定的终局对象,决定和支配法官判决的基础和范围,法官不能超出当事人主张的主要事实范围予以判决,而间接事实和辅助事实可以不经当事人主张,由法官在证据调查或者自由心证的基础上直接作为判决的基础。③ 况且,只有涉及财产关系的诉讼才有辩论主义存在的必要,而人事诉讼、家事诉讼或者

---

① 白绿铉:《论现代民事诉讼的基本法理——对我国民事诉讼制度改革的浅见》,载《中外法学》1999年第1期。

② 辩论主义包括三个层面的内容:"(1) 直接决定法律效果发生或消灭的必要事实(这被称为主要事实),只有在当事人的辩论中出现才能作为判决的基础(换言之,法院不能将当事人未主张的事实作为判决的基础)。(2) 法院应当将双方当事人无所争议的主要事实当然地作为判决的基础,就这一意义而言,法院应当受到约束(自认)。(3) 法院能够实施调查的证据只限于当事人提出申请的证据(禁止职权证据调查)。"参见〔日〕高桥宏志:《民事诉讼法——制度与理论的深层分析》,林剑锋译,法律出版社2003年版,第329—330页。

③ "在诉讼法上,事实可以分为主要事实、间接事实以及辅助事实三种。所谓的主要事实又被称为直接事实,是指在判断出现权利发生、变更或消灭之法律效果中直接且必要的事实,换言之,是与作为法条构成要件被列举的事实(要件事实)相对应的事实。……所谓的间接事实,也被称为凭证(证据),是指借助于经验法则及逻辑法则的作用在推定主要事实过程中发挥作用的事实。……所谓的辅助事实是指,用于明确证据能力或证据力(证明能力)的事实。"参见〔日〕高桥宏志:《民事诉讼法——制度与理论的深层分析》,林剑锋译,法律出版社2003年版,第330页。

公益诉讼等则采用职权探知主义。可见,辩论主义的适用范围是特定的,也是有限的。

主要事实具有高度抽象性,有时无法明确指明和限定法官裁判的事实范围,容易引起法官的突袭性裁判。例如在交通事故损害赔偿诉讼中,原告主张被告醉酒驾驶存在过失,应予承担损害赔偿责任。案件的主要事实是被告存在过失,醉酒驾驶是证明被告存在过失的间接事实。那么,法官是否可以认定被告超速驾驶致使交通事故的发生呢?按照传统辩论主义,这是可以的,因为被告过失已经由当事人主张,被告超速驾驶作为间接事实可以不经当事人主张直接作为判决的基础。然而,法官直接采用当事人未主张的重要间接事实剥夺了被告抗辩和反驳的机会,引发突袭性裁判,有违民事诉讼的基本法理。为此,大陆法系的学者通过法律解释学方法适当放宽了辩论主义的适用边界,将重要的间接事实也适当涵盖进去。① 但是,何谓"重要的间接事实"呢?这又是见仁见智的问题,必须由实务家在具体个案中仔细甄别。即使这样,辩论主义或者当事人主义的适用范围仍然是非常狭窄而特定的。

遗憾的是,我们在学习、借鉴和移植辩论主义和当事人主义时没有明确对其适用范围加以细致区分。在我国,主要事实、间接事实和辅助事实并非公认的学术术语和概念,学者较少采用这样的事实划分体系,制度介绍和移植过程中也缺乏对其本土化整合和改进的努力,司法实践中的法官也没有接受这样的划分。我们只是笼统地强调当事人没有主张的事实不得作为法官裁判的基础,造成当事人主义适用范围的泛化。具体表现在:第一,没有区分适用当事人主义的案件类型。按此,当事人主义既可以适用财产诉讼,也可以扩展到人事诉讼、家事诉讼或者公益诉讼等职权色彩鲜明的案件中,违背了当事人主义与辩论主义的机理。第二,没有区分适用当事人主义的事实层次。间接事实或者辅助事实被囊括到辩论主义的适用范围内,当事人也必须主张这两种事实,法官受到这种限制不能进行证据调查或者自由心证将其作为判决的事实基础,违反了辩论主义的机理。当事人主义泛化从表象上看限定了法官事实认定和裁判的基础,巩固了当事人的程序

---

① 参见〔日〕高桥宏志:《民事诉讼法——制度与理论的深层分析》,林剑锋译,法律出版社 2003 年版,第 345—350 页。

主体地位，实质上给法官权力套上了紧箍咒，在大幅削减法官司法权力的过程中导致其无所作为。与其说当事人主义泛化加强了当事人主义的制度机能，不如说是对审判权作用范围的巨大减损。

审判权是国家赋予法院运作司法程序的合理权力，不得随意僭越超越其边界，也不得无所作为。辩论主义或者当事人主义的主旨就是通过当事人主张的主要事实限定法官裁判的范围，搭建当事人与法院之间的顺畅自如的信息沟通和反馈渠道。然而，当事人主义的泛化扩大了当事人的程序机能，导致审判权缺位的同时也造成了审判权的失范。① 一方面，过于强调纯粹的当事人主义不可避免地伴随着司法的"去职权化"和司法权力的削弱，其典型表现形式是基本放弃了法官的职权调查证据权，现实中法官也不愿进行证据调查。当事人主义泛化与审判权的缺位具有直接的因果关系。另一方面，在我们的法治话语中，张扬当事人主义就是对于法官权力的抑制，这与能动地行使权力调查发现事实的法官使命有所背离，也不符合具有上千年浓厚职权传统的制度现实。因此，即使在强调当事人主义的法治背景下，仍然存有浓郁的法官职权色彩。由于没有能够很好地打通和勾连起当事人与法官的信息畅通渠道，法官在权力行使过程中超出当事人主张的主要事实范围进行裁判的事例也时有发生。即使明确当事人主义适用范围仅限于主要事实，但是如何提炼出案件的主要事实具有高度的技术性，需要法官经过长期而系统的理论和实务训练才能完成，这也是要件事实理论在日本发达的主要原因。我国法官非常欠缺概括和提炼诉讼标的或者主要事实的能力，无法达到或者满足辩论主义或者当事人主义的现实要求。在这种情况下，强制推行当事人主义容易造成法官偏离既定法律规则和当事人诉求范围的既定轨道，滥用权力或者恣意扩张权力，导致审判权的失范。

当事人主义的泛化可能造成法官超越当事人诉讼请求的范围加

---

① 肖建华教授对于审判权缺位和失范的阐释极富洞察力。他认为："审判权缺位是指在司法审判中，审判权应当发挥审判职权但是却怠于行使权力，在事实发现领域以及程序指挥和管理领域出现不作为状态，导致公正等价值目标的失落。……审判权失范是指法官在诉讼过程中，逃避和背离法律程序自律而发生的审判权无序和滥用的权力异化状态。……审判权缺位是审判权没有发挥应然的作用，审判权的失范则是审判权在行使过程的异化。审判权缺位遮蔽了审判权失范，使我们可能忽视对真正的问题的关注。"参见肖建华：《审判权缺位和失范之检讨——中国民事诉讼发展路向的思考》，载《政法论坛》2005年第6期。

以裁判,实质上违背了当事人主义的基本要求,这在我国的司法实践中并非罕见之事,例如下述案件:

截止到 2001 年 9 月 3 日,某稀土厂有限公司欠新会市某发展有限公司货款 854 494.2 元。2002 年 12 月 30 日,经过四方书面协议约定,新会市某发展有限公司对某稀土厂有限公司的债权转让给江门市某物资有限公司,某稀土厂有限公司将其对新会市某发展有限公司的债务转让给广州某企业集团有限公司,由此而产生的债务从江门市某物资有限公司购买广州某企业集团有限公司的液碱中扣减。2004 年 4 月 6 日,江门市某物资有限公司与某稀土厂有限公司和广州某企业集团有限公司签署补充协议,确认截至 2004 年 4 月 5 日,两债务人共欠债权人债务 463 519.69 元,继续约定广州某企业集团有限公司以液碱抵偿债务。2005 年 3 月 21 日,三方再次签署协议,确定截至 2005 年 3 月 31 日,某稀土厂有限公司尚欠江门市某物资有限公司债务 379 429.7 元,由广州某企业集团有限公司于 2005 年 3 月 31 日前以每吨 900 元的价格供给液碱 421.59 吨。截止到 2005 年 3 月 31 日,该补充协议并未得到履行。为此,江门市某物资有限公司提起诉讼,请求广州某企业集团有限公司和某稀土厂有限公司连带清偿债务 379 429.7 元。

一审法院经过审理后认为,以物抵债是合法的债务履行方式,补充协议已经明确约定了以液碱偿债的履行方式、时间和地点,没有约定原告须待被告通知后再行提货,原告未按约定的时间到被告处提货,而主张以现金形式清偿所欠的债务,与 2005 年 3 月 21 日签订的补充协议以物抵债的约定不符。因此,一审法院驳回了原告的诉讼请求。原告不服而上诉到上一级法院。

二审法院认为,上诉人依据补充协议的约定向原审法院提起诉讼要求被上诉人广州某企业集团有限公司清偿债务,于法有据,但其强调要被上诉人用现金予以清偿无合同法依据。因此,二审法院判令被上诉人广州某企业集团有限公司继续履行补充协议,以每吨 900 元的价格供给债权人液碱 421.59 吨,抵偿所欠的 379 429.7 元的债务。[1]

同样的诉讼请求,同样的判决理由(现金清偿请求于法无据),两

---

[1] 参见林泰松、张昌倩:《论民事诉讼中的"不告不理"原则——以法院超出诉讼请求判决为例》,载国信信扬律师事务所(http://www.gblaw.com.cn/htm/show-anli.asp?id=24),访问日期:2017 年 10 月 24 日。

级法院的判决结果却迥然不同：一审法院判决驳回诉讼请求，二审法院判决以物清偿，这肯定是其中一个法院的判决出现了错误。那么，到底是哪一级法院的判决出现了错误呢？辩论主义要求，法院受当事人主张的事实和证据的约束，判决结果不能超出当事人主张的事实范围。本案中，原告主张两被告应以现金形式偿还债务 379 429.7 元，法院应对原告的现金清偿请求的合理性进行审理，这是法院判决的基本边界。合同法允许以物抵债，双方当事人应按照补充协议的约定履行义务，被告出现违约时，原告有权要求被告继续履行补充协议，在补充协议没有变更的情况下，原告无权要求现金清偿，这是契约必须履行的基本法理。因此，原告诉请被告偿还欠款 379 429.7 元于法无据，法院应该判决驳回诉讼请求。一审判决紧紧围绕着原告现金请求的合理性进行审理，是适当的和正确的；二审判决被告以物抵偿，则超出了原告的请求范围，违反了辩论主义的基本要求，有欠妥当。

（四）证明责任的本质被片面理解

在建构当事人主义的过程中，证明责任被视为要件事实真伪不明时当事人的败诉风险，当事人不能证明要件事实而陷入真伪不明的状态时，法官就会直接判决负证明责任的当事人败诉。为了避免这种不利诉讼后果的出现，诉讼当事人竭尽全力提供证明要件事实成立或者不成立的证据，积极承担证明责任成为当事人的一致行为追求。在这种理念下，要件事实真伪不明状态出现后，法官不会采取证据调查或者阐明权等手段消除这种诉讼困境，使得真伪不明状态与诉讼结果产生直接的联系，从而错误地理解了证明责任的本质，夸大和扩大了证明责任判决的利用率。

实质上，证明责任强调的是法官克服真伪不明的诉讼尴尬的解决途径。在德国学者眼中，客观证明责任是一种法定的风险分配形式。"真伪不明应当通过证明责任判决来克服……证明责任判决，是指事实问题不清但仍然要对争议作出裁决。"[①]在诉讼过程中，要件事实真伪不明情形不可避免，在此情况下，法官既不能认定事实存在，也不能认定事实不存在，传统的三段论无法直接予以适用。作为案件的裁判

---

① 〔德〕汉斯·普维庭：《现代证明责任问题》，吴越译，法律出版社 2000 年版，第 26 页。

者又不能拒绝裁判,即使要件事实真伪不明,法官仍须对案件进行判决。这就需要一种外在的规则对此时的责任预先进行设定,避免法官在此情况下恣意裁判,这种辅助法官克服真伪不明的手段就是证明责任规则,准确地说,证明责任规则是法律适用规范的"辅助性工具"。

在适用辩论主义的国家中,当事人为了避免败诉的后果,必然要提供有利于自己的事实,这就是主观的证明责任。任何一方当事人通过自己的行为履行提出必要的主张和相关证据的诉讼义务,如果不能提供证据将承担不能举证的诉讼后果,负担主观证明责任的一方当事人将不得不面对败诉的现实。主观证明责任推动着诉讼程序的进行,同时也赋予了当事人充分的诉讼空间。客观证明责任则要求负有证明责任的当事人必须提供充分的证据证明要件事实,如果其证据不能证明要件事实,即要件事实处于真伪不明时,要负担由此产生的不利诉讼后果。证明责任的两个方面是紧密结合的。当事人为了避免败诉的风险,必然会积极地提供证据证明其主张,当事人可能承担的不利诉讼后果又是促使当事人积极举证的动力。但是,主观的证明责任与诉讼后果不具有必然关系。如果当事人没有举证,法院可能依职权调查收集证据,或者负有证明责任的当事人未举证,而对方当事人表示自认,要件事实同样可以得到确认。证明责任理论与当事人主义无关,也与职权探知主义无关。证明责任所要解决的是要件事实处于真伪不明的情况下,法官如何在当事人之间分配法定风险。"就证明责任制度的本质来说,客观证明责任是主要的,它不仅决定了主观证明责任的范围,而且明确了待证事实无法得到证明时,应作出对哪一方有利而对另一方不利的裁判。"①

在要件事实处于真伪不明的情形下,法官根据既有的证据既不能给出肯定性的结论,也不能给出否定性的结论,却又负有裁判的义务,必须对案件进行法律上的评价。为了化解法官的这种尴尬,法律运用了理智的诉讼技术——证明责任规范。因此,"证明责任规范是对每一部法律和法律规范的必要补充,这些法律和法律规范为审判之法官适用于具体的案件中。因为,法官有可能对在现实事件中的法适用的

---

① 〔德〕罗森贝克:《证明责任论》,庄敬华译,中国法制出版社2002年版,第20—44页。

前提条件是否存有疑问,在此种情况下有必要指导法官,如何作出判决"[1]。可见,证明责任规范是法律适用规范的一部分,是三段论裁判方法的一种必要补充。即使是在要件事实处于真伪不明状态时,法院也不是直接裁断承担证明责任的当事人败诉,法官可以通过推定、证据调查、证明妨碍和阐明权等手段尽力摆脱这种尴尬的诉讼状态,只有当法官自由心证用尽,要件事实仍然处于真伪不明状态的,法官才可依据证明责任规范生成判决。证明责任是一种具有最后救济性的裁判方法,只有当三段论无法解决问题,而要件事实又处于真伪不明状态时,证明责任作为裁判方法才有真正适用的空间。在我国,理论界和实务界过度强调了证明责任的意义,无论是要件事实显明还是真伪不明,普遍地适用证明责任,导致了证明责任运用的泛化。其实,证明责任更多发挥的是潜在的预设作用,真正适用的空间非常狭小,其适用也有严格的条件限制,不能随意启动。证明责任规范只能是作为三段论法律推理的一种辅助手段而已,绝对不能夸大!

(五) 司法竞技观的强化

作为民事司法改革方向的当事人主义以司法的剧场化[2]为基本理念营造诉讼场景。在特定的庭审舞台布景中,当事人与法官分列诉讼场景的两端,诉讼两造为证成自己的诉讼请求或者反驳对方的诉讼请求积极提出各种事实和证据或者隐藏、遮掩于己不利的事实和证据,以各种不同的诉讼手段或者诉讼技巧赢得胜诉判决或者影响裁决结果。法庭被塑造成双方当事人平等进行司法竞技的场所,在这硝烟弥漫的战场中,当事人享有充分的控制权和支配权,决定是否提出诉讼请求、提出何种诉讼请求、以何种证据证成诉讼请求,双方当事人拥有平等的攻击和防御的机会,庭审程序在诉讼两造的攻击和防御的不断往返过程中推进和延伸。这种自我决定和自我负责的制度设置赋予了双方当事人平等的程序参与权和程序控制权,当然也要承担由此而导致的诉讼结果,法官如同体育竞技比赛的裁判员一样在听审诉讼两

---

[1] 〔德〕罗森贝克:《证明责任论》,庄敬华译,中国法制出版社2002年版,第4页。

[2] 参见舒国滢:《从司法的广场化到司法的剧场化——一个符号学的视角》,载《政法论坛》1999年第3期。

造的积极对抗之后居中消极地裁判,不应主动运用证据调查权或者诉讼指挥权干预诉讼两造的对抗,以免发生诉讼的偏斜或者不平衡。

当事人主义的旨趣在于营造当事人积极对抗、法官消极裁判的诉讼图景,改变传统民事诉讼中法官权力恣意张扬压制当事人权利以及主要依靠调解等非正式司法解决纠纷的诉讼格局,强化和张扬作为正统司法的诉讼在纠纷解决机制的中心地位。经过十几年的不断探索,调解和判决在利用比率上发生了颠覆性变化。根据下表所示,在民事审判方式改革刚刚启动的 1990 年,全国法院民事一审案件的调解率高达 65.72%,判决率仅为 18.06%,调解率将近是判决率的 4 倍。随后法院调解率呈现递降趋势,法院判决率则不断上升,2000 年时两者基本持平,而 2002 年的判决率升为 43.46%,转为调解率的 1.5 倍。诉讼中心主义逐步确立起来,诉讼成为当事人之间解决纠纷的首要选择,初步实现了当事人主义的基本要求。

表 2　1990—2002 年全国法院民事一审案件调解率和判决率(%)①

	1990	1991	1992	1993	1994	1995	1996	1997	1998	1999	2000	2001	2002
调解率	65.72	59.63	59.08	59.81	58.85	57.04	53.99	50.52	45	42.13	37.72	35.14	30.32
判决率	18.06	22.98	22.96	22.18	22.32	23.60	26.13	29.32	33.49	35.58	39.15	41.58	43.46

然而,我们也为盲目引进和移植当事人主义付出了惨重的代价。作为一种制度装置的当事人主义是借鉴和移植英美法系的对抗制和司法竞技主义的产物,但是却缺乏对于制度供体和受体两者之间适应性的理性考察。对抗制以国民对国家权力的高度不信任为基础,必然要严格锁定公权力,防止其挣脱牢笼侵犯国民的基本权利。而在我国,几千年积淀起来的浓厚的职权传统塑造出高度发达的司法权力系统,国民也怀抱对于司法权力的高度敬畏感和依赖感。在这样的情况下,完全否定或者摈弃法院的司法权力是不现实的,即使怀着对于当事人主义的坚定信念,过程也将是非常漫长和坎坷的。一旦这种理念与实然的法治语境发生背离,就可能遭到强烈的反扑。法院调解的重新受宠以及大调解机制的全面铺开实质上间接地否定了当事人主义,这从另一方面映衬出当事人主义不符合中国的法律环境。

---

① 本表根据 1991 年至 2000 年的《中国法律年鉴》以及 2001、2002 和 2003 三年的《最高人民法院公报》第 3 期的全国法院司法统计公报统计核算而成。

1. 绝对当事人主义的形式平等遮蔽了实质不平等

在自由主义的民事诉讼观念中,私法自治和自我负责是制度运行和展开的根基,当事人主义亦不例外。诉讼两造的平等武装对抗是当事人主义努力营造的诉讼格局,案件的是非曲直交由当事人自主掌控,法官根据当事人对抗和辩论的结果生成公正的判决。这需要双方当事人具有同等的权利能力和行为能力,这也是当事人主义所作的制度假设。古典的辩论主义和当事人主义拟制诉讼两造的机会平等和武器平等,却没有关注具体个案中因为当事人的诉讼能力、经济状况、受教育程度等现实情况而导致当事人的实质不平等。尽管可以借助于外在力量填补先天的沟壑和差距,但是当事人不同的经济实力决定了聘请专业律师享受法律服务的优劣。经济实力雄厚的当事人有能力也易于采购到更加优质的法律服务,而经济实力孱弱的当事人只能接受较差的诉讼代理服务或者免费的司法服务,更何况有些时候当事人根本就没有能力或者机会享受到法律服务,这样可能进一步拉大当事人不平等的间距,也就很难达到判决的公正性和信服度。当事人主义的有效运行离不开发达律师制度的配合,而我国仍处于生长和发展中的律师制度还无法满足当事人主义的现实要求。

2. 绝对当事人主义滋生了虚假自认和恶意诉讼

当事人主义承认当事人的自认对于法院的法定约束力,法院应当将当事人之间没有争议的事实作为判决的基础,不应当进行职权调查。审判权的缺位提供了孕育双方当事人之间虚假自认和恶意诉讼的温床。本来应当积极对抗的诉讼由于一方当事人的自认消除了两者的分歧无须继续对抗下去,法院直接判决结案就可。但是,一旦案件本身是当事人通过虚构法律关系或者捏造案件事实等恶意串通形式产生的,就极可能成为当事人侵犯案外第三人获取不正当利益的合法途径。广州市两级人民法院在 2008 年至 2010 年共发现恶意诉讼案件 41 起,其中房产纠纷案件 21 起,借款纠纷案件 9 起,离婚、继承和执行等案件 11 起,另发现疑似恶意诉讼案件 30 多起,主要包括房屋销售合同纠纷、借款合同纠纷、租赁合同纠纷、离婚纠纷、票据纠纷和驰名商标纠纷等。①恶意诉讼在司法实践的泛滥与当事人主义的鼓吹密不可分。

3. 绝对当事人主义造成审判权的失落

当事人主义在不断扩充当事人程序支配空间的同时大力削减和贬抑了法官的审判权力,使其逐步退出审判的中心地位。最为典型的是《民事证据规定》基本放弃了法院的证据调查权(无论是依职权启动的还是依当事人申请启动的),现实中法院也很少行使这种审判权力。广西壮族自治区浦北县人民法院在 2005 年至 2007 年 6 月的两年半时间内共审结民商事案件 2 461 件,法院依职权主动调查证据的只有 19 件。其中,在 2005 年审结的 1 028 件民商事案件中只有 5 件法院进行了证据调查,2006 年审结的 1 175 件民商事案件中有 6 起案件法院主动行使了证据调查权,2007 年上半年审结的 258 件民商事案件中法院依职权调查证据的数量有所增加,达到了 8 件。②浙江省遂昌县人民法院调查证据的数量相对较多,在 2008—2010 年三年审结的 2 901 件民商事案件中,依当事人申请或依职权主动调查证据的有 401 起。③不仅如此,依职权进行鉴定、勘验或者法官指挥诉讼等某些必要的司法权力也受到严格的限制性适用。削减法官的司法权力是贯穿于民事司法改革始终的主线,带来的结果是审判权的失落。审判权的失落导致当事人权利缺乏法官权力的制度性保障,引起当事人权利与法官权力的失衡,无法矫正当事人能力不均衡和实质不平等的状态,放弃了实质正义目标的实现。不受司法人员控制的纯粹的当事人主义诉讼制度,并不是一种自发的保障,它不可能自发地保障获得正义。④ 在

---

① 参见练长仁:《关于防范打击虚假诉讼专题调研的报告》,载天涯法律网(http://www.hicourt.gov.cn/theory/artilce_list.asp? id=5667),访问日期:2017 年 11 月 12 日。

② 参见佚名:《关于民商事诉讼中法院主动收集调查证据的情况调研》,载广西法院网(http://gxfy.chinacourt.org/public/detail.php? id=637),访问日期:2017 年 11 月 12 日。

③ 参见张建华:《民商事诉讼中法院收集证据的调查与思考》,载遂昌县人民法院网(http://sc.zjlscourt.com/old/fxyj/fglt/2011-11-23/4009.html),访问日期:2017 年 11 月 12 日。

④ 参见〔意〕莫诺·卡佩莱蒂:《当事人基本程序保障权与未来的民事诉讼》,徐昕译,法律出版社 2000 年版,第 136 页。

缺乏明确的制度保障机制的情况下,正义的输出仰赖当事人自身能力的提升以及法官个案中的能动性的偶尔闪光,只能在一次次的利益博弈中维系非制度化生存①之状态,这样的程序装置使得"诉讼完全脱离了国民的正义情感,进而不免带有某些投机性的色彩"②。

三、诉讼合作主义的兴起

(一) 中国民事诉讼应向何处去

法治现代化进程的深入逐渐暴露了当事人主义的制度弊端,促使我们重新理性思考中国民事诉讼现代化的发展路向。当事人主义的致命缺陷在于将诉讼塑造成双方当事人你争我夺积极对抗的司法竞技,没有调动和激发法官的司法能动性,更没有为当事人走向对抗和竞技对立面的合作创造机会和可能。这种单极化的司法改革路径"误将民事纠纷解决片面地理解为当事人之间的对抗和竞争,而没有考虑协商甚至合作的可能性和必要性"③,无法通过程序主体之间的审前合作分化和截流民事案件导致大多案件涌流到庭审程序中,庭审过程中法官又放任当事人的诉讼对抗,不能以法官固有的司法权力约束和规制当事人的对抗使其在合理的轨道内运行,使得案件无法发现真实和正义无法实现,甚至成为不良者谋取不正当利益的工具。因此,当事人主义不能也无法真正成为我国民事司法改革的指导方针和发展路向,当下轰轰烈烈推行的大调解机制事实上摈弃了当事人主义。然而,大调解机制缺乏对于诉讼原理和诉讼原则的深刻解读,也没有规

---

① 孙立平教授语:"非制度化生存是指,人民所赖以生存的制度环境缺少确定性,对社会行为主体的权利缺乏明确的界定和保障,在遭遇某种需要解决的问题或情况的时候,不是依据明确而稳定的制度安排来解决,而是依靠一次次的具体博弈。而结果,则取决于每一次具体博弈的具体结果。"参见孙立平:《权利失衡、两极社会与合作主义宪政体制》,载《战略与管理》2004 年第 1 期。

② 〔日〕高桥宏志:《民事诉讼法——制度与理论的深层分析》,林剑锋译,法律出版社 2003 年版,第 357 页。

③ 韩德明:《竞技主义到商谈合作:诉讼哲学的演进和转型》,载《法学论坛》2010 年第 2 期。

范的程序运作机制和制度安排,无法为我国民事司法改革提供太多具有建设性的指示。同时,我们又不能重拾职权主义,其充溢着强烈法律父爱主义的做法恰恰走向了当事人主义的另一极端,遭受猛烈抨击后伤痕累累地退出舞台的中心。

那么,我国的民事诉讼到底应走向何方呢?当事人主义和职权主义都紧扣一个共同问题:当事人权利与法官权力,只不过前者偏斜于当事人权利,后者更重视法官权力而呈现出两个不同极端。选择和确定民事诉讼的未来发展方向时也不应偏离这一核心问题,并以此作为制度的基础。"在程序法领域中,我们迎接时代挑战的最好方式,并非坚持古老的自由放任主义的方案模式,而是要力图平衡当事人个人主动性与法官适当程度控制之间的关系。"①但是,绝不能走向折中主义或者和谐主义诉讼模式②,"在社会条件发生巨变的今天,我们不能只在当事人主义和职权主义之间进行非此即彼的选择,而应当为诉讼程序的基本目标的实现,设计出更加合理的机制。"③

我们需要也必须对传统民事诉讼结构予以全面而深刻的反思,进而构筑真正契合诉讼潮流与时代需求的诉讼结构。经济和社会的跨越式发展导致大量新兴的经济和社会权利进入司法空间,法院调整和规制的事项大幅拓宽。然而,法院的人员规模未实现同比例的增长,也无法实现同比例的增长,沉重的案件负担和纠纷解决的压力使得法院不堪重负。在制度微调的同时,法治先进国家纷纷开始反思"诉讼中心论"的传统司法制度的正当性和局限性,诉讼迟延、效率低下、成本高昂等困扰现代诉讼制度的症结成为制度变革者努力消除或者克服的目标。法学精英们为此设计出一整套克服诉讼缺陷的措施,结果却是诉讼的正统性地位不断受到挑战,真正进入到正式庭审的案件微乎其微,致使有人发出"审判正在消逝"④的悲鸣,还是无法消除引发现

---

① 〔意〕莫诺·卡佩莱蒂:《当事人基本程序保障权与未来的民事诉讼》,徐昕译,法律出版社 2000 年版,第 137 页。

② 参见黄松有:《和谐主义诉讼模式:理论基础与制度构建——我国民事诉讼模式转型的基本思路》,载《法学研究》2007 年第 4 期。

③ 冀宗儒:《当事人主义、职权主义与合作主义——民事诉讼立法指导思想的发展》,载《公民与法》2009 年第 12 期。

④ Marc Galanter, The Vanishing Trial: An Examination of Trials and Related Matters in Federal and State Courts, Journal of Empirical Legal Studies, Vol. 1, 2004.

代诉讼危机的制度根源。

究其本源在于制度变革者所秉持的一维观察视角。"社会科学的态度是把法律经验看作可变的和场合性的。当人们在一维的意义上刻画法律的特性或者认为法律具有不变的属性时,就违反了这一原则。"[1]克服诉讼危机的态度是在既有的制度框架内,以内在的视角审视传统诉讼的局限,并通过修修补补的方式实现诉讼的现代化,始终没有逃离当事人对抗的制度藩篱。缺乏外在视角理性审视诉讼制度的运作脉络,也就无法给现代诉讼制度插上展翅高飞的双翼。

诉讼制度的基本假定是诉讼两造平等武装对抗,无论是奉行当事人对审制度[2]的英美法系还是实行当事人主导原则的大陆法系皆是如此。民事诉讼的体系化建构是以当事人对抗为中心铺展开来的。"对抗是指诉讼当事人的双方被置于相互对立、相互抗争的地位上,在他们之间展开的攻击防御活动构成了诉讼程序的主体部分。"[3]作为诉讼的结构性要素,对抗渗透到诉讼的各个支脉,构成诉讼的主要脉络。由此,对抗所支撑的诉讼场景跃然纸面:角色对立的双方当事人应积极提出剪裁、加工和整合而成的要件事实以及证明要件事实的证据并反驳对方当事人提出的事实主张和相应的证据,当事人无法从对方获取其掌握或者持有的证明案件事实的纠纷信息和证据资料,利益对抗构成诉讼的主色调,作为第三方的裁判者消极而超然地裁判,不为主动司法。这种"为权利而斗争"的司法竞技主义的理念将诉讼渲染成硝烟弥漫的战场,诉讼两造以对立的姿态进入阵地,以所持的证据或者主张的要件事实作为武器积极对抗,各展神通试图说服陪审团或者

---

① 〔美〕诺内特、塞尔兹尼克:《转变中的法律与社会:迈向回应型法》,张志铭译,中国政法大学出版社2004年版,第10页。

② 国内学者对 Adversary system 有多种翻译方式。一般翻译成"对抗制"或者"当事人主义",王亚新教授译成"对抗式辩论原则",我国台湾地区学者黄国昌博士译成"当事人对审制度",等等。笔者采用"当事人对审制度"的表达方式,原因在于,尽管"对抗制"在我国似乎已经成为约定俗成的术语,但是指向性并不明确,所含意思过于广泛,也易产生"大陆法系不实行当事人对抗制度"的误解。"当事人主义"的语义广泛,无法体现与大陆法系不同的民事诉讼审理结构。"对抗式辩论原则"容易与大陆法系的"辩论主义"混淆,指向也不是非常明确。"当事人对审制度"则更贴切地反映了英美法系的诉讼结构。

③ 王亚新:《对抗与判定——日本民事诉讼的基本结构》,清华大学出版社2002年版,第57页。

法官,而作为公权力的裁判者的职责在于保障仪式的顺畅进行而并不进入战场。严格的法庭规则和证据规则将诉讼熏染成为一种仪式性的对抗,在这种仪式中,自我判断、自我决定和自我负责是推动当事人对抗的原动力,也是诉讼制度发现案件真实和实现实质正义的制度框架。

"对抗—判定"是法学家提炼出的欧美法治先进国家典型的民事诉讼结构[①],通过这一主线将诉讼目的理论、诉权理论、诉讼标的理论、当事人理论、证明责任理论、既判力理论等与诉讼程序紧密结合,从而使得诉讼程序成为枝繁叶茂的参天大树。这样的诉讼结构清晰勾勒出当事人与法院的诉讼地位及其相互关系,成为诉讼结构的"最佳化配置"[②]。对抗性司法深刻塑造并影响着现代诉讼的理念和体系,内化为高度普适性的现代法律理念,在法律殖民和法律移植的文化渗透过程中为很多国家所接纳并加以本土化改造。

(二) 诉讼合作主义的意义

对抗精神贯穿于现代民事诉讼的结构中,成为两大法系民事诉讼共同的制度底蕴。然而,也正是对抗理念滋生了民事诉讼的正当性危机。发现真实和实现正义作为民事诉讼孜孜以求的目标,具有超越法体系或法文化的普遍意义[③],对抗性司法亦不例外。事实却是,对抗性司法严重背离了制度预设的目标,事实无法发现、正义无法实现、平等无法保证等异化现象时时拷问司法竞技观的运作前提。

认真梳理两大法系的民事诉讼,可以发现,司法竞技主义的诉讼观的稳健运行需要依托于两个最基本的制度预设:第一,诉讼两造有同等的主张要件事实和诉讼请求的能力;第二,诉讼两造有同等的调查收集诉讼资料的能力。两个制度假设同时满足,才能真正实现对抗性司法的最终目标,但这仅仅是纸面的法律所设计的精妙诉讼图景,

---

① 王亚新教授对"对抗—判定"的诉讼结构有着深刻而精辟的分析,参见王亚新:《对抗与判定——日本民事诉讼的基本结构》,清华大学出版社 2002 年版,第 57—77 页。

② 黄国昌:《民事诉讼理论之新开展》,北京大学出版社 2008 年版,第 12 页。

③ 参见王亚新:《社会变革中的民事诉讼》,中国法制出版社 2001 年版,第 51 页。

实然的司法制度往往无法同时满足这两个条件,也就无法真正实现当事人的实质平等和武装平等。如果说第一个假设可以通过法院阐明权和当事人真实义务等予以矫正,那么当事人拥有同等的接近、收集必要诉讼资料的条件却很难满足,毕竟每个国民不同的受教育水平、经济能力、认知能力、法律素养等都是平等地利用诉讼的绊脚石。尽管法律援助制度可以减缓原生性不平等,但是律师的能力本身就有所不同,初出茅庐的年轻律师无法与经验丰富的资深律师相媲美,外在性不平等本来就会阻碍缩小原生性不平等的步伐。况且,对抗性司法要求"事实认定本身必须依据诉讼规则和证据规则进行,但严格地、形式主义地遵守这些规则,又是会导致认定或设定了虚假事实"[1]。这样的二律背反事实上都将矛盾的根源指向了作为制度根基的对抗上。制度变革者也是以此为指向探求相应的应对措施,并且创设出诸多颇有建树性的制度。

然而,制度变革者仍然秉承对抗的一维内在视角来审视诉讼危机,无法穿透制度的阴霾,从视角理性的角度透析固有的制度局限性,制度试验失败迫使其不得不重新思考诉讼的基本要素,诉讼当事人是否只能在法的空间中进行对抗,是否还存在着没有归结出来的长期受到忽视的诉讼要素。事实证明:"司法竞技主义误将民事纠纷解决片面地理解为当事人之间的对抗和竞争,而没有考虑协商甚至合作的可能性和必要性。"[2]按照辩证法的基本观点,矛盾存在对立面。诉讼就是矛盾的复杂融合体,我们却只是按照"对抗"要素来构建诉讼制度,势必缺少对对立面的考虑。那么,缺少了矛盾对立面的"合作"能否实现完好的制度结构来整合制度吗?诉讼制度改革的现实已经予以否认,也在告诫对立面的整合性功能,"扶植对立面既不是为装点门面,更不是为了欲擒故纵,其直接目的是为了实现对立面的结合,发挥比对立面斗争更大的积极作用"[3]。如果能够从这样的外在视角和固有的内在视角两个层面予以整合,或许可以在很大程度上缓和现代诉讼

---

[1] 〔英〕阿蒂亚、〔美〕萨默斯:《英美法中的形式与实质》,金敏等译,中国政法大学出版社2005年版,第133页。

[2] 韩德明:《竞技主义到商谈合作:诉讼哲学的演进和转型》,载《法学论坛》2010年第2期。

[3] 张奎良:《从矛盾辩证法到和谐辩证法——辩证法的历史变迁》,载《现代哲学》2005年第2期。

制度的正当性危机。现代法治先进国家的民事诉讼改革走向了共同的制度趋向:诉讼合作,即"通过诉讼主体之间的平等对话与协商,达成共识性合意,使诉讼程序更加开放、更加具有价值包容力,以期在多元社会继续运作"①。

诉讼不仅包含作为结构性要素的对抗,而且包含着软化对抗的合作要素,对抗与合作作为矛盾统一体,整合于民事诉讼的过程中。两条并行且有所交融的解决路径是克服现代诉讼危机的良药,也能极大地改变传统诉讼的外观和氛围。"民事诉讼法系实践公正的适当工具,民事诉讼不应是一个战场,相反,应是交往及对话的一个空间,法官、当事人及其代理人各尽其职,本着有透明度的合作、发现真相及有效实践公正之态度。"②同时,"合作的意识形态是一种面向未来的意识形态,是对斗争和竞争社会中的意识形态的超越"③。可见,合作的诉讼理念修正了传统诉讼面向过去的取向,转而采纳继续维持当事人之间法律关系的未来取向,进而实现了法律秩序的重整。诉讼合作理念是秩序安定的催化剂。

与前述诉讼理念的嬗变不同,在一直奉行儒家法律文化的中国,诉讼的主要目标在于实现法的和平。格罗素就曾一针见血地指出:"诉讼的初衷与其说是解决当事人之间的纠纷,毋宁说是为了社会和平。"④以此为基点所塑造起来的典型民事诉讼结构并非对抗性司法,"中国解纷的特征表现在司法的思考方式上,是不以对抗为基础,相反,不断把对抗因素加以分解和重组,从中发现无数的中介、过渡以及连续性,并通过试错的实践最终选择出当事人都能理解和接受的更好

---

① 马明亮:《辩诉交易在中国的发展前景——以契约为分析框架》,载《中国刑事法杂志》2003年第2期。

② José Manuel Borges Soeiro 语,转引自赵德和:《澳门〈民事诉讼法〉第八条——司法官与诉讼当事人之间互相合作原则》,载澳门特别行政区法务局(http://www.dsaj.gov.mo/iis/MacaoLaw/pt/Data/prespectiva/issued10/c3.pdf),访问日期:2017年7月23日。

③ 张康之:《行政伦理的观念与视野》,中国人民大学出版社2008年版,第382页。

④ 〔意〕朱塞佩·格罗素:《罗马法史》,黄风译,中国政法大学出版社1994年版,第122页。

解决方案"①。合作型司法才是真正植根于我国民事诉讼的深层次理念,决定着当事人和法院诉讼行为的开展和推进。作为合作型司法的典型表现样态的法院调解就贯穿于一审、二审和再审的民事诉讼全过程之中,长期作为法官解决民事纠纷的主要方式。经过20年来呈现梯形的否定之否定的制度变革,法院调解在新的世纪重新焕发蓬勃生机,真正通过最终判决的形式解决的民事纠纷少之又少,有的法院甚至出现零判决的情形。尽管这一过程中可能存在制度强制和人为强制等不正当的现象,但是法院调解所体现的合作理念却是值得赞扬的。如果我们背离这一制度现实,强行割裂刻印在诉讼结构中的内在传承的合作精神,转而采用与我国法律文化传统不具有亲近性的对抗性司法并使之占据主导性诉讼理念,会造成诉讼理念的断裂,阻碍民事诉讼法治现代化的进程。

然而,受西方现代化法治范式的影响,中国民事诉讼恰恰走上了建构对抗性司法的道路。市场经济的建立引发民事纠纷和经济纠纷的激增,最终宛若潮水一般涌进法院,案多人少的实践困境立刻凸显,审案压力陡然增加,法院无法像传统诉讼那样耐心调解、深入走访、细致调查和综合处理等,最佳的解决路径是将解纷的责任转嫁到当事人身上。与其同时,理论界翻译介绍的英美法系的当事人对审制度和学者所提出的当事人主义诉讼模式正好契合法院的解纷路径,对抗性司法逐渐在中国民事诉讼的重塑过程中获得主导性地位。基本方法是"转移司法正义的经济成本和正义得不到发现而发生的风险,把发现案件真实的风险交给当事人"②。证明责任制度愈发成为重要的民事诉讼制度,当事人必须就其所主张的要件事实提供充足的证据证明,无法证明时就承担败诉的风险,法院消极地行使法律所赋予的诉讼职权,进而很少进行职权调查。因此,证明责任就像一把达摩克利斯之剑时时悬在当事人的头上。同时,任何一方当事人没有义务为对方当事人提供纠纷信息和证据资料,诉讼两造在剧场化的司法中积极对抗,结果却是很多案件的事实无法发现,冤假错案和涉诉上访此起

---

① 季卫东:《中国式司法动态均衡机制的一个图式化说明》,载徐昕主编:《纠纷解决与社会和谐》,法律出版社2006年版,第1页。

② 肖建华:《审判权缺位与失范之检讨——中国民事诉讼发展路向的思考》,载《政法论坛》2005年第6期。

彼伏。

其症结在于,我们引进了发达法治国家的对抗性司法,却没有建立相应的制度配套措施,比如证据开示制度、文书提出义务和证明妨碍制度等,就像一条腿走路一样必然引起制度的走样。制度的本意在于以司法竞技理念诱使当事人积极提出证据,更好地发现事实。然而我们却没有看到或者人为忽视了英美法系的民事诉讼已经通过审前的证据开示制度和审前和解等合作型的制度装置截流了绝大部分的民事纠纷,只有极少数案件最终进入到正式庭审程序,即使在庭审程序中,法官也不是消极地司法而是能动地经营诉讼。良好的程序分流和衔接机制保证了法院的判决的准确性和权威性,其中合作性制度配置功不可没。我国的对抗性司法割裂了与合作型司法的沟通和弥补关系。意欲实现民事诉讼法治的现代化,必须将法学家耶林所提倡的"为权利而斗争"的传统权利理念和"为权利而合作"的现代诉讼理念密切结合,车之两轮相互借力才能赋予现代民事诉讼新的活力。在这样的法治语境下,合作已经走向诉讼的前台,诉讼合作主义越来越受到重视。

(三)诉讼合作主义的功能

当事人主义将发现案件真实和实现实质正义的目标完全冀望于当事人之间的积极对抗,既抹杀了当事人之间合作解决纠纷的可能,也忽视了法院给予当事人的帮助和协作,人为地割裂了当事人与法官之间信息沟通和相互合作的渠道,致使权利保障的不均衡和诉讼结果的非正义。"在一个正常的社会中,无论是穷人还是富人的财产和权利都应当得到制度化的保障。这样才能实现权利的高水平均衡,从而建立一个既有利于发展,又有利于公平的社会。权利的高水平均衡在宏观制度框架上将体现为一种合作主义的宪政体制。"[①]诉讼合作主义很好地满足了权利保障和正义发现的现实要求,指引我国民事诉讼的未来发展方向。

---

① 孙立平:《权利失衡、两极社会与合作主义宪政体制》,载《战略与管理》2004年第1期。

1. 引导民事诉讼法转向多元化的诉讼结构

诉讼契约理论与协同主义均为单向度的合作体系。诉讼契约是当事人之间达成的诉讼合意,表征当事人意思表示的一致性,实现了当事人之间的诉讼合作。同时,诉讼契约理论有着自身的局限,它无法对当事人与法官之间的诉讼合作给出合理的解释,更不能用以阐释法官与其他诉讼参与人之间或者案外第三人之间的诉讼合作。即使是当事人之间的诉讼合作也不能全部运用诉讼契约理论来阐释,因为诉讼契约以当事人的诉讼合意为基础,而诉讼过程中有很多无当事人的诉讼合意而行为目标一致的诉讼合作形式,如文书提出义务或者证据开示等。概而言之,诉讼契约只是主观的诉讼合作的一部分,无法将其理论触角延伸到作为诉讼合作主义主体部分的客观的诉讼合作。故此,诉讼契约理论无法取代诉讼合作主义。

协同主义是法官能动地运用司法职权与当事人在事实发现上进行的行为互动,主张以积极的角色介入到民事诉讼过程中,改变了法官在自由主义民事诉讼中的消极角色,是对民事诉讼理论的重大革新。它吸收和容纳了合作的精神,在法官与当事人之间架构起对话与合作的平台,促进了真实的发现和正义的实现。不足之处在于,协同主义在构建法官与当事人之间诉讼合作的同时忽视或者抹杀了当事人之间的诉讼合作。尽管有学者试图建立审理契约理论以弥补协同主义的缺陷[1],实际上已经突破了协同主义的自身界限。协同主义也同样无法对法官与其他诉讼参与人或者案外第三人之间的诉讼合作给予清晰的解释。另外,在矫正辩论主义弊端基础上形成的协同主义并没真正改变辩论主义调整事实领域的主体分工的样貌,其所实现的诉讼合作也主要针对事实问题而展开,很少针对其他领域尤其是法律问题予以规制,使其无法呈现诉讼合作主义的多元包容性。

诉讼合作主义也不是当事人主义与职权主义的融合体。无论是当事人主义还是职权主义,皆以当事人对抗为建构基础,两者之间的融合本质上无法摆脱当事人对抗的制约,也还像两种范式一样仅仅调整当事人之间以及当事人与法官之间的法律关系。诉讼合作主义则

---

[1] 参见段文波:《协动主义下的审理契约论》,载《宁夏社会科学》2010 年第 4 期。

以合作为主色调，所有程序参与人都被纳入到合作范式之中形成诉讼合作共同体，其中法官与其他诉讼参与人或者案外第三人之间的诉讼合作是其他理论都不曾涉及的，彰显着诉讼合作主义的独特魅力。

大调解机制也无法替代诉讼合作主义。大调解机制借助于法院与社会力量的合力推进调解制度大幅运用，地方政府或者党委对于推动大调解机制起着极为关键的作用。在大调解机制下，法院与社会力量实现了合作，调解机制在一定程度上也是法院与当事人或者当事人之间合作的结果。换言之，大调解机制包含着合作精神，这种合作精神很好地激发了笔者提出诉讼合作主义的灵感。必须注意的是，大调解机制所实现的合作更多是诉讼外的合作，不是诉讼合作。也就是说，在大调解机制下，当事人并未如同诉讼合作主义那样获得与法院平等对话的机会，也没有取得平等的治理主体的地位。相反，大调解机制是强化法院对调解和社会控制的手段。更为关键的是，大调解机制只是一种政策性或者运动式的运作机制，无法真正反映现代法治社会切实需要的规则之治，也不能长期作为民事诉讼发展的指向标。

诉讼契约、协同主义和大调解机制都蕴含着诉讼合作的精神，诉讼契约侧重于当事人之间的诉讼合作，协同主义倾向于法官与当事人之间的诉讼合作，大调解机制偏重于法院与社会力量的合作。尽管三者都具有自身的局限性，但是其中包含的合作精神却为诉讼合作主义的创立铺设了良好的基础。诉讼合作主义是多向度的合作系统，既包括当事人之间的诉讼合作和法官与当事人之间的诉讼合作，也包括内部当事人之间的诉讼合作、法官与其他诉讼参与人或者案外第三人之间的诉讼合作。多元的诉讼合作是诉讼合作主义最具吸引力和包容性的亮点，是诉讼契约理论、协同主义、大调解机制、当事人主义和职权主义等既有的诉讼理论所无法达到的。因此，诉讼合作主义是独特的诉讼结构！

法律商谈理论和协同治理为建构诉讼合作主义提供正当的理论基础，现代民事诉讼变革的共同趋势为其提供了坚实的比较法基础，从正面证成了诉讼合作主义。通过诉讼合作主义与诉讼契约、协同主义和大调解机制等的比较发现，既有的诉讼理论都无法替代诉讼合作主义的地位，不能驳倒诉讼合作主义。由此，诉讼合作主义的理论假设得到了正反两方面的证明，不再是理论假说，而是切切实实存在的诉讼理论。

在当事人主义事实上被大调解机制所取代和否定,而大调解机制又因严重缺乏规则之治不宜长期作为民事司法改革方向的现实情况下,有必要引入新的诉讼理念重新激发民事司法改革的热情。作为独立的诉讼结构,诉讼合作主义引入与对抗要素并列的合作要素,以诉讼合作的理念统领民事诉讼,所有程序参与者均被纳入同一合作体系之中,以共同治理者的身份协助其他程序参与者进行事实发现、法律适用或者程序推进以实现协同共治。诉讼合作主义的独具匠心在于其截然不同的诉讼合作理念,这种理念为制度变革者提供了有别于诉讼对抗主义的观察视角。既然以对抗理念构建起来的当事人主义已经无法继续满足我国民事诉讼发展的现实需要,未尝不可以其对立面的合作理念重新设计和安排民事诉讼发展的未来方向。

无论是英美法系还是大陆法系的民事司法改革事实上都走向了诉讼合作主义,无疑为我们建构诉讼合作主义提供了理论佐证和实践资料。况且,合作理念长期存在于我国民事诉讼实践中,只是在西方现代法治范式的冲击之下,少有学者愿以经验主义的视角总结和提炼并将其上升为诉讼结构,与诉讼对抗主义分庭抗礼。罔顾诉讼合作主义存在于中国民事诉讼实践的现实,一味地否定是不负责任的研究态度。因此,从现实主义和经验主义的角度出发,诉讼合作主义可以成为引领中国民事诉讼发展的新路向。

诉讼合作主义作为中国民事诉讼发展的新路向,一方面指出诉讼合作主义是中国民事诉讼的前进方向;另一方面指出,诉讼合作主义是一种新的发展路向。新路向包括以下四层意思:① 诉讼合作主义是一种新型的诉讼结构,具有截然不同于诉讼对抗主义的特质。② 诉讼合作主义是一种新兴的诉讼结构,不具有完整的概念体系和成熟的运作机制,其制度成效到底如何还有待实践的继续检验。建构诉讼合作主义是长期的系统工程。③ 诉讼合作主义还没有完全被接受和认可。当事人主义业已深入到民事诉讼理论和实践的方方面面,悄然兴起的诉讼合作主义难免遭受质疑或者诘难。诉讼合作主义必须在民事诉讼实践中不断证明其正当性与合理性。④ 诉讼合作主义不是指引中国民事诉讼发展的唯一路向。绝对化和片面性不是诉讼合作主义所追求的。运作良好的现代民事诉讼应该是对抗性司法与合作性司法的共生共长。

2. 提升司法权威

诉讼合作主义从多渠道打开了当事人主义的大门：一是在当事人对抗的过程中加强和扩大当事人之间合作的机会；二是积极发挥法官在诉讼过程中的能动性，适当运用法官的司法权力，与当事人协作成为诉讼共同体发现案件真实；三是强化其他诉讼参与人对于当事人和法院发现案件事实的合作；四是重视诉讼外其他程序主体对于当事人和法院发现案件事实的合作。可见，笔者所构建的诉讼合作主义仍以当事人权利与法官权力为中心，但两者之间却不再是各自为战的，而是同时实现当事人能动和法官能动的合作性制度安排。同时，诉讼合作主义还在当事人和法院与其他程序主体之间建立起有机的合作体系。这样，诉讼合作主义打破了当事人主义的单线性的程序设计，而构建起多向度、多视角的信息交流、主体合作和制度反馈的立体合作层次。

张扬诉讼合作不是否定或者排斥主体间的对抗，而是突显或者强调诉讼不是只有对抗一条主线，合作与对抗应当成为诉讼并列运行且相互交叉的两条轨道。合作寓于对抗之中，对抗寓于合作之中，这才应该是真正的诉讼样态。日本诉讼法学家谷口安平教授在其论述中已经隐藏着同样的观点。他将当事人主义之下的对抗分为微弱对抗、中等对抗和强烈对抗三种，在此基础上提出一个"既以积极能动的当事者又以积极能动的法官为特征的'新对抗性原则'概念"[①]。新对抗性原则也蕴含着诉讼合作的可能，因为中等程度的对抗必然意味中等程度的合作。

作为柔性司法的合作看似是对司法权威的减损，实质则是对司法权威的巨大提升。现代民事诉讼的基本程序机理是通过审前程序中当事人之间的审前和解/审前调解或者合意判决等合意型纠纷解决机制分流案件和解决纠纷，减少真正进入到正式庭审阶段的案件数量。1999 年，在美国联邦法院提起的民事案件中只有 2.3% 的案件进入到

---

① 〔日〕谷口安平：《程序的正义与诉讼》（增补本），王亚新、刘荣军译，中国政法大学出版社 2002 年版，第 39 页。

审判阶段。① 当事人对于这些经过严格程序筛选出来的案件在正式庭审中展开对抗和博弈，不时还伴随着法院职权的适当运用，由此而生成的裁判能够更好地保障实质正义的发现，也易于为当事人和社会所接受，司法权威自然而然地获得提升。如若没有审前合作机制的拦截和分流，大部分民事案件都进入到庭审程序中，数量有限的法官肯定难以应对如此之多的案件，也就无法保证数量众多的裁判都能经得起当事人和社会的推敲和质疑，必然带来司法权威的下降。

法官司法权力的增加是诉讼合作主义区别于当事人主义的鲜明特征。"现代法官早已不满足于仅凭当事人提供的证据来审理案件了。他们可以主动地探查案件事实的真相，发掘那些被当事人所忽略的案件细节。"②在我们这样的司法权力高度组织化和体系化的国度，法院必然掌握着诉讼程序的控制权，也在事实层面和法律层面适当行使证据调查权、阐明权等司法职权。运用审判权的目的在于矫正诉讼两造力量失衡的状态，以当事人与法官的共同合力生成正确的裁判，保证应当胜诉的当事人获得胜诉判决，防范诉讼被作为谋取不正当利益的手段。由此，当事人主义滋生的虚假自认或者恶意诉讼等不正当现象将会得到有效遏制和打击。

2012 年 4 月，张甲向上海市静安区人民法院起诉，请求儿子张乙归还 618.4 万元借款。张甲声称，张乙于 2007 年购买价值约 600 万元的新房时向其借款 618.4 万元，并为此签订了借款协议，但是张乙一直没有履行义务，请求全额返还。诉讼过程中，张乙对于其父主张的事实予以自认，答应愿意每月偿还借款 2 万元。按照当事人主义的基本要求，法院直接判决张乙败诉就可结案。可是，细心的法官发现，张乙与刘丙已于 2007 年 8 月结婚，借款发生于婚姻存续期间，房产证也是张乙和刘丙两人的名字。那么张甲为什么没有将儿媳刘丙列为被告呢？经过深入调查后发现，原来张乙与刘丙从 2011 年起感情不睦，现正在另一家法院进行离婚诉讼，正处于诉前调解阶段。作为诉讼标的物的房屋一直未曾入住，现登记在张乙和刘丙的名下，应当将

---

① 参见〔美〕史蒂文·苏本、〔美〕玛格瑞特（绮剑）·伍：《美国民事诉讼的真谛——从历史、文化、实务的视角》，蔡彦敏、徐卉译，法律出版社 2002 年版，第 49 页。

② 〔法〕洛伊克·卡迪耶：《法国民事司法法》，杨艺宁译，中国政法大学出版社 2010 年版，第 402 页。

刘丙追加为共同被告。张乙的年薪有八九百万元,不需要向其父借款,与其父捏造借款事实的目的在于转移夫妻共同财产。法官经过耐心劝导,张乙与刘丙就离婚事宜达成诉讼和解,张甲也撤回了借款案件的诉状。①

法官应当在案件审理过程中有所追求、有所作为。在西方法治发达国家普遍加强法院权力的大趋势下,我国却走了相反路线,弱化甚至放弃法院的司法职权,有违民事诉讼的共同发展规律。任何国家的法院都应以坚强的使命感和责任感担负起法律赋予其维护公共福祉的职责,不应有任何的懈怠或者不作为。法院与当事人不应驻足于形式的诉讼合作上,扎扎实实的实质上的诉讼合作才是实现实质正义的正确路径。

诉讼合作主义既要扩展当事人之间的合意,又要加强法院的司法职权,两条线同时展开。那么,在同一诉讼中两者是否相互矛盾而无法共存共生呢?这种担心是没有必要的。第一,当事人权利和法官权力可以共同增长。一直以来,诉讼都被视为封闭的,当事人权利的增加就意味着法官权力的减少,这是一种严重误读。当事人权利与法官权力并不恒常为正反互逆的关系,两者也可以共生共长。比如,当事人合意选择简易程序不但是当事人程序选择权的适当扩充,而且也将本来不应该适用简易程序的民事案件囊括进来,事实上扩大了法官审理民事案件的范围,达到了两者共赢的结果。第二,当事人的合意机制与法官的司法权力统摄于共同的诉讼目标。这个诉讼目标是迅速、有效而合理地解决纠纷。正是在这样共同诉讼目标的支撑下,诉讼表现出两种迥异的样态:一是当事人在诉讼过程中能动地展开相互合作,主要依靠当事人的力量解决纠纷;二是法官在当事人的对抗过程中能动地行使司法职权,二者共同协力解决纠纷。在具体的运行过程中,当事人的合意机制和法官的司法职权是相互交融和相互辅助的。

---

① 参见宋宁华:《老父为何把儿子告上法院?——细心女法官巧审牵出"案中案"》,载《新民晚报》2012年11月7日,第13版。

第二章 现代诉讼结构之诉讼合作主义

一、诉讼合作主义的含义

应予承认的是,诉讼合作主义在时下的中国还只是新兴的概念,不存在成型的概念界定和体系建构。① 多次走过蜿蜒曲折道路的各国现代民事司法改革虽说最终发展路径指向于此,诉讼合作主义在民事诉讼概念群中也还是非常陌生的术语,法学家也缺少提炼、凝结和概括其基本概念的智慧努力。其结果是:一方面,缺少诉讼合作主义的基本制度框架,界定诉讼合作主义的语义困难重重;另一方面,也意味着界定全新的民事诉讼概念的诉讼合作主义是一项原创性的工作,必然是充溢着探索新知、升华智慧和挖掘潜力的具有强烈挑战性和刺激感的学术历程,具有无穷的学术乐趣。

(一) 诉讼合作主义的概念

界定诉讼合作主义的前提工作是明晰"诉讼"与"合作"的语义。诉讼具有多重语义,《罗伯特法语语言辞典》将"诉讼"定义为:由当事

---

① 以笔者目前的阅读范围而言,明确阐释诉讼合作主义概念的只有冀宗儒教授。她认为:"所谓诉讼合作主义,是指在诉讼法确定了程序目标的基础上,各诉讼参与主体应在其他主体履行程序义务或程序职责时,向履行者提供必要的协助,使程序目标在各参与者的相互配合下得以实现的过程。合作主义不仅要求立法者在诉讼参与者之间合理地配置程序进行的推进责任和义务,而且需要设置对阻碍合作、破坏合作进行制裁的机制。"参见冀宗儒:《当事人主义、职权主义与合作主义》,载《公民与法》2009年第12期。不过,冀宗儒教授建构诉讼合作主义的制度初衷在于中和当事人主义和职权主义的诉讼模式的对立,而基于诉讼体制所作的诉讼模式划分本身无法准确廓清两大法系民事诉讼中的法院与当事人之间的角色分担和权限配置,这样所建构的诉讼合作主义必然沾染强烈的诉讼模式色彩,也就无法清晰描绘诉讼合作主义在现代民事诉讼的立体化全景图。

人提交到法院的纠纷。①诉讼更多时候指受诉法院处理纠纷的运作程序,"诉讼指的是一种行动,一种向着某种目标的行进,或者某种'过程'"②。诉讼是现代法治系统的程序运作过程,当事人起诉、法院审理和判决以及执行就宛若车厢紧紧相连并缓缓前行的一辆火车,每个站点如同一道程序,推动程序走向诉讼的终点。在这一程序展开过程中,当事人之间就所主张的事实问题和法律问题展开积极的对抗或者相互的合作以加快动态程序的流转。换言之,诉讼不能被简单化为静态的程序规范的总和,动态的程序运转以及所蕴含的法院与当事人在程序展开过程中的对抗与合作同样不能被忽视。

与和解、调解和仲裁不同,同样作为纠纷解决途径的诉讼的最突出特点是强制性和权威性,这是由中立第三方的法官是作为国家公权力载体的形象所决定的。法官必须严格按照法定的诉讼程序,客观中立地判断当事人提出的事实主张和证据,将其涵摄到实体法预设的法律规范中,依据裁判三段论和证明责任生成裁判。因此,诉讼程序具有不可逆性,裁判一旦正式确定,即产生既判力,不得随意撤销或者推翻,即使是法院也应如此。这样的程序设计充分保障了裁判的正确性和司法的权威性。作为权威性纠纷解决方式的诉讼也并不总是以当事人对抗和法院判决的形式输出程序结果,通过当事人合意或者合作的方式结束诉讼有时似乎是更好的方式。况且,"诉讼的司法解决与合意解决之间的界限是非常细薄的:它们只有细微之别,而无实质之异"③,比如诉讼和解与法院调解。进一步言之,法院调解被囊括到笔者所称的"诉讼"的射程内。

长期以来,法院调解或者诉讼调解被视为民事诉讼的基本原则,不但在我国《民事诉讼法》第9条得以明确宣示,而且也获得了权威民事诉讼法学家的认可。④民事诉讼理论的精致化发展促使一些学者质

---

① 参见〔法〕洛伊克·卡迪耶:《法国民事司法法》,杨艺宁译,中国政法大学出版社2010年版,第5页。
② 〔德〕罗森贝克等:《德国民事诉讼法》,李大雪译,中国法制出版社2007年版,第1页。
③ 〔法〕洛伊克·卡迪耶:《法国民事司法法》,杨艺宁译,中国政法大学出版社2010年版,第6页。
④ 参见江伟主编:《民事诉讼法》,中国人民大学出版社2008年版,第222页;常怡主编:《民事诉讼法学》,中国政法大学出版社1999年版,第222页。

疑法院调解作为审判权行使方式的正当性,力图将合意型纠纷解决方式的法院调解从诉讼中分裂出来,取消其诉讼基本原则的地位。① 判决和调解都是法院的结案方式,只是前者更多是通过对抗方式生成的,后者更多是依凭当事人自治方式生成,区别仅仅在于法院对纠纷的权力介入程度不同,其实共同服务于纠纷解决这一共同目标。将法院调解从审判权行使方式中脱离出来,实际上是在运用二分法试图清晰界定各自的适用边界,不致发生功能混淆和主体重叠。这是一种非常完美的理论构想,但是这种伤筋动骨的制度变换很难实现,也完全没有必要。原因在于,上述观点的实质在于将诉讼的观念禁锢在对抗一维视角上,合作不被视为诉讼基本的结构性要素,法院调解不称其为诉讼的基本制度。但当我们将视角放宽到域外就会发现,很多国家都将调解制度引入到诉讼中来,比如《法国新民事诉讼法典》第 21 条就规定了法官调解当事人纠纷的职责。因此,将法院调解纳入诉讼范畴之内具有正当性和合理性。

"合作是社会互动的一种方式,指个人或群体之间为达到某一确定目标,彼此通过协调作用而形成的联合行动。参与者须具有共同的目标,相近的认识,协调的行动,协调的互动,一定的信用,才能使合作达到预期的效果。"②共同的目标和利益的一致推动着行为主体展开行为,相互协调、分工协作,以实现社会的互动。行为主体之间的相互配合和相互协作是合作的核心。这也就意味着:一方面,行为主体理性地认识到能力的局限性,为了达成共同的目标,必须依赖于他方的协助,从而在行为主体之间形成一种关系性存在以及保证关系性存在的沟通框架。"人之行动暗含着人际关系,进而也暗含着沟通。因此,如果法律提供了人之行动的一种框架,那么法律也就为人的沟通提供了一种框架。"③沟通是实现行为主体利益的分化、重组和整合的调整过程,也是行为主体修复彼此关系的互动过程。合理而有效的沟通才能

---

① 参见肖建华、唐玉富:《法院调解的正当性》,载《理论与现代化》2009 年第 5 期;邵俊武:《民事诉讼中法院调解原则的再认识》,载《政法论坛》2000 年第 1 期;等等。

② 夏征农、陈至立主编:《辞海》(第 6 版),上海辞书出版社 2009 年版,第 862 页。

③ 〔比〕马克·范·胡克:《法律的沟通之维》,孙国东译,法律出版社 2008 年版,第 13 页。

为最终的合作奠定良好的前提,继续维持行为主体之间面向未来的关系性存在。可以说,正是这种稳定的关系性存在才真正引导行为主体的有效合作。"合作的基础不是真正的信任,而是关系的持续性。……从长远来说,双方建立稳定的合作模式的条件是否成熟比双方是否相互信任来得重要。"①另一方面,行为主体的有效参与是达成合作的互动过程。行为主体必须积极主动地参与沟通过程,真实地表达自主的意愿,铲除外在的强迫,形成自治的合意,进而形成一种具有各负其责、诚实守信品格的契约伦理。契约伦理所彰显的合作理念"最大的特点在于其可以为参与者能动性的发挥提供空间,从而体现其主体性"②,也正是这种自主性促使行为主体"更有可能实施其参与的合意过程产生的规则"③。但是,平等主体之间的自治性合意仅是合作的一个层面,处于层级结构中的不平等主体之间通过相互的对话、让步、协商与沟通也是合作的重要组成部分。易言之,合作的话语空间大于合意的作用领域,绝不能将"合作"的概念等同于"合意"。

阐释清楚"诉讼"和"合作"的各自语义后,就需要对作为二者统合体的"诉讼合作主义"进行抽象化的概念界定。诉讼合作主义是与司法竞技主义相对立的诉讼术语。司法竞技主义是将诉讼类比为体育竞技,诉讼双方以对抗和斗争的方式主张事实和提供证据,作为裁判员的法官消极克制,并作出最终裁判的诉讼观。④ 所谓诉讼合作主义,是指在诉讼过程中,法官、当事人、其他诉讼参与人或者案外人等程序参与者在共同的程序目标指引下为其他程序参与者的诉讼行为提供必要的协助,程序参与者之间相互对话和沟通,共同合作推动程序展开和纠纷解决的程序结构和诉讼理念。

---

① 〔美〕罗伯特·阿克塞尔罗德:《合作的进化》(修订版),吴坚忠译,上海世纪出版集团2007年版,第126页。

② 马明亮:《辩诉交易在中国的发展前景——以契约为分析框架》,载《中国刑事法杂志》2003年第2期。

③ 〔美〕朱迪·弗里曼:《合作治理与新行政法》,毕洪海、陈标冲译,商务印书馆2010年版,第36页。

④ 参见张建伟:《司法竞技主义——英美诉讼传统与中国庭审方式》,北京大学出版社2005年版,第9页。

(二) 诉讼合作主义的特征

1. 适用阶段的特定性

诉讼合作主义的适用始于诉讼系属,终于裁判生成,整个诉讼过程所形成的程序参与者之间的合作都可以称之为诉讼合作。诉讼系属是指特定案件由特定法院审判的诉讼状态。不过,大陆法系国家对于诉讼系属的形成时间却有诉状提出时和诉状送达被告时两种不同的判断基准[①],主流学说仍以诉状提出时为诉讼系属的开始时间。在我国,原告向法院递交起诉状不能直接产生诉讼系属的效力,即使进入到经过严格的起诉要件筛选而引发的立案程序也不能直接架构法院与当事人的诉讼法律关系,只有法院正式受理案件之后,诉讼系属才真正确定,二重起诉禁止、时效中断和审判对象的确定性等就成为规制法院与当事人诉讼行为的重要指标。

如此一来,诉讼系属前的程序参与者之间的关系互动和让步协商就不能称为诉讼合作,因此,我国的诉前调解、英国的诉前议定书[②]和

---

① 参见〔日〕新堂幸司:《新民事诉讼法》,林剑锋译,法律出版社 2008 年版,第 161 页。

② "诉前议定书主要是一些有关当事人在进入诉讼程序前应如何合理地处理纠纷的实务守则。"参见齐树洁主编:《英国民事司法改革》,北京大学出版社 2004 年版,第 367 页。其主要适用于以下九种诉因:人身伤害、疾病和病痛、医疗过失、房屋破损、建筑和工程纠纷、诽谤、司法审查、专业人员过失和基于抵押或购买自住房欠款的占有权纠纷。具体内容包括:① 诉因声明书;② 被告确认信和答辩状的时限;③ 被告答辩状的内容;④ 文件披露;⑤ 指定专家证人;⑥ 谈判和非诉讼纠纷解决程序;⑦ 费用。参见齐飞:《英国民事审前程序的改革与发展》,载《时代法学》2009 年第 5 期。诉前议定书要求双方当事人在诉前交换各自的信息,尽可能相互合作,并对不合作的当事人予以费用制裁。See Deirdre Dwyer, The Civil Procedure Rules Ten Years On, Oxford University Press, 2009, p.13. 可见,诉前议定书创造了公平而合作的法律文化,促使程序主体能够就纠纷解决进行理性而有效的沟通,增加和解的利用率,极大减少了进入到诉讼中的案件数量。据统计,在沃尔夫勋爵领导的司法改革后的 18 个月,英国的民事案件从 22 万件下降到 17.5 万件,不得不说诉前议定书发挥了重要的程序分流功能。参见齐树洁主编:《英国民事司法制度》,厦门大学出版社 2011 年版,第 297 页。

日本的诉前当事人照会①等以促进纠纷信息的共享和程序参与者的沟通,从程序上截断进入到诉讼过程的程序参与者的合作就不在本文的分析范畴内,同时将和解、调解和仲裁等合意型纠纷解决机制的程序参与者之间的沟通和合作排除在外。但是,绝对割裂诉前合作或者诉讼外合作②和诉讼合作的衔接和互动,必将大大缩减诉讼合作的适用空间,也无助于诉讼合作理念的扩展。诉前合作或者诉讼外合作在特定条件下也可以转化为诉讼合作。比如当事人在诉讼以前达成的调解协议,当其申请法院确认调解协议的效力,加强调解协议的可执行性时,可以将其视为诉讼合作。同样,我们将诉讼和解视为诉讼合作的表现样态之一,却否定诉讼外的和解与诉讼合作的相容性。

诉讼系属后裁判正式确定前,程序参与者的沟通和协作为诉讼合作。所谓裁判确定是指当事人不能以常规性救济手段表示不服或者异议而形成的诉讼状态。这种状态一经确定,既判力就成为规范法院和当事人行为的指针。一般情况下以判决宣告时作为裁判确定的时点,但当事人在上诉期间届满前放弃上诉时,放弃之时即为裁判确定的时点。由此可以看出,执行程序中以申请执行人与被执行人的合作所进行的执行和解也不在诉讼合作的指称范围。一言以蔽之,诉讼合作只能发生于诉讼系属后裁判正式确定前的特定程序阶段,原则上诉讼前或者诉讼后的合作都不是诉讼合作,这就框定了我们的研究视野。

---

① 诉前当事人照会,是指预告通知者在发出通知后直至提起诉讼前4个月内,要求被通知者在一定期限内,对于通知者为了准备起诉中主张和举证所必需的明确事项,可以以书面形式答复,也可以以书面形式函询的制度。参见肖建华、石达理:《日本民事诉讼诉前证据收集制度研究及其借鉴》,载《河南省政法管理干部学院学报》2011年第1期。

② 事实上,这些合意型纠纷解决机制中的程序主体所进行的协商和沟通是典型的合作主义,只不过是一种诉讼外的合作主义。可喜的是,已经有学者开始探讨这些诉讼外的合作主义。参见曾令健:《社区调解中的合作主义——基于西南某市调研的分析》,载《法制与社会发展》2012年第2期。不过,这种合作主义是宏观意义上"国家与社会的合作"和微观意义上的"调解者与当事人的合作"两个层面。参见曾令健:《法院调解社会化研究》,西南政法大学2012年博士学位论文,第206—212页。不过,作者也只是剪裁了作为诉讼横截面的一部分的"法院调解"作为研究对象,并没有透析整个诉讼领域中的合作。

2. 诉讼目标的一致性

任何国家的民事诉讼都离不开公正这个永恒的诉讼目标,这是程序参与者展开诉讼合作的前提。《英国民事诉讼规则》的基本目标在于确保法院公正审理案件,应以五个要素综合考量:① 保障当事人平等;② 节省诉讼费用;③ 采取与如下因素相应的方式审理案件:案件金额、案件的重要性、系争事项的复杂程度和各方当事人的经济状况;④ 保证便利、公平地审理案件;⑤ 案件分配与法院资源配置保持平衡,并考虑其他案件资源配置之需要。[1]《英国民事诉讼规则》在第1.3条更是明文规定,"当事人有义务协助法院实现本规则的基本目标"[2]。《日本民事诉讼法典》第2条规定:"法院应为民事诉讼公正及迅速地进行而努力;当事人进行民事诉讼,应以诚实信用为之。"[3]这鲜明地昭示:为实现公正,法官与当事人必须进行合作,对抗性司法却有可能成为实现公正的障碍。原因在于,"任何一种以对抗性司法为目标模式的诉讼制度改革都可能会打破原来业已存在的平衡状态,使得诉讼成本的投入有程度不同的增加,单个案件的结案周期则存在越来越延长的问题"[4]。

为了实现公正,不能使法官陷入与文牍主义息息相关的浩瀚如海的案卷之中,也不能单纯依靠步步为营的庭审程序和正式判决,最佳方式是建立"控制阀"过滤机制,筛选出真正需要庭审的案件进入到对抗的诉讼空间中,同时突出审前程序的独立性,彰显其解决纠纷的制度功能。当今,民事司法改革的共同取向即是通过当事人审前程序的积极合作,提高审前和解和审前调解等的利用率,减少进入庭审的案件数量,即使真正进入到庭审的案件也要通过法院的阐明权和当事人真实义务等努力实现法院与当事人的合作,力求真正发现案件的实质正义。

在共同的程序目标的指引下,诉讼合作主义逐渐获得了更多的认

---

① 参见徐昕译:《英国民事诉讼规则》,中国法制出版社2001年版,第3页。
② 徐昕译:《英国民事诉讼规则》,中国法制出版社2001年版,第3页。
③ 白绿铉编译:《日本新民事诉讼法》,中国法制出版社2000年版,第32页。
④ 陈瑞华:《司法过程中的对抗与合作——一种新的刑事诉讼模式理论》,载《法学研究》2007年第3期。

同。作为其精髓的"妥协"与"共识"①消减和控制了社会冲突,避免了对抗性司法衍生的零和博弈的两败俱伤的紧张局面,程序参与者的组织化利益需求获得满足,诉讼合作主义也逐渐赢得了法院与当事人等程序参与者的更多赞同和鼓励。

3. 适用主体的广泛性

诉讼合作主义适用的主体非常广泛,既包括诉讼主体的法官、当事人,也包括证人、鉴定人、勘验人和翻译人员等其他诉讼参与人,还同时包括案外第三人,这也是笔者一直坚持使用"程序参与者"而非"诉讼主体"或者"诉讼参与人"等术语的缘由所在。诉讼主体是一个具有特定指称意义的概念,仅指诉讼法律关系主体中能够直接对诉讼程序的发生、发展和终结产生影响者,只包括法院、当事人和检察院。②作为诉讼主体的法院和当事人的角色分担和权限配置是任何国家民事诉讼的核心脉络,支撑起整个民事诉讼的基本骨架,无论是实行当事人对审制度的英美法系还是奉行当事人主导原则的大陆法系都概莫能外。自然而言,二者的关系性存在就成为最主要的诉讼法律关系,行为主体之间所进行的任何行为都应该服务于这个中心关系。

不过,这样的诉讼法律关系理论无法延伸至当事人之间的法律关系以及当事人与其他诉讼参与人之间的法律关系使其只能依靠实体法或其他程序规范予以规制,更无法规范诉讼主体与案外第三人的法律关系,这是当事人对审制度或者当事人主导原则以及诉讼模式理论无法克服的制度局限,也是制约民事诉讼理论发展的重要因素。基于此,笔者所构建的诉讼合作主义是具有整合性功能的治理结构和制度安排,在渐进的祛魅化过程中开始摆脱统治者角色的法院逐渐使得一直被视为理所当然的封闭性结构转化为开放性结构,引进多元的行为主体与其协同推进民事诉讼的进展,从而形成"分工—共治"的合作场面。为实现共同的诉讼目标,法院要退去消极克制的面孔,积极与当事人或者鉴定人等程序参与者进行诉讼合作,当事人之间也应该共享纠纷信息和诉讼主张、进行法律对话、摸清目标底线、促进诉讼合作,

---

① 陈少晖:《新合作主义:中国私营企业劳资关系整合的目标模式》,载《当代经济研究》2008年第1期。

② 参见谭兵主编:《民事诉讼法学》,法律出版社2004年版,第51页。

甚至于当事人也可以申请法院命令案外第三人出示相关文书,分享证据资料。不同程序参与者利用掌握的事实信息、法律知识和技术优势可以有效填补其他主体的知识缺漏,协同推动诉讼程序公正而迅速的进展。

毫不讳言,诉讼合作主义塑造的多元主体协同共治、利益均衡和多元合作场面大大突破了传统诉讼结构或者诉讼模式的范围,使得程序参与者之间的关系呈现网络化、立法化和交叉化的趋势,势必改变民事诉讼的内部构造,矫正现代民事诉讼的发展路向。诉讼合作主义也将改变传统的"国家—社会"二元对立结构,使其逐渐走向融合。"这种由社会多元治理主体所构成合作的、竞争的、法律的、纵横相左的秩序,以彼此协调、互为发展为条件,将各种利益、矛盾和冲突控制在一定范围内,既维护社会的稳定有序,又能够激发社会各子系统的热情和创造力,他们将一改传统管理中的客体形象而获得主体地位,并积极有效地参与公共事务管理,实现社会结构的重建和社会职能的重组。"[①]

4. 纠纷解决的合作性

与司法竞技主义相比,诉讼合作主义最突出的特点就是程序参与者之间的合作。现代民事诉讼中,当事人对抗已经不被视为实现正义的光明大道,相反,合作却逐渐成为诉讼的基调。合作是以共同目标为价值导向,以利益协调为标准样式的互动性关系存在,程序参与者之间相互沟通和协商,在共同的话语结构下,剪裁、分解、拼接和整合既有的信息,输出双方都可接受的程序结果,实现利益的均衡。利益的可交换性和互惠性是诉讼合作的重要前提,按照适用对象的不同,可将这种利益划分为实体利益和程序利益。实体利益表现为民事权利义务关系,程序利益是指"因简速化程序之利用或避不使用繁琐、缺乏实益之程序所可节省之劳力、时间或费用而言,所以诉讼程序之进行或运作倘未能致力于此,或竟然反而造成劳力、时间或费用之浪费,即属使当事人蒙受程序上不利益"[②]。程序利益是指,"独立于系争实

---

① 杨清华:《协同治理:我国治道变革的一种战略选择》,载《汕头大学学报》(人文社会科学版)2011年第3期。

② 邱联恭:《程序利益保护论》,台北三民书局2005年版,第5—6页。

体利益以外而与其并存之利益、地位,亦包含精神性、人格性者在内,而不受系争标的究为财产上权利或属人事、身份上法律地位"①。

程序参与者在诉讼合作过程中可能需要让步诉求的法益,换取对方兑现义务,这常常要求程序参与者对指涉的利益具有可支配性,更要求具有平等的诉讼地位。进而言之,诉讼合意是诉讼合作的重要组成部分。诉讼合作不仅限于此,即使是诉讼资源占有不平等和信息不对称的主体之间也可成立诉讼合作。当当事人诉求的事实主张不清或者证据不充分时,掌握更多纠纷信息的法官向其发问或者晓谕,促使其澄清事实或者提供充分的证据,就是不平等的程序参与者之间的诉讼合作。可见,诉讼合作的作用场域远大于诉讼合意。

诉讼合作有主观的诉讼合作和客观的诉讼合作两种类型。主观的诉讼合作是程序参与者以明确的意思表示达成合意,在共同的价值目标支撑下协同一致进行诉讼行为。它要求程序参与者事先形成合作的意思表示,一般发生于平等的当事人之间,比如当事人合意选择简易程序等,适用范围比较有限。客观的诉讼合作是程序参与者之间事先未有合作的意思表示,通过特定的诉讼行为客观上达到了诉讼合作的法律效果。例如文书提出义务中,双方当事人并未达成共同提交各自掌握或者持有的法律文书,但当一方当事人提出了对方当事人不知道或者无法获得的法律文书时,客观上实现了一方对相对方的协助和支持,无法否认其作为诉讼合作的表现样式。客观的诉讼合作为实力不平等的程序参与者间的对话与沟通创造了良好前提,更为重要的是摆脱了主观的诉讼合作事先达成诉讼合意的严格要求,以客观的诉讼行为法律效果衡量行为主体间的关系性存在,大大拓宽了诉讼合作的适用疆界。无论是主观的诉讼合作还是客观的诉讼合作,皆为促进程序参与者之间的行为互动,实现行为主体间的诉讼合作,保持稳定的关系性存在。易言之,客观的合作成效是衡量诉讼合作的唯一指标。我们要以更加宽广的视角来理解诉讼合作,建立规制平等主体之间的诉讼合作和不平等主体之间的诉讼合作的不同程序法规范。其所蕴含的是诉讼合作形成了多元的网状化的立体层次,可以从静态视角和动态视角两个层面予以透析。

---

① 邱联恭:《程序利益保护论》,台北三民书局2005年版,第6页。

以静态视角观之，诉讼合作依其适用对象的不同可以分为事实层面的诉讼合作、法律层面的诉讼合作和程序层面的诉讼合作。以动态视角观之，诉讼合作按照适用主体的不同也有多个层面：第一，纠纷当事人内部的诉讼合作，典型表现是代表人诉讼中当事人协商推选诉讼代表人；第二，当事人之间的诉讼合作，比如证据开示制度和诉讼和解等；第三，法官与当事人之间的诉讼合作，比如阐明权制度和依职权调查证据等；第四，法官与其他诉讼参与人之间的诉讼合作，比如鉴定义务等；第五，法官与案外第三人之间的合作，如法庭之友和第三人文书提出义务等。其中，法官与当事人的合作和当事人之间的合作决定了其他程序参与者之间诉讼合作的深度和广度。另外，依据适用阶段的不同，一审程序的诉讼合作有审前程序的诉讼合作和庭审程序的诉讼合作之分，两者的合作模型和制度功能有所不同，但是程序参与者有责任在不同的程序阶段探求分工协作、多元互动与和谐共治的运作方式，流动化地权衡证据的优劣和利益的消长，认真对待对方提出的诉讼方案，建立共同合作的愿景。

笔者所建构的诉讼合作图景绝非虚妄不实的乌托邦，而是切切实实地在实在法中一阶阶地扎实搭建起来的。民事诉讼法是诉讼合作不能脱离的依托背景和生存土壤，诉讼合作反过来又极大地改变了民事诉讼法的体系结构和制度样貌。尽管未有明确而系统的阐释，但是诉讼合作主义已经重划诉讼格局并且消减当事人主义的不良导向。因此，诉讼合作是法定的诉讼合作，只有在法律明确规定的特定情形下，程序参与者之间才能进行诉讼合作。各具特色的诉讼合作表现样态都能在民事诉讼法或相关法律及司法解释中找寻到合理依据。实在法限定诉讼合作的适用情形带来的必然结果是诉讼合作具有强制性，一旦符合法律规定的特定要件，程序参与者之间必须展开诉讼合作，为其他程序参与者提供必要的事实信息、法律观点或者程序内容的协助，并要承受伴随而生的利益损失。违反法律规定不予合作或者懈怠合作的，行为主体将遭受法律的制裁或者不利后果。

二、诉讼合作主义的性质

(一) 诉讼合作主义是开放性的诉讼结构

诉讼合作主义将合作的理念扩散到诉讼的各子细胞中,深刻地改变了经典民事诉讼法学家精雕细琢刻画出来的诉讼结构,逐渐地塑造出风格迥异的新型诉讼结构。"诉讼结构,是指诉讼主体之间的地位及其相互关系"[①],即分解诉讼的构成要素以及这些要素组合起来相互作用而形成的法律关系的模型。诉讼至少要包括当事人、法院和法律规范三个基本要素。当纠纷无法单纯依赖于法律关系主体的力量化解时,诉讼为纠纷的解决提供了可能的权威性制度框架,进而将法律关系主体设定为原告和被告,并为第三者的法官行使审判权开启了闸门。当事人和法院的程序角色在诉讼结构中被重新定位,并且应该按照程序分配的角色各司其职、各尽其责。程序角色及其法律职责由法律规范预先明确规定。法律规范规制当事人诉讼行为的行使轨道和合理边界,设定当事人的行为预期,并为法院的裁判行为提供正当依据。然而,现实中也会出现法律规范未作规制或者诉讼主体对于法律规范理解分歧的情形,此时预设的程序角色可能会有所偏颇,有必要通过法官的自由裁量权予以矫正。换言之,法律规范需要法官自由裁量权的必要补充,法官必须抛弃消极克制的裁判者形象,积极能动的裁判者才是现代民事诉讼的制度需求。民事诉讼的基本要素分解出来所形成的只是割裂的角色设定,只有将这些角色组合起来形成动态系统才能真正地推动程序进行、解决纠纷。法院与当事人在其中处于不同的诉讼地位并且形成了不同的法律关系,这就是诉讼结构。

经典民事诉讼法学家经过认真分析,提炼出"对抗"与"判定"两个基本要素,建立了"对抗—判定"的诉讼结构,司法竞技主义是其典型表现。这种诉讼结构将诉讼视为当事人之间的斗争和对抗,当事人在剧场化的场景中就对方提出的事实主张、证据资料和法律规范进行积

---

① 蔡彦敏:《论市场经济形势下民事诉讼结构的调整》,载《政法学刊》1994年第3期。

极的攻击与防御抗辩,法院不主动干预诉讼的进展,消极中立地监督当事人遵守程序规范,依赖于当事人攻击防御的结果生成正式裁判。无论是英美法系的当事人对审制度,还是大陆法系的当事人主导原则,都没有跳出司法竞技主义描述出的法律图像外。对抗成为西欧法律传统的诉讼制度的基调和主线,渗透到诉讼制度的各子系统中,决定着诉讼制度的基本走向,"却只为一部分国家的诉讼制度所公认"[①]。不过,司法竞技主义的固有缺陷也造成了其积重难返的现实困境。司法竞技主义通过诉讼两造的积极对抗发现真实,高度依赖于经过严格专业化训练的律师的帮助,贫富差距又导致当事人聘请的律师的能力有所差异,甚至根本请不起律师,导致的结果是当事人诉讼能力和律师辩论技巧成为决定案件结果的重要因素,很多案件无法保障当事人平等和实现实质正义。这是引发现代民事诉讼危机的根源所在,也是民事司法改革的中心问题所在。然而,法律援助等制度改进措施却无法带领民事诉讼走出泥潭,缘由在于未深入反思对抗是否继续作为民事诉讼结构底色的正当性、对抗因素是否具有自身难以克服的制度局限性以及是否在对抗因素之外还存在可以构成诉讼结构的基本要素。

正是在这种情况下,作为司法竞技主义对立物的诉讼合作主义以一种新型的诉讼结构面世。这种诉讼结构的核心要素是合作。那么,合作是否可以作为独立的结构性要素呢？有的法学家给出了否定的回答:"纠纷当事人的合作则往往需要来自外部的不断要求甚至强制这一点来看,只有对抗才可能真正构成诉讼结构层次上的基本要素。"[②]其实,"合作"是可以成为与"对抗"并行不悖的诉讼结构的基本要素的。很多情形下,诉讼两造间的合作不需要外部的要求,比如英美法系的简易判决就是当事人达成合意,请求法院裁判确认的制度。法院尽管参与到合意的确认程序中,却没有对当事人施加外部的强制性要求,当事人的自主意愿仍然发挥决定性作用。非对抗过程中的合作已经成为诉讼的关键要素,即使是在正式庭审这样的对抗场景中,法院阐明权和法律观点指出义务以及当事人真实等制度也在对抗要

[①] 王亚新:《对抗与判定——日本民事诉讼的基本结构》,清华大学出版社2002年版,第58页。

[②] 王亚新:《对抗与判定——日本民事诉讼的基本结构》,清华大学出版社2002年版,第58页。

素中融合了合作要素。"合作的趋势源于诉讼本身的结构。如果双方不愿合作,那么诉讼必然是失败的,即使人们可以从形式上结束诉讼。"①因此,合作可以作为独立的诉讼结构要素。

与司法竞技主义相同,诉讼合作主义也主要解决法院与当事人在民事诉讼中的诉讼地位和相互关系。依据诉讼合作主义,法院已经不是传统的秩序维持者和国家统治者,而是以公共服务者的姿态与当事人共同成为诉讼治理者,当事人也完全摆脱诉讼客体的地位,具有充分的程序主体地位。无论是法院,还是当事人都不是诉讼程序的唯一支配者,共同担负着事实主张、证据提出和法律适用的责任,两者分工合作、协同共治推动程序的进行和纠纷的解决,从而营造出合作型司法的和谐诉讼场面,颠覆了司法竞技主义的当事人主导性、法官被动性的呆板程序样态。可见,法院与当事人的诉讼地位和相互关系得以非常明显地体现,诉讼合作主义作为诉讼结构的程序定位不容否认。而在社会学家看来,结构本来就是支撑合作主义发展的本质性要素,"合作主义不是关于行动、而是关于结构的学说,它试图提供关于社会结构的若干理念类型,这些类型特指社会不同部分的制度化关系"②。

诉讼合作主义意味着一种新型诉讼结构的酝酿、成型与发展,必然带动着诉讼结构的变革。"诉讼参与者角色分化的广度和深度是诉讼结构变革的关键。"③在诉讼合作主义下,当事人有参与法律适用过程和发表法律见解的机会,并可对法院阐明的事实主张或者证据资料的不清楚或者不完全之处予以矫正,法官可与当事人就法律适用进行充分讨论,也可借助阐明权参加到事实主张和证据资料的过程中。传统的事实与法律二元划分机理完全被打破的同时,也促使诉讼结构从传统的封闭式走向开放性。不仅如此,这种开放性还体现在诉讼合作主义构建的合作关系的多样化和信息来源的多样性。法官既可与当事人形成合作关系,也可以与鉴定人或者第三人等程序参与者形成合作关系;当事人可以与法官形成合作关系,也可以与对方当事人形成合作关系。法官可从当事人处获取纠纷信息,亦可主动依职权调查证

---

① 〔德〕米夏埃尔·施蒂尔纳编:《德国民事诉讼法学文萃》,赵秀举译,中国政法大学出版社2005年版,第383页。
② 张静:《"合作主义"理论的中心问题》,载《社会学研究》1996年第5期。
③ 肖建华:《民事诉讼当事人研究》,中国政法大学出版社2002年版,第13页。

据,甚至也可借助案外第三人的力量集结纠纷信息。诉讼合作主义"关注的问题是社会不同利益如何得到有序的集中、传输、协调和组织,用各方同意的方式进入体制,以便使决策过程常规性地吸收社会需求,将社会冲突降低到保持整合的限度"①。开放式诉讼结构有助于吸收多元主体的多重意见,以利益协调为基点促使诉讼两造积极地进行沟通和合作,探索出实现利益平衡的方案,满足多方利益需求,促进纠纷的解决。

必须指出的是,建立独立而开放的诉讼合作主义诉讼结构并不是要抛弃现有的"对抗—判定"诉讼结构。诉讼合作主义与诉讼对抗主义是两种并行的根据纠纷解决路径的不同而发展的解释工具,现实的民事诉讼中往往是两种诉讼结构同时并用。诉讼合作主义不是要取代对抗性诉讼结构,而是要通过划定不同的适用边界,解决不同的民事纠纷。我们不能也不应舍弃对抗性诉讼结构,否则就走上舍本逐末的歧途。

(二) 诉讼合作主义体现现代诉讼原则

诉讼合作主义具有多重面孔,既是一种诉讼结构,也是一项高度抽象的民事诉讼法的基本原则。"'原则'一词在现代汉语中的公共含义为说话或行事所依据的法则或标准"②,常与"主义"互换使用,又可以细分为核心原则、基本原则和具体原则的几个不同层次。③ 具体而言,"民事诉讼法的基本原则,是指在民事诉讼的整个过程中,或者在重要的诉讼阶段,起着指导作用的准则"④。民事诉讼法基本原则是制度设计者制定民事诉讼具体制度的方向标,纷繁复杂的民事诉讼法在其指引下形成有序、协调的制度体系,它不一定规定在民事诉讼法中,却流淌在民事诉讼的血液中。同时,民事诉讼法基本原则也是规制当事人、法院和其他诉讼参与人的诉讼行为的基本准则。基本原则具有

---

① 张静:《"合作主义"理论的中心问题》,载《社会学研究》1996年第5期。
② 中国社会科学院语言研究所词典编辑室编:《现代汉语词典》,商务印书馆1984年版,第1422页。
③ 参见肖建国:《民事诉讼程序价值论》,中国人民大学出版社2000年版,第130页。
④ 江伟主编:《民事诉讼法》,高等教育出版社、北京大学出版社2000年版,第51页。

高度抽象性,贯穿于民事诉讼的整个过程或者重要的诉讼阶段,明确了诉讼参与人在重要诉讼阶段可以进行的诉讼行为及其边界,可以说是民事诉讼制度的生发之源。正如有学者所言:"诉讼主义远比对诉讼当事人作出的行为指示的意义要多得多;它们是整体上决定了法院程序进展及其特点的基本观念,并且为所有的诉讼参与人确定了行为准则。"① 更为重要的是,民事诉讼法基本原则具有填充法律漏洞的作用。法律的滞后性使其不能及时跟上时代的发展步伐,及时回应制度的现实需要。但是法官又不能拒绝裁判,必须运用司法自由裁量权创设新的法律规则,这就需要一种程序装置引导着法官的行为使其不违背民事诉讼法的程序机理,此即为民事诉讼基本原则。"诉讼主义的作用在于说明法律中根本就没有规定的或者是仅仅在具体的规则中得到表现的程序法的基本方针,以便能根据它来解决法律没有对之作出规定的具体问题。"②

法院与当事人的关系是民事诉讼的主脉络,这是判断一种主义可否成为民事诉讼法基本原则的重要基准。经典民事诉讼理论将辩论主义视为决定民事诉讼品格的基本原则,当事人就诉讼资料和法律规范进行积极对抗,并对中立者的法官的裁判行为产生法定约束力。那么以矫正辩论主义为出发点,将法院与当事人视为合作共同体的诉讼合作主义重新为法院与当事人的行为确定了方向标,应该成为民事诉讼法的基本原则。诉讼合作主义基本原则地位的确立有助于促进行为准则和漏洞填补功能的发挥,更可加强合作融于诉讼的深度和广度。"不应错误认识的是,主义的建构并不是单纯的智力游戏,而是要通过这种方式来确定方向标。因此这里应当建议在彼此对立的观点之间架起一座桥梁。……人们可以将法官与当事人之间的合作表述为行为趋势,并且将其概括为一种主义——合作主义。通过这样的方式将使得在最严重的争议中彼此相互让步的必要性——这是现代的、社会的民事诉讼的典型特征——变得同合作本身一样显而易见。"③

---

① 〔德〕米夏埃尔·施蒂尔纳编:《德国民事诉讼法学文萃》,赵秀举译,中国政法大学出版社 2005 年版,第 443 页。
② 〔德〕米夏埃尔·施蒂尔纳编:《德国民事诉讼法学文萃》,赵秀举译,中国政法大学出版社 2005 年版,第 446 页。
③ 〔德〕米夏埃尔·施蒂尔纳编:《德国民事诉讼法学文萃》,赵秀举译,中国政法大学出版社 2005 年版,第 372 页。

诉讼合作主义作为民事诉讼法的基本原则已经获得了某些民事诉讼法典的明确确立。澳门特别行政区《民事诉讼法典》第 8 条就明文规定了"合作原则":"一、在主导或参与诉讼程式方面,司法官、诉讼代理人及当事人应相互合作,以便迅速、有效及合理解决争议。二、在诉讼程式中任何时刻,法官得听取当事人、其代理人或诉讼代理人之陈述,并请其就事实上或法律上之事宜作出有关解释,以及将上述措施所得之结果知会他方当事人。三、上款所指之人经通知后必须到场,并就被要求作出解释之事宜作出解释,但不影响第四百四十二条第三款规定之适用。四、如任一方当事人提出合理理由,说明有重大困难获得某些文件或资料,以致影响其有效行使权能或履行诉讼上之责任或义务,法官应尽可能采取措施,排除有关障碍。"法国学者在仔细考察《法国新民事诉讼法典》第 1 条至第 13 条的规定后也明确提炼了出"合作原则","在民事诉讼中,法官与当事人之间存在着一种密切合作的关系。诉讼程序只有在法官和当事人的团结协作下才能够进行下去,并最终导致判决的产生"[①]。更多的国家和地区的民事诉讼法典或者民事诉讼规则没有直接确立合作原则或者合作主义,而是通过微观诉讼制度彰显诉讼合作主义的内容,只不过表现样态不同。在大陆法系,诉讼合作主义在民事诉讼法典中表现为阐明权、真实义务、法律观点指出义务、诉讼上和解、调解制度、撤诉契约等;而在英美法系,审前和解、证据开示制度、简易判决、协商确定专家证人等不同的制度也将诉讼合作主义的精神淋漓尽致地展现出来。在我国,法院调解是诉讼合作主义最典型的表现,除此以外,诉讼和解、证据交换契约、证明责任分配契约、管辖合意、法官阐明权和诚信原则等也在不断地扩充诉讼合作主义的蓝图。

微观诉讼制度的变革需要由作为程序指针的诉讼原则予以抽象概括,上升为一种独立的主义,以致有学者发出"绝对有必要在普遍的法律意识中强调将当事人与法院之间的合作塑造为一种诉讼主义的重要意义"[②]的强烈呐喊。只有将诉讼合作主义作为一种独立的民事

---

① 〔法〕洛伊克·卡迪耶:《法国民事司法法》,杨艺宁译,中国政法大学出版社 2010 年版,第 389 页。

② 〔德〕米夏埃尔·施蒂尔纳编:《德国民事诉讼法学文萃》,赵秀举译,中国政法大学出版社 2005 年版,第 448 页。

诉讼基本原则才能妥帖地反映诉讼制度变革的共同规律,为当事人与法院的相互关系建立新的航标。这也就意味着诉讼合作主义必然是一项新颖的诉讼基本原则。一方面,诉讼合作是一项崭新的诉讼理念。传统民事诉讼理论构筑在当事人对抗的基础上,而诉讼合作则力促当事人与法院在事实层面与法律层面的协同共治,避免或者减少当事人的对抗。另一方面,诉讼合作主义不仅要改变法院与当事人的关系,更在广域的范围内努力实现诉讼两造之间的合作以及诉讼主体与其他程序参与者之间的合作,这是传统民事诉讼不关心也无法解决的问题。

三、诉讼合作主义与诉讼契约的关系

(一) 诉讼契约的基本描述

合作理念浸入诉讼在很大程度上改变了经典诉讼理论津津乐道的两造对抗零和博弈的诉讼格局,以"商谈—合作"为价值取向引导程序参与者的行为展开,镶嵌合作精神于诉讼的可能角落,在缓和诉讼紧张氛围的过程中稳固了程序参与者面向未来的关系存在。合作正以独立性的诉讼主义扩张到可能的作用场域。然而,任何一种主义或者理念的塑造,必须清楚阐释与其语义接近的概念的关系,诉讼合作主义亦是如此。在诉讼这一特定的司法场域中,与"诉讼合作主义"最为接近的是"诉讼契约"。

"诉讼契约,指的是以产生诉讼法上的效果(程序形成效果)为直接目的的当事人的合意,亦称诉讼上的合意。"[①]它是奉行意思自治、主体平等、诚实信用的私法契约钻穿国家权力机体的重重壁垒挤压公权力空间的产物,与私法契约具有同质性。私法契约是以权利义务的对等性给付为基础的利益交换,正如《法国民法典》将契约定义为"一种合意,依此合意,一人或数人对于其他一人或数人负担给付、作为或不

---

① 〔日〕三月章:《日本民事诉讼法》,汪一凡译,台北五南图书出版公司1997年版,第329页。

作为的债务"①。事实上,利益交换和利益互惠的背后隐藏着主体之间法律关系的重整,麦克尼尔就将其视为"关系契约"。他认为:"所谓契约,不过是有关规划将来交换的过程的当事人之间的各种关系。"②诉讼契约就是平等主体的当事人在不违反法律强制性规范的前提下进行利益交换的基础上为规划未来所形成的一种法律关系,一定框架下的当事人诉讼事项选择自由,不与既定的程序法律规范相冲突,并且获得了正式制度的认可和尊重。

诉讼契约是契约理念在公法领域的扩大适用,很大程度上仍然遵循契约的基本理念。作为契约核心理念的自治和合意成为诉讼契约迸发活力的源泉。只有依赖于平等主体的当事人自主意愿成立的契约才是诉讼契约,通过诉讼欺诈或者胁迫等违背当事人内心真实意思表达而形成的诉讼契约无法反映其真实意愿,应为无效契约。无论是对方当事人,还是作为裁判者的法官抑或其他的利益主体都不能对当事人诉讼契约的达成施加外在的强制或者有产生强制契机的可能进路,并应充分创造当事人平等协商和对话的机会和空间,这样才能有助于融化诉讼强制的坚冰,引进新的程序变量或者参数,助益于民事诉讼程序和法治文明的现代化。但是,诉讼契约毕竟是退去了私法契约色彩进入到诉讼空间而产生的具有独立程序品格的诉讼行为,机械地照搬私法契约的规制准则无法解释诉讼契约所引发的程序问题。因此,诉讼契约逐渐发展出诸多迥异于私法契约的要件标准和程序规则。

最明显的是,诉讼契约的旨趣在于产生诉讼法上的法律效果,民事实体权利义务的变动或者消灭不是其直接目的。诉讼法上的法律效果是指诉讼程序的发生、变更和消灭的法律效果。一般而言,诉讼契约只在意诉讼法上的法律效果。比如当事人在纠纷发生之前或者纠纷发生之后达成协议管辖的契约,管辖契约就成为规制当事人诉求法院的基本规范而排除了特殊地域管辖和一般地域管辖的调整,当事人只能向管辖契约约定的法院提起诉讼,进而改变了程序法预先为其选定的审理法院,根本没有涉及当事人之间的合同是否成立以及是否

---

① 李浩培等译:《拿破仑法典》,商务印书馆1979年版,第148页。
② 〔美〕麦克尼尔:《新社会契约论》,雷喜宁、潘勤译,中国政法大学出版社2004年版,第4页。

存在金钱给付等实体法上的法律效果。有时,诉讼契约在调整诉讼事项的同时,实体法律效果的变动也可能被吸纳进来。比如当事人之间达成诉讼和解契约后,诉讼程序终结,当事人之间的实体法律关系也回复到确定状态。尽管,此时诉讼法效果和实体法效果和洽地融合在一起,却无法否定诉讼契约的诉讼行为的主导性,受制于诉讼法律规范的规制,因为"实体法的合同和诉讼上的合同的主要区别在于,对诉讼合同而言首要适用诉讼法"①。这也直接决定了私法契约与诉讼契约成立时间的不同。私法契约注重主体意思的真实表达,采用"意思主义"。而诉讼契约本身是诉讼行为群的一种,"表示主义"是衡量诉讼契约成立和生效的判断基准。这也就意味着法官更加关注的是诉讼行为本身,当事人达成诉讼契约的动机和心理不是必然考虑事项。即使诉讼契约的意思表示不真实,仍然可成立诉讼行为,并非一定要撤销或者使之无效。因此,"意思表示真实并非诉讼契约成立的法定条件,换言之,当事人不得以意思表示有错误(包括重大误解、显失公平)为理由撤销诉讼契约"②。

私法契约为尊重主体的自治性,要求通过交换相互间的意思表示达成要约和承诺,这也直接影响到对诉讼契约成立要件的认知。有学者认为,"考察某一诉讼行为是否为诉讼契约的一个重要标准就是看当事人是否进行了意思交换,即是否体现了'合意'过程"③,"当事人在达成诉讼契约之合意过程中应当就契约之主要内容或主要条款达成合意,否则这样的诉讼契约也因欠缺合同成立的主要条款而不能成立"④。笔者也不否认当事人主体间的意思交换之于诉讼契约的重要性,需要省思的是,即使没有主体间的意思交换是否就不能成立诉讼契约呢?如诉讼过程中,一方对另一方提出的不利于己的事实予以认可的诉讼上自认与双方当事人就某一事实的真实性达成诉讼契约有多大区别吗?可以看到,前者是单方行为,后者是双方行为,但事实上两者都产生事实为真的法律判断。一味地秉持双方当事人的意思交换要件,可能会限制诉讼契约的范围扩展。真正应该重视的是共同目

---

① 〔德〕汉斯·约阿希姆·穆泽拉克:《德国民事诉讼法基础教程》,周翠译,中国政法大学出版社 2005 年版,第 30 页。
② 孟涛:《民事诉讼契约化基本问题研究》,载《兰州学刊》2005 年第 3 期。
③ 张嘉军:《诉讼契约概念考析》,载《河南社会科学》2009 年第 4 期。
④ 张嘉军:《论诉讼契约的效力》,载《法学家》2010 年第 2 期。

的支配下的当事人受制于契约约束的法律行为。"诉讼契约的形成并非因为要约与承诺意思表示一致,而是因为双方当事人皆愿意受到契约的约束。因此,在判断契约成立时,最重要的因素应当是双方当事人是否皆愿意受到契约约束的意思,以及此意思是否在契约成立的过程中被澄清;……诉讼过程中当事人之间诉讼契约的成立并不必然通过讨价还价的途径,只要当事人明确地表示受共同诉讼事项的约束,那么诉讼契约应被视为成立。"①至于诉讼契约是形成于诉讼之前还是诉讼过程中,是形成于法院里还是法院外,都并非确定诉讼契约的重要条件,而诉讼结束以后达成的只能是私法契约,不是诉讼契约。

诉讼契约的表现形式多种多样,具体包括程序选择契约、不起诉契约、诉讼管辖契约(协议管辖)、举证时限契约、证据交换契约、限制证据使用契约、证明责任契约、撤诉契约、不上诉契约、不提起再审契约和诉讼和解契约②等,其中大部分是诉讼以前或者诉讼以外形成的,真正在诉讼过程中形成的诉讼契约倒是仅占少部分。诉讼契约一旦达成,对于双方当事人和法院产生法定约束力。诉讼契约主要是与效性诉讼行为,不需要法院介入就可以产生法律效力,加之"契约必须遵守"的市民社会基本法治原则,当事人必须按照诉讼契约规定内容行事,不得违反也不得随意撤销诉讼契约。即使是法院也受到当事人诉讼契约内容的约束,不能依靠其公权力主体特有的强制力和权威性擅自突破诉讼契约为其圈定的适用边界。当然,诉讼契约违反强制性法律规范、侵害案外第三人利益或者社会和国家的公共利益等特定情形的,法院也可以撤销诉讼契约或者使之无效。

(二) 契约嵌入诉讼

经典民事诉讼理论坚信:合意与强制之间存在着不可逾越的鸿沟,合意不得擅闯诉讼空间。"在19世纪后叶,即诉讼法学脱离私法学的支配而开始确立起理论时期,诉讼契约普遍不为学者所接受"③,这种制度壁垒是刚刚脱离私法视域而绝对化地坚持民事诉讼法的公

---

① 孟涛:《民事诉讼契约化基本问题研究》,载《兰州学刊》2005年第3期。
② 参见张卫平:《论民事诉讼的契约化——完善我国民事诉讼法的基本作业》,载《中国法学》2004年第3期。
③ 陈桂明:《程序理念与程序规则》,中国法制出版社2002年版,第92页。

法特性和任意诉讼禁止理论。由此,当事人的合意被限压到最低程度。吊诡的是,自由主义的民事诉讼的主旨却在于赋予当事人对诉讼程序最大程度的控制权,保障当事人的私益不受侵犯。可能的解释是,当时的当事人主义认为两造对抗、法官克制是达致这种目标的最佳方式。诉讼契约理论的出现很好地弥合了分野,填补了沟壑,如一缕清风吹拂着满是尘埃的对抗面孔,如一面盾牌划定当事人的自控空间,抵御外来的不当干涉,激活长期沉疴在身的诉讼的活力,彰显当事人的程序参与者地位。"在非人格化的社会中,尊重人的原则意味着个人应对其自由选择所带来的结果负责。这个原则还意味着每一个人都必须有一个可以行使自由选择权的活动余地。"①当事人不再执著于可能掐断彼此关系的对抗,而选择与对方交换彼此意思协商合作维系交往关系的存在,契约的程序参量的渗入增加了当事人的程序选择,正如有学者所言:"民事诉讼契约对当事人的价值不在于提供一种必然比法院主导更为有利的制度,而在于除了法院主导的制度之外,当事人有了另外一种自由的选择。"②

诉讼契约有效地改变了压制性权威下的当事人盲目服从和对抗局面,使得当事人可免受法官强制而对诉讼事项的处理有着更加自主的处理权和控制力,当事人通过理性交涉,自主支配诉讼程序的走向,使得双方当事人趋向于合作,这就是合意本位的诉讼契约的制度归宿。"合意本位是权利本位或人权保障的必然的逻辑归结。从诉讼契约来看,现代诉讼不再是'你死我活、非黑即白'的战争,而是共同合作的交涉过程。由于审判制度具有局限性,因而需要通过合意来弥补法律程序的正当化机制。"③这样,合作就成为诉讼契约与诉讼合作主义共同的制度支点,使得二者具有很多的交集。诉讼和解契约、撤诉契约、不上诉契约、举证时限契约和证明责任分配契约等以契约嵌入诉讼的形式实现当事人之间的合作,既可称之为诉讼契约,也可视为诉讼合作主义的具体表现样态。某种程度上来说,正是诉讼契约引入的契约精神和合作理念冲破了传统诉讼结构赖以维系的制度、文化与理

---

① 〔英〕彼得·斯坦、〔英〕约翰·香德:《西方社会的法律价值》,王献平译,中国法制出版社2004年版,第201页。

② 霍海红:《民事诉讼契约的意义追问》,载《华东政法学院学报》2007年第1期。

③ 陈桂明:《程序理念与程序规则》,中国法制出版社2002年版,第110页。

念的束缚,大大激发了提出诉讼合作主义学术命题的灵感。契约精神逐步渗入民事诉讼,当事人之间以及当事人与法院之间的关系安排必然发生深刻的变化。"国家已经将很多当事人能够做或者当事人能够以更低的成本做的事情推给了当事人。国家在不断卸下自己的沉重包袱,而这包袱过去曾被认为是只有国家才能而且应该背负的。国家(法院)已经认识到了自己也不是无所不能,也不拥有取之不尽、用之不竭的司法资源;已经认识到自己不惜一切代价也未必能换来司法者所希望的当事人喝彩。"[1]事实上,无论是诉讼契约还是诉讼合作主义所追求的不就是法院治理功能的弱化、当事人自治精神的提升以及相互之间协同合作发现案件真实和实质正义吗?可以说二者实现了制度共谋和功能叠合。

(三) 诉讼的多维参与

诉讼契约是当事人就诉讼事项进行理性交涉而形成的合作关系,也只是约束当事人之间达成的契约。易言之,诉讼契约只关注横向的当事人之间的合作关系,是一种一维的视角观察方法。这样的视角很好地将诉讼契约直接呈现于法院面前,却无法容纳直接决定诉讼权限配置和职能分担的法院与当事人这样最为重要的诉讼法律关系,更无法涵盖法院与案外第三人的关系或者纠纷主体内部的关系。采纳一维视角的诉讼契约的适用范围远远小于诉讼合作主义,原因在于后者通过多维的视角将其调整的主体关系网络化。

如何处理与法院审判权的关系正是诉讼契约的矛盾态度:"一方面当事人对权利的处分并不以第三者介入为必要;另一方面如果缺乏法院的提示、劝导和沟通,对立当事人之间实际上不会怀有主动与相互配合的胸襟,因此,法院的积极参与便显得必要。"[2]问题是,法院的权力介入到何种程度才能不干涉合意的生成。尽管如此,诉讼契约仍然将法院排斥出其适用范围。有学者意识到调整范围的局限性,试图

---

[1] 霍海红:《民事诉讼契约的意义追问》,载《华东政法学院学报》2007年第1期。

[2] 孟涛:《民事诉讼契约基本问题研究》,载《兰州学刊》2005年第3期。

将法院拉入其中,为此提出了"审理契约论"。① 审理契约意在横向的当事人契约外,用契约精神调整法院与当事人之间的关系,形成三面契约关系。问题是,诉讼契约的主体是当事人,作为公权力载体的法院能够与当事人平等地协商达成契约吗?即使达成契约,是否可能涉及对强制法律规范的违反?抑或法院不履行契约,当事人应向何者请求救济呢?审理契约论还无法给出令人满意的回答,学界对其认可度也比较低。相较而言,诉讼合作主义支配的幅度非常宽广,既包括平等主体之间的横向合作,也包括处于不平等地位的法院与当事人之间的合作,甚至于案外第三人对诉讼主体提供的帮助也视为诉讼合作。其中,法院与当事人之间的合作关系是整个诉讼合作主义的中轴。因此,法院阐明权和当事人真实义务对于现代民事诉讼中法院和当事人的角色塑造有着支配性的作用,并直接影响诉讼合作主义的扩散程度和范围。况且,诉讼合作无须程序参与者相互交换意思表示,即使是被告认可原告诉讼请求这样的单方行为也视为相互合作。我们只能说,诉讼合作的范围宽于诉讼合意,不过程序选择契约、不起诉契约或者不上诉契约等很多诉讼契约形成于诉讼以外,不能纳入到诉讼合作的射程内。

展现于法官面前的诉讼契约仅是以静态视角所截取的主体合作的特定片段,无法将其串联起来形成流动的立体化合作图景。事实上,诉讼契约广泛利用的同时伴随着法官权力的扩大,"法官权力的扩大并不是与诉讼的契约化水火不容"②。一种好的诉讼制度或者诉讼理念必须能够回应社会的现实需求,与时代同步,贴切反映诉讼制度的发展趋势。遗憾的是,诉讼契约无法承载这样的价值取向。反观诉讼合作主义,则不满足于静态地分析程序参与者之间的合作,更为关键的是,程序参与者之间的合作形成了有序流转、密切配合的动态程序流程。英美法系的证据开示制度使得当事人知悉双方掌握的纠纷信息和证据资料,争点逐渐成形,在此基础上进行的审前会议使得当

---

① "所谓审理契约,即与民事诉讼程序审理相关,法院与双方当事人(诉讼代理人)之间围绕可于诉讼上成立的事项所达成的具有约束力的合意。由此可见,在此意义上可以将其视为一种诉讼契约。"参见段文波:《协动主义下的审理契约论》,载《宁夏社会科学》2010年第4期。

② 〔英〕阿德里安·朱克曼主编:《危机中的民事司法》,傅郁林等译,中国政法大学出版社2005年版,第313页。

事人求同存异逐渐达成和解,依凭于前后起承转合的当事人合作将纠纷化解在审前程序就是诉讼合作图景的生动体现。作为大陆法系民事司法改革智慧结晶的阐明权(亦是阐明义务)与真实义务从两个不同层面积极促进诉讼合作价值目标的达成。以多维视角看待诉讼制度变革的诉讼合作主义拣选出当事人、法院和案外第三人等多个程序变项提升合作理念对于民事诉讼的变革力度,吻合现代民事诉讼的发展规律。诉讼合作主义要想真正激发民事诉讼的革命性变革,绝不能缺少多维的动态视角,切勿人为切割不同程序参与者之间的合作关系,避免出现碎片化①的程序。

四、诉讼合作主义与协同主义的关系

(一) 协同主义的基本要素

新的结构模型要想深深植根于法律制度中,必须具有兼采众长的吸纳理性和独具特色的法律理念,不被相似的制度或者原则遮蔽其光芒。诉讼合作主义就是在协同主义的新颖的法律灵感的激发下建构而成的,细致甄别相互关系就成为决定诉讼合作主义能否成为独立的诉讼理念的重要因素。

法律制度是历史的产物,在矫正大陆法系国家民事诉讼基石的辩论主义的基础上发展而成的协同主义亦如此。"辩论主义,是指将确定裁判基础事实所需资料(诉讼资料)之提出(主要事实的主张与必要证据的申请)作为当事人权能及责任的原则。"②可见,辩论主义是在当事人与法院之间分担有关事实主张和证据资料的责任和权限的制度装置。这种装置的建构依赖于民事实体法上的私法自治,视其为实体权利在民事诉讼领域中的延伸,并且为利己事实积极对抗提出正反证

---

① "碎片化"来源于英语"Fragmentation","是指存在于制度体系内部的各种规范和制度之间并没有形成一种结构上的有机联系,它们相互冲突、彼此矛盾,就像堆积在一起的'玻璃碎片'"。参见古祖雪:《现代国际法的多样化、碎片化与有序化》,载《法学研究》2007年第1期。

② 〔日〕新堂幸司:《新民事诉讼法》,林剑锋译,法律出版社2008年版,第305页。

据,促进事实的发现。辩论主义可以分解为三项重要命题:第一项命题是当事人未主张的事实,法院不得采为裁判的基础,事实主张为当事人的责任,法院不担当事实主张提出之责。第二项命题是当事人间无争执的事实,法院应毫无疑问原封不动采为裁判的基础,不得为与此相反的事实认定,法院受当事人自认内容拘束。第三项命题是就当事人有争执的事实,如当事人未提出证据,法院不得依职权调查,即当事人负担证据的提出责任,法院无须为此担责。① 从中可以看出,辩论主义固守当事人的事实主张和证据提出之责,法院的裁判受当事人行为的约束,不能积极主动地认定案件事实和职权调查证据。辩论主义在当事人与法院之间形成泾渭分明的责任体系。当事人控制事实与证据的主导权,在这种自我调整、自我负责的装置中进行积极的攻击与防御,法院如同守夜人一样消极地监视着当事人是否遵守立法者预设的程序规则,即使发现当事人遗漏未提出之事实或者证据,也不能予以提出,更不能作为裁判的基础。

辩论主义尊重主体的程序自治权,坚守法官的克制性形象,引导并支配着民事诉讼的发展进程。当自由主义的民事诉讼过渡到社会性的民事诉讼时,辩论主义的缺陷一览无遗地暴露出来。形式正义和机会平等是辩论主义的建构基础,却没有关注实现正义和平等的现实基础,实然的民事诉讼很多时候恰恰偏离了辩论主义设定的轨道。因为,辩论主义的适用对象是主要事实或者要件事实,而实然的民事诉讼中主要事实或者要件事实少之又少,绝大多数空间充斥着间接事实和辅助事实,这却不是辩论主义的统辖范畴,法官在自由心证中可直接采用这些事实并予以事实评价。同时,辩论主义视诉讼两造具有平等的事实主张和证据提出能力,没有考虑到当事人诉讼能力和经济地位不平等所导致的事实主张与证据提出的不充分或者不完全的现实可能性,极大地背离了实质正义的诉讼目标,越来越与现代民事诉讼的发展趋势不相吻合。这样的制度现实为协同主义的出现奠定了良好平台和制度前提。

协同主义,是指"民事诉讼中法院(法官)运用职权发挥能动作用,与当事人实现充分地相互沟通与协作,从而使法官和当事人在事实发

---

① 参见刘明生:《辩论主义与协同主义之研究——以德国法为中心》,载《政大法学评论》2011年第8期。

现、程序促进等方面共同推进民事诉讼程序的一种模式"①。Bettermann 教授于 1972 年最早提出"协同主义",德国法官 Rudolf Wassermann 在 1978 年出版的《社会性的民事诉讼》(*Der soziale Zivilprozeß*)将其理论化和体系化。协同主义试图冲破古典辩论主义划定的"事实与证据主张为当事人权能与责任,法律适用为法院权能与责任"的壁垒森严的二元区分机制,在法院与当事人之间建立沟通与协作关系,重新分配事实主张、证据提出和法律适用的权限与责任。"不仅当事人就事实资料享有主导权,法官亦得提出当事人未主张之重要事实资料,不仅由法官单独享有适用法律之权限,当事人亦有权利参与法律适用过程。"②这样的制度缝合和权限调整使得法院与当事人在诉讼过程中相互沟通与合作,法院从消极克制的桎梏中挣脱出来,积极能动地认定案件事实与适用法律,当事人在法院的协作下提出或者补充遗漏的未主张的事实或者证据,从而在法院与当事人之间形成具有共同目标指向的作业共同体。结果是,当事人不再是诉讼程序的主导者,建立了合作关系的法院与当事人共同成为诉讼程序的助推力。这样,辩论主义营造的司法场景完全被打破,法院与当事人进入到古典辩论主义禁止的领域,诉讼权限扩大的同时也重新分配了角色地位,进而改变了民事诉讼法律观。"现今民事诉讼与其说系根据法官与当事人各自分配之角色,担负各自责任之过程,不如说系法官与当事人就所有法律问题与事实问题共同研讨之过程。"③

协同主义是在修正辩论主义的缺陷的基础上发展起来的,其内容与辩论主义具有紧密关联。正如前述,辩论主义最为人诟病的是当事人由于能力不平等导致提出的事实或者证据不充分或者不明确,致使本就处于弱势的当事人面临败诉风险之虞。为此,协同主义非常重视阐明权制度,以助益于更好地保障当事人的机会平等和实质平等,准确、妥当且合乎真相地解决民事纠纷,保障实质正义。阐明的对象可为事实主张,可为证据资料。为此,学者概括出"澄清不明确的阐明""消除不妥当的阐明""补充诉讼资料的阐明""新提出诉讼资料的阐

---

① 肖建华:《构建协同主义的民事诉讼模式》,载《政法论坛》2006 年第 5 期。
② 刘明生:《辩论主义与协同主义之研究——以德国法为中心》,载《政大法学评论》2011 年第 8 期。
③ 刘明生:《辩论主义与协同主义之研究——以德国法为中心》,载《政大法学评论》2011 年第 8 期。

明"和"举证方面的阐明"五种形态。① 在协同主义下,当法院行使阐明权后,当事人仍未提出新的事实或者证据,法院不能将其作为裁判的基础。当法院未行使阐明权造成裁判出现错误的,当事人可以法院怠于行使阐明权为由直接提出上告。

同时,辩论主义赋予当事人框定解决民事纠纷的事实主张和证据资料的权限和责任,导致有些案件的当事人不顾事实真相违反自己的认知主张事实和提出证据,虚假自认和诉讼欺诈等成为民事诉讼发展的衍生品。为有效遏制程序异化,遵循诚信原则,大陆法系民事诉讼法规定了真实义务。当事人只能陈述其主观意识中认定为真实的事实或者证据,"真实义务并不是以'让当事人陈述真实'之积极性义务为内容的,而仅仅具有'禁止当事人在不知的前提下提出主张或作出否认'之消极性内容,换言之,当事人不能违反自己的主观性事实认识(主观性真实)来提出主张或作出否认"②。一旦出现违背真实义务的情形,法院将对当事人课以费用制裁等。与其说真实义务的旨趣在于促使当事人客观陈述其事实主张和证据资料,不如说其真正主旨在于消除当事人虚假陈述、妨碍诉讼的错念。

阐明权和真实义务从两个不同视角重新调整了法院和当事人在事实主张和证据提出的权限和责任,将法院与当事人共同连接到同一制度基点上——生成正确的裁判。与辩论主义仅仅规制当事人与法院在事实主张和证据资料方面的权限和责任不同,协同主义将其适用范围扩大到法律适用上,建立了法律观点指出义务,即法院在适用当事人未注意的法律观点时,应该向当事人开示该法律观点,并与当事人就法律观点进行充分的法律讨论。法律观点指出义务使得当事人参与到法律适用的过程中,打破了法官对于法律适用的垄断,促成了法院与当事人在法律适用上的诉讼合作。

(二) 对抗走向合作

协同主义的兴起严重动摇了辩论主义的制度根基,揭开了新兴诉

---

① 参见〔日〕高桥宏志:《民事诉讼法——制度与理论的深层分析》,林剑锋译,法律出版社2003年版,第358页。

② 参见〔日〕高桥宏志:《民事诉讼法——制度与理论的深层分析》,林剑锋译,法律出版社2003年版,第378页。

讼理念改变民事诉讼中法院与当事人形象的序幕。但是,对于协同主义是否已经取代辩论主义成为支配性的诉讼理念,学者之间仍未达成共识,歧义频生。有学者主张,诉讼两造的自我判断和自我负责仍在现今的民事诉讼中具有优先性,应该通过辩论主义予以保障。辩论主义在整个法律系统中具有无法取代的地位,应该视其为民事诉讼的主要原则,不存在任何用协同主义代替辩论主义的理由。[①]况且,古典辩论主义在认识到自己的制度缺陷后也通过阐明权和真实义务来弥补其不足,已经发展为修正的辩论主义,这样的话,协同主义更不会排斥或者取代辩论主义。"相反,正是因为在民事诉讼中适用辩论主义,法官才必须同当事人合作,而既不可能以监护的形式也不可能以非合作的形式向当事人提供帮助。"[②]然而,Wassermann法官和Bender法官等极力主张放弃辩论主义,以协同主义代替辩论主义在民事诉讼中的地位,成为民事诉讼法上的基本审理原则。[③]

其实,当我们用冷静的现实主义眼光来衡量时就会发现,无论是修正的辩论主义还是协同主义都吸纳了法官阐明权和法律观点指出义务以及当事人真实义务,法院与当事人共同合作认定事实和适用法律是共通的制度理念,只是相互合作的程度有所不同而已。前者要求法院与当事人的合作不能突破辩论主义的既有边界,后者则更加张扬法院在民事诉讼中的能动作用,即使当事人未回应法院阐明权的事实或者证据,也可作为裁判的基础。协同主义在法院与当事人之间架构了沟通与合作的桥梁,促使二者作为相互合作的作业共同体共同担负事实主张、证据资料和法律适用的责任,改变了当事人一方限定解决纠纷的事实与证据范围的固有形象,塑造出法院与当事人二元合作探求正义的新的场景。可以说,"不是当事人的陈述而是法官与当事人之间进行的法律和事实方面的对话在诉讼中占据了核心地位"[④]。

[①] 参见〔德〕奥特马·尧厄尼希:《民事诉讼法》,周翠译,法律出版社2003年版,第137页。

[②] 〔德〕米夏埃尔·施蒂尔纳编:《德国民事诉讼法学文萃》,赵秀举译,中国政法大学出版社2005年版,第444页。

[③] 参见刘明生:《辩论主义与协同主义之研究——以德国法为中心》,载《政大法学评论》2011年第8期。

[④] 〔德〕米夏埃尔·施蒂尔纳编:《德国民事诉讼法学文萃》,赵秀举译,中国政法大学出版社2005年版,第371页。

当事人主导性在协同主义下逐渐消退,取而代之的是法院与当事人的对话和合作,审理方式逐渐从封闭走向开放。在开放式审理方式中,法院必须积极能动地参与诉讼,"应与当事人从事开放、沟通与合作之全面性讨论,亦即法官应与当事人详尽讨论事实问题与法律问题。此项事实与法律全方面之讨论义务,克服沉默之法官诉讼形象,并使独白式之法官诉讼形象丧失信服力"[①]。阐明权和法律观点指出义务是法官为避免程序垄断、营造诉讼合作所创设的重要程序机制。这并不意味着法院与当事人必须亲密无间地共同合作解决纠纷,这不仅是没有必要的,也是不现实的。协同主义对于当事人的要求就是应当接受法院必要的诉讼指挥并予以积极合作,同时应该谨守真实义务的要求,避免虚假自认或者诉讼欺诈等损害相互合作的程序现象。这也证明,即使是协同主义这样高度强调主体合作的审理方式,主体间的合作也有一个合理的边界限制,一旦法院或者当事人越过了设定的边界,合作就可能被扭曲甚至变形。

上述考察证明了协同主义与诉讼合作主义具有共同的制度理念——合作。合作理念既是协同主义重构法院与当事人关系的制度基础,也是诉讼合作主义编织程序参与者之间的纷繁复杂关系网络的支撑框架。细言之,诉讼合作主义是从协同主义中撷取了合作的精华扩充而成的。在诉讼合作主义所构建的庞大的合作体系中,协同主义是重要的不可分割的组成部分,协同主义发展的广度和深度很大程度上决定着诉讼合作主义的适用空间。

(三) 单向面对多向

辩论主义嬗变而成的协同主义当然具有与辩论主义相同的制度功能:在法院与当事人之间分配各自的权限与责任,只是前者赋予当事人对事实主张与证据资料的程序主导权,后者则逐渐模糊严格的权限划分,意图通过对话与合作使得法院与当事人共同分担事实主张、证据提出和法律适用的责任,消除当事人单方面的程序控制出现的恣意或者不公。如此的嬗变过程导致的结果是,协同主义还是在法院与当事人之间的纵向诉讼法律关系上进行权限与责任的再分配,只不过

[①] 刘明生:《辩论主义与协同主义之研究——以德国法为中心》,载《政大法学评论》2011年第8期。

引进的合作理念改变法律关系主体之间的权限对比。从形式上来说，当事人有了参与法律适用过程发表法律见解的机会，但是在事实主张与证据提出方面的权利却受到法院越来越多的限制，而法院的权力行使空间大大扩大，其从沉默的、封闭的裁判者转变为积极的、能动的参与者。无论是法院的阐明权和法律观点指出义务，还是当事人的真实义务，都在努力寻求二者之间的纵向方面的合作。"现今民事诉讼之重点，在于如何通过法院与当事人间合理之讨论，以使过去之事实重建，以及于如何之界限范围内法官应解明事案并与当事人讨论。当事人之提出已非民事诉讼之重心，法官之法讨论与事实讨论义务，始为民事诉讼之核心。"①尽管也有学者希望通过强化当事人解明案件事实的义务实现主体间一定程度的协同②，却没有引起充分的重视，加强纵向主体的法院与当事人之间的协同与合作的协同主义中心主旨没有任何变动的迹象。

协同主义张扬法院与当事人之间的纵向层面的对话与合作，却没有涵盖同样是诉讼主体的当事人之间的合作以及诉讼主体与其他程序参与者之间的合作，实质上还是在用一维的观察视角看待事物。笔者并不否认法院与当事人间纵向合作的重要性，但是当动态地考察整个诉讼程序的变动时就可以发现其适用空间的狭隘。如果不是非常严谨的话，可以将法院与当事人间的纵向合作称为"对抗过程中的合作"，即正式庭审程序中法院与当事人的合作，但是要知道现代民事诉讼中真正进入到庭审的案件的比例非常之小，这种"对抗过程中的合作"发挥的空间就异常有限。诉讼系属的案件绝大多数在审前程序以当事人间合作的方式解决掉，"非对抗过程中的合作"在诉讼合作主义占有至关重要的地位。仅将诉讼合作局限为"对抗过程中的合作"，舍弃"非对抗过程中的合作"，势必破坏诉讼合作主义全景图的建立，也无法动态性、体系化地把握诉讼合作主义。同时，协同主义下的法院与当事人纵向合作，也忽视了两造当事人间的横向合作。庭审程序中的诉讼和解和撤诉契约等横向合作，协同主义就无法给出合理的解

---

① 刘明生：《辩论主义与协同主义之研究——以德国法为中心》，载《政大法学评论》2011年第8期。

② 参见唐力：《辩论主义的嬗变与协同主义的兴起》，载《现代法学》2005年第6期。

释,相反,法官却可能压制当事人间合作可能性的形成。缘由在于,建构协同主义的重要目的之一在于促使法官积极能动地参与诉讼,进而通过个人权利的实现增进社会公共福祉。因此,法院更希望以正式裁判的权威方式形成公共政策或者提升社会福利,不愿意借助于诉讼和解和撤诉契约等当事人自由意思形成的契约方式终结诉讼,压制两造当事人间的横向合作也就情有可原。此外,协同主义也没有注意到诉讼主体与案外第三人的诉讼合作。尽管很多大陆法系国家规定了第三人应依据法院发出的文书提出命令提供必要的文书或者忍受法院勘验的义务,却都是第三人被动地与法院建立起沟通与合作的关系,类似于英美法系的法庭之友的第三人主动提出事实主张或者法律意见的主动性合作还没有真正创立。不得不说,协同主义所搭建的对话平台和合作体系还是比较有限的。

简言之,协同主义构建的开放性诉讼结构未能实现开放性的诉讼合作。仅仅是法院与当事人间的纵向合作,无法涵盖诉讼过程中各程序参与者之间进行的合作,也就决定了其合作的局限性。笔者所建立的诉讼合作主义是多向度的合作体系,既包括法院与当事人的纵向合作,包括两造当事人间的横向合作和诉讼主体与其他诉讼参与人间的合作,甚至包括诉讼主体与案外第三人之间的合作。面对多向度的合作系统,协同主义单向度的合作体系显得非常局促和狭隘。尽管协同主义为笔者提炼诉讼合作主义铺设了良好的制度前提,提供了具有创见性的思想火花和与众不同的诉讼理念。但是,诉讼合作主义容纳了更多的程序主体间合作,协同主义的对话平台已经无法含纳这种多向度的合作系统。诉讼合作主义因能合理解释更多的程序参与者间的合作和其独立的诉讼结构而更具开放性和包容性。

第三章 诉讼合作主义的优势:发现真实

在诉讼合作主义者看来,当事人与法官对于事实问题与法律问题分野而治不应是诉讼的常态布局。良好地运作民事诉讼既是当事人的事情,也是法官的事情,更是所有程序主体共同的事情,他们为了共同的诉讼目标放弃成见、凝聚共识而形成有机的作业共同体,打破了当事人积极对抗和诉讼竞技的诉讼格局。民事诉讼演变成为当事人、法官和其他程序主体消除分歧与协同合作的过程。以此构建起来的诉讼合作具有多向度的延伸性和扩展性。按照适用对象的不同,可将诉讼合作细分为事实层面的诉讼合作、法律层面的诉讼合作和程序层面的诉讼合作三个子项。证成要件事实不再是负担证明责任的当事人一方的责任,法官应当适当行使司法职权协助当事人发现案件真实,不负证明责任的对方当事人和其他程序主体也应在适当情形下提供必要的协助;法律适用不再是法官专属的领地,法官也要向当事人表明法律见解、公开判决理由并与当事人讨论法律观点或者征求当事人的意见;诉讼程序也不再绝对依靠法官职权强制推动,而是适当吸取和融入了当事人的程序合意。按照适用主体的不同,可将诉讼合作细分为内部当事人之间的诉讼合作、当事人之间的诉讼合作、法官与当事人之间的诉讼合作、法官与其他诉讼参与人之间的诉讼合作以及法官与案外第三人之间的诉讼合作。适用对象和适用主体这样两条主线将诉讼合作切割划分成多元的合作向度。为了更好地反映民事诉讼中的合作图景,笔者将主体标准置于客体标准之下,避免分开论述可能导致的散漫和无序。

必须说明的是,笔者所主张的诉讼合作主义是在反思和扬弃司法竞技主义的基础上从两个不同视角凝合而成的,绝非要完全否定和摈弃当事人与法官对于事实问题与法律问题的实际控制,而是在此基础上增加其他程序主体的诉讼合作。诉讼合作主义在一定程度上模糊了法官、当事人和其他程序主体的诉讼分工和职能划分,但并不意味着当事人或者法官就其自身应予履行的职责懈怠无为,试图通过其他程序主体的诉讼合作实现自己本应尽的诉讼义务,这绝非笔者的真实意思。换言之,应当严格限定诉讼合作主义的适用界限,并在具体实践中逐步明晰而规则化。诉讼合作主义应以迅速、有效而合理地解决纠纷为旨趣,不能也不应该成为当事人滥用诉讼权利或者法官滥用司法权力的借口,否则就背离了诉讼合作主义的本意,应该努力避免。本章主要结合我国《民事诉讼法》、相关法律以及司法解释的有关规定详细考察诉讼合作主义在事实发现层面的多元维度,并适当介绍和对比法治发达国家的诉讼合作主义的立法体现。

发现真实是民事诉讼的真谛,不论是大陆法系还是英美法系都将其作为推动民事诉讼制度体系铺开和延伸的支点,具有超越法律体系的普适性意义。古典当事人主义以当事人为自身利益最佳判断者为基础,意图通过主体间的积极对抗各自向法官证成主张事实的合理性,将发现案件真实的责任课加于当事人身上。然而,当自由主义的民事诉讼发展到社会型的民事诉讼后,政治地位、经济实力和教育背景等多重因素使得无法维系当事人之间诉讼能力的平衡,当事人主义失去赖以依托的制度基础而沿着当事人和法官两条不同的主线发生改变。一条主线是当事人之间相互公开纠纷信息和证据资料,避免信息不对称而产生的不平等,此为内生性改变;另一条主线是法官运用司法职权帮助矫正主体间的不平等,共同协力发现案件真实,此为外生性改变。无论是内生性改变还是外生性改变,都旨在借助于主体间的诉讼合作发现案件真实。这样的制度变革重新塑造了诉讼文化:发现案件真实既是当事人、法官和其他程序主体共同协力的过程,也是共同协力的结果。

一、当事人之间事实层面的诉讼合作

要想实现诉讼主体间在事实层面的诉讼合作,需要重新审视和理顺证明责任理论。正如前述,证明责任是法官在要件事实真伪不明时如何在当事人之间分配风险的裁判方法,不是当事人的责任,也绝非法官的责任。言词辩论终结时法官用尽各项自由心证手段,要件事实仍然处于真伪不明①的状态，法官负有裁判义务，不能拒绝裁判，唯有借助于证明责任这种技术性装置才能生成为当事人都可接受的裁判。换言之，证明责任是为解决法官陷入无法辨明是非的诉讼困境而在当事人之间分配败诉风险的裁判方法，是不得已而为之的裁判手段。事实上，真正适用证明责任判决的案件比例非常之少，在司法实践中绝不能将其作为一般性理论扩大适用。因此，在诉讼过程中主观证明责任的制度功能显得愈发重要。

"主观证明责任，是指当事人通过自己的活动对争议事实进行证明的一种责任，其目的是为了避免败诉，因此它才是通常意义上的责任。"②事实证明，绝大多数案件中出现的都是主观证明责任。与客观证明责任固定于一定当事人无法转移不同，主观证明责任可以在双方当事人之间转移，当一方当事人提供证据证明要件事实使法官获得要件事实成立的暂时心证时，证明要件事实不成立的责任就转移到对方当事人，如果他/她在证明过程中模糊了法官暂时的心证，主观证明责任将重新转移到原来的当事人身上。诉讼依托于主观证明责任在双方当事人之间本证和反证来回穿梭往复流转，实现主体间的对抗和纠纷信息的交流。通过这样的过程，法官在绝大多数案件中都能形成要件事实成立或者要件事实不成立的确切心证，直接运用传统的三段论即可生成孰对孰错的判决。

法官在双方当事人尽到主观证明责任后，形成要件事实真伪不明的心证，运用阐明权、推定、勘验等各种手段仍然无法消除真伪不明的状态时，证明责任判决才得以运用。整个过程可以总结为：客观证明责任于诉讼前或者诉讼开始即预先分配给一方当事人，该方当事人为免除败诉风险积极提供证据进行诉讼攻击，在对方当事人为此展开防御行为之后，可能形成事实成立、事实不成立和事实真伪不明三种心

---

① 普维庭教授对于真伪不明的条件有详尽的阐释："1. 原告方提出有说服力的主张；2. 被告方提出实质性的反主张；3. 对争议事实主张有证明必要，在举证规则领域，自认的、不争议的和众所周知的事实不再需要证明；4. 用尽所有程序上许可的和可能的证明手段，法官仍不能获得心证；5. 口头辩论已结束，上述第 3 项的证明需要和第 4 项的法官心证不足仍没有改变。"参见〔德〕汉斯·普维庭：《现代证明责任问题》，吴越译，法律出版社 2000 年版，第 22 页。

② 〔德〕汉斯·普维庭：《现代证明责任问题》，吴越译，法律出版社 2000 年版，第 36 页。

证。只有在第三种要件事实真伪不明时,客观证明责任才从潜在性转化为现实性,也只有经过主观证明责任阶段才能判断是否需要启动客观证明责任。当然,在采行职权探知主义的案件中,主观证明责任受到一定的压缩。因此,主观证明责任在诉讼过程中发挥着不可或缺的重要作用。

我国民事司法改革在强调客观证明责任的同时却很大程度上忽视了主观证明责任的重要性,甚至产生了二者的错位[①],用客观证明责任代替主观证明责任,相当程度上扩大了客观证明责任的适用。按照证明责任的基本法理,不负证明责任的一方当事人无须提供证据帮助另一方当事人,对于不负证明责任的当事人而言,是否提供证据是一种权利,并非义务。然而,有些案件出现证据集中于不负证明责任一方的结构性偏在现象。这种现象的频繁发生造成负有证明责任的当事人无法及时提供适当的证据证明要件事实的存在,增加了法官发现案件事实的难度。因此,迫切需要实现主观证明责任的归位。这绝非要摈弃客观证明责任的概念[②],"不管在哪一种诉讼中,都存在真伪不明的情况,这已经是不容争议的事实。只要有真伪不明的存在而法官又必须裁判,与此相应的客观证明责任在各个程序中都是必需的,客观证明责任已经超出了双方当事人原则领域"[③]。真正有实质意义的事情在于放松证明责任理论设置的壁垒森严的责任,努力实现诉讼主体在诉讼过程中在事实和证据方面的互动和合作。

(一) 当事人自认

当事人之间就事实问题进行诉讼合作的典型表现是当事人自认。当事人自认是指在诉讼过程中,"一方当事人就对方当事人主张的对

---

① 典型表现是将《民事证据规定》第 2 条视为对客观证明责任的规定。就其内容而言,第 2 条是对主观证明责任的生动描述。

② 伴随着对客观证明责任的反思,学界出现了否定真伪不明和客观证明责任的声音。参见季桥龙:《民事举证责任概念研究》,中国政法大学出版社 2011 年版,第 99—132 页。

③ 〔德〕汉斯·普维庭:《现代证明责任问题》,吴越译,法律出版社 2000 年版,第 63 页。

其不利的事实予以承认的声明或表示"①。辩论主义的一项基本要求就是,一旦当事人就于己不利的事实予以自认,法院就应当直接将其作为裁判的基础,当事人不得为与之相矛盾的陈述。因此,松本博之教授将当事人自认的正当根据概括为"辩论主义派生出的自我责任原则"和"保护对方当事人的信赖利益"②。这也在事实上限定了当事人自认的适用范围,即辩论主义诉讼。而在人事诉讼、家事诉讼或者公益诉讼等职权探知主义的诉讼中,即使当事人对于己不利的事实予以认可,法官亦可不受当事人自认的约束而依据职权启动相应的证据调查。

当事人自认有着严格的适用条件:

(1)当事人原则上只能就主要事实进行自认。自认是当事人就对方当事人主张的于己不利的事实所作的一致性陈述,双方当事人针对事实的法律评价或者法律观点的形成一致性陈述是认诺,不是自认,也即法律问题不能成为自认的对象。也有立法承认当事人可就权利关系或者法律效果进行权利自认,不过其法律效力却产生了颇大的争议。自认是辩论主义的三大命题之一,辩论主义主要适用于主要事实,决定了当事人当且仅当就主要事实为于己不利的陈述。因为,间接事实不是当事人必须主张的事实,法院可依自由心证自主判断,一旦承认当事人可就间接事实为自认,就会限制法院对主要事实形成心证的独立性。

(2)当事人必须对事实为"于己不利"的陈述。至于何谓"于己不利",学界有三种不同的立场:一是败诉可能说,即当事人就事实的陈述可能导致法院直接判决陈述者部分败诉或者全部败诉;二是证明责任说,即本来应由相对方通过证明责任加以证明的事实,由于当事人的自认免除了相对方的证明责任;三是不利益要件不要说,主张对于自认成立应当广泛地予以认可,进而在自认的成立上排除不利益性之要件,只要事实陈述一致,就在双方当事人之间成立自认。③ 败诉可能

---

① 肖建华主编:《民事证据法理念与实践》,法律出版社 2005 年版,第 110 页。

② 〔日〕松本博之:《裁判上自认法理的再检讨》,转引自〔日〕新堂幸司:《新民事诉讼法》,林剑锋译,法律出版社 2008 年版,第 377 页。

③ 参见〔日〕高桥宏志:《民事诉讼法——制度与理论的深层分析》,林剑锋译,法律出版社 2003 年版,第 387—389 页。

说是学界的通说,但是我国的司法解释却采取了证明责任说。①

(3) 自认的内容应与对方当事人的事实陈述一致。双方当事人就同一事实的陈述不能相互矛盾,至于孰先孰后对事实进行陈述在所不问。一般情形是一方当事人提出事实主张后,对方当事人就该事实予以自认,也不排除一方当事人先行承认于己不利的事实,对方当事人在诉讼中予以援用的"先行自认"的事例。

(4) 自认应当发生于诉讼过程中。当事人可以在提交答辩状中予以自认,可以在审前程序中予以自认,也可在开庭审理时予以自认。换言之,在法官或者法庭面前亲自所为之自认满足了直接言词原则的基本要求,才能发生约束法官裁判的效力。诉讼外的自认不产生诉讼上自认的法定约束力,可作为证据资料成为法官自由心证的对象。

一旦当事人对于己不利的事实予以自认,说明双方当事人对该事实不再有所争议,该事实就成为不需要证明的事实,也就免除了对方当事人提供证据的行为责任,或者卸除了负担证明责任的当事人背负的压力,使其从中解放出来。从事实由争议到无争议和双方当事人事实共识的形成过程来看,可将当事人自认视为双方当事人就事实问题进行的信息沟通和诉讼合作。诉讼合作的结果就是事实争议消除,当事人无须举证证明,法院应直接将当事人自认的内容作为裁判的事实基础,不得为与之相矛盾的判断,也不必对其进行证据调查,这种自认的效力拘束一审法院,也约束着二审法院。对于自认方而言,不得随意撤回或者变更自己的自认,更不得为与之相矛盾的事实陈述。为此,只有符合法律规定的两种除外事由,当事人才可撤回自认:一是征得对方当事人的同意,并于言词辩论终结前撤回自认;二是违反真实情况的自认,并且是由于自认方受到胁迫或者重大误解而产生的错误自认。在辩论主义下,当事人的自认事实与法院的裁判事实具有同一性。因为缺少根深蒂固的辩论主义理念,当事人自认亦未取得这种明确的法律效力,反而受到法院裁量权的审查与限制。正如《民诉法解释》第92条所规定的,法院依职权查明的事实与当事人自认的事实不一致的,可以直接以其查明的事实作为裁判依据。

---

① 《民事证据规定》第8条第1款规定:"诉讼过程中,一方当事人对另一方当事人陈述的案件事实明确表示承认的,另一方当事人无需举证。但涉及身份关系的案件除外。"

(二) 文书提出义务

经典民事诉讼理论主张:"当事人只负责自己的主张及其证明,没有义务提出有利于对方当事人的主张及证据。"[1]当事人应就其主张的利己事实提供证据加以证明,对方当事人不承担帮助其提供的义务,事实的证明是主张一方当事人自己的责任。此种诉讼理念植根于自由主义民事诉讼之中,越来越难以适应社会性民事诉讼的现实需求。社会分工的精细化和技术革命的专业化同样影响着民事诉讼,促使民事纠纷逐渐呈现出多元化、复杂化、专业化和信息不对称性,直接关涉诉讼结果的文书证据往往偏在性地集中于一方当事人手中,其又没有协助提出文书的义务,真正的受害人苦于无法提供证据而面临败诉之风险,致使诉讼两造力量的严重失衡。为了矫正和克服结构性的证据偏在性现象,大陆法系在民事诉讼法典中普遍确立了文书提出义务。

文书提出义务,是指"持有文书之不负举证责任之当事人或当事人以外之第三人,因举证人将该文书作为证据方法使用,而所负将其提出于受诉法院以便法院进行证据调查之诉讼法上之义务"[2]。文书提出义务改变了只有负担证明责任的一方当事人提供证据的局面,不负担证明责任的文书持有人基于法院的命令也应向法院递交被申请的法律文书。"文书持有人不仅指现实占有文书之人,而且也包括对文书有事实上的支配力,能基于自己的意思随时将文书移归自己支配之人"[3],主要是指不负证明责任的对方当事人。

文书提出义务的重要课题是确定文书的范围,大陆法系都在民事诉讼法典中对此明确规定。《德国民事诉讼法典》第 421 条规定:"举证人断定证书在对方当事人手中时,应在申请证据时,同时申请命对方当事人提出证书。"[4]不论是公文书还是私文书,只要对方当事人持

---

[1] 肖建华主编:《民事诉讼立法研讨与理论探索》,法律出版社 2008 年版,序言,第 6 页。

[2] 占善刚:《证据协力义务之比较法研究》,中国社会科学出版社 2009 年版,第 68 页。

[3] 占善刚:《证据协力义务之比较法研究》,中国社会科学出版社 2009 年版,第 68 页。

[4] 谢怀栻译:《德意志联邦共和国民事诉讼法》,中国法制出版社 2001 年版,第 103 页。

有并作为证明依据的,都应向法院出示。对方当事人持有的文书必须是根据实体法有权得到的材料、文件,当事人才能向法院申请文书提出命令。对方当事人只需提交那些当事人已指明其存在及其内容的书面材料,一方当事人不能强迫对方披露其所掌握的与诉讼有关的信息。① 德国关于公文书的提出义务无任何限制,但对于私文书的提出义务,特别是对方当事人负有提出私文书义务的范围则是按照实体法规定有出示义务时,法院才能要求出示。"对方当事人在诉讼中为举证而引用在他自己手中的文书时,也有提出此项文书的义务,即使只在准备书状中曾经引用过的文书,也负有提出的义务。"②

日本在1996年修订民事诉讼法之前的旧民事诉讼法中采取的是具体列举负有提出义务的文书种类的方式来规定文书提出命令的范围,主要限定于引用文书、权利文书、利益文书和法律关系文书。1996年修订民事诉讼法时在第220条上新增了第4款条文,即法院可就一般义务文书发出文书提出命令。该项下文书与第1款至第3款所指文书不同,并未附加引用、法律关系等限定条件,习惯上将第4款所指文书称为一般义务文书。由此,文书提出义务也如同证人作证义务一样从个别义务发展成一般义务。

我国台湾地区"民事诉讼法"第344条规定也将提出义务规定为一般义务:"下列各款文书,当事人有提出之义务:一、该当事人于诉讼程序中曾经引用者。二、他造依法律规定,得请求交付或阅览者。三、为他造之利益而作者。四、商业账簿。五、就与本件诉讼有关之事项所作者。"可见,文书提出义务的范围包括引用文书、权利文书、利益文书、商业账簿和就与本件诉讼有关事项所作的文书这五类。

当事人一方申请法院发出文书提出命令时,应表明具体应由他方提出的文书、依据该文书应证明的事实、文书的内容、文书被他方所持有的情形以及应当提出文书义务的原因等事项,此为文书的特定。但是,在有些案件中特别是现代型诉讼中,证据往往集中于一方当事人,受害方根本不知道是否存在产品设计图或者实验报告等文书,如若仍

---

① 参见宋冰编:《读本:美国与德国的司法制度及司法程序》,中国政法大学出版社1999年版,第312页。

② 黎蜀宁:《文书提出义务比较研究》,载田平安主编:《比较民事诉讼论丛》(2005年卷),法律出版社2005年版,第126页。

然要求他们在申请书中必须载明文书表示与内容,实在是强人所难,有违制度本意,减轻文书特定的困难势在必行。根据《日本民事诉讼法典》第 222 条的规定,若明确文书之表示与内容事项面临显著困难之时,当事人只需明确"可以使文书持有人识别被申请文书的事项"即可。我国台湾地区为了解决现代型诉讼的难题,在"民事诉讼法"第 342 条增加了规定"前项第一款及第三款所列事项(文书之标示与内容)之表明显有困难时,法院得命他造为必要之协助"。有学者称之为文书特定协助义务。① 与《日本民事诉讼法典》相比较,我国台湾地区的"民事诉讼法"并不要求申请人要明确"可以使文书持有人识别被申请文书的事项"以及申请人要向法院提出申请。对此,我国台湾地区学者之间有不同的见解。刘玉中认为,欠缺这样的要件要求,似乎不能够明确表明负担文书特定责任的人仍然是提出命令的申请人,不能达到防范当事人任意为摸索证明的目的。② 许士宦则认为,该条规定更可以减轻文书提出命令申请人的文书特定责任以及该规定赋予了法院更大的自由裁量权,有助于当事人证据收集权的保护及诉讼的促进。③

在协助的方式方面,日本民事诉讼法规定的是由法院要求文书持有人表明文书的标示与内容,我国台湾地区的民事诉讼法则仅规定法院可以命他方为必要的协助,至于"为必要之协助"的具体情形,立法也没有加以明确规定。理论界认为,所谓"必要之协助",是指申请人在表明文书的名称、内容有显著困难时,由持有文书的他方当事人陈明、提供该文书的信息或者提供其他的协助。与日本民事诉讼法的规定相比较,我国台湾地区的规定更为灵活、广泛,赋予了法院更大的自由裁量权,有助于证据收集制度的扩充。

文书提出义务通过当事人之间的诉讼合作而交换纠纷信息,这一结果的实现还要仰赖于法院的积极配合和职权行使。法院需要判断当事人的文书申请是否合理,如果当事人申请的文书是法律规定的文

---

① 参见许士宦:《证据收集与纠纷解决》,台北新学林出版股份有限公司 2005 年版,第 354 页。

② 参见刘玉中:《文书提出命令作为证据收集制度运用之落实》,载《玄奘法律学报》2005 年第 4 期。

③ 参见许士宦:《证据收集与纠纷解决》,台北新学林出版股份有限公司 2005 年版,第 357 页。

书,对方当事人承认文书由其持有或者对当事人的申请不作表示,法院签发文书提出命令。由此,文书提出义务成为文书持有人担负的对于国家的公法上义务,他必须依据该命令的要求适时出示请求的文书,违反文书提出命令的话,将遭受严厉的法律制裁,大陆法系的普遍做法是拟制当事人关于文书的主张是真实的。1996年《日本民事诉讼法典》第224条第1款规定:"当事人不服从提出文书命令时,法院可以认定对方当事人所主张的关于该文书的记载为真实。"[1]关于文书之主张为真实系指举证人关于文书之性质、内容及形式上证明力的主张为真实。[2] 当对方当事人违反文书提出命令,法院只认定该文书主张为真实的,至于依文书证明之事实是否为真实仍要由法官依自由心证判断,避免当事人滥用文书提出命令陷文书持有人于不利境地。

文书提出命令法律制裁的效果依赖于当事人的文书主张和文书申请,因为现代型诉讼的证据高度集中于加害方,受害方无法参与或者知悉文书的制作过程,无法知晓请求文书的具体内容,其所提出的文书主张也常常为抽象的和概括的。拟制这些文书主张为真实,对于实力雄厚的加害方而言无异于隔靴搔痒,不能形成有效的制度威慑。为减少这种制度异化的出现,敦促文书持有人积极履行文书提出义务,增强当事人之间的公平和文书提出命令的实效性,大陆法系民事诉讼法规定,法院可以拟制当事人对于事实的主张为真实。1996年《日本民事诉讼法典》第224条第3款规定:"在本条前两款规定的情况下,对方当事人对于该文书的记载提出具体的主张并以其他的证据证明用该文书应证明的事实非常困难时,法院可以认定对方当事人对于该事实的主张为真实。"[3]我国台湾地区"民事诉讼法"第345条规定:"当事人无正当理由不服从提出之命者,法院得审酌情形认他造关于该文书之主张或依该文书应证之事实为真实。"可见,日本民事诉讼法对拟制申请人文书应证明的事实为真实有着严格的适用条件,显得慎之又慎;而我国台湾地区并没有明确规定适用条件,将其适用交由

---

[1] 白绿铉编译:《日本新民事诉讼法》,中国法制出版社2000年版,第88页。

[2] 参见许士宦:《证据收集与纠纷解决》,台北新学林出版股份有限公司2005年版,第363页。

[3] 白绿铉编译:《日本新民事诉讼法》,中国法制出版社2000年版,第88页。

法官自由裁量,究竟如何拟制真实,应依据具体的案件类型,综合考量文书持有人拒绝提出的理由、该文书的重要性、是否存在替代性证据等诸多因素,妥适调整当事人之间的利益平衡。① 拟制要证事实为真实等同于该文书被提出,这种非常严厉的法律制裁的设立有助于借助法院的间接强制促使文书持有人提供证据,实现诉讼合作。

诉讼两造平等武装对抗亦为我国民事诉讼的基本场景,决定和支配着当事人与法院的行为尺度与关系结构。在这种场景中,不负证明责任的当事人亦无须向对方当事人开示自己所掌握的证据,证据持有量的多寡在很大程度上影响着民事诉讼的结果走向。然而,文书提出命令从空洞的理念法律化为实在的制度势必冲破横亘于诉讼两造之间不予合作的诉讼壁垒。《民诉法解释》第112条规定:"书证在对方当事人控制之下,承担举证证明责任的当事人可以在举证期限届满前书面申请人民法院责令对方当事人提交。申请理由成立的,人民法院应当责令对方当事人提交,因提交书证所产生的费用,由申请人负担。对方当事人无正当理由拒不提交的,人民法院可以认定申请人所主张的书证内容为真实。"

依照上述规定,负担证明责任的当事人在证明要件事实的过程中因无法获取对方当事人持有的重要书证而面临着败诉风险时,可以透过文书提出命令要求不负证明责任的当事人向法院出示对发现案件真实至为关键的书证。不负证明责任的当事人若拒绝履行法院出具的文书提出命令,将不得不承受法院所施加的拟制文书内容真实的法律制裁。换言之,书证未予出示,却产生如同书证被适时出示并且其内容为真实的客观效果,这等于通过法院的文书提出命令强制不负证明责任的当事人为对造当事人的要件事实证明提供证据协力。顾虑于此种不利后果,当事人可能更乐于向法院出示自己所持有的书证,对造当事人可将此书证采为证成要件事实的重要证据,亦为法院发现案件真实以及消减证明责任判决的司法适用提供了适当协助。毫不讳言,文书提出命令必将在客观上促进诉讼两造之间在证据层面的对话与合作,必将颠覆传统民事诉讼格局,推动民事诉讼结构的现代化变革。

---

① 参见许士宦:《证据收集与纠纷解决》,台北新学林出版股份有限公司2005年版,第365页。

与此同时,必须理性地认识到我国文书提出命令制度的不足之处。大陆法系对文书提出命令可予适用的文书类型均予以明确规定,我国只是空泛地规定适用于不负证明责任的当事人所持有的书证,更无不予适用文书提出命令的除外事由,这不仅会导致文书提出命令被不当地扩大适用,而且会造成持有书证的不负证明责任的当事人承受过重的事案解明义务,承担证明责任的当事人反而可利用此项制度逃避或者卸载本身应当履行的证据提出义务。此外,我国没有建构出文书提出命令的精细化程序,使得司法实践中法官不知应当如何运用这种新型制度。更为重要的是,无论是当事人,还是法院,均未完全接受不负证明责任的当事人须向法院提供自己持有书证的新型诉讼理念。正是这些多重因素的综合作用造成文书提出命令没有得到很好地利用,甚至完全为法官所漠视。在有些案件中出现当事人未向法院申请发布文书提出命令,法院在认为有必要时直接利用证明妨碍制度拟制真实的情形。① 故此,有必要借鉴大陆法系文书提出命令制度的成熟运作模式,结合我国司法实践的具体情况,逐步构筑体系化与精细化的文书提出命令制度。

(三)证据开示

证据开示是指"法庭审理前或当事人起诉前,当事人双方各自向对方出示证据和要求对方当事人以及案外人提供他们所持有的证据,依此获得证据、交流案件信息的程序和制度"②。证据开示制度的确立过程也是对对抗制认知不断深化、反思和变革的过程。1938年以前的美国民事诉讼长期奉行的是竞技主义的诉讼观,诉讼被视为双方当事人尤其是律师唇枪舌剑展开对抗性辩论的场所,法官不会主动干预证

---

① 正如鲁爱琴与上海富盛建设发展有限公司劳动合同纠纷案判决书所论述的:"有关销售的相关资料以及相应业绩等材料,均应当在富盛公司,但富盛公司除主张鲁爱琴所有提成已经在上述二笔钱款中外,但却拒不提供任何与鲁爱琴销售有关的材料。所以,富盛公司在本案中实施了证明妨碍,并且对于其持有的证据拒不提供,因此按照法律规定,应当由富盛公司承担相应的法律后果。基于此,对鲁爱琴主张的工资收入情况予以采信,并按此计算相应的平均工资。"参见上海市第二中级人民法院(2015)沪二中民三(民)终字第599号判决书。
② 韩波:《民事证据开示制度研究》,中国人民大学出版社2005年版,第26页。

据的提出。在胜诉酬金制激励下的律师真正在乎的是诉讼的胜败,为了获得胜诉判决他们往往于开庭前隐藏或者不透露其所持有的证据,而在开庭审理时集中出示这些证据,尤其是对方不能获知或者不能掌握的重要证据,寄希望于给对方当事人措手不及而无还手之力,诉讼突袭是律师最常用也最为谙熟的诉讼技巧,对抗制的程序构造自身也为其提供了生根发芽的丰田沃土。反过来,律师也是对抗制兴盛发达的制度根基,正是这一点引发了对抗制的现代司法危机。贫穷的当事人受制于经济状况无力聘请或者不能聘请优秀的律师,难以及时有效收集到与案件有关的信息和证据;富有的当事人却有实力也有途径邀请到经验丰富的一流律师为其诉讼,运用其高超的诉讼策略和诉讼技巧促使诉讼向利己方向发展。现实也证明,在对抗制下,证据占有的多寡以及律师的诉讼策略和诉讼技巧在相当程度上左右着诉讼的结局。确切地说,对抗制割裂并阻挡了双方当事人之间信息和证据的正常交流,而以追逐利润和物质利益为首旨的具有党派性的律师进一步加剧了证据的自利性,使得信息屏蔽的闸门更加坚实。如此一来,真正有理的当事人因为不能占有足够多的证据又没有能力聘请优秀的律师而在诉讼中败诉也就不足为怪。

对抗制演变成当事人及其律师之间展示知识的极具观赏性的竞技比赛,看似实现了当事人的形式平等和程序正义,事实上却隐藏着实质不平等的巨大风险,背离了发现案件真实的诉讼目标。现代法治国家普遍将实质正义和发现真实作为诉讼目标,"迅速发现真实似乎仍然是民事诉讼制度最重要的事"[①],任何司法制度都不能容许违背发现真实的制度长期存留,否则当事人将会丧失对司法制度的信任,进而动摇司法制度的正当性根基。合理的诉讼应由双方当事人在信息共享的基础上协力发现案件真实,"开庭审理应是根据已提供的和已回答的有关信息寻求真理的过程,而不是一场凭借隐瞒重要信息而获胜的斗智游戏"[②]。基于对对抗制弊端的理性分析,《美国联邦民事诉讼规则》于1938年建立了具有里程碑意义的证据开示制度。"证据开

---

① 陈石狮等:《事证开示制度(Discovery)与发现真实》,载民事诉讼法研究基金会:《民事诉讼法之研讨》(五),台北三民书局有限公司1996年版,第82页。

② 乔钢良:《现在开庭——我为美国联邦法官做助理》,生活·读书·新知三联书店1999年版,第252页。

示制度的目的在于,使审判能够在光明之下进行,它必须排除借裁决演恶作剧的游戏,在可能范围内基于开示的争点及事实展开辩论。即裁决不应是对立当事人及其律师开展智力竞赛的舞台,而应是追求真实和正当结果的场所。"①

证据开示制度的建立与英美法系的集中审理主义密不可分。作为裁判者的陪审团或者法官只有在正式庭审中才能获知当事人提交的证据,在此之前不能也不应该接触到证据,否则将依据传闻证据法则予以排除。因此,当事人及其律师应该在开庭审理前充分地交流证据信息,以便于确定证据和整理争点,为正式开庭审理做好充分的准备。按照《美国联邦民事诉讼规则》第 26 条第 2 款的规定,当事人可以请求对方当事人开示其所持有的或者意欲在庭审程序中使用的与诉讼标的有关联且不属于保密特权的任何事项。② 可见,证据开示制度具有非常广泛的适用空间,保密特权以外的任何与诉讼标的相关联的事项都可作为证据开示的对象。如此广泛的适用范围赋予当事人获得原本无法知悉或者力所不及的证据的充分可能性,某一方当事人不再单独享有对于证据的支配权,转而由双方当事人共享证据信息,尽可能避免因证据信息不对称而引发的诉讼突袭和裁判结果不公正。同时,双方当事人在审前程序开示其所持有的事实和证据,使其提早袪除不利的或者错误的证据,消除不存争议的事实和证据,更好地整理争执的焦点,便于开庭审理的顺利展开。设立证据开示的制度初衷就是为正式开庭审理做好准备,在实践运用中其功能却呈现扩大化趋势。因为证据信息的共享为当事人事先评估和预测诉讼结果创造了可能性,当事人可以仔细甄别和理性分析双方当事人现有证据的优劣、依凭现有证据胜诉可能性有多大以及继续诉讼聘请律师所需的费用等多方面因素,相当多的当事人改变了诉讼策略,放弃诉讼而选择以审前和解作为解纷的手段,只有极少的案件真正进入到庭审阶段。

证据开示制度很大程度上改变了竞技主义的司法面貌,使其朝向诉讼合作主义的方向发展。换言之,证据开示的过程也是诉讼合作的

---

① 徐昕:《英国民事诉讼与民事司法改革》,中国政法大学出版社 2002 年版,第 285 页。

② 参见白绿铉、卞建林译:《美国联邦民事诉讼规则证据规则》,中国法制出版社 2005 年版,第 50—51 页。

过程。这种诉讼合作又包括两种形式:一是当事人之间的证据交流和信息共享;二是法院依职权保障当事人证据共享而实现的诉讼合作。这两种诉讼合作的发展与融合在证据开示的扩充与限制中得到了良好的体现。

原则上,证据开示是当事人之间为共享证据信息而展开的诉讼合作,无须法院的准许。在证据开示的方法中,最为常用的笔录证言针对的是对方当事人或者准备出庭作证的证人,由律师采取口头询问的方式录取证言,书面询问方式也时常采用。"律师可以利用对方当事人笔录证言攻击对方弱点,与其他证言或证据进行对质,通过录取笔录证言促成和解,或者直接在法庭上主张对方当事人没有事实根据而申请驳回诉讼或申请进行简易判决。"①质问书也仅适用于当事人之间,不必经过法院的许可。一方当事人希望获得对方当事人持有的证据,可以向相对方发出书面质问书,对方当事人应当在收到质问书后30日予以书面答复,也可提出异议并应出具异议理由。当事人可以请求相对方或者案外第三人提出所持有或者控制的文书或物证以实现彼此的沟通与合作,亦可向对方当事人或者诉讼外第三人要求亲自检查文件、计算机数据及其他物品,以及为检查这些证物而进入相关的土地和建筑物等,被请求人应于要求书送达后30日予以书面答复,没有进行答复或者提出异议的,请求人有权请求法院发出命令予以强制或者制裁。要求自认针对的是诉讼系属中的对方当事人,对方当事人在要求书送达后30日或者法院许可的期间内或者其他变更的期间内未进行书面答复或者提出异议,视为当事人自认。可见,上述证据信息的共享发生在对方当事人与第三人对于请求方当事人的诉讼合作中,且适用范围非常广泛。这就大大增加了当事人收集原本无法取得的证据的可能性,避免了证据资料占有的倾斜性以及由此而导致的不公平。

然而,相对宽松的适用条件也使得证据开示制度极易成为当事人拖垮对方当事人以谋取不正当利益的工具而被过度使用甚至滥用。为此,近些年来美国开始不断加强对该制度的限制,具有标志性的是1993年创立的自动强制开示义务。当事人在向对方当事人提出证据

---

① 黄松有:《证据开示制度比较研究——兼评我国民事审判实践中的证据开示》,载《政法论坛》2000年第5期。

开示的请求前,不待对方当事人要求就应主动向对方当事人开示有关争执事实的基本情况,包括当事人的姓名、住所、电话号码、文书复件等。如果当事人不主动履行自动开示义务,对方当事人有权拒绝开示证据和信息的要求。这样的制度变革赋予请求方当事人先开示证据的义务,使得被请求方当事人不再处于完全被动地位,从而实现了请求方当事人对于被请求方当事人的诉讼合作。

证据开示制度变革的基本趋势是加强法院对于当事人之间开示证据的控制,促使制度的有限利用,从而将合作的形式从当事人之间扩展到法院与当事人之间。前述的证据开示方法都发生在当事人与对方当事人或者诉讼外第三人之间,无须经过法院的许可,而第五种方法"身体和精神的检查"则需要经过法院的准许。按照《美国联邦民事诉讼规则》第 35 条的规定,当事人就对方当事人或者在当事人监护或合法监督下的人的身体状况或者精神状态产生争议时可向法院提出身体和精神检查的申请①,法院经过审查认为当事人的申请有正当理由的应当发布命令,并在命令中指定检查的时间、地点、方式、条件、范围和实施检查的人。同时,在前述的证据开示的方式中,对方当事人或者诉讼外第三人未在规定的期限内进行书面答复或者在此期间内提出异议的,当事人可以向法院申请发出命令,要求其按照请求方当事人的要求及时开示请求事项。对方当事人或者诉讼外第三人不遵守开示请求或者法院的开示命令,法院将会对其施加程度不同的法律制裁。这是法院为实现当事人之间顺利进行证据开示的重要制度保障,陈石狮教授将法律制裁视为证据开示制度能够发生作用的关键所在。② 证据开示制度的法律制裁手段包括以下四种:① 拟制请求方当事人主张的事实为真实;② 限制当事人提出反证或者禁止提出证据;③ 撤销诉讼或者违反者败诉的缺席判决;④ 判处藐视法庭罪。这样一来,法官就对证据开示制度不再采取消极的态度,而应该积极地介入制度的运行和处理中来,法官与当事人的合作过程由此鲜明地体现出来。

---

① 参见白绿铉、卞建林译:《美国联邦民事诉讼规则证据规则》,中国法制出版社 2005 年版,第 70 页。
② 参见陈石狮等:《事证开示制度(Discovery)与发现真实》,载民事诉讼法研究基金会:《民事诉讼法之研讨》(五),台北三民书局有限公司 1996 年版,第 85 页。

(四) 当事人照会

日本于1996年修订民事诉讼法时采撷美国证据开示制度中质问书的运行机理，改造而成当事人照会制度，2003年的民事诉讼法进一步将其适用阶段扩展到起诉前。当事人照会，是指当事人于诉讼系属中或诉讼系属前向对方当事人发出照会书，要求其在一定期限内就本方准备主张或者证明的必要事项给予书面应答的制度。它是当事人之间相互开示与交流与本案相关的纠纷信息的制度装置，堵死了法院介入其间的路径，从而在实质上确立当事人间无介质的信息交流渠道。这是一种巨大的制度突破，打破了大陆法系民事诉讼原本的波澜不惊，撕裂出一道狭小的缝隙，改变了当事人的诉讼角色。因为，大陆法系根深蒂固的诉讼观念是当事人应就其主张的要件事实承担证明责任，而不负证明责任的对方当事人没有义务提供证据，更没有义务向他方开示证据，当事人要想收集证据原则上应向法院提出申请，经法院审查后才能给出同意与否的决定或者命令，对方当事人拒不履行法院的决定或者命令将遭受相应的法律制裁。

当事人照会深刻地改变了这种民事诉讼样貌，当事人相互之间有权要求对方当事人开示与案件有关的纠纷信息，对方当事人则对请求事项负有如实回答的义务，即使是不负证明责任的当事人对于他方的照会事项也有义务给予必要的应答。占有信息资料的不对称性和不均衡性不能成为当事人败诉的直接诱因，法官也不能根据当事人持有纠纷信息的多寡来决定诉讼的结果，"现在的观念是，当事人借对方信息匮乏之机竟然可以赢得诉讼是不妥当(不公正和不公平)的"[①]。况且，制度设计者跳过了法院的中间过滤程序，直接在当事人之间构建纠纷信息开示和交流的双向渠道。在这种意义上可将当事人照会视为当事人间的证据收集制度，白绿铉教授更为谨慎地将其视为"仅仅是一方当事人收集对方当事人所掌握的与案件有关的信息，为当事人进一步收集证据而进行的一种准备手段"[②]。因此，当事人照会是当事

[①] 〔日〕高桥宏志：《重点讲义民事诉讼法》，张卫平、许可译，法律出版社2007年版，第60页。

[②] 白绿铉编译：《日本新民事诉讼法》，中国法制出版社2000年版，第18页。

人之间的信息开示与信息共享的程序装置,更是当事人之间在共同诉讼目标支撑下而展开的事实层面的诉讼合作。

当事人照会有起诉后的照会和起诉前的照会两种具体表现样态。起诉后的照会只能在诉讼系属中进行,是当事人照会的典型形式。只要是准备主张及举证所必要的事项,当事人都可将其作为照会的对象而不限于证据偏在的特殊情况。由此可见,当事人照会是一般性义务,而非个别性义务。这使得不负证明责任的一方当事人承担了比较重的义务,相反负担证明责任的当事人义务大大减轻,如果不加合理限制很容易成为当事人转移诉讼责任和滥权的手段。因此,应当合理限定当事人照会的适用范围。《日本民事诉讼法典》第163条明确规定了当事人照会的除外事由:"(1)抽象的或不具体的照会;(2)侮辱对方当事人或者使之困惑的照会;(3)与已经提出的照会相重复的照会;(4)征求意见的照会;(5)对方当事人为了作出回答而需要不适当的费用或时间的照会;(6)与根据本法第一百九十六条或第一百九十七条之规定可以拒绝证言的同样事项进行照会。"①

起诉前的照会的制度设计就稍有不同。按照《日本民事诉讼法典》第132条之二和之三的规定,利害关系人希望在诉讼系属前知悉或者获得应作为被告之人所持有的事实或者证据等纠纷信息,可向其发出起诉的预告通知,分别成为预告通知人和被预告通知人。在预告通知发出之日至起诉的4个月内,预告通知人可要求被预告通知人在一定期限内就其请求事项给予书面答复。被预告通知人可以书面形式对预告通知所记载的请求要旨及纠纷要点给出书面答复。他也可在收到预告通知书之日至起诉的4个月内,就准备主张所必要的事实或者证据事项书面照会预告通知人,要求其在一定期限内就请求事项给出书面答复。与起诉后的照会不同的是,只能就明显属于诉讼中准备主张及举证所必要的事项提起起诉前的照会。同时,还设定了多种除外事由:"(1)即便在诉讼系属中的当事人照会中,也不能照会的事项;(2)涉及对方当事人或者第三人私生活之秘密的事项;(3)涉及对

---

① 白绿铉编译:《日本新民事诉讼法》,中国法制出版社2000年版,第74—75页。

方当事人或第三人营业秘密的事项。"①

被预告通知人或者被照会人有义务就预告通知书或者照会书的照会事项进行书面应答。被预告通知人或者被照会人应尽可能根据照会事项来应答,并进行具体记载。当被预告通知人或者被照会人认为属于不能照会事项而拒绝应答时应当在应答书中明确不能照会事项的法律依据。有趣的是,日本民事诉讼法规定了当事人诚实应答的义务,却没有规定拒不应答或者不诚实应答的法律制裁,即当事人照会是一项缺少法律制裁的诉讼义务。如此规定的理由在于:"一方面考虑到既然当事人照会制度是一项尝试性的新的法律制度,不必忙于规定强制性的法律效力;另一方面,也是主要的一点是,当事人不履行回答义务应承担义务的法律依据是什么,还存在问题。"②尽管这样的制度设计是比较理性的,但是"没有规定制裁措施,也不允许法院的参与(判断),这可能不利于要件规范的法制发展,造成恶性循环"③。就当事人拒不应答或者不诚实应答的,法院不应将其作为辩论全趣旨予以对待,缘由在于不是由法院在期日于公开的口头辩论中获取。不过,当事人可根据照会事项的不同,向法院申请文书提出命令、检证物证或者要求法院行使阐明权,以获得被照会人的应答。

(五) 证据保全

证据在民事审判中处于核心地位,直接决定着审判的走向和利益的归属。然而,一旦这些证据面临着灭失或者不可恢复的风险之虞,权利义务关系的认定可能呈现模糊状态,当事人的利益面临着被剥夺的危险。如果这种风险被当事人不当运用,将会造成当事人之间武装对抗的不平等,正当的审判走势会遭到极大的干扰。为此,证据保全制度走上了诉讼舞台,力求避免和消减这种风险对当事人的不当影响,努力实现诉讼两造的平等武装对抗,适当地帮助法官发现案件真

---

① 〔日〕高桥宏志:《重点讲义民事诉讼法》,张卫平、许可译,法律出版社2007年版,第67页。

② 〔日〕竹下守夫、〔日〕今井功主编:《讲座民事诉讼法》(第Ⅰ册),弘文堂1998年版,第273页;转引自白绿铉编译:《日本新民事诉讼法》,中国法制出版社2000年版,导论第19页。

③ 〔日〕新堂幸司:《新民事诉讼法》,林剑锋译,法律出版社2008年版,第408页。

实,保证实质正义。证据保全是指为防止特定证据的灭失或者以后难以取得而在提起诉讼以前或者诉讼中通过特定形式固定或者保管证据的制度。

根据适用阶段的不同,证据保全有诉讼证据保全和诉前证据保全两种类型。诉讼证据保全,是指在诉讼过程中为了防止证据灭失或者以后难以取得,经当事人申请或者法院依职权对证据进行保存和固定的法律行为。我国《民事诉讼法》第81条第1款对此加以明确规定,适用前提仅限于证据出现可能灭失或者以后难以取得的情况。我国台湾地区的证据保全制度适用范围要大得多,在取得当事人同意时,或者事物的现状可能影响其法益时也可以申请证据保全。"证据保全者,即当事人于诉讼上欲利用之证据方法,恐日后有灭失或碍难使用之虞或经他造同意,或就确定事物之现状有法律上利益并有必要时,预为调查而保全之谓也。"[1]

"诉前证据保全,是指利害关系人在起诉之前,有关权利义务争议的证据就面临着灭失或者以后难以取得的情形,为避免其合法权益受到难以弥补的损害,于起诉前申请人民法院就有关证据予以提取、保存或者封存的强制措施。"[2]只有证据面临可能遭受不当侵害的紧急危险时,利害关系人才能申请诉前证据保全。一直以来,诉前证据保全只在《中华人民共和国海事诉讼特别程序法》和知识产权领域有所规定,在作为基本法的《民事诉讼法》中却始终处于缺位状态,严重制约了诉前证据保全的利用和功能发挥。值得欣喜的是,2012年修改通过的《民事诉讼法》第81条第2款对其加以明文确立:"因情况紧急,在证据可能灭失或者以后难以取得的情况下,利害关系人可以在提起诉讼或者申请仲裁前向证据所在地、被申请人住所地或者对案件有管辖权的人民法院申请保全证据。"证据保全从而具有了完整的制度体系,是民事诉讼法的一大进步。

证据保全的主要功能在于固定和保全证据,避免证据的流失、消减或者毁损等。事实认定是法律适用的前提和基础,事实认定出现偏

---

[1] 王甲乙、杨建华、郑健才:《民事诉讼法新论》,台北三民书局2005年版,第476页。

[2] 肖建华主编:《民事证据法理论与实践》,法律出版社2005年版,第273页。

差，将导致法律适用的错误。事实认定不能假托某种超理性的权威，也不能由裁判者恣意确定，必须仰赖于证据的桥梁作用沟通已知证据与未知事实。因此，当事人能否收集到证据以及收集证据的多少直接关涉到法院准确认定事实的程度和裁判的正当性。但是有些民事案件出现特定情况使得证据面临消失或者损毁等不当风险势必将羁绊法官认定事实的准确性。证据保全制度即是通过对特定证据的固定和保管努力消除这种不当风险，保证法官事实认定和裁判的正确性。

一般来说，在两种情况下可采取证据保全措施：一是证据可能由于自身的原因发生自然变化，如不采取一定技术手段处理无法保持其正常状态；二是证据持有人在利益的驱动下有可能采用故意毁损、转移、藏匿、篡改证据等手段改变证据的常态，使其面临灭失或者以后难以复得的窘境。如果不采取特定手段固定住这些证据而在进入证据收集或者证据调查阶段再去收集、调查这些证据，或者导致证据因为灭失而永远无法收集到，或者要花费更多的时间、人力、财力，可能会对诉讼程序造成阻碍，难以保证诉讼顺利进行。证据保全的宗旨在于使面临上述不当风险的证据借由具有公信力和权威性的法院的调查和记载得以固定，从而为即将展开的法庭审判提前做好程序准备，避免案件事实随着证据的流失或者损毁等无法获得证明，力求保证裁判的正确性和当事人的合法权益。

证据保全在坚守传统的固定和保管证据基本功能的同时，也在司法实践中不断探索新的发展面向，使得证据保全的功能逐渐呈现扩大化的趋势。通过证据保全，一方面可以将那些可能灭失或以后难以取得的证据固定，免受证据灭失或者损坏之危险，使双方当事人知悉所有的证据。另一方面，证据保全是预先启动的调查证据程序，一方当事人通过证据保全，收集没有掌握的证据方法，知悉存在于他方当事人支配领域内的证据，进而可为自己所用。证据保全在一定程度上发挥着证据开示的制度功能。因此，证据保全可理解为当事人之间就陷入困境的特定证据依托于法院的公权力而展开的诉讼合作。这样的诉讼合作不论是对于当事人还是对于法院都具有积极的意义。对于当事人而言，证据保全将证据清晰地呈现在当事人面前，使当事人在审前即对案情全貌有较为透彻的了解，充分了解纠纷的实际情况，获得更多证据，综合分析这些公开、透明的证据，达成共识，使得争点集中化、单纯化，防止滥用诉权及浪费诉讼资源的现象出现，促进纠纷的解决和效率的提升。正如有学者所言:"证据保全申请人借由证据保全,于起诉前先行了解相对人所持有之证据方法(证据收集),是否有利于获得胜诉,以之为决定起诉与否时的参考,若为肯定自己有较高之胜诉机会者,则倾向于可起诉;若为相反者,则不必浪费时间、金钱、劳力起诉。"①对于法官而言,可以在诉前或者审前很明确地整理出案件双方当事人争执的焦点,哪个证据对于何方当事人有利或者不利,法官开庭审理案件时,可以直接根据当事人的证据和争点进行审理,没有必要再次进行争点整理和证据固定活动,极大地提高诉讼效率。

也有学者认为,促进裁判外解决也是证据保全功能扩大化的表现②,笔者对此不敢苟同。诚然,当事人借助于证据保全制度提取或者保管有着灭失或者损毁危险的证据,实质上相当于要求对方当事人开示特定证据,进而使得当事人在诉前或者诉讼中能够对案件事实有基本的了解,据以推测或者判断是否具有提起诉讼的必要性以及胜诉的可能性,不为或不继续为诉讼而选择和解或者调解等各种 ADR 的方式解决纠纷。但是,不得不说,证据保全本身不具有解决纠纷的功能。证据保全可以固定和保管证据,并在当事人之间开示证据,提炼和概括案件的争点,可以说为纠纷的解决铺垫了良好的基础,至于当事人如何解决解纷,是选择继续进行诉讼还是转而采用和解或者调解等 ADR 的方式则是另一个问题。忽视其中的过渡阶段和适用语境,直接将诉讼外纠纷解决功能与证据保全嫁接到一起是错误的。为什么我国台湾地区却可以将其作为证据保全功能扩大化的表征呢?依笔者陋见,这与其证据保全制度尊重当事人的意愿密切相关。我国台湾地区"民事诉讼法"第 368 条规定:"当事人征得对方当事人的同意,可以对特定证据申请保全。"第 376 条之一规定:"当事人可于诉讼系属前,就诉讼标的、事实、证据或者其他事项成立,法院应当将该协议明确记载于笔录中。""如系就诉讼标的所成立者,法院应将协议之法律关系及争议情形记名笔录,依其协议之内容,当事人应为一定之给付者,得为执行名义,而使得诉讼系属前之证据保全程序具有避免纷

---

① 刘玉中:《证据保全之认知与运用》,载《玄奘法律学报》2004 年第 2 期。
② 参见许少波:《证据保全制度的功能及其扩大化》,载《法学研究》2009 年第 1 期;沈冠伶:《民事证据法与武器平等原则》,台北元照出版公司 2007 年版,第 171—173 页。

争扩大或解决纠纷之功能。"①可见,当事人合意是证据保全制度的启动方式之一,这些自认契约、证据方法限制契约或者和解契约等契约本身就蕴含着对于程序的选择和利益的处分,证据保全于诉讼外解决纠纷也就不足为奇。然而,在中国大陆还未确立当事人合意的证据保全启动方式的情况,也将诉讼外纠纷解决功能囊括进来将会造成证据保全的功能模糊以及与 ADR 方式的错位,是不可取的。

二、当事人与法官之间事实层面的诉讼合作

在民事诉讼中,事实发现是当事人的事情,也是法官的事情,更是法官与当事人共同的事情。法官与当事人经过充分的诉讼合作孕育而成的裁判更能贴近生活事实本身,易为当事人和社会所接受。要想实现这种诉讼合作,法官必须适当适时地运用司法职权,摈弃过于依赖当事人发现真相的单向思维。我们应当认真反思市场化改革过程中脱离国情盲目引进的竞技主义司法观念,它将当事人视为事实发现的单一主体,将法院视为程序的看管者和裁判的生成者,不能积极地行使司法职权,只能消极中立地根据当事人主张的要件事实和提出的证据资料加以裁判。竞技主义司法和当事人主义将法官权力与当事人权利对立起来,意图通过法院权力的弱化以实现当事人主体地位的提升。在当事人事实发现能力和证据收集能力未能取得实质性进步的情况下,又基本放弃或者缩减了法官的权力,造成裁判结果屡遭当事人和社会的质疑,出现法院失灵和法律失序。实践证明,弱化法官权力的努力是臆想的,也是徒劳的,当事人或者法院单方面的诉讼努力无法有效地达成诉讼共识,只有当事人与法院实现诉讼合作才能真正地发现案件真实。"不是当事人的陈述而是法官与当事人之间进行的法律和事实方面的对话在诉讼中占据了核心地位。"②法官权力的合理运用是法官协助当事人发现真实的重要依托。因此,应当收回改革

---

① 沈冠伶:《民事证据法与武器平等原则》,台北元照出版公司 2007 年版,第 172 页。

② 〔德〕米夏埃尔·施蒂尔纳编:《德国民事诉讼法学精粹》,赵秀举译,中国政法大学出版社 2005 年版,第 371 页。

过程中放弃的法院依职权调查证据等权力并予以适度扩大。下文就比较重要的阐明权与法院依职权调查证据加以详尽分析。

(一) 阐明权

现代社会具有强烈的内生性与突变性,角色各异的国民面对不断流变的社会情势和伸缩有变的人际关系采取了不同的应变策略,累积形成了深厚有异的社会经验。同时,社会地位和教育背景等的差异造成了国民高低不等的法律知识和诉讼能力。内外因素的交互影响和综合作用逐渐侵蚀了大陆法系民事诉讼基础的辩论主义的正当根基,形骸化的制度实质为更多人所认知与反思。于是,由矫正辩论主义缺陷衍生而成的阐明①制度在现代民事诉讼制度体系中愈发彰显魅力。

---

① 大多数民事诉讼法学者采用"释明"的术语,很多学者在同等意义上使用"释明"与"阐明"两个概念。参见严仁群:《释明的理论逻辑》,载《法学研究》2012年第4期;熊跃敏:《民事诉讼中法院的释明:法理、规则与判例——以日本民事诉讼为中心的考察》,载《比较法研究》2004年第6期;等等。也有学者对二者进行了详尽的区分:"'释明'并不是一方主体单方解释和说明的行为,而是一种具有双方联系和互动的行为结构模式。因此用'阐明'这一单一行为尚不能很恰当地表达'释明'的行为结构模式。"参见张卫平:《民事诉讼"释明"概念的展开》,载《中外法学》2006年第2期。相比之下,"阐明"的表达方式并不很多。可参见张力:《论阐明权的界限》,载《法律科学》2006年第3期;谢文哲:《论法官阐明的理论基础》,载《法律科学》2004年第5期;等等。笔者更倾向于"阐明"的术语表达方式。其一,"释明"易与民事证据理论中的"释明"相混淆。在证据法中,有"证明"与"释明"的基本划分。证明是法官对当事人请求事项获得确信的状态,而释明则指法官尚未获得确信心证,只是对请求事项获得大致上确信的推测。参见〔日〕三月章:《日本民事诉讼法》,汪一凡译,台北五南图书出版公司1997年版,第419页。释明的证明度并不高,主要针对需要迅速解决的事项,比如当事人申请法官回避只需要达到释明的程度即可。运行路线是当事人向法院释明。而我们所言的"释明"则是法院向当事人予以发问、晓谕、提醒等。如果仍然采用同一概念,尤其是在证据领域,可能会造成困扰,引发不必要的困扰。其二,法院的阐明行为并非必然伴随着当事人的响应行为,即是单向性行为。是否针对法院的阐明予以相应的响应,由当事人自主决定,当事人没有进行响应的义务,法院也不能强迫当事人接受其阐明事项。其三,我国台湾地区学者普遍使用"阐明"的概念。他们将法院向当事人发问或者晓谕等行为视为阐明,而将当事人对于法院或者对方当事人予以响应的行为视为解明。基于以上理由,本文就此问题全篇采用"阐明"的表达方式。

"阐明,系审判长用发问、晓谕、令其陈述事实等方法,使当事人所为不明了、不完足之声明或陈述因而变为明了或完足。"[①] 阐明权是指法官采用发问、晓谕、告知或者提醒等法定方式要求当事人就事实问题与法律问题的不清楚、不充分、不妥当或者有缺漏之处予以澄清、补正或者提出的诉讼指挥权。

从其本质来看,阐明权是法院实质诉讼指挥权的重要组成部分[②],即当事实问题或者法律问题面临不明了或者不完足等瑕疵而影响法官心证的正当判断时,阐明是法院祛除实质瑕疵的基本权能或者权力。不光如此,大陆法系民事诉讼为敦促法官及时行使此项权能,防范权力懈怠的不作为滋生的裁判错误,又普遍将阐明视为法院应当履行的义务,当事人可以法院未行使阐明权为由向法院提起上告,法院可以此理由废弃或者撤销原判决。现代民事诉讼的共识是:阐明是法院的重要权力,也是法院不可推卸的法律义务。"阐明权"的术语更多的是约定俗成的符号性意义,绝非有意忽略阐明的义务色彩。

建立阐明权制度的初衷在于补救处分权主义与辩论主义的不足,保护当事人的权益。[③] 民事诉讼实行处分权主义,当事人有权自主决定诉讼的开始、终结以及请求事项的范围与取舍等。制度现实是,有些当事人的请求事项不清楚、不妥当或者与其主张的要件事实有所抵触。如若判决其败诉并非因为没有正当理由,而是因为没有尽到主张责任明晰请求事项或者保持请求事项与要件事实的一致性,这种应当胜诉的当事人无法获得胜诉的情况是现代民事诉讼所无法接受的。于此情形,法院绝不能放任不管任其发展而应当及时行使阐明权探明当事人的真意,督促其澄清请求事项或者修改请求事项与要件事实有

---

① 姚瑞光:《民事诉讼法论》,中国政法大学出版社2011年版,第200页。

② 周翠教授将其称为"实质诉讼指挥义务",并且细分为探讨义务、发问义务和晓谕义务。参见周翠:《现代民事诉讼义务体系的构建——以法官与当事人在事实阐明上的责任承担为中心》,载《法学家》2012年第3期。就其内容而言,无论是发问义务、晓谕义务还是探讨义务都是阐明权须臾不可分离的部分,事实上将法官阐明义务等同于实质诉讼指挥义务。但有一点是确定无疑的:阐明权是实质诉讼指挥权的重要内容。

③ 参见邱联恭、骆永家等:《阐明权》,载民事诉讼法研究基金会:《民事诉讼法之研讨》(四),台北三民书局有限公司1993年版,第170—171页;徐宏志:《民事集中审理之研究》,我国台湾地区"司法院"印行1999年版,第126页;〔韩〕孙汉琦:《韩国民事诉讼法导论》,陈刚审译,中国法制出版社2010年版,第199页。

所矛盾之处,承载起公权机关应尽的国家职责。按照辩论主义,当事人未主张的事实不能采为裁判的基础。然而,有些当事人不懂法律知识,欠缺诉讼能力,所主张的要件事实呈现不清楚、不充分或者前后矛盾之状态,仍然教条性地遵照辩论主义的话势必造成裁判的不公正,实行律师强制代理主义的德国无法消除这一弊端,遑论实行律师任意代理主义的其他国家或者地区。

作为矫正辩论主义的合理制度装置的阐明权应运而生。面对裁判基础的诉讼资料或者证据资料的不明了、不充足或者有所遗漏之处,法院可运用阐明权要求当事人澄清、补正或者提出新的诉讼资料或者证据资料,协助当事人完成事实的解明责任。由此可见,阐明权是处分权主义与辩论主义的矫正装置,也是当事人利益的程序保障机制,更是法院发现真实与实现实质正义的制度渠道。正是基于此,Wassermann将阐明权称为"民事诉讼中的大宪章"[1]。还有学者认为,赋予法院程序保障权来防止发生突袭性裁判也是阐明权正当化的重要理由。[2] 如若法院未经阐明直接将当事人未主张的事实、证据作为裁判的依据或者适用的法律与当事人预想的不一致,导致超出当事人请求的范围从而侵犯到当事人的处分权,当事人无法对其展开充分的攻击防御而造成诉讼突袭。伴随着现代民事诉讼的复杂化与多样化,防止诉讼突袭作为阐明权的正当基础愈发坚固。

毫无疑问,阐明权对于发现实质真实、实现实质正义和防止突袭性裁判具有重要的建构意义。笔者更倾向于将阐明权视为法院与当事人之间信息交流、程序对话与诉讼合作的交往平台。"民事诉讼程序作为现代社会中纷争解决机制之一环,必须透明化、去威权化与实质平等化,朝向一个对话沟通式的程序进行方式。"[3]以对话沟通与信息交流而建构起来的诉讼合作主义成为现代民事诉讼的发展方向,阐明权制度是法院对处于弱势地位或者可能因诉讼信息不对称而遭受

---

[1] 〔德〕米夏埃尔·施蒂尔纳编:《德国民事诉讼法学精粹》,赵秀举译,中国政法大学出版社2005年版,第364页。此说法最早可以追溯至1908年,克拉森在一个著名的德国民事诉讼法注释中将其称为"民事诉讼的大宪章"。

[2] 参见邱联恭、骆永家等:《阐明权》,载民事诉讼法研究基金会:《民事诉讼法之研讨》(四),台北三民书局有限公司1993年版,第196—198页。

[3] 沈冠伶:《民事证据法与武器平等原则》,台北元照出版公司2007年版,第3页。

不利判决的当事人提供事实方面或者法律方面的必要协助,帮助双方当事人达成共识的诉讼合作过程。具体的合作过程表现为:当事人提出诉讼资料、证据资料与法律见解→法官发问、晓谕、告知、提醒或者启发当事人→当事人澄清、补正或者提出诉讼资料或者证据资料。

阐明权的诉讼合作是动态的持续过程,也是具有或然性的合作过程。因为阐明是法院单向地向当事人提供的事实或者法律方面的协助,当事人没有必须予以应答的法律义务。一旦对于法院阐明的事项置之不理或者不予应答,阐明的诉讼合作行为将发生断裂无法产生实效。当事人对于法院的阐明行为给予积极的响应或者应答,原本模糊、错误或者遗漏的诉讼资料或者证据资料得以补足和改正,奠定了当事人之间寻求共识或者平等对抗的前提。阐明权成为"谋求审理充实化、促进化以及公平审理实质化的手段"[①]。易言之,阐明权"在与法官交流的过程中不断调整攻击防御手段的运用,以充分而有针对性的辩论参与到程序中来,从而在法官与当事人达成共识的前提下,更接近事实发现的真实和纠纷解决的妥当"[②]。即使无法达成共识,透过阐明权法官可很好地掌握诉讼双方攻击防御方法以及争执的焦点,进而为正式的言词辩论准备了充分的资料,便利了民事诉讼的集中审理。

阐明权范围的变化是法院对当事人提供协助的幅度的直接镜像,直接反映了诉讼合作主义与特定时代的亲和程度。一直以来,学者将阐明权的适用范围限定为诉讼资料和证据资料,法律问题是法官的专属领地,无须阐明公开法律见解。我国台湾地区 2000 年修改以前的"民事诉讼法"第 199 条规定:"审判长应向当事人发问或晓谕,令其陈述事实、声明证据或为其他必要之声明或陈述,其所声明或陈述有不明了或不完足者,应令其叙明或补充之。"只有当事人主张的事实或者证据有不明了或者不完足之处,法官才可行使阐明权,法律排除了法律问题的阐明权适用。笔者在日本学者精致化细分的"澄清不明确的阐明""消除不妥当的释明""补充诉讼资料的释明""新提出诉讼资料

[①] 〔日〕新堂幸司:《新民事诉讼法》,林剑锋译,法律出版社 2008 年版,第 314 页。

[②] 肖建华、陈琳:《法官释明权之理论阐释与立法完善》,载《北方法学》2007 年第 2 期。

的阐明"和"举证方面的阐明"①五种阐明类型中也找不到法官阐明法律问题的踪迹。法官不能就法律问题行使阐明权是公认的观点,但其无法因应时代的变化和诉讼的潮流。事实问题与法律问题之间本身就不是泾渭分明的,很难在两者之间划定清晰的界限,比如"被告存有过失"这样抽象化的主张到底是事实问题还是法律评价的结果就很纠结。再者,法官专断于法律问题,不向当事人公开心证或者法律见解,将增加当事人或者社会预测法律的困难,易造成突袭性裁判,引发上诉或者再审,导致裁判的不稳定。邱联恭教授就一针见血地批评道:"在现代,要实现法治国家的理念或贯彻实体法及诉讼法的理念,就阐明的行使方式而言,如果没有包含由法官公开心证及表明法律见解的方式在内,而以此作为程序内容的话,尚难说法官已尽阐明之能事,其程序运作仍是有问题!"②

法官适当公开法律见解并与当事人就法律问题展开积极的对话成为现代民事诉讼改革的共同主题。2001年新修改后的《德国民事诉讼法典》第139条第(二)项规定:"就一造当事人明显忽略之观点或认为不重要之观点,若其非与附属性请求相关,法院仅于指出此观点并赋予当事人陈述意见机会后,始得采为裁判之基础。前句之规定,亦适用于法院异于两造当事人判断之观点。"③新法增加了法官就事实观点与法律性质或法律性质难以界定的观点行使阐明权的规定,扩大了法官就法律问题行使阐明权的范围。我国台湾地区"民事诉讼法"在2000年的大幅修正中将其第199条改为:"审判长应注意令当事人就诉讼关系之事实及法律为适当完全之辩论。审判长应向当事人发问或晓谕,令其为事实上及法律上陈述、声明证据或为其他必要之声明及陈述;其所声明或陈述有不明了或不完足者,应令其叙明或补充之。"法律问题顺应时代变化和诉讼呼唤成为阐明权的适用对象。这

---

① 〔日〕奈良次郎:《诉讼资料收集中法院的权限与责任》,载〔日〕新堂幸司编:《讲座民事诉讼》④,弘文堂1984年版,第125页以下;转引自〔日〕高桥宏志:《民事诉讼法——制度与理论的深层分析》,林剑锋译,法律出版社2003年版,第358页以下。

② 邱联恭、骆永家等:《阐明权》,载民事诉讼法研究基金会:《民事诉讼法之研讨》(四),台北三民书局有限公司1993年版,第195—196页。

③ 转引自刘明生:《德国法院阐明义务之新进展——以公元二○○一年德国民事诉讼法修正为中心》,载《辅仁法学》2010年第39期。

样,法官不能对事实问题放任不管,应适当运用阐明权为当事人提供必要的事实或者证据方面的协助,也应当向当事人公开法律见解征求其法律意见,进而实现案件信息的妥当传递和合理交流。概而言之,阐明权范围的拓展为诉讼合作主义创造了更加宽广的舞台。

就我国而言,只能说阐明权制度还处在发展之中,远未实现体系化。真正体现阐明权真意的法律规范并不多,其中包括《民事证据规定》第3条规定的法官敦促当事人适当举证义务,第8条确立的拟制自认的阐明义务和第35条创立的告知变更诉讼请求义务等。最高人民法院于2008年制定的《关于审理民事案件适用诉讼时效制度若干问题的规定》又排除了法官阐明诉讼时效的权力,进一步压缩了法官阐明权的适用空间。从法律规范来看,我国阐明权的适用范围很小,还只限于事实和证据上,没有承认法官阐明法律问题的权力。这也就意味着我国法官对当事人提供事实和证据协助的幅度很小,主体间的诉讼合作还未充分展开。必须承认的是,司法实践中的法官阐明权的运用可能多于此,但是这种权力还没有从法官的基本权力中分离出来。法官某些权力的运用没有阐明的形式,却带来了阐明的结果。对于这种缺乏合理规制和制度束缚的权力的过度行使或者消极无为,当事人都无法运用程序异议权予以遏制,故可能会带来预想不到的诉讼后果。合理的解决方式是将其剥离出来,在法律规范中明确加以规定并设定相应的制裁措施。

(二) 法院依职权调查证据

法院是公权的现实载体,它在民事诉讼中正当行使审判权力的重要表现之一是依职权调查证据。法院依职权调查证据,是指法院在诉讼过程中遇有法律规定的情形主动运用职权调查或者审核当事人未提出或已提出的证据的制度。从上述定义可知,它是法院可不经当事人申请而依据职权主动进行证据调查的权力,与法院依当事人申请调查证据有很大区别,是对辩论主义三大命题的冲击和突破。于此,大陆法系民事诉讼严格限定该制度的适用。当我们剥茧抽丝透析大陆法系民事诉讼法典却可以发现基本的制度共识:法院依职权调查证据是民事诉讼的客观存在,区别仅在于有的是直接确认,有的是通过具体程序规范间接反映。抛开实行职权探知主义的人事诉讼与家事诉讼等法院当然享有职权调查证据的权力不说,即便在奉行辩论主义的民事诉讼中也留有法官职权调查的余地。1976年《法国新民事诉讼法典》第10条就明确规定,"法官有依职权命令采取法律允许的各种证据调查措施的权力"①。

　　法院依职权调查证据是法官不可切割的重要权力,关乎案件事实发现的深度和程度,直接影响或者左右诉讼的结局。学者已从多视角阐释了法院依职权调查证据的制度功能,笔者则试图将其放置于诉讼合作主义的制度框架下对其重新解读。证明责任是法官在要件事实真伪不明之时如何正当地在当事人之间分配法定风险的技术装置,是一种背离真实目标的技术处理手段,真正发挥作用的制度空间非常有限。实践中出现的证明责任判决的比率很小,也现实地印证了作为社会平衡器的证明责任只是浮在水面上的冰山一角。客观的事实是,绝大部分案件伴随着主观的证明责任在当事人之间的相互转移或者卸除的动态过程而得以解决。因此,现代民事诉讼重视和提升诉讼两造证据收集和证据主张能力的实质平等以促进事实的发现和公正的形成。发现真实不仅是负担证明责任的一方当事人的责任,不负担证明责任的另一方当事人也有义务协助当事人发现案件真实,作为裁判者的法官也应适当行使职权协助弱势的当事人提出事实主张或者证据资料。法官与当事人以作业共同体的合作姿态共同担负起实现诉讼目标的重任。

　　法院依职权调查证据是法官与当事人在证据收集方面实现诉讼合作的具体表现样态之一。法院依职权调查证据并非常规的制度配备,只有在必要时法官才真正地运用这种职权。具体言之,法官依当事人现已提出的或者依当事人申请调查而取得的证据仍然无法形成确切心证,为避免案件陷入真伪不明的诉讼险地而应主动调查证据以消除这种诉讼模糊状态。可见,法院依职权调查证据是法官为弥补当事人证据收集能力不足,实现诉讼两造的实质平等和证据信息的充实均衡而给予当事人的实质协助。此处所言的诉讼合作是客观的合作,即法官以主动的证据调查行为在客观上帮助弱势当事人提出其不能或者无法提出的证据,以实际的诉讼行为在客观上实现法官与当事人之间诉讼合作的实效,绝非诉讼主体间的意思表示一致而形成的主观

---

① 罗结珍译:《法国新民事诉讼法典(附判例解释)》(上册),法律出版社2008年版,第26页。

合作。事实上，法官与当事人不能也无必要实现达成证据收集的合作协议。

法院依职权调查证据而形成的诉讼合作是动态的发展过程。在证据的提出方面，法官为获得确切的心证可依职权启动鉴定或者勘验程序主动为必要的证据调查，提出当事人未主张的证据；在诉讼过程中，法官为审核当事人已提出证据的真实性可依职权主动为必要的职权调查；在言词辩论终结要件事实处于真伪不明状态之时，法官可依职权进行勘验等主动为必要的证据调查以形成确切的心证进而祛除证明责任的现实转化。可见，法院依职权调查证据与法官心证的形成过程密切相关，当法官依据现有的证据无法形成确切心证时，法院依职权调查证据是非常合理的制度选择。换言之，法院依职权调查证据是法官形成确切心证和诉讼共识的技术手段，借助于法官对于当事人在证据收集方面的协助，帮助弱势的当事人提出因客观条件无法取得的证据或者提出双方当事人都无能力现实取得的证据，法官与当事人以诉讼合作的形式协力发现案件真实和实现实质正义。

该制度正是因为强烈的职权色彩而饱受批评，在此起彼伏的司法改革涌潮中被推到了风口浪尖上，在以弱化法院审判权为目标的当事人主义的指引下，法院依职权调查证据面临的命运必然是制度的弱化和权力的消减。这种发展趋势在民事诉讼法和相关司法解释中体现得一目了然。1991年《民事诉讼法》从客观和主观两个层面赋予了法院主动调查证据的权力，前者指向客观因素致当事人及其诉讼代理人不能自行收集证据，后者授予法院自行决定证据调查的自由裁量权。由此可见，彼时的法院依职权调查证据的权力还是比较广泛的。1998年最高人民法院《关于民事经济审判方式改革问题的若干规定》细化了法院主动调查证据的范围。根据该规定，法院依职权调查证据包括三种情形：第一，需由法院勘验或者委托鉴定的；第二，诉讼两造提出的证据材料彼此矛盾，需要法院调查审核的；第三，法院认为需要自行调查收集的其他证据。彼时，法院依职权调查证据还未受到严格的限制。

当司法改革走到了2001年，法院依职权调查证据制度发生了重大的命运转向。《民事证据规定》第15条将法院主动调查证据的范围缩为两种，不仅取消了法院依职权鉴定或者勘验的规定，而且还废除了法院就诉讼过程中当事人间有所矛盾的证据进行证据调查审核其真实性的权力,更是直接剥夺了法院主动调查证据的自由裁量权。同时,法院对诉讼中的程序性事项应主动为职权调查,无论当事人是否对该事项存有争议。再者,法院依职权调查证据的适用对象是当事人未提出或者已提出的证据,程序性事项不应作为法院依职权调查证据的内容。这样一来,法院只能就可能损害国家利益、社会公共利益或者他人合法权益的事项主动为证据调查,法院依职权调查证据的范围遭受大幅度的挤压和缩减。但是,调查可能损害国家利益、社会公共利益或者他人合法权益的事项属于职权探知主义的重要内容,本为法院不可推卸的司法权力,这也是大陆法系民事诉讼理论的共识。难怪有学者尖锐地批评道,《民事证据规定》"基本取消了法院依职权收集证据的权力"[①]。

由法院依职权调查证据显现出来的法院审判权力的弱化似乎已是不彰的事实。但是,与其说这一事实的形成是法院遭受各种因素冲击的被动反映,不如说是法院在应对日益严峻的司法现实的主动出击。也就是说,法院依职权调查证据的大幅限缩在很大程度上是法院主动放弃司法职权的结果。这也可从《民事证据规定》第 77 条的法定证据内容得到印证。面对当事人的利益诉求和证据资料,法官机械地依据法定证据制度的公文书效力大于私文书、直接证据证明力大于间接证据等加以判断,很少主动地调查审核证据,更难见法官赶赴现场或者针对原物等进行实地勘验等。所导致的结果是法官卸去了调查证据的沉重负担,发现真实的责任基本上转移到当事人身上,致使当事人背负的责任愈来愈重。为避免真伪不明的现实出现,当事人使出浑身解数,有的当事人甚至不惜伪造证据、串通证据等,而当事人经济状况的差异和诉讼能力的不平等又现实地影响或者决定了诉讼结果的不公平。此外,法官放弃在诉讼过程中审查核实当事人提出的证据资料的权力,当事人提出的证据又相互矛盾,法官无法形成确切而真实的心证进而造成要件事实陷入真伪不明的现实状态,即使在真伪不明状态之时法院依职权调查证据也没有成为克服这种尴尬状态的一种手段,证明责任判决的适用比率大大增加。按照实务的操作规则,法官在适用证明责任判决之前不会主动行使调查职权,即使该判决在

[①] 肖建华:《论法院职权调查证据》,载王崇敏、陈立风编:《法学经纬》(第 1 卷),法律出版社 2010 年版,第 115 页。

上诉审中被撤销或者发回重审,一审法官也无须为此承担错案责任。换言之,法官选择性调查证据或者基本放弃调查证据的权力而采用证明责任判决恰恰成为法官免受错案责任追究制裁的正当理由。"证明责任的分配实际上已部分地成为法官'卸责'的一个借口,只要当事人不能举证法官便依证明责任的分配判其败诉,而不愿意花时间精力去发现事实,甚至不顾及案件的具体情况。"[①]证明责任判决的增加意味着法官发现案件事实能力的弱化,违背了民事诉讼的基本法理,极大损害了司法公信力。

我们在追求当事人主义过程中大大弱化法官的权力,尽管在一定程度上帮助法院摆脱了司法困境,但是由此而带来的实际效果是非常不理想的。实质上,法官的权力不受当事人制约,当事人主义要弱化法官职权,实际上却弱化不了。因为合理而正当地行使司法权力是法官的本职工作,远离法官的权力单纯依靠当事人对抗而生成的裁判经不起认真推敲,也不能获得正当性基础。我国法院在走向市场化的改革或者自由主义改革的过程中很大程度上放弃了其固有的司法权力,结果被证明是失败的。在张扬"谁主张,谁举证"原则的同时,法院转化为消极的中立机构,不负担任何的道义责任,只是市场化主体下的一个程序看管者,公正问题转化为效率问题、市场问题和经济问题。制度改革者在抹杀主观证明责任的同时,也将法院依职权调查证据的权力遮蔽起来。我们的司法实践过多地强调客观证明责任,过多地强调真伪不明时的败诉风险,没有看到绝大部分案件都要依赖于原、被告同时提出证据才能证明案件事实,绝非是原告或者被告一方能够单独承担证明责任的。毫不夸张地说,"谁主张,谁举证"就像投掷硬币一样,引发诉讼结果的不确定性和随意性。

民事诉讼法发挥着社会平衡器的作用,我们必须要寻找适合自己的纠纷解决和权力配置方式。法院必须也应当承载起应负的国家责任,适当而适度地运用司法权力查明案件事实是法官的基本职责。因此,法院重拾职权调查证据的权力,收复失去的领地并恢复曾经的荣耀是现代民事诉讼法理和诉讼合作主义的共同呼唤。民事诉讼是法官和当事人共同作用的结果,法官应在当事人因客观原因无法收集到

---

① 徐昕:《法官为什么不相信证人——证人在转型中国司法过程中的作用》,载《中外法学》2006年第3期。

证据或者为审查诉讼两造提出的证据资料的真实性时主动为必要的证据调查，也应成为法官摆脱要件事实真伪不明使其呈现事实显明的状态的技术装置。法院依职权调查证据有助于法官形成确切而真实的心证，以便合理地履行发现案件真实和实现实质正义的使命。

还有一个不容忽略的事实是，诉讼过程中大量存在的间接事实和辅助事实也需要法院进行依职权调查证据的必要辅助。无论是辩论主义还是证明责任，其所针对的是已经过剪裁类型化处理过的主要事实，这些事实必须由当事人主张并加以证明。不过，诉讼过程中的主要事实并不多，许多主要事实往往是很多间接事实拼接起来的，也就意味着证明责任和辩论主义的适用空间非常有限。在民事诉讼审理过程中往往会出现大量的间接事实和辅助事实，它们是隐藏在冰山下的事实，虽不起眼却是法官形成心证的重要依托。间接事实和辅助事实无须当事人主张，实体法也无法调整这些隐藏在水面下的事实，只能由法官依据间接证据予以证明。间接证据的适用不必受到当事人主张的限制，法官依职权即可主动援引或者运用，从而合理衔接法院依职权调查证据与法官自由心证的关系。法院依职权调查证据是法官认定间接事实和辅助事实的重要手段。总而言之，回归民事诉讼的真谛，适当赋予法院必要的职权调查证据的权力是民事司法改革不可阻挡的趋势。

回归的重要任务是明确法院依职权调查证据的具体适用情形。笔者以为，借鉴大陆法系的制度惯例并综合我国的具体实践，法院在以下四种情况可依据职权进行证据调查：

（1）依职权决定鉴定或者勘验。在德国，法官可以不经当事人申请直接依据职权命令进行勘验或者鉴定。在日本，"法院可以委托国家机关或公共团体机关、外国的国家机关或公共团体机关、学校、工商会议所、交易所及其他团体进行必要的调查。而且，在认为必要时，法院可以委托国家机关或公共团体机关、外国的国家机关或公共团体机关、具有相应设备的法人进行鉴定"[①]。由此而获得的调查报告书或者鉴定意见书经过口头辩论、当事人陈述各自意见后可直接成为证据资料。在我国，《民事证据规定》将鉴定程序的启动权完全交由当事人支

---

① 〔日〕新堂幸司：《新民事诉讼法》，林剑锋译，法律出版社2008年版，第413页。

配，法院不再像以往那样可依职权主动进行鉴定，主要原因在于"担心法院依职权决定鉴定而当事人不愿意交纳鉴定费"[①]。事实上，鉴定程序的启动与鉴定费用的交纳不具有必然的关联性，没有必要将两者混为一谈。当法院认为案件中的专门性问题需要由具有专门性知识的人协助之时，即可依职权启动鉴定程序，由当事人预交鉴定费用，并在判决书中对鉴定费用重新分配。基于此，2012年修改后的《民事诉讼法》对于鉴定程序采用了双轨制，当事人未申请鉴定的，法院认为有鉴定必要的可依职权委托鉴定人进行鉴定，这样的规定合情合理。《民事诉讼法》未对勘验程序的启动加以明确的规制，但是物证或者现场是否有助于查明案件事实、澄清有所矛盾的证据、消除模糊的心证，法官最有发言权。因此，应当赋予法院在必要时主动进行勘验的权力。

（2）依职权调查审核当事人提出的证据。作为诉讼胜败的直接承受者，当事人提出的证据可能兼具真实性与虚假性两种截然不同的面孔，从而增加了并非案件亲历者的法官的裁判难度。为获得真实的案情和公正的裁判，法官应当避免虚假的证据蒙蔽其智慧的双眼。当前，司法实践中的虚假证据已经泛滥成灾，如果法官仍然放任不管、不司其职，将会造成越来越多的冤假错案。因此，无论是当事人之间没有争议的自认的真实性，还是对于当事人提出的文书的真伪抑或书面证人陈述的真假等发生认知的分歧，法官依据自由心证或者辩论全趣旨仍然无法形成确切的心证时，法官有必要进行必要的职权调查以核实其真实性。此时，法官可发出文书提出命令要求当事人提出请求的文书，当事人拒不履行义务时可为必要的法律制裁，也可发出命令要求当事人、证人或者鉴定人出庭作证等。《日本民事诉讼法典》第207条规定，"法院根据申请或依职权，可以询问当事人本人。在此种情况下，可以使该当事人进行宣誓"[②]。

（3）依职权调查证据消除事实真伪不明。现行做法将事实真伪不明与败诉直接挂钩，一旦要件事实出现真伪不明状态，法官就直接判决承担证明责任的一方当事人败诉，没有很好地构建起阻截真伪不

[①] 李浩：《回归民事诉讼法——法院依职权调查取证的再改革》，载《法学家》2011年第3期。

[②] 白绿铉编译：《日本新民事诉讼法》，中国法制出版社2000年版，第84页。

明现实转化的防范机制,法院依职权调查证据消除真伪不明状态的作用未得到充分认识。试想,根据诉讼两造提出的证据,法官无法得出原告主张为真或被告主张为真的确切心证,要件事实陷入真伪不明的状态,但是法官仍有通过实地、实物的勘验等手段澄清心证的可能,是否还应该放置权力不用懈怠法定职责呢?答案是否定的。法官在要件事实真伪不明时依据职权主动调查证据以形成确切心证是大陆法系的通常做法。我国台湾地区"民事诉讼法"第288条的规定极具启示意义:"法院不能依当事人声明之证据而得心证,为发现真实认为必要时,得依职权调查证据。依前项规定为调查时,应令当事人有陈述意见之机会。"因此,在我们重新认识和反思证明责任的过程中,应当将法院依职权调查证据与事实真伪不明有机地衔接起来。

(4) 法院认为需要依职权调查证据的其他情形。规定兜底条款是必要的,因为司法始终处于流动不居的变化过程中,当出现新情况而上述规定又无法合理调整时,需要赋予法官适当的决定是否主动进行证据调查的自由裁量权。我们不必担心法官权力引起的恣意或者随意,真正应该关注的是如何将这些权力限定在合理的制度边界中。

在法院依职权调查证据回归或者扩大的同时,实有必要充实和明确职权调查的程序。① 职权调查原则上应由受诉法院为之,例外情况下可委托其他法院为必要的证据调查。受托法院应将证据调查结果详细记载于证据笔录中,由受诉法院将该证据笔录告知当事人并展开辩论。② 应在证据调查期日为证据调查。证据调查期日是公开的特定期日,法官和当事人都应该出席到场。法院应当保障当事人出席证据调查的权利,但并非意味着必须等待当事人出席才可为证据调查。当事人收到适法的传唤不出席证据调查的,法院也可实施证据调查,"只要达到保障机会之程度即可,如果因为当事人不出庭而导致无谓的程序浪费,那么包括证人在内的其他人的利益就受到了侵害,这些人的利益也是需要考虑的"①。在证据调查期日内取得的调查结果应在言词辩论期日告知当事人,若在言词辩论期日为职权调查的,也应在后续的言词辩论中对其结果加以辩论。③ 确立证明裁定程序。只有在法律对其有明确规定时才可采用证明裁定程序。"证据调查需

---

① 〔日〕新堂幸司:《新民事诉讼法》,林剑锋译,法律出版社2008年版,第432页。

要在言词辩论之前就进行的,则必须根据第 358a 条作出正式的证明裁定。……证据调查应当在言词辩论之后才进行的,如果进行当事人讯问或者'特别程序',即新期日、法律救济途径中的证据调查或者书面裁定,则要求作出正式的证明裁定。"① 在诉讼过程中,法院可依职权全部或者部分变更书面裁定的内容,或者在证明主题显得不再重要时默认撤销证明裁定。② ④ 应当保障当事人陈述意见的机会。法院应当将证据调查期日和场所,向当事人为适当的传唤,便于当事人出席证据调查程序。针对法院依据职权取得的调查结果,当事人享有陈述意见和进行辩论的机会,有权对职权调查证据的程序提出异议或者对调查结果提出相反的证据予以反驳。

三、其他诉讼参与人与法官之间事实层面的诉讼合作

诉讼合作主义将事实发现拓为多元的维度,当事人应就法律构成要件主张必要的法律事实和提出相应的证据资料,法官于必要时应向当事人阐明事实或者运用职权调查证据,作为诉讼合作共同体成员的其他诉讼参与人亦担负事实发现和证据提出的合作义务。其他诉讼参与人协助当事人或者法官发现案件真相,这是诉讼合作主义重塑民事诉讼格局的重要一步,是协同主义所无法涵盖的,进一步强化了诉讼合作主义的独立性。"其他诉讼参与人包括证人、鉴定人、翻译人员和勘验人员。"③ 翻译人员仅仅作为当事人与法官之间的信息传递者,自身不能单独主张事实和提出证据,不能作为诉讼合作的主体。证人、鉴定人和勘验人可为当事人或者法官提供事实或者证据上的协助,成为事实合作的主体,担负证人出庭义务、鉴定义务和勘验协力义务。证人出庭义务作为诉讼合作主义的形态易于理解,在此不予赘

---

① 〔德〕罗森贝克等:《德国民事诉讼法》,李大雪译,中国法制出版社 2007 年版,第 865 页。

② 参见〔德〕罗森贝克等:《德国民事诉讼法》,李大雪译,中国法制出版社 2007 年版,第 865—866 页。

③ 肖建华主编:《民事诉讼法学》,厦门大学出版社 2011 年版,第 89 页。

述,以下仅就更具专业性和技术性的鉴定义务和勘验协力义务展开论述。

(一) 鉴定义务

专享事实认定、具有最终判断权的法官,一般均可依靠自己多年的知识积淀和丰富的生活经验妥当地认定事实,输出公正的判决。然而,在社会分工日趋精细化的时下,各种知识之间的差异无疑增加了法官学习知识和认知事物的难度,法官不能成为百科全书式的通才,无法单靠自己的能力正确识别各种案件层出不穷的事实问题。另外,现代科学技术的全面渗透严重冲击以简单民事纠纷为对象的民事诉讼外观,大量具有高度专业性和技术性的现代纠纷纷纷涌进法院,法官面对产品质量、医疗侵权、建筑工程和知识产权等新型纠纷往往显得捉襟见肘或者无所适从,迫切需要具有专业知识的人弥补法官能力的不足,协助法官进行事实认定。鉴定制度显得愈发正当而重要!

"鉴定系为辅助法官对事物之判断能力,命有特别学识经验之第三人,本于其专门知识、技能经验,陈述特别规律或经验法则之证据调查程序。"[1]鉴定是普遍认可的证据调查方法,鉴定人出具的鉴定意见是重要的证据资料,可作为法官裁判的事实基础。鉴定人能够进入诉讼全赖其掌握特殊的专门知识和学识经验,只有经过长期不懈的知识积累和业务钻研而具有精深的专业知识的人才能成为鉴定人。鉴定,即是鉴定人运用其具有的专门知识和学识经验为法官提供仅靠一般认知无法获得的专业意见的过程。鉴定制度充当起科技与诉讼之间的媒介,将现代科技的成果运用到诉讼领域帮助法官认识特定的专业技术,诉讼反过来映衬出现代技术的科学性和重要性。科学和法学共同造就了鉴定制度,"鉴定是特殊的科学活动,它有科学的性质,又有法的性质,它是法和科学的结合,是一种'法科学活动',是一种运用科学知识和特殊经验的证明活动"[2]。

鉴定人一经选定或者指定,就负有依据自己的专门知识和技能经

---

[1] 陈荣宗、林庆苗:《民事诉讼法》(中),台北三民书局股份有限公司2004年版,第509页。

[2] 徐立根:《论鉴定》,载何家弘主编:《证据学论坛》(第1卷),中国检察出版社2000年版,第19页。

验出具鉴定意见的义务,此为鉴定义务。鉴定意见是专业性的事实评断,增强了法官对专业性事项的认知①,为法官提供了探索未知世界的桥梁。法官对这些科学性与专业性的鉴定意见产生依赖心理,往往将其直接作为事实判断的基础。这样,以鉴定意见为外在形式的鉴定义务有机地衔接起鉴定人与法官之间诉讼合作的通道,鉴定人为法官提供专业知识的协助,矫正法官事实认定的缺陷,促使法官作出正确裁判。也就是说,鉴定义务是诉讼合作主义不可缺少的组成部分。由于鉴定人只能依据法官或者当事人提供的鉴定物给出事实意见,不能发表如何评价该事实的法律意见,鉴定人与法官之间的诉讼合作只能是事实合作。

鉴定人提供的事实合作有三种表现形式:① 鉴定人凭借专业性知识向法官提供经验法则;② 鉴定人鉴定某个只能借助于专门性知识才能察觉或者判断的事实;③ 鉴定人得出某个只有掌握特殊的专门性知识的人才能识别的结果。② 鉴定义务实为鉴定人协助法院进行证据调查和发现案件真相的合作义务,"该义务因亦确保裁判真实这一司法上的利益所负担之义务,故亦为公法上的义务"③,鉴定人应妥当而适法地履行鉴定义务,违反该公法义务将会遭受费用制裁,鉴定义务的强制性诉讼合作特征显露无遗。

民事诉讼采行直接言词原则,鉴定人应在剧场型的法庭向法官提交鉴定意见,并接受法官或者当事人的发问或者质询。因此,亲自出席庭审的到场义务是鉴定人的基本义务,违反该义务将会遭受民事诉讼法的制裁。《德国民事诉讼法典》第 409 条规定:"鉴定人不到场或拒绝从事他有义务应该从事的鉴定义务,或者鉴定人留下有关文件或

---

① 我国台湾地区学者陈朴生教授深刻地剖析了鉴定意见的制度功能。他认为:"在证据法上,鉴定结论的功能是补充裁判官之认识能力。事实之认定系基于推测要证事实存否之基础资料,依经验法则、论理法则而判断要证事实之存否。……如缺乏特别法则上之知识,则由鉴定人依其学识经验,提出报告,以补充法院之知识。"参见陈朴生:《刑事证据法》,台北三民书局股份有限公司 1979 年版,第 418 页。

② 参见林钰雄:《刑事诉讼法》(上册总论编),中国人民大学出版社 2005 年版,第 394 页。

③ 占善刚:《证据协力义务之比较法研究》,中国社会科学出版社 2009 年版,第 209 页。

其他资料的,应负担由此而生的费用。同时对他处以违警罚款。再次违反的,可以再一次处以罚款。"①法国和日本的民事诉讼法典也有类似的规定。鉴定人承受费用或者罚款的处罚后仍拒绝到庭的,鉴于鉴定人的可替代性和非唯一性,法院不能强制拘传其到庭,只能委托其他鉴定人鉴定。可见,到场义务与法律制裁相结合成为完整的链条,敦促鉴定人切实履行到场义务。但是,鉴定人到场义务在我国却长期处于缺位的状态,鉴定人只需以书面方式为法官提供法律意见,不负亲自出庭参加庭审接受问询的义务,更没有与之一体相连的法律制裁。其结果是,当事人和法官无法知悉鉴定意见的生成过程,事实上剥夺了当事人向鉴定人为必要询问的机会,更是增加了检验和证实鉴定意见合理性的难度。这一重大制度缺陷在2012年的《民事诉讼法》中得到弥补。根据该法第78条的规定,鉴定人于必要时负有出庭作证的义务,可以是当事人对鉴定意见发生异议的情形,亦可为法院于事实认定时依职权要求鉴定人出庭作证。该条进一步明确了鉴定人违反出庭作证义务的法律制裁:① 法官不采纳鉴定意见作为事实判断的基础;② 鉴定人应当返还当事人为此支付的鉴定费用。出庭作证义务和法律制裁同时得以确立,不得不说是鉴定制度的重要进步。

鉴定人到庭后应向法庭陈述鉴定意见。尽管以口头方式陈述鉴定意见直接吻合了言词原则的基本要求,但是鉴定意见毕竟涉及专业领域的技术知识,口头方式有时无法贴切而到位地表达鉴定人的事实判断,反而以书面方式固化鉴定意见更为妥当。1976年《法国新民事诉讼法典》第282条"如果不要求对鉴定意见作出书面阐述,法官得允许鉴定人在法庭上作口头说明;对鉴定人所作的口头说明应作成笔录;如果对案件立即作出终审判决,得以在判决中作出记述替代笔录"②即反映出大陆法系依据适用对象的不同准许鉴定人书面陈述鉴定意见或者口头陈述鉴定意见。我国1991年《民事诉讼法》只允许鉴

---

① 谢怀栻译:《德意志联邦共和国民事诉讼法》,中国法制出版社2001年版,第101页。

② 罗结珍译:《法国新民事诉讼法典(附判例解释)》(上册),法律出版社2008年版,第334页。

定人书面陈述鉴定意见,不能以口头方式进行陈述。① 这样绝对化的技术处理方式排除了法官对陈述方式的裁量权,背后隐藏着鉴定人不必出庭作证的制度预设。2012 年修改的《民事诉讼法》第 78 条要求鉴定人在必要时应当出庭作证,当然可以以口头方式直接向法官陈述鉴定意见,从而弥补了原来的法律漏洞。

(二) 勘验协力义务

诉讼审理过程中,法官主要采行经由当事人、证人或者鉴定人等传递或者反映出来的事实判断以为裁判之基础,当这种事实意见出现认知错误或者传递错误时,势必影响法官裁判的正确性。于必要情形下,法官可摆脱中间环节直接感知标的物,实际形成对事物形态的事实判断,此种手段名为勘验。"勘验,是指由法官借助其五官(五感)之作用直接就事物之性质、形状、状况等进行检查或观察,并将其从中获得的事实判断作为证据资料的一种证据调查方法。"② 同为证据调查方法,勘验区别于人证、书证等的最大特征在于法官凭借视觉、听觉、嗅觉、味觉和触觉直接感知和检查标的物,依靠自己的认知能力形成事实判断。在这种意义上,勘验具有验证其他几种证据方法取得的证据资料的真实性的功能,在证据制度中居于特殊的地位。

当事人可申请法院予以勘验,法院亦可依职权决定勘验,无论如何,勘验的实施主体只能是法官。大陆法系勘验制度的亲历性和直接性为反思我国的勘验制度提供了很好的借鉴。我国法律专门创制了实施勘验的主体——勘验人。按照条文规范的逻辑,勘验人应为庭审法官以外的审判人员,这实质上默认勘验人和庭审法官的身份分离。庭审法官不能亲自检验勘验标的物,必须在勘验人的事实判断基础上为裁判,很大程度上冲淡了勘验制度的功能。在现有制度不发生变化的前提下,只能寄希望于勘验人的敏锐和细致,以更好地协助法官认

---

① 1991 年《民事诉讼法》第 72 条第 3 款即是明证:"鉴定部门和鉴定人应当提出书面鉴定结论,在鉴定书上签名或者盖章。鉴定人鉴定的,应当由鉴定人所在单位加盖印章,证明鉴定人身份。"

② 〔日〕高桥宏志:《重点讲义民事诉讼法》,张卫平、许可译,法律出版社 2007 年版,第 163 页。

定事实。①

勘验协力义务,是指持有勘验标的物的对方当事人或者第三人应当承担的向法院提出勘验标的物或者在勘验标的物不能提出或者难以提出时负有容忍法院在其所在场所进行勘验的义务。当勘验标的物能够提出时,持有人应当向法院提出,此为勘验标的物提出义务;当勘验标的物不能提出或者难以提出时,法院在标的物所在场所进行勘验,持有人应当容忍勘验,此为勘验容忍义务。勘验协力义务是勘验标的物持有人对法院所负的公法上义务,只有具备正当理由才可免除该义务。何谓正当理由法律没有规定,端视法官的自由裁量。日本民事诉讼实务将其解释为两种:一是实施勘验将造成持有人利益不可回复的;二是标的物持有人具有同属证言豁免权情形的。② 勘验协力义务基本上同于文书提出义务。当事人申请法官发出勘验标的物提出命令时,应当表明勘验标的物、勘验事项和要证事实。③ 法官在考察存否勘验协力义务和存否勘验必要性的基础上决定是否发出勘验标的物提出命令。满足以上两个要件,则发出勘验标的物提出命令;不符合上述要件,则裁定驳回当事人的申请。为了保障勘验标的物持有人的正当利益免受不当侵夺,在决定是否发出勘验命令前,标的物持有人应被赋予陈述意见的机会。课以标的物持有人勘验协力义务,使得法官可以亲自检证勘验标的物的性质和形状等,借助自己五官的亲自感知形成事实判断,有助于检验当事人提交的证据资料的真实性。勘验协力义务实现了勘验标的物持有人与法官之间的诉讼合作,在我国表现为勘验标的物持有人与勘验人之间的合作,当勘验人将合作成果向法官出示时,即转化成勘验人与法官之间的诉讼合作。

勘验标的物提出命令一经发出,标的物持有人即负有提出标的物的义务,不履行法院发出的勘验命令将遭受公法上的制裁。这种制裁又因对象为当事人或者第三人而有所不同。当事人拒不履行法院发出的勘验提出命令时,会遭到举证人关于勘验标的物的证据主张或者

---

① 正是在这种意义上,笔者才将勘验协力义务置于此处,而非当事人或者案外第三人与法官之间的事实合作之中,特此说明。

② 参见占善刚:《证据协力义务之比较法研究》,中国社会科学出版社2009年版,第124—125页。

③ 参见谢怀栻译:《德意志联邦共和国民事诉讼法》,中国法制出版社2001年版,第91页。

勘验标的物应证明的事实为真实的法律制裁。拟制举证人关于勘验标的物的证据主张为真实是常用的手段。勘验标的物的证据主张是勘验标的物的性质、形状、颜色或者状态等。在特殊情况下，法院亦会拟制举证人关于勘验标的物应证明的事实为真实。这需要满足两个条件："其一，举证人关于勘验标的物所涉信息内容为具体的主张存在显著的困难。其二，举证人依其他证据证明该勘验标的物所证明之事实有显著的困难。"[①]第三人拒不履行法院发出的勘验提出命令，法院将会课以罚款或者拘留等间接强制措施。《日本民事诉讼法典》第232条第2款规定："第三人无正当理由而不服从根据准用于本条前款的本法第二百二十三条第一款的规定的提出命令时，法院以裁定处以20万日元以下的罚款。"[②]反观我国的勘验制度，表面上并无标的物持有人拒不履行勘验提出命令的法律制裁。尽管从法条的规范逻辑似可推出当事人或者第三人将因妨害民事诉讼的强制措施而遭受罚款或者拘留的处罚，但是课以与举证人关系密切的对方当事人间接强制措施难以发挥期待的制度实效，必须确立相应的直接强制措施。因此，勘验协力义务也应与证明妨碍制度结合起来，一旦作为勘验标的物持有人的对方当事人拒不履行勘验提出命令，法官可针对不同案情拟制勘验标的物的证据主张或者勘验标的物应证明的事实为真实。

四、案外第三人与法官之间事实层面的诉讼合作

事实发现是多元主体合作推进的程序系统，当事人应尽到相应的责任或者提供适当的诉讼合作，法院也应履行必要的国家职责，即使是诉讼外的第三人也负有保证实质真实和裁判正确的义务。它不是第三人负有对当事人的私法上的义务，而是第三人向法院应予履行的公法义务，借助于法院的中间媒介实现与当事人的事实合作。最为典型的是第三人文书提出义务。第三人文书提出义务是指持有文书的

---

① 占善刚：《证据协力义务之比较法研究》，中国社会科学出版社2009年版，第138页。

② 白绿铉编译：《日本新民事诉讼法》，中国法制出版社2000年版，第90页。

第三人,经当事人申请并由法院予以认可的,向法院提出持有的文书以作证据调查的诉讼法上的义务。"第三人泛指诉讼当事人两造以外之人,不问其为自然人或法人,也不问其为私人或公务机构均属之,即非法人组织亦包括在内。"①"持有文书"主要是指第三人直接占有该文书,第三人不为占有却对该文书享有实体法请求权亦应作同样解释。

现代型诉讼引发的证据偏在现象促使文书提出义务导向为一般性义务,第三人文书提出义务亦是如此。只有第三人非当事人,与本案无法律上利害关系,课以其如同对方当事人同等范围的文书提出义务将损及第三人的秘密特权保护利益,应对其适用范围有所限制。易言之,第三人文书提出义务是一种有所限制的诉讼法义务。1996年修改后的《日本民事诉讼法典》第220条将文书提出义务规定为一般性义务,也即除第(四)项除外事由以外的文书都应该予以提出。鉴于引用文书不涉及第三人持有的文书,第三人负有对于引用文书以外的权利文书、利益文书和法律关系文书的提出义务。我国台湾地区"民事诉讼法"第348条将第三人文书提出义务的范围限定为:与本件诉讼有关之事项。"当事人之间实体上的及程序上的法律关系、争点、攻击或防御方法,均属于与本件诉讼有关之事项。"②可见,第三人文书提出义务已经成为一般性义务。不过,不予适用的除外适用也是比较多的。一是引用文书不在其适用范围;二是我国台湾地区"民事诉讼法"第306条和第308条为保护第三人商业秘密或者职业秘密等特定利益而设定的证言拒绝事项文书。一言以蔽之,第三人文书提出义务的范围要比当事人文书提出义务范围小得多。

第三人文书提出义务的申请程序、文书特定、文书特定协助义务以及法院的审查处理程序等基本与当事人文书提出义务相同。有所殊异的是,法院在裁定准许第三人提出文书前,应当询问第三人或者赋予其陈述意见的机会。《日本民事诉讼法典》第223条第2款规定:

---

① 曹伟秀:《最新民事诉讼法释论》,金山图书公司1978年版,第1083页;转引自占善刚:《证据协力义务之比较法研究》,中国社会科学出版社2009年版,第69页。

② 占善刚:《证据协力义务之比较法研究》,中国社会科学出版社2009年版,第89页。

"法院命令第三人提出文书时应询问第三人。"①我国台湾地区"民事诉讼法"第 347 条规定:"法院认应证之事实重要且举证人之申请正当者,应以裁定命第三人提出文书或定由举证人提出文书之期间。法院为前项裁定前,应使该第三人有陈述意见之机会。"当第三人依法院的文书提出命令在规定的期间内提出请求的文书时,请求方当事人即可将其提交法院与其他证据协力证明要件事实,从而实现了第三人与当事人之间就证据方面的诉讼合作。

然而,如果第三人违反文书提出命令拒不提出请求文书时,法院应当如何处理呢?对于第三人违反文书提出命令的法律制裁肯定不能等同于对方当事人。因为第三人与本案无法律上的利益关系,按照对方当事人违反文书提出命令而拟制文书之主张为真实或者文书证明之事实为真实来处理于第三人而言没有任何法律意义,更无助于督促其提供举证方请求之文书。大陆法系国家和地区为此采取了截然不同的处理方式。一是提起文书给付之诉。按照《德国民事诉讼法典》第 429 条的规定,要想强制第三人提出特定的书证,必须通过诉讼途径。具体而言,"由举证人以第三人为被告向有管辖权之法院提起文书给付之诉获取胜诉之给付判决,经由强制执行程序始可获取该文书。与其同时,举证人须申请受诉法院指定一定之期间以便其经由另一诉讼获取第三人所执文书。若举证人对第三人之文书给付之诉被法院判决驳回或虽然胜诉但强制执行无效果时,该举证人欲以第三人所执有之文书作为证据方法之举证行为即归于失败。"②文书给付之诉虽为举证人提供了良好的程序保障,唯在既有诉讼之外重新提起新的专为文书之诉讼也造成额外的费用支出,并且延缓既有诉讼的进程。二是罚款。在日本,第三人不服从文书提出命令的,法院可课以 20 万日元以下的罚款。韩国的法院则对违反文书提出命令的第三人处以 500 万韩元以下的罚金。在我国台湾地区,法院可以裁定对违反文书提出命令的第三人施加 3 万元新台币以下的罚款。三是强制处分。强制处分是指,针对不服从文书提出命令的第三人,由法院以强制的

---

① 段文波译:《日本民事诉讼法》,载陈刚主编:《比较民事诉讼法》(2006 年卷),中国法制出版社 2007 年版,第 334 页。

② 占善刚:《第三人之文书提出义务初探》,载《华中科技大学学报》(社会科学版)2008 年第 3 期。

方式取出,相当于强制执行法中的关于物的交付请求权的执行。我国台湾地区"民事诉讼法"第 349 条第 2 款规定:"前项强制处分之执行,准用强制执行法关于物之交付请求权执行之规定。第三人针对强制执行可以提出抗告,但该抗告不中止执行。"

综上所述,文书给付之诉和罚款都是间接措施,无法直接强制违反命令的第三人提出请求文书,也就增加了违反命令的第三人与当事人实现事实合作的难度,而我国台湾地区"民事诉讼法"所独创的强制执行作为一种直接措施则能借助于法院的强制力促使第三人提出文书,可以有效及时地增进第三人与当事人的事实合作。因此,我国台湾地区兼采罚款的间接强制和强制处分的直接强制,很好地实现了制度互补,具有非常重要的借鉴意义。

第三编
庭审之自由心证与事实发现

第一章 自由心证与事实发现概述

一、研究自由心证的意义

民事案件裁判是法官依据发现的事实并适用法律作出判决之过程。事实发现自然而然就是民事案件法庭审理的首要目的。按照法律三段论的要求,法官必须以法律规范作为大前提,具体案件事实作为小前提,从而得出最终判决结果。在大陆法系国家,由于法律规范一般由立法机关预先规定,裁判过程实际上只有事实认定需要法官自主决定。因此,发现事实俨然成为法官在案件庭审中必须完成的任务,易言之,法院裁判核心就是案件事实认定。

事实认定是法官对自己并未直接经历的过往事实的存在与否进行判断之过程。现代民事裁判构造通常是当事人双方各自通过证明活动要求法官认定有利于己方之事实,而法官通过斟酌证据调查结果和辩论全趣旨,以两造当事人在诉讼过程中出现的一切情形作为形成心证资料,遵循经验法则,从而判断要证事实存在与否。而对于一切证据方法之证据能力和证明力,法律不预先予以规定,完全由法官根据良心和理性自由判断之事实认定方式,即被称为自由心证原则。自从法国以1789年资产阶级革命为契机在民事诉讼法中确定自由心证原则以来,大陆法系各国民事诉讼法基本都采用该原则作为事实发现方式。

就法庭事实认定整体而言,可以将自由心证视为一个具体的实用性过程。从最初证据的调查收集到中途经验法则的取舍选择,再到最终证明责任的适时启动,可以说自由心证贯穿于民事诉讼法庭审理的始终。具体而言,为了保障法官自由心证视野的广阔性,证据调查收集要求法官与当事人之间协同配合;为了保障自由心证资料的权威性,辩论全趣旨要求法官对当事人的一言一行处处留心;为了保障自由心证推理的逻辑性,经验法则要求法官尊重客观理性选择;为了保障自由心证体系的完整性，证明责任要求法官将所有事实认定方法使用殆尽后谨慎启动。可见，想要正确适用自由心证就必须准确把握自由心证本身的内涵与外延，理清自由心证体系构架所包含内容，梳理自由心证与相关制度之间联系。而这恰恰也正是我国法院在庭审阶段适用自由心证认定事实过程中需要注意的内容。

现代法院一般意义上是通过认定事实加适用法律来审理案件的，法官将抽象条文运用到具体案件事实上并作出裁判。这种从抽象法律条文到具体案件事实之逻辑过程就是当前法官审理案件通常遵循的法律思维方法——司法三段论。在司法三段论中，包含着作为大前提之能够引起法律效果的法律规范(T)、作为小前提之法律事实(S)，以及作为结论之法律效果(R)。那么三段论的推论形式就是当T具有法律效果R，只要满足S与T相对应，S就能够产生出R的法律效果。由于作为大前提的法律规范与作为结论的法律效果，一般都在实体法中以条文形式预先予以规定，只有作为小前提的案件事实属于未知内容，法院在适用司法三段论之前必须先对案件的具体事实予以认定，因此，司法三段论推理就必须以确立小前提作为出发点，法官应当利用各种方法去发现案件的客观真实。然而，在这里需要注意的是，对于案件客观真实之事实认定与作为三段论小前提的事实并不能完全画等号。这是因为，并不是所有依据证据认定的具体案件事实都能够作为小前提，只有与作为大前提之法律规范相对应的事实才能作为小前提。然而，作为小前提之法律事实是案件具体事实认定结果的真子集，法官不进行客观事实的认定永远不可能获得法律事实，案件事实认定是法官确定小前提之先决条件，可以说事实认定也就是司法三段论适用之总前提。事实认定在案件裁判体系中处于核心地位，其重要性无论如何强调也都不显多余。

那么具体案件事实应当如何来认定呢？有学者认为："怎么去发现案件的客观真实，这实际上是一个证据学需要解决的问题，而不是法学方法论所要解决的问题。"[①]因此，事实认定问题并不是一个单纯的法官适用法律问题，而是法官以客观证据资料为基础对事实是否存在的判断问题。从一定意义上讲，事实认定是程序法问题而不是实体法问题。但是，基于案件事实是以人类活动为中心的社会事实，具有

---

① 王利明：《法学方法论》，中国人民大学出版社2011年版，第25页。

不可逆转之特性,不具备利用科学实验方法使诉讼案件事实整体重复发生之可能,因而认识案件事实与人类认识历史事件方法相似,那就是根据现有的、碎片化的证据对发生在过去的事实进行最大可能的复原。如此,诉讼事实认定的过程实际上就是法官利用证据推定过去事实之过程,也就是对证据所证明内容的判断过程。"裁判者通过主观思维认识客观世界所运用的语言,是法律的语言;诉讼证据是在诉讼中进行思维的基础。我们利用证据认定案件事实,进行证据的判断过程,栖居于法律思维中。所以证据判断过程,也就是根据法律规定重新构建过去事实的主观心理过程,虽然这一过程首先是普通人认知过去事物的过程,要循序人们根据现有的证据材料和现有经验,搜索必要的思维元素整合素材的一般方法;更重要的是它有独特的证明要求和证明方法。"[1]那么,作为独特的证明要求和证明方法之集中体现,广义上讲就是证据法内容,而在狭义上讲就是诉讼事实认定方法或者是原则。

因此,在裁判过程中,各种各样的事实都必须被予以认定,具体包括把要件事实具体化之主要事实,推定主要事实之间接事实、关系证据证明力之辅助事实等。认定事实是否存在是法官最为重要的职务,可以说,裁判过程就是事实认定的过程。而就事实认定方式的历史发展整体过程来看,总共经历了从神明裁判到证据裁判,再到自由心证原则三个阶段。自由心证是现代法治国家诉讼程序中一项重要原则,作为法国大革命的成果最初在法国诉讼法中得以确立,后来陆续被世界各国诉讼法所继受。在现代诉讼法律体系中,作为事实认定方法,无论是民事诉讼还是刑事诉讼,自由心证原则之核心地位业已无可撼动。

现代裁判过程中,事实认定通常是法官依据案件审理过程中出现的一切资料,利用自由心证,对事实真伪作出判断。自由心证原则的对象就是认定作为裁判基础之事实。那么事实认定的重要性在民事诉讼体系中是如何体现,自由心证原则具体又是如何发挥作用的呢?

法院裁判核心就是确定当事人主张事实真伪的过程,诉讼过程完全是围绕认定事实来展开。从民事诉讼法的原则来看,民事诉讼审理

---

[1] 肖建华、肖建国等:《民事证据规则与法律适用》,人民法院出版社2005年版,第11页。

的对象就是对过去一定时期内发生的事实进行正确认定,即事实发现。作为民事诉讼法体系基础的当事人主义,其限定重点就是当事人决定案件争议事实,其中辩论主义就规定当事人没有主张的事实法院不能作为判决基础,两造当事人自认或者没有争议的事实应当作为判决基础。从民事诉讼法程序层面来看,当事人提起诉讼、证据收集调查、审前准备程序、法庭上的口头辩论以及最终法官对当事人的请求作出判决都是以事实认定为最终目的。而从民事诉讼法制度层面来看,起诉制度(起诉状要求写明诉讼事由)、证据开示制度、证据调查收集制度、自由心证原则、证明责任、判决书公开等都是围绕提出事实、发现事实、认定事实的路径来设置的。因此可以看出,民事诉讼大到基本理念小到具体制度,无一不是服务于正确适当地认定事实的。虽然在诉讼程序中,当事人也会针对法律适用和法律解释进行争执,但是当事人这些诉讼行为应该被视为围绕最终事实认定结果展开的攻击防御行为。因此,既然认定事实是民事诉讼程序的中心,那么在案件审理中最耗费法官精力的当然也就是对争议事实的认定。

对于事实认定来说,自由心证原则就如同一个精密科学的流水线。两造当事人的事实主张和证据调查结果从流水线入口进入,由于大陆法系通常对证据能力没有严格限定,因此当事人提出的证据几乎全部都能够顺利进入其中。而流水线出口就是法官对于事实的认定结果,即事实得以认定、事实不予认定和事实真伪不明三种情况。对于前两种情况,法官能够明确裁判两造当事人孰胜孰败。而一旦争议事实陷入真伪不明之境地,就必须借助证明责任理论来分配败诉后果。而在这个管道中,法官对于当事人提出证据之证明力进行认定,依据经验法则和伦理法则,结合当事人在口头辩论过程中的表现,即口头辩论全趣旨,在达到一定证明度后,形成自己心证,最终对当事人所主张事实的真伪与否作出判断。因此,纵观法官自由心证原则全貌,当我们来论及法官自由心证与事实发现之关系时,应当将目光落在几个重要环节之上。首先是两造当事人的事实主张和证据调查结果,也就是所谓的证据来源。如果法官心证缺乏证据来源,就好似汽车没有了汽油,巧妇难为无米之炊。因此对于证据提出的探讨是必需的。然而,在当今民事诉讼法体系中,证据提出问题从某种意义上被看作是辩论主义的问题。因为辩论主义的核心价值就是作为法院裁判基础的证据必须由两造当事人提出。那么,对于该环节,笔者着重对辩论主义的内涵和功能进行探讨。其次是口头辩论全趣旨内容,以两造当事人在辩论过程中的行为表现作为考察对象,尤其是当事人履行证据提出义务的状况如何,来实现法官心证的形成。最后是经验法则和伦理法则。在法官利用自由心证进行认定事实的过程中,经验法则和伦理法则往往发挥大前提的作用,指引法官心证如何展开,因此经验法则如何选择和适用之重要性可想而知。当然除了将自由心证从过程角度进行把握以外,我们还可以从另外两个维度对自由心证进行界限。一个维度就是内外界限,笔者将当事人主张和证据调查结果作为外在界限,而将其余几个环节作为内在界限。另一个维度,就是从主观和客观两个方面对自由心证进行界限,事实认定结果应当受到客观和主观两方面的制约,在客观上应当受到经验法则与伦理法则的制约,而在主观上法官内心应该有一定的"证明度"作为标准。

考察完流水线入口、内部构架以后,让我们着眼于流水线出口。等待我们的就是一个无法回避的重要问题,那就是自由心证与证明责任的关系。法谚云:"自由心证之终结,即是证明责任之开始。"当事实经过法官自由心证仍然处于真伪不明状态时,法官利用证明责任进行裁判,让负有证明责任之当事人背负无法证明之不利后果。但是,面对真伪不明事实时,我们是不是就应该毫不犹豫地将其推出自由心证领域而抛给证明责任呢?这样做会不会使得本来有利益之当事人失去其应有利益,本来不负义务之当事人无可奈何地背负这莫须有的义务呢?回答这些问题,我们不得不把目光聚焦在民事诉讼发现实质真实这一基本理念上。高桥宏志教授对此认为,证据法理念在于应尽可能地查明事实真相,以发现真实为目标,而且要做到低成本高效率。[①]为了尽可能地得到案件的实质真实,笔者认为,应该让自由心证原则发挥作用之过程更长一些。换句话说,就是让法官实现自由心证之手段更为丰富一些,例如对当事人课以协助真实发现义务等。因此,我们必须对如何实现在现有证据条件不能满足证明要求时,法官如何利用自由心证进行深入论述。在此,笔者将该部分也视为自由心证适用的重要部分,作为自由心证过程完结之界限。

---

① 参见〔日〕高桥宏志:《重点讲义民事诉讼法》,张卫平、许可译,法律出版社2007年版,第25页。

二、我国法院适用自由心证存在的问题

2001年《民事证据规定》第64条规定:"审判人员应当依照法定程序,全面、客观地审核证据,依照法律的规定,遵循法官的职业道德,运用逻辑推理和日常生活经验,对证据有无证明力和证明力大小独立进行判断,并公开判断的理由和结果。"从中可以明显看出,在审理民事案件上,法院审判人员应当"对证据有无证明力和证明力大小独立进行判断",承认了法官对于证据价值自由评价,可以说我国民事诉讼确立了法官利用自由心证认定事实之原则。但是,受制于我国学术界对自由心证原则研究程度的不够深入,司法实务一直以来缺少系统的理论支持,从而导致自由心证原则适用在司法实践中暴露出各种各样的问题,而基于自由心证原则在民事诉讼体系中所占据的核心地位,这些问题的出现很大程度上正是源于该原则正当适用之缺失,严重影响我国民事诉讼体系的健康发展。因此,在理论上厘清自由心证原则成了刻不容缓的任务。以下就我国民事诉讼自由心证原则在司法实践中存在的问题进行简要归纳。

(一)自由心证原则界限不清

我国司法实践中,尽管自由心证理论业已被广泛知晓,但是实际上我国《民事诉讼法》中的证据规定非常简单,几乎没有具体且可操作性的证据规则来指导法官对证据进行判断和采信。因而,法官对自由心证原则的内容一直缺乏完整的、正确的认知,对自由心证概念的内涵与外延无法精准掌握,对于哪里应当"自由"、哪里需要"限制"没有清晰的了解,导致其在运用自由心证认定事实时往往在没有证据规则约束的情况下进行证据判断,非常容易出现"无限"与"有限"的偏差。之所以说"无限",是因为我国没有对作为自由心证原则对象之证据调查结果进行明确说明,也就是民事诉讼相关法律规范没有对证据调查收集给予充分保障。在当事人收集证据权利缺少支持以及法官证据调查受辩论主义限制之情况下,裁判实务中法官时常在没有经过充分的证据调查过程和口头辩论程序后对案件作出判决,尽管其也是基于一定的自由心证原则来认定事实,却是一种不讲求客观真实的法律真

实,是没有将追求客观真实之诉讼基本理念作为实现目的之毫无限制的自由心证。对于此,有学者认为:"我国原先的民事证据制度可以说是一种超级自由心证的证据制度,之所以把它称之为'超级自由心证',是由于我国的法官比两大法系的法官在运用证据和认定事实方面有更大的自由。"[1]而之所以是"有限",是因为法官往往会认为某一类证据的证明力高于其他证据,仅仅凭借当事人主张或提交的证据作出判决,而不充分发挥自由心证对其他因素进行综合考虑,纵使出现由一方当事人故意而造成证据无法收集的情况时,该当事人也不会因此而背负法官心证层面的"不利后果",这正是我国裁判中自由心证的明显弊端。而造成这种法官自由心证难以发挥真正"自由"的原因,很大程度上是由于我国法院在事实认定过程中习惯于按照一定的证据规则或者证明力大小的规则来对双方当事人提交的证据进行评价。2001年《民事证据规定》第77条规定"人民法院就数个证据对同一事实的证明力,可以依照下列原则认定:(一)国家机关、社会团体依职权制作的公文书证的证明力一般大于其他书证;(二)物证、档案、鉴定结论、勘验笔录或者经过公证、登记的书证,其证明力一般大于其他书证、视听资料和证人证言;(三)原始证据的证明力一般大于传来证据;(四)直接证据的证明力一般大于间接证据;(五)证人提供的对与其有亲属或者其他密切关系的当事人有利的证言,其证明力一般小于其他证人证言。"根据上述规定,法院在认定事实时对于证据评价就有了预先规定的参照标准,基于考虑诉讼中出现的一切情形之自由心证原则并没有在实际上获得适用。对此我国学者认为,关于证据的审查判断原则,一般可总结为自由心证或内心确信。我国司法借鉴和规定了"现代自由心证"制度。但《民事证据规定》第77条关于证明力大小的规定却违背了自由心证的精神实质,在司法实践中应当摒弃。[2]

"法官实际上不是机器,不是计算器。他是有生命的人,确定法律并把它适用于具体情形——这种职责在理论上可以描述为三段论,但在实践中却是综合操作,它在精神的封闭熔炼中神秘发生。在那里,直觉和感情必须在活跃的良知中加热,以把抽象法律和具体事实焊接

---

[1] 李浩:《民事证据立法与证据制度的选择》,载《法学研究》2001年第5期。
[2] 参见肖建华主编:《民事证据法理念与实践》,法律出版社2005年版,第377页。

在一起。法治和普通的法规范理论过分的简化,对法学家说教有所助益。但是,判决的逻辑分解就像化学分析,它即使识别了有机体的所有组成要素,仍然不能分离出由这些要素的神秘结合而产生的颗粒,并赋予它们生命。"①面对纷繁复杂的诉讼纠纷,在认定事实时我国法官常常隐藏自己的直觉和感情,代之以机械的证据规则,而这种裁判习惯很容易让裁判结果陷入某种困境。

(二) 过于强调辩论主义的绝对制约作用

自由心证是法官对于证据调查结果和当事人口头辩论全趣旨,经过内心确认,对当事人争议事实进行认定的过程。由此可见,自由心证原则基础材料的一个最大来源就是证据调查结果。而当前民事诉讼理论通说认为,证据来源必须根据辩论主义由双方当事人自行提出,并且法院应当将双方当事人没有争议的事实作为判决基础。我国学者刘春梅就认为:"辩论主义含义表明,法官心证形成的资料受辩论主义的限制。只有当事人主张并且在当事人之间有争议的事实才能成为法官心证的对象。根据辩论主义,当事人没有主张,而法官根据证据调查结果获得了心证的事实也不能成为裁判的基础。可以说,辩论主义划定了自由心证制度适用的范围。由此可见,法官所进行的心证是一种相当被动的证据判断活动。对我国民事诉讼辩论原则进行改造,使当事人的辩论结果形成对法官心证的制约,是论述辩论主义与自由心证时的预设前提。"②然而,将辩论主义作为自由心证制约会面临如下两个问题:第一,辩论主义在当下受到了许多学说的挑战,其自身也在不断进行调整。例如在协同主义诉讼模式中,当当事人与法官协同配合进行证据收集时,法官自由心证将如何运用。第二,由于我国缺乏对辩论主义理论的深入了解,从目前司法现状来看,辩论主义在我国的适用并未获得良好的效果,当事人与法院在诉讼程序上的相互作用如何更好地分配一直是困扰我国民事诉讼法学界的难题。实践中盲目地将辩论主义视为民事诉讼的根本理念势必会导致司

---

① 〔意〕皮罗·克拉玛德雷:《程序与民主》,翟小波、刘刚译,高等教育出版社 2005 年版,第 23 页。

② 刘春梅:《自由心证制度研究:以民事诉讼为中心》,厦门大学出版社 2005 年版,第 200 页。

陷入一定的困境,在苦寻良策没有积极成果之时,再将自由心证原则建立在辩论主义基础之上似乎会有更大的风险。

(三) 证据裁判主义对自由心证之误导

证据裁判主义和自由心证原则是现代证据法的两大基本理论。证据裁判主义贯彻了事实认定需要客观证据之理念,完全废除了神明裁判的方法,标志着现代裁判制度的诞生。《民事证据规定》第 63 条规定的"人民法院应当以证据能够证明的案件事实为依据依法作出裁判"确立了我国民事诉讼的证据裁判原则。然而,在案件审理中机械地强调证据裁判主义,就会对事实认定产生误导,审判员仅仅看重当事人双方提交的证据,对于证据调查之外的情形,法官通常并没有任何表示,这就使得没有证据的当事人,或者无法收集到证据的当事人,甚至是在对方当事人阻挠下无法收集证据的当事人,即便在占据道德优势的情况下,困于法院对证据"谁主张、谁举证"的限制,不得不吞下败诉的苦果。这就使得当下法院裁判的司法权威降低,当事人对法院裁判的信任程度减少,当事人不断通过上诉、申诉、再审等途径进行申诉,在严重消耗有限司法资源的同时,社会不安定因素大大增加,对作为社会最后一道防线的司法权产生巨大冲击。当我们换一个视角再来对目前司法出现的弊病进行审视时,不难发现问题的根源很大程度上出现在法官对于证据的"过度信任",而忽视了当事人在案件审理过程中种种的表现。

对于此问题,我国学者业已有所察觉。"在现代诉讼中,裁判者对证据的认识是全方位的,不仅包括证据所表现出来的内容,而且还包括证据表现内容的方式、相关环境因素。比如,证人在提供证言时,不仅要看其内容是否合乎逻辑,而且还要将其作证时的举止、面部表情、语速、与当事人的关系等诸多因素考虑在内。也就是说,裁判者对证据的认识是一种以证据内容为核心,同时兼具存在背景的认识活动。在此意义上,为了保障自由评价证据的准确性,此种认识方式本质上要求裁判者直接接触原始意义上的证据,如原物、原件;亲身感知案件事实的证人等。"[①]学者刘春梅也认为:"很长时期以来,我国对证据裁判原则的理解往往比较机械,似乎只有看得见摸得着的客观证据才能

---

① 吴红耀、魏晓娜:《诉讼证明原理》,法律出版社 2002 年版,第 187 页。

作为事实认定的基础,而对于诉讼中客观存在但不易固定的态度证据等则重视不够,以致事实认定非常机械,增加了权利实现的难度。在自由心证制度下,当事人、证人等在法庭上的态度作为辩论状况,可以作为心证形成的基础之一,结合证据调查情况,共同作用于法官的心证,这就是实行自由心证有利于发现真实的原因之一。我国古代的'五听'就体现了充分利用诉讼中的证据资源的优点,这些都是值得借鉴的。不承认这些态度证据的作用,就会导致实践中可利用的证据资源大大减少,所以法官在判断证据证明力时,应敢于借助态度证据来判断证据的证明力,只是在判决理由部分,法官应详细阐明心证形成的原因。"① 然而,较为遗憾的是,我国学者并没有对于法官如何利用双方口头辩论状况进行心证进行进一步讨论。

按照大陆法系的通说,自由心证原则是法官根据证据原因对事实存在与否进行判断,因而证据原因也被称为心证原因。高桥宏志教授认为:"证据原因是指构成法官心证形成(事实认定)原因的资料或情况。与刑事诉讼法不同的是,民事诉讼法证据原因不单单指证据资料,也包括辩论全趣旨。"② 法官对于辩论全趣旨的考察才是自由心证原则重要的核心价值。由此可见,我国法官审理案件中并没有彻底贯彻自由心证这一制度,没有真正领悟自由心证制度设置的精神。在现阶段对自由心证制度,尤其对辩论全趣旨进行介绍、论述是必要的,也是符合司法实践需要的。

(四) 经验法则运用混乱

法官认定事实的过程实际上就是从证据或者间接事实推定主要事实或者其他间接事实的过程。法官在进行推定时通常会适用经验法则、伦理法则。经验法则由于不是事实,尽管不能成为自认对象,但是能够成为证明的对象。一般法官能够知晓的经验法则,没有必要由当事人主张,也无需通过证据予以证明。与之相对,如果该经验法则具有特殊性,那么当事人主张和证明就是必要的。为了使得推理有较

---

① 刘春梅:《自由心证制度研究:以民事诉讼为中心》,厦门大学出版社2005年版,第202—203页。

② 〔日〕高桥宏志:《重点讲义民事诉讼法》,张卫平、许可译,法律出版社2007年版,第28页。

高的合理性、客观性,通常希望经验法则能够以"因为 A 所以 B"的形式予以表述。但是,如此的表达形式的确又未必是必需的。在实际判决过程中,经验法则更多是以"本案中,因为存在 a1、a2、a3 事件,所以能够推定出 b"的形式进行表述。无论多么重要的内容,这样的推定都具有合理性。个别案件中经验法则的适用事先没有法律规定,经验法则的选择和适用完全依靠法院的自由判断。因此,这就促使事实上法院必须合理地选择和适用经验法则。

"许霆案"作为因法官适用经验法则混乱而导致裁判结论错误的"经典"案例,引发了我国学者对经验法则的讨论。目前可见的论文主要包括:毕玉谦的《经验法则及其实务运用》,载《法学》2008 年第 2 期;毕玉谦的《论经验法则在司法上的功能与应用》,载《证据科学》2011 年第 2 期;张卫平的《认识经验法则》,载《清华法学》2008 年第 6 期;中国政法大学李书真 2009 年的博士毕业论文《司法证明中的逻辑法则和经验法则》;中国政法大学王淇 2009 年的博士毕业论文《论民事诉讼中的经验法则》。张亚东法官所著的《经验法则:自由心证尺度》一书,将研究重点限定在作为自由心证原则尺度之经验法则上,对经验法则的基本理论进行系统梳理,尤其运用典型案例深入分析了经验法则在认定事实、适用法律方面的功能和作用,在经验法则类型化基础上提出经验法则体系化的建议。但是,鉴于我国学界对经验法则研究时间较短,典型案例较少,尤其理论基础较为薄弱之情况,如果不对诸如经验法则种类、法官如何选取经验法则等理论梳理清楚,而盲目地就个别具体案件进行分析,未必能够对司法实践给予有力支持。因此,对于经验法则的研究还需要继续深入。

(五) 证明责任适用随意性过强

如何在口头辩论期日结束时避免法官深陷真伪不明之状态,换句话说,在民事诉讼法上能够采取何种相应方法,使得法官利用自由心证来认定事实,最大可能地避免以证明责任分配规范作出判决,应当是法官积极寻求的方向。"事实认定的尽头乃是证明责任的开始。"也就是在口头辩论程序结束之后,待证事实仍然处于真伪不明状态之下时,为了进行案件裁判必须要利用证明责任分配证明不利之后果。在这里我们必须树立起一个观念,就是要试图在最大程度上避免法官心证处于真伪不明的状态,要试图在口头辩论期日完结之时让法官完成事实认定,避免滑入证明责任分配的深渊。而目前我国司法实践中,通常将证明责任作为案件审理终结之重要方式之一。这一做法所带来的后果就是,只要当事人没有能够提出足够的证据,那么法官就能够直接依据证明责任进行裁判,而忽视了法官所应当承担的利用自由心证原则,根据诉讼过程中所出现的一切现象来认定事实之责任。虽然这样表面上看似符合证明责任原则应然的作用,但却完全违背了民事诉讼案件审理的基本程序构造,即先由当事人提出事实和证据,然后法官根据证据原因利用自由心证原则认定事实,最后在全部可以利用的程序手段使用殆尽后争议事实仍然陷于真伪不明时,才根据证明责任进行裁判。可见,我国司法实践中对于事实认定过程缺少足够的重视。

然而,为了避免适用证明责任的出现,最有效的解决方法还是加强法官在口头辩论结束之前对于事实认定的能力。法官对事实的认定是以案件证据调查结果和口头辩论全趣旨为素材,通过自由心证而进行的。因此,加强法官自由心证研究,建立保障自由心证原则有效行使之相关制度是亟待解决的问题。从某种意义上说,抑制裁判最终以证明责任分配而收场的唯一救命稻草或许就是自由心证原则。之所以这么说是因为,自由心证原则能够摆脱证据限制,突破民事裁判仅仅依据法律规定的证据证明力大小进行裁判之思想禁锢,发挥法官基于证据材料之外的因素对事实进行认定的能力。

随着社会的不断发展,民事诉讼案件越发纷繁复杂,法官审理案件的难度不断提高,相应地对于自由心证适用的要求也在不断提升,这就需要学术界对此作出积极的回应。具体来看,需要关注如下几个方面:第一,在证据调查结果方面,辩论主义内涵的发展给证据调查结果带来了不同要求,这为自由心证的发展制造了足够的外界动力,辩论主义与自由心证的关系势必会成为焦点。第二,在辩论全趣旨领域,由于当事人证据提出"权利"的内涵不断扩充,法官在辩论阶段形成心证的几率也在不断增大,这就要求辩论全趣旨概念必须明确化和规范化。第三,经验法则问题的复杂化。在案件类型不断丰富之大背景下,作为法官审理案件"大前提"之经验法则也必须予以丰富,并且必须加强对经验法则的选择和适用进行方式的探究。第四,在自由心证与证明责任关系方面,为了实现避免待证事实陷入真伪不明状态之目的,应当能够灵活运用表见证明等多种制度有效地降低对法官心证程度的要求,缓解法官压力,尽可能使案件在自由心证阶段予以解决。

综上,本编主要以日本和德国民事诉讼法中的自由心证原则作为研究模板,以大量日语原文文献作为参考,对大陆法系自由心证理论和实务状况予以考察,力求做到对自由心证整体状况的深入说明。本编第二章对自由心证原则基础理论进行研究,着重围绕自由心证内涵、自由心证与事实认定关系以及现代自由心证原则受到客观化制约之特点进行梳理。第三章研究自由心证与辩论主义之间的关系,着重论述辩论主义发展对证据调查收集结果之影响。第四章主要对辩论全趣旨进行介绍,以此来为法官自由心证的适用创造良好的法律基础前提。第五章介绍经验法则适用问题。作为事实认定过程之大前提,经验法则的选取更能成为公众关注的问题。第六章讨论自由心证与证明责任之间的关系,特别对当事人真实协助义务进行深入探究,为自由心证原则的适用获得积极效果打下坚实基础。

第二章 自由心证原则的内涵

一、自由心证的含义

自由心证原则是主要来源并且存在于大陆法系传统国家的一项实定法律原理或法律制度。法官对于自己没有直接经验的过去事实是否存在进行判断的过程，实际上就是对种种证据资料的证据价值进行考虑作出取舍选择，并且从证据价值高的证据资料推定过去事实关系的过程。也就是说，通过证据调查程序，将足以认定事实之证据进行收集调查之后，法官下一步就需要判断各个证据与要证事实之间存在什么样的关系，即对审理过程中出现的证据作出评价。因此，法官在认定作为判决的基础事实时，就应当基于审理过程中出现的一切资料，利用自由判断获得内心具体确信。

自由心证原则是指，案件裁判事实认定时，以审理过程中出现的全部资料，即辩论的全趣旨和证据调查结果为基础，法官依据自由判断获得心证的原则。① 在这里，心证是指法官内心形成判断的意思。与之相对，以证据为基础来认定事实时，法官必须遵循预先规定的证据证明力来认定事实之原则，即法定证据原则。自由心证原则可以替代证据法定原则，对于一切诉讼证据证明力的大小以及证据的取舍和运用，法律不预先作出规定，而是由法官根据自身的良心和理性自由判断，并且以法官形成的内心确信认定事实。

作为一个与法定证据原则相对而生的概念，自由心证原则包含了两个层面的含义。① 自由心证能够使得法官可以自由确定事实认定的资料，自由地利用各种证据方法对事实进行认定，对事实认定资料范围进行理性扩张；② 自由心证是一种事实认定的方法，法官利用该

---

① 参见〔日〕春日伟知郎：《自由心証主義の現代的意義》，载〔日〕新堂幸司编：《讲座民事诉讼》⑤，弘文堂1983年版，第55页。

方法可以在尊重当事人诉讼行为、保障当事人诉讼权利、发挥当事人诉讼能力的基础上,最大限度地利用自身法律素养全面地、客观地、科学地对案件事实进行斟酌,形成合理的确信程度,最终实现案件事实的认定。当然,现代民事诉讼法通常以辩论主义作为原则,证据方法之范围仅限于两造当事人所提出之证据,因此在确定事实认定资料方面之"自由"仅仅是相对的自由,同时在一定范围内到底采用哪一个证据完全由法官选择。"法庭应当注意间接证据的有限证明力并且必须对证据调查的结果进行分析。对于唯一的证人,不能不加分辨地予以相信。在出现相互矛盾的证人证言或者鉴定时应当阐释,为什么采用这个而不采用另外一个。与此相反,法院不必对所有他认为不重要的东西进行明确的讨论,如果显示符合事实的判断已经作出,也不必对当事人的每个主张、每个证人证言或者其他所有的证据手段详细地分析。"①

而将自由心证作为事实认定方法而言,自由心证就是指法官对于证据评价的自由,而证据评价涉及两个方面的问题。"一方面是证据评价内容方面的问题,即法官面对不同的证据资料如何判断其各自具有多少关联性、信用性和证明力,且根据现有资料认定事实是否存在;另一方面是法官对证据作出以上判断时,是否必须按照法律事先定下的一般规则来作出结论,即关于证据价值的判断是否要受法定规则的直接约束。这可称之为证据评价形式方面的问题。而自由心证原则就是关于后一方面,即证据评价的形式方面的法原则。那么,自由心证原则就是指法官在根据证据资料进行事实认定时,能够不受法律上的约束而进行自由的判断。"②笔者认为,该观点将自由心证原则定义在证据评价形式方面是非常准确的。由于自由心证原则是与法定证据原则相对而生的概念,法定证据原则通常就是法官在认定事实时必须以法律预先规定的各种证据的证据价值为依据。法定证据原则并不包括对具体每种证据的证据价值如何规定,自由心证原则也相应地不应该包含法官如何对证据评价的内容,也就是说,自由心证原则并

---

① 〔德〕罗森贝克等:《德国民事诉讼法》,李大雪译,中国法制出版社 2007 年版,第 836 页。

② 王亚新:《社会变革中的民事诉讼》,中国法制出版社 2001 年版,第 293 页。

不涉及具体每个证据法官能够获得多少心证这样的问题。如此一来，法官到底获得多大程序的心证才能最终认定的讨论也不是自由心证原则的研究对象，因此，证明标准抑或者证明度问题尽管与自由心证原则具有紧密联系，但其不属于自由心证原则内容范畴之内。

自由心证原则的对象原则上仅限于事实，法律规定与经验法则都不能作为心证对象。但是，这种界限十分微妙，由于带有法律色彩的事实作为证明对象的情况很多，因此依据自由心证原则进行事实认定还是法律价值判断或者经验法则判断就很难明确区分，两者通常保持着混合状态。[①] 需要指出的是，自由心证对象也并非是全部事实，众所周知的事实通常就不作为自由心证认定的对象，可以自然而然地作为法官裁判前提。这主要有两个原因：一是如果众所周知的事实能够被法官自由认定，那么一旦作出有悖于常识的判断就会损害国民对法院的信赖。二是对于众所周知的事实展开证据调查也会浪费诉讼资源。另外，民事诉讼上自认事实和法官职务上显著事实，也无需经过法官自由心证可直接作为裁判基础。由于事实认定的过程实际就是依据对证据的自由评价，结合经验法则的灵活应用，最终推出应当认定事实的过程。因此，法官认定事实过程必须对全部资料进行评价以及对有可能适用的经验法则作出取舍。也就是说，自由心证原则的核心就在于确定事实认定资料和选择经验法则。依据自由心证认定事实就必须受到伦理法则和经验法则拘束，以合法证据调查得来的事实认定资料为基础，将合理选择的经验法则作为媒介。

需要注意的是，自由心证原则是在诉讼中法官认定事实时适用的原则。该原则的适用并不区分辩论主义与职权探知主义，无论是辩论主义还是职权探知主义在以诉讼中出现的资料和状况为基础认定事实这点上，自由心证都是不可或缺的。另外，事实认定无论是在要求达到诉讼上证明程度场合还是只要疏明就足够的场合中，自由心证原则都予以适用。证明和疏明只不过是在心证程度上有所差别，而在认定事实方式上并无差异。

德国受法国民事诉讼法影响，于1877年首次规定了自由心证。《德国民事诉讼法典》第286条第1款规定："法院应该考虑言词辩论的全部内容以及已有的调查证据的结果，自由判断事实上的主张是否

[①] 参见〔日〕小林秀之：《证据法》，弘文堂1990年版，第36页。

可以认为真实。作为法官心证根据的理由,应在判决中记明。"根据该条规定,法官不受法定证据规则的拘束,他可以根据自由确信来裁判某一事实陈述的真伪。也就是说,原则上法官可以自由地对当事人陈述、证人陈述、鉴定人鉴定之具体证明价值进行裁判。他可以更多地相信当事人的陈述,而不是证人或者鉴定人。根据法国的做法,立法机关取消了为法官规定证明价值的法定证据规则,有意识地抛弃了教会—普通法诉讼的做法。①《日本民事诉讼法典》②第 247 条规定:"法院作出判决时,应当通过对口头辩论全趣旨与证据调查结果进行斟酌,依据自由心证来判断事实主张是否存在。"我国台湾地区"民事诉讼法"第 222 条规定:"法院为判决时,应斟酌全辩论意旨及调查证据之结果,依自由心证判断事实之真伪。但别有规定者,不在此限。当事人已证明受有损害而不能证明其数额或证明显有重大困难者,法院应审酌一切情况,依所得心证定其数额。法院依自由心证判断事实之真伪,不得违背伦理及经验法则。得心证之理由,应记明于判决。"

我们看到,德国和日本法律条文中都存在"判断事实的主张是否应当认定为真实",其意思是指法官就当事人对于事实的主张是否应当认定为真实作出自己的判断。需要说明的是,在此评价是否为真实的对象,是"针对事实的主张"而不是"事实"本身。法官依据自由心证判断的对象是当事人对于事实的主张。换句话说,自由心证必须建立在当事人主张的基础上,只有当事人通过证据对主张进行了证明,自由心证才能获得适用,自由心证是以证据为前提的。如若不然,即使没有当事人主张和证据,法院仍然进行事实认定,这就不能够称为自由心证原则。虽然对于事实的评价用语法律并没有明文规定,通常都是以"存在"或"不存在"来说明的。但是"法院认定某一事实"只不过是"法院认定某一事实存在"的简称。"被主张事实的存否"与"事实主张的真否"之间是一一对应关系。法院判断"当事人主张事实"是存在的,那么就会作出"这个事实的主张"是真实的判断。相反,如果法院判断出"当事人主张事实"不存在,就会作出"这个事实主张"不真实或是虚假的判断。那么,在"当事人主张的事实"既不能作出存在的判

---

① 〔德〕罗森贝克等:《德国民事诉讼法》,李大雪译,中国法制出版社 2007 年版,第 835 页。

② 本章如无特指,即 1976 年《日本民事诉讼法典》。

断,也不能作出不存在的判断的场合中,"这个主张的事实"到底是否真实就无法作出明确判断,也就是"该事实处于真伪不明的状态"。一般认为,法院应当对"当事人事实主张真否"进行判断,考虑到辩论主义,法院最终还是应当仅对当事人主张的主要事实的存否进行全面的判断。但是,在实际裁判过程中,对于主要事实以外的事实,即便当事人没有主张,基于证据调查的结果也能够对该事实作出认定,并且,当证据调查的结果与当事人主张的主要事实存在差别时,法院为了能得到明确内容,业已不再仅仅限于当事人主张的事实。

二、自由心证的特征

自由心证就是法院在对口头辩论全趣旨以及证据调查结果进行斟酌后,依据自由的心证,对于事实主张是否应当认定为真实作出判断。因此,自由心证的内容就包含事实认定的资料以及斟酌资料的方法。具体来讲,事实认定的资料是指,证据调查结果也就是合法进行证据调查获得的全部证据资料和辩论全趣旨。斟酌资料的方法是指,对于事实认定资料评判法律没有进行规定,完全是由法官对证据价值作出自由评价。这种自由评价通常又是遵循一定的经验法则作出的。而证据调查结果之中具体包括了证据方法无限制和证据共通原则。因此,总体观之,自由心证的内容就包括证据调查结果(证据方法无限制、证据共通原则)、证据力的自由评价、辩论的全趣旨和经验法则的适用。证明度是否应当被纳入自由心证,学界一直存在不同意见。对此笔者认为,证明度是法官认同当事人主张事实真实所必要的内心确信程度,通常被认为是"普通人能够排除合理怀疑程度之确信"。证明度在理念上尽管是描述客观状况之概念,然而,作为获得证明度概念重要因素的"法官内心确信"却是主观产物,由于客观化非常困难,证明度概念自身实际上难以制定精确的衡量标准。并且,证明度虽然与自由心证存在密切的关系,但是其与自由心证应当分别属于两个不同范畴,证明度主要发挥自由心证与证明责任之间的纽带作用,因此笔者将在"自由心证与证明责任"一章对它们之间的关系进行详细论述。

(一) 证据能力无限制

对于事实认定所用到的证据方法,原则上并没有特别的限制,所谓的人、物都能够作为证据方法。例如,即便是不动产买卖合同这样重要的事实,也能够仅依据证人证言而进行认定。当事人陈述书、私人委托的鉴定报告书、没有经过反对询问的传闻证言等,都能够被认定具有证据能力。例如日本最高法院在一起判决中认为,对于当事人本人的临床询问由于医生劝告中途截止,致使对方当事人没有得到反对询问机会场合中,单单由于没有给予反对询问机会而导致本人询问的结果不得作为事实认定的资料的做法是不能接受的,根据合理的自由心证应该能够决定该证据之证据力。但是,考虑到直接主义的要求,传闻证据的利用应当尽可能地受到控制。并且,针对诉讼提起后做成文书具有的证据能力,虽然判例和通说都给予支持,但是有观点认为,正是因为对方反对询问权受到剥夺以及证人询问、当事人询问方式发生了实质变更,在以回避人证为目的而做成证据之场合,不应当承认该文书的证据能力。① 当然证据方法也并不是完全没有限制,以下就是一些例外情况。

1. 法律条文规定之例外

（1）最佳证据限制。例如,《日本民事诉讼规则》第143条第1款规定:"材料的提交或送付必须采用原本、正本或经过认证的副本。"因此,作为书证对象的文书,当原本存在且能够提出的情况下,原则上应当提出原件。对于被要求回避的鉴定人,《日本民事诉讼法典》第214条第1款规定:"当鉴定人有违背诚实义务进行鉴定情形时,在该鉴定人对鉴定事项进行陈述之前,当事人可以对之提出回避申请。虽然鉴定人已经陈述,但之后才发生回避情形或者当事人才得知该原因时,亦同。"

（2）根据程序法上的要求,针对特定或者一定范围事实认定证据方法进行限制的情况。例如,对于法定代理权、诉讼代理权的证明必须以书面形式的规定。《日本民事诉讼规则》第15条规定:"作出法定代理权或诉讼行为所需的授权须采用书面的证明。对候选当事人的

---

① 参见〔日〕兼子一等:《条解民事诉讼法》,弘文堂1986年版,第517页。

选定以及变更的规定也同样适用。"同法第 23 条规定:"诉讼代理人的权限须采用书面证明。"口头辩论过程事项也必须以书面形式记录。《日本民事诉讼法典》第 160 条第 3 款规定:"口头辩论所定的程式之遵守,专以笔录证明之。"而对于疏明事项,《日本民事诉讼法典》第 188 条规定:"疏明,应以能即时调查的证据进行"。

(3) 特别程序中证据方法的限制。例如,针对小额诉讼调查的证据,《日本民事诉讼法典》第 371 条规定:"调查证据,限于能即时调查的证据。"与之相似,对于票据诉讼,《日本民事诉讼法典》第 352 条第 1 款规定:"在票据诉讼中调查证据可以只限于书证。"

2. 违法收集证据之证据能力

对于违法收集证据的证据能力,作为重视真实发现之要素,为了避免助长违法行为对民事诉讼程序公正性的侵害,围绕如何对其调整,对该证据能力的看法存在很大争议,大多数情况下,违法收集证据的证据能力在一定范围内受到限制。例如,离婚诉讼中原告从被告办公室偷出的证据;或者特许权侵害诉讼中,为了证明侵害事实而利用商业间谍获取被告公司的内部资料等,都因为证据收集程序违法而不认可其证据能力。在德国一起确认父子关系问题案件中,作为原告之父亲私下收集到孩子吃过的口香糖,在没有获得母亲同意的情况下,在裁判外进行 DNA 鉴定,将其结果作为证据在诉讼中提出。对此,德国法院就认为,即便收集口香糖不能说是违法行为,但是擅自进行 DNA 鉴定则是对人体重大隐私权的侵害。对于违法收集证据,学界大致存在三种见解:① 虽然收集方法构成实体上的违法,但只要不影响诉讼,法院就可以利用自由心证进行甄别。② 只要是实体法上的违法,原则上诉讼程序中不再适用。③ 只有在实体法上有较强违法性的情况下才能否定该证据能力。笔者认为,如果必须判断某一种观点具有正当性的话,那么就不得不对根据证据违法收集所侵害的利益与该证据能力获得认可后举证人获得的利益进行比较考量,证据收集方法违法性强弱程度的判断应当综合后者的利益来考虑。例如,在美国劳动纠纷案件中,为了收集公司不当劳动行为相关的证据,劳动工会会员秘密对上司要求自己脱离工会之谈话进行录音,其录音资料的证据能力是被美国法院所肯定的,很明显在该案中法官就会认为工人留在工会之利益比起上司个人言语隐私权利更为值得保护。

3. 证据限制契约

证据契约，从广义上来看就是指当事人之间对于作为判决基础之事实确定方法达成的合意。① 例如自认契约，两造当事人共同约定对于一定事实存在与否不予争议。仲裁鉴定契约，两造当事人共同约定事实确定由第三方判定。证明责任契约，两造当事人共同约定当事人一方应该证明的事项与证明程度。从狭义的角度来看，证据契约特指两造当事人之间有关证据方法提出的合意，也即证据限制契约。例如两造当事人共同约定证明某一事实仅限于书证。在当前民事诉讼大多采用辩论主义原则的前提下，提出证据是当事人的权利，因此两造当事人共同约定向法院提出一定的证据方法或者不提出一定的证据方法之证据限制契约也是有效的。在证据限制契约被确定发生效力之后，主张或者证明过程中法院应当驳回与契约相违背的证据方法。

如果证据限制契约规定只能限于提出某种证据方法，那么当事人提出限制之外的证据，法官将不能对该证据进行采信。而由于自由心证原则要求法官能够将一切出现在诉讼过程中之合法证据方法作为判断资料，那么依照证据契约制度就可能存在一些证据方法不能够成为自由心证的资料，因此证据契约制度会对自由心证进行制约。在这一点上，证据限制契约并不是对法院自由评价证据进行强制，而是以不提出证据方法为目的，因而不会对法官通过证据评价获得心证造成障碍。也就是说，法官自由心证对象只是证据调查结果与辩论全趣旨，如果某证据方法原本就没有向法院提交或者法院也没有依职权调查证据，那么法院也就不可能对该证据进行自由心证，而证据限制契约就是阻碍证据成为法院自由心证之对象，因此与自由心证本身没有冲突，仅仅只能算是对自由心证对象的限制。需要注意的是，证据限制契约绝对不能对证据方法的证明力大小进行约定。由于判断证据证明力的大小必须由法官利用自由心证进行，所以只要当事人之间作出确定某一特定证据证明力的合意或者由某一事实推定其他事实的合意，那么该契约就会被认为其侵害了自由心证原则，该类证据契约就不合法。同样，当事人也不能合意排除法官依职权可以进行的当事

---

① 参见〔日〕高桥宏志：《重点讲义民事诉讼法》，张卫平、许可译，法律出版社 2007 年版，第 56 页。

人询问。①

不过,在双方当事人针对法院业已实施证据调查之证据方法达成不采用的合意时,即便视其为有效,也无法抹杀法官已经形成的心证,故而也不允许这样的证据契约。在当事人提出违反限制证据契约的证据调查申请时,法院应当以无证据能力为由驳回该申请。② 并且,按照攻击防御方法提出时间之要求,证据限制契约必须在与诉讼进行状况相应的合适期间内提出。如果认为有必要,法官在听取当事人意见后,可以对特定事项的攻击防御方法规定合适期间。而在禁止撤回证据限制契约问题上,多数情况下,通常是达成不提出证据方法之证据限制契约一方当事人发现对己不利原因进而提出撤回契约且要求提出该证据,由于采用证据共通原则,重新提出证据行为当然会对他方当事人产生不公平,但是如果对方当事人同意,那么该证据限制契约能够消除。然而,考虑到证据方法的改变会给法官心证结果带来冲击,如果允许证据限制契约的随意撤回对自由心证造成影响的话,必须要求当事人在法院证据调查终结之前提出撤回证据限制契约之申请。

(二) 证明力自由评价

法官能够对证据的证明力或者证据价值遵循自己选择的经验法则进行判断,这也是自由心证原则的核心内容。例如,对于作为本人没有在保证书面签名之连带保证人,法院鉴于其在与债权人电话内容中存在接受保证意思的确认承诺,认定了其连带保证人身份的事实。可见评价证据证明力时,应当综合全部显著事实进行考虑。

另外,在有些情况下,法律规定只要基于一定事实,就能够推定出其他事实。该种情况主要包括:① 当有关其他事实是要件事实的场合中,发生证明责任转换,对方当事人必须对反对事实承担证明责任。② 当其他事实不是要件事实,不发生证明责任的转换时,对方当事人只要能使得法官对推定事实之确信发生动摇就足够了。而作为证据

---

① 参见〔日〕小室直人:《新民事诉讼法讲义》,法律文化社1998年版,第140页。

② 参见〔日〕新堂幸司:《新民事诉讼法》,林剑锋译,法律出版社2008年版,第392页。

力自由评价原则之例外就发生在②情形,被称为法定证据法则。例如,推定文书形式证据力之规定。《日本民事诉讼法典》第228条第2、4款分别规定:"文书,依制作的方式及宗旨应认为公务员在职务上作成的,推定为该文书制作是真实的公文书。""私文书,有本人或其代理人的签名或盖章时,推定为其制作是真实的。"对于故意妨碍对方当事人证明之当事人,法院也能对其进行不利事实认定之规定。《日本民事诉讼法典》第208条规定:"在询问当事人本人的情况下,该当事人无正当理由不出庭,或者拒绝宣誓或陈述时,法院可以认定对方当事人所主张的有关询问事项为真实。"该法第224条第1、2款亦规定:"当事人不服从提出文书命令时,法院可以认定对方当事人所主张的关于该文书的记载为真实。当事人以妨碍对方当事人使用为目的,毁灭有提出义务的文书或致使该文书不能使用时,与前款规定亦同。"应当说,在该种例外情形中,法官基本上也无法实施证据证明力的自由判断,需要按照法律规定认定证明力。虽然无论以上哪种情况都不能完全排除自由心证原则,但是确实对自由心证原则产生一定程度上的制约。

(三) 证据共通原则

依据证据力自由评价的结果,证据调查结果可以有利或者不利于该证据方法提出人,这就被称为证据共通原则。同样的,通常在共同诉讼中,其中任意一个共同诉讼人提出的证据方法或者对方当事人对于共同诉讼人其中之一提出的证据方法相关共通争议焦点时,该证据方法对于其他的共同诉讼人也能够利用,这被称为共同诉讼人之间的证据共通原则。虽然证据对于证据提出者有利还是不利是能够判断的,但是根据辩论主义,当事人虽然享有提出裁判基础资料的权限,这只是基于法院与当事人之间作用的分担,并没有给予当事人仅仅提出有利于自己资料的权限。为了认定一方当事人主张的事实,法官并不是仅依据该方当事人申请调查的证据方法,也可以将对方当事人申请的证据资料作为认定该事实的证据方法。从当事人的角度来看,自己申请的证据一旦被予以调查,对自身产生利益的同时,也会对对方当事人发挥作用。正是因为证据共通原则使得法官综合评价证据调查结果、自由地形成心证以及事实认定更加接近真实成为可能,因此,证据共通原则是自由心证原则在证据调查结果上的最好体现。

(四) 经验法则自由适用

由于自由心证是法官对于证据价值进行的自由评价，那么为保障事实认定结果的客观性和正当性，自由评价通常又必须遵循一定的经验法则作出。也就是说，法官对于资料的评价是建立在适用经验法则的基础之上的。民事裁判中，判断作为诉讼标的之权利是否存在，通常依据认定作为法律效果发生要件之主要事实来进行。但是，当主要事实不能依据证据直接认定时，就可能会依据证据证明一个或者数个间接事实来推定主要事实。于是，证据抑或是间接事实就必须经过多次组合搭配，才能最终完成主要事实的认定，而实现证据或者间接事实组合的方法就是经验法则。为了事实认定可以有很多种组合方式，那么也就使得法官可以在行使自由心证时依照自己的理解对证据方法进行自由评价，相应地，法官也具有选择取舍经验法则之自由。

(五) 辩论全趣旨之斟酌

在民事诉讼法中，正因为原则上不存在证据能力限制，所以法官应当考虑证据调查结果和口头辩论全趣旨，依据自由的心证对事实进行认定。口头辩论全趣旨就是口头辩论过程中出现的一切资料、状况，但是证据调查结果单独视之并不属于口头辩论全趣旨的范围。除了当事人的辩论内容之外，依据释明处分能够得到的陈述、检证、鉴定和委托证据调查等结果，当事人或者代理人陈述态度，攻击防御方法提出时期等内容都囊括其中。"关于事实认定即便不进行证据调查，利用辩论全趣旨也能够认定。比起证据调查结果应当更重视辩论全趣旨。"① 可见，辩论全趣旨并不只是证据调查结果的补充，仅仅依据辩论全趣旨来认定事实也是被允许的。② 判例通说认为，在以辩论全趣旨认定事实之场合，判决理由即便没有说明辩论全趣旨的具体内容，只要参照诉讼记录能够明确，并不作为理由不充分之违法情形。

---

① 〔日〕兼子一：《新修民事诉讼法体系》(增订版)，酒井书店1965年版，第253页。
② 参见〔日〕山木户克己：《民事诉讼法论集》，有斐阁1990年版，第59页。

三、自由心证的保障原则

自由心证将认定作为法院裁判基础之事实委任于法官。在民事诉讼体系内,一旦适用自由心证就会与其他民事诉讼原则时刻保持着联系。总的来看,作为从外部保障和促进自由心证发挥自身机能之原则,具体包括公开主义、口头主义以及直接主义。但是,在具体案件中仍然存在对以上三个基本原则的突破,传闻证据就是最为显著的事例。

(一) 公开主义与口头主义

虽然口头辩论依据种种审理原则而展开,但是公开主义却是其中最为重要的基本原则。公开主义就是案件审理时任何人都能够旁听的原则。公开主义对于具体案件来说虽然侵害了当事人的隐私,但是也正是由于必须公开的压力减少了案件事实认定的虚假与不正当。公开审理能够对事实肆意认定进行抑制。而这其中还特别包括作为当事人权利之当事人公开。当事人公开是指当事人必须被告知法院以及对方当事人的一切行为,获得口头辩论、证据调查等程序之期日通知,保障参与包括当事人询问之证据调查活动,能够阅览诉讼记录等。

口头主义是指只有口头陈述的事实才能作为判决基础之原则。只有辩论和证据调查都是通过口头形式完成的,法院对于案件事实才会得到真实生动的印象,法官还能及时向当事人释明、询问,了解当事人真意的同时也让当事人及时知晓法官心证状况。口头主义具体体现于言辞审理原则。言辞审理原则是指,只有经过言辞陈述与辩论,证据才能作为判决基础的原则。言辞审理原则最根本的要求就是以口头的形式进行辩论及证据调查。与此相反,仅以书面审理作为判决基础的原则就是书面审理原则。由于自由心证原则中辩论全趣旨是法官考虑对象其中之一,因此法官就必须在法庭上亲身听取当事人、证人等带有直接感染力之言辞表达,通过对两造当事人(包括各方证人、鉴定人等)察言观色,在激烈的口头辩论过程中不断地产生心证变化,可见言辞审理原则对心证形成的重要性。

(二) 直接主义

三个原则之中,最重要的莫过于直接主义。根据直接主义,法院能够直接亲身参与辩论和证据调查过程,一旦出现疑问可以直接与当事人面对面进行了解。正是由于直接主义为法官直接接触当事人和依据证据方法形成心证提供了保障,才使得法官能够基于客观真实印象正确适用自由心证原则。可见,直接主义在辩论和证据调查两个方面都得以适用。例如,在口头辩论中,当事人态度就能够以辩论全趣旨形式作为法官自由心证的资料。即便是在辩论更新场合,按照规定,只要当事人提出申请,法院就必须再次询问证人。该规定的主旨就是考虑到辩论记录内通常只记载询问证人的主要内容,证人当时询问的场合情形则无法完整再现于更新后的新法官,由于缺乏对当事人陈述当时态度的认识,这就很容易对之前当事人陈述内容产生误解。就当事人而言,案件公开审理能够增强其对判决的信任感,而能够直接在法庭上主张事实、提出证据、辩论争议则让当事人获得了满足感。

1. 直接主义概述

法国大革命以来,欧洲大陆轰轰烈烈的诉讼程序改革运动的重要成果之一就是确定了"直接主义"。直接主义是指法院与当事人、证人以及其他证据来源在法庭上进行直接的、亲自的、公开的接触。自由心证原则使得法官从先验的证据排除法则或评价规则中解放出来并且在公开法庭审理中对证据直接观察并作出判断,与以往证据法定主义最大不同就是法官必须参加口头辩论过程亲身倾听当事人辩论、证人作证,因此可以说,直接主义被予以确立正是自由心证真正代替法定证据之前提。

通说认为,直接主义就是法官必须亲自听取双方当事人的辩论以及进行必要的证据调查。① 具体来讲,首先,法院必须直接取得证据资料,也就是要求法官亲自进行证据调查,不能委托给第三人。其次,法官必须参与当事人双方的辩论,作出判决的法官必须是亲自听取双方当事人辩论的法官。最后,必须利用最佳证据。法官认定事实必须使

---

① 参见〔日〕春日伟知郎:《自由心证主义の现代的意义》,载〔日〕新堂幸司编:《讲座民事诉讼》⑤,弘文堂1983年版,第56页。

用与争议事实有直接关系的证据方法,传闻证据的使用应当受到限制。《日本民事诉讼法典》第 249 条规定了直接主义,"判决应当由参与过该案原始口头辩论的法官作出;在更换法官情况下,当事人应当陈述之前口头辩论结果;在更换独任法官或更换半数以上合议庭法官的情况下,对之前业已询问的证人,如果当事人提出再询问申请时,法院应当进行该询问"。直接主义能够使法官亲自面对当事人之间的口头辩论和证据调查结果,这样就能够让这些事实认定资料给法官留下鲜活的印象。基于亲身体验的事实资料,法官利用自由心证得出的事实认定结果也就更能接近客观真实。因此,直接主义保障了法官自由心证的结果遵循客观真实的可能性。但是诉讼实务在很多情况下会对直接主义造成制约,直接主义有时也会出现一定程度的形式化,换句话说,这也可以称为直接主义的例外情况,这是尤其值得注意的。笔者在此主要论述以下两种情况,即上诉审对直接主义的限制以及传闻证据与自由心证原则关系。

2. 上诉审中直接主义的例外

上诉审中直接主义例外问题主要就是围绕法官是否需要重新在上诉审法庭上直接询问证人的问题。也就是,按照《日本民事诉讼法典》第 249 条第 3 款的规定,在更换独任法官或更换半数以上合议庭法官的情况下,对以前已询问的证人,如果当事人提出再询问申请时,法院应当进行该询问。那么,在上诉审中如果对于原审过程中业已提取证据的证人,当事人再次提出询问申请时,法院是否能够按照该法第 249 条第 3 款进行询问。

通说认为,控诉审中对于当事人提出再次询问原审业已询问证人要求时,法院应该予以驳回。[①] 之所以持有否定观点是因为,控诉审是原审后的继续审,也就是事实审后的法律审。控诉审应该尊重事实审中的证据调查结果,一般情况下对于事实审中提交的证据方法不能重新进行证据调查,必须以事实审证据调查结果作为基础进行法律适用上的再次审理。并且,《日本民事诉讼法典》第 249 条规定的对象应当是在同一个审理程序中,不涉及控诉审或者上告审以及再审等。然而

---

① 参见〔日〕菊井维大、村松俊夫:《法律学体系コンメンタール篇・民事訴訟法Ⅰ》,日本评论社 1964 年版,第 1035 页。

持肯定观点学者认为,《日本民事诉讼法典》第 249 条第 3 款的规定适用于控诉审程序,无论是否已经进行过证据调查,即便对于控诉审法官来说证人询问也是具有意义的。因此,除了重新询问证人能够造成诉讼程序延迟或者法官在询问证人前业已形成心证之外,法官都应该再次询问证人。①

对于该问题,德国判例认为,控诉审法院如果不亲自对证人进行询问,就不能依据证人证言的证据价值作出与事实审不同的评价。② 可见德国最高法院是认可控诉审法官能够对原审业已进行证据调查的证据方法再次进行调查的。然而,德国也有对此持有相反观点的学者。德国学者 Grunsky 认为,法院是否有义务再次进行证据调查,并不取决于控诉审证据评价的结果。也就是说,对于该证据方法,并非因为作出与事实审不同的评价就必须重新调查或者作出相同评价就不用再次调查,是否进行证据调查与证据评价结果没有任何关系。并且,为了抑制法院在控诉审过程中调查证据的范围,其认为当事人完全可以将事实审证据调查结果作为书证向控诉审法院提出。Walter 也认为,证据调查有无必要性,以对想要再次提出证据之评价结果作为依据,这就是说要事先对证据进行评价。姑且不论是否有本末倒置之嫌,既然常常依据新的证据方法就能够动摇原先形成的心证,当事人法院完全可以集中力量调查收集新的证据方法,因此这种先进行证据评价再决定证据调查的行为是不允许的。③

在此笔者认为,虽然上诉审中是否应当奉行直接主义存在些许争议,但是有一点需要明确的是,如果诉讼程序不能彻底贯彻直接主义,那么就会与自由心证间接地发生抵触。从之前论述可以看到,直接主义与自由心证二者互为表里,在诸原则不能完全实现的情况下,很容易造成自由心证原则的空洞化或者形式化。那么在一定情况下,诉讼原则必须在较为宽泛意义上得以解释。也就是说,只要能够保持自由心证本质不发生改变,自由心证在诉讼程序中得以贯彻,适当对一些

---

① 参见〔日〕齐藤秀夫:《注解民事诉讼法》(3),第一法规出版株式会社 1974 年版,第 195 页。

② See BGH NJW 1974,56。

③ 参见〔德〕Walter,Freie Beweiswürdigung, S. 339;转引自〔日〕春日伟知郎:《自由心証主义の现代的意义》,载〔日〕新堂幸司编:《讲座民事诉讼》⑤,弘文堂 1983 年版,第 59 页。

原则进行灵活适用也是被允许的。

3. 传闻证据

　　传闻证据通常是指，以诉讼期日之外当事人或第三人做出的言语表现作为内容的证据。为了证明该证据的真实性，一般就以传闻证言或者书面等形式进行举证。在一案例中，证人A的证言内容就是根据Y在期日外所陈述内容而证明缝纫机是X赠与Y这一事实，证人A的证言就是传闻证据。在刑事诉讼中，由于依据法律规定的证据确认手段不能确认传闻证据内容的真伪，并且，为了保障刑事被告人的证人审问权以及确保正确的事实认定结果，原则上传闻证据的证据能力不能获得承认。可见，传闻证据的证据能力要受到法律规定的限制，法官不能够利用自由心证对传闻证据有无证据能力进行自由评判。即便是民事诉讼，在对证人采用交叉询问制度后，传闻证据的证据能力是否应该获得肯定也成了问题。

　　针对上述案例，日本最高法院判决认为："理论上并不是必须对传闻证据之证据能力持否定态度。由于现行民事诉讼法以解决私人间纠纷作为目的，基于传闻证言以及其他传闻证据是否采纳完全委任于法院依据自由心证进行判断较为适当之观点，法律上应当不再规定对该种证据能力进行限制。"之所以该案例具有重要意义，就是因为其对传闻证据问题进行了回答。也就是说，民事诉讼中传闻证据之证据能力肯定与否属于立法政策层面问题，交叉询问制度并不必然导致排除传闻证据，民事诉讼法将判断传闻证据的权力交与法官。因此，对于传闻证据来说，法官自由心证才是问题的关键。

　　作为证人询问的方法，现行日本民事诉讼法采取交叉询问制[①]，对于证人询问一般必须在法庭上现场进行，根据直接主义原则法官应当

---

　　① 从日本民事诉讼法发展历史来看，根据1890年《日本民事诉讼法典》第315条第2款的规定，当事人不能向证人直接发问，如果有必要理由，只能申请审判长向当事人提问。1927年修改后的《日本民事诉讼法典》规定除了申请审判长向证人提问以外，如果获得许可当事人还能够直接向证人发问。"二战"后，由于接受了英美法系的当事人主义思想，无论是民事诉讼还是刑事诉讼，对于证人询问，都采用了先进行主询问后进行反对询问的交叉询问制度。尽管1996年《日本民事诉讼法》修改时对询问顺序作出了调整，但是交叉询问制度本质框架并没有变化。

亲自面对面听取证人作证。但是，在民事诉讼过程中，证人在法庭审理之外供述内容之证据能力并没有被否认，传闻证据是否被采信完全由法官自由心证进行决断，并没有完全导入与刑事诉讼相同的传闻证据排除规则，传闻证据并不必然被排除。可见以解决私人之间纠纷为目的的民事诉讼法，不仅将判断具有证据能力的证据资料在多大程度上能够证明争议事实（证据价值）之权力赋予法官，并且，对于是否能够将法律没有规定证据能力的证据方法作为证据资料最终形成心证也由法官自由判断。①

对于此案例的判决，大部分学说都持肯定的态度，认为自由心证内容之一就是原则上不对证据能力进行限制，因此能够肯定传闻证据的证据能力。以解决平等私人之间纷争为目的的民事诉讼，证据的选择最好交予当事人负责，即便是存在更加确实合适的证据，也没有必要根本否定传闻证据的证据能力。并且，民事诉讼当事人通常不具备刑事诉讼中检察官那样强大的举证能力，因此为了防止出现由于举证不足时根据证明责任分配原则判决一方当事人败诉而使对方当事人获得不当利益结果，只要具有一定证据能力的证据方法都应该全部出现在法庭之上。② 因此，传闻证据证据能力获得肯定的主要根据就是自由心证原则。但是，春日教授也指出，考虑到直接主义原则的要求，应当尽可能采用与事实关系有直接联系的证据方法，传闻证据的适用应当受到控制。③

笔者认为，法官曾经获得事实认定的方法是法定证据原则，也就是法律明确规定只有具备什么样的证据方法才能认定什么样的事实，法官没有任何认定事实的权力自由。但是，随着社会不断发展，仅仅依靠法律规定的证据方法难以适应现代纷争下认定事实关系之需要，再加上为了保障正确认定事实，又确立了法官能够根据不同案件选择经验法则的制度，因此法定证据原则就被自由心证原则所代替。自由心证的内容除了含有可以对证据方法证明力进行自由评价之外，还包括能够广泛利用没有证据能力限制的证据。而在刑事诉讼中，为了防

---

① 参见〔日〕伊藤真、〔日〕加藤新太郎：《民事事实认定》，有斐阁2006年版，第80页。
② 参见〔日〕兼子一等：《条解民事诉讼法》，弘文堂1986年版，第517页。
③ 参见〔日〕春日伟知郎：《自由心证主义的现代的意义》，载〔日〕新堂幸司编：《讲座民事诉讼》⑤，弘文堂1983年版，第57页。

止误判的发生,确定被告人有罪必须根据确凿的证据,因此对于传闻证据的证据能力进行了严格限制。可以说,对于传闻证据的证据能力进行限制,是刑事诉讼中的自由心证区别于民事诉讼中的自由心证的标志之一。当然,即便是民事诉讼中的自由心证也不允许法官肆意进行事实认定,除了作为内在制约之自由心证必须遵从合理的经验法则之外,为了保障自由心证还必须在判决书中记载事实认定理由。虽然对于证据是否采纳以及证据能力的评价,一般情况下没有一一记载的必要。但是,在基于传闻证据认定事实的情况下,特别是利用传闻证据认定事实的同时,没有采用能够推出其他事实之非传闻证据时,为了维护当事人对于裁判的信赖,应当尽最大可能就采用传闻证据的理由在判决书中写明。

既然民事诉讼中的传闻证据具有证据能力,那么传闻证据的证据能力应当如何评价就是需要解决的问题。自由心证原则下的证据能力评价,通常是依据法官根据案件具体情况选择的经验法则来进行。虽然传闻证据的证据能力没有一般的法律规定,但是也存在一些共性之处[①]:① 传闻证据的证据能力普遍较低。② 应对结合证人期日外供述当时的周围环境状况和与传闻证据相符合的其他证据,对传闻证据的价值进行综合考虑。③ 在对方当事人认可采用传闻证据的情况下,与对方当事人要求申请限制传闻证言相比,证据能力评价相对要高。④ 传闻证据与一般证人证言相同,证人与当事人关系会影响证言证明力。例如证人与当事人是亲戚关系,就会降低传闻证据的证明力。⑤ 如果当事人在诉讼中陈述有利于己的事实,那么听取当事人在诉讼提起后陈述的证人证言实际上在很多情况下缺乏可信性,在没有其他证据情况下,法院必须非常小心地予以评价。这样的话,诉讼期日外陈述人是当事人或者第三人的效果就会不同,如果陈述人是当事人本人,传闻证据的证据能力就偏低。另外,证人听取期日外供述内容的时间依据起诉前还是起诉后效果也会不一样,如果是在起诉后,也就是当事人业已进行陈述之后,证人才在期日外听取的陈述,如此传闻证据也不会具有较高的证据能力。

---

① 参见〔日〕伊藤真、〔日〕加藤新太郎:《民事事实认定》,有斐阁2006年版,第85页。

四、自由心证的目的

自由心证的目的,也就是研究自由心证与事实认定之间的关系。事实认定是一个庞大而复杂的体系,大体来看包括作为事实认定基础材料的证据、作为事实认定方式的法官自由心证原则、作为事实认定标准的证明度以及作为事实认定补充方法的证明责任(通过拟制要件事实存在与否来决定有无法律效果)。由于自由心证原则的根本目的就是事实认定,因此如果缺少对事实认定具体的把握,就难以在适用自由心证的场合做到准确无误。知己知彼方能百战不殆。作为论述前提,我们必须认识到自由心证毕竟只是民事诉讼证据法体系中的一个内容,其自身适用情况应当以整个民事诉讼证据法的基本构造作为背景。为了明确自由心证在诉讼程序中到底如何适用,我们就要先对自由心证的运营环境有一个清晰的认识。我国民事诉讼法继承了大陆法系国家民事诉讼体系的特征,因此在证据法方面尽管存在些许差异,但总体而言基本上遵循了大陆法系证据法的基本构造,加之考虑到自由心证原则主要是在大陆法系土壤中茁壮成长,因此,接下来笔者先围绕大陆法系民事诉讼证据法构造进行讨论,然后再对事实认定与自由心证关系予以考察。

(一)民事诉讼证据法基本构造

证据从其诞生之日起就被赋予了证明事物存在与否的作用。在司法裁判领域,诉讼事实认定必须依赖证据,证据是法官认定事实之唯一正当途径,然而,随着社会高速发展,科学技术日新月异,证据所代表的对象业已不再是某一个具体事物,而是一个集合体概念。证据的种类、内容、用途、收集等都被证据这一广义概念体系所涵盖。因此,为了更好地规范证据和使用证据,证据这一集合体就被用证据法来予以规范。进而,证据法之发展将左右事实认定之正确性,而事实认定之正确与否,又直接归根于法官对证据的评价是否妥当,即法官适用自由心证原则是否正当。可见,自由心证原则在证据法构造中占据核心地位。

为了更好地了解大陆法系证据法的基本构造,避免因为大陆法系证据法与我国证据规定存在差异而产生理解上困难,我们有必要对大陆法系证据法中基本概念进行整理。与我国将证据种类分为当事人陈述、书证、物证、视听资料、电子数据、证人证言、鉴定意见和勘验笔录不同,大陆法系将证据称为证据方法。证据方法是指作为证据调查对象的有形物,当事人作为证据向法院提出的事物。证据方法分为人证和物证两大类,民事诉讼证据方法中的人证包括证人、鉴定人和当事人,物证包括书证和检证(检证指法官通过人体五官作用对事物性状和现象直接感知和认识并将其结果作为证据的证据方法。例如,书证上的笔迹、物证之形状)。大陆法系将法官对证据方法进行证据调查获得的内容称为证据资料或者是证据调查结果。证据原因是指法官心证形成的原因。作为自由心证基础来适用的证据原因就是在诉讼中合法出现的资料和状况,包括辩论全趣旨和证据调查结果。[①] 因此,可以说民事诉讼中法官适用自由心证原则之基础资料就是合法出现的证据资料和辩论全趣旨。与之不同,刑事诉讼中的自由心证之证据原因仅仅就指证据资料。法官对除了证据调查结果之外在案件审理过程中对出现的一切状况情形之辩论的全趣旨进行斟酌并不能作为刑事诉讼的心证资料。

　　某个证据方法是否能够作为证据调查对象取决于其是否具有证据能力。证据能力是指作为证据能够进行证据调查且用于事实认定之资格。例如刑事诉讼中传闻证据的限制,虽然是从英美法系陪审制继承下来的,但其实质根据是保障当事人反对询问权和彻底贯彻直接主义。正因为传闻证据属于难以作出正确评价之证据类型,所以即便是在由职业法官进行事实认定的大陆法系,其在刑事诉讼中也被严格执行。与之相对,民事诉讼一般并不对传闻证据进行限制,对其评价完全委任于法官的自由心证。民事诉讼中除了违法收集证据没有证据能力外,对于证据能力基本没有限制。而决定证据价值的概念称为证据力或者证明力,其是指证据经过证据调查在事实认定中发挥多少作用,也就是以具有证据能力作为前提能够影响法官心证形成的证据价值。证据力的评价原则上由法官的自由心证进行。因此,遵循大陆法系证据法传统,法律对于证据能力和证据力的限制较少,多数情形

---

① 参见〔日〕兼子一:《新修民事诉讼法体系》(增订版),酒井书店1965年版,第276页。

下委任于法官的自由心证。

下面我们就来探讨整个大陆法系民事诉讼证据法的构造。证据法之目的是通过证据认定事实，那么事实与证据就是两个不可或缺的因素。因此，从整体观之民事诉讼证据法可以从以下三个方面予以把握：事实主张、证据收集提交和事实认定。

1. 作为证明对象的事实主张

法官认定事实和当事人证明活动都是以事实主张为前提的。民事证据法以辩论主义为基本原则，当事人没有主张的事实，即便通过证据调查结果能够判明，法院也不能进行认定。对于当事人之间自认的事实或者没有争议的事实，法院必须直接作为判决的基础资料，只有在满足一定要件的情况下，才能够允许当事人对该事实予以撤回。作为证据调查对象，必须只限于与审理对象有关，在当事人所主张范围内，并且是当事人双方存在争议的事实。

2. 证据收集提出问题

作为证据调查材料的证据方法应当以当事人收集、提交之范围为原则。在案件审理中，哪一方当事人应该进行与主要事实相关的证据收集与提出，那么该方当事人就必须在该事实没有被证明的情况下，承担相应的败诉风险，也就是承担证明责任。这也可以看作证明责任在证据法中的体现。因此，两造当事人都会为证明自己主张的事实竭尽全力收集证据。但是，在实际案件中，证据所在与证明责任所在可能出现不一致的情况，也就是说，背负证明责任的当事人可能并没有掌握应有的证据，那么在这种情形下，如果对方当事人或者第三方掌握此证据的话，该当事人有权利要求证据实际控制人提供该证据。在法律中，诸如当事人照会、律师照会、文书提出义务等制度的设置，均是为了解决当事人收集证据问题。

3. 事实认定问题

当事人收集证据完成之后，除去极个别涉及违法收集证据的需要排除情形之外，只要与案件事实具有相关性的证据都可以向法院提交，而法官就应当适用自由心证对证据原因进行评价。法官基于证据调查结果与口头辩论全趣旨，对于作为证据调查对象的事实真伪进行判断。如果当事人所实施的证明程度达到了法官心证需要，那么该事实就得到认定；如果证明程度没有达到心证要求，那么该事实真伪不明的后果究竟由哪一方当事人承受，就需要通过证明责任分配予以解决。也就是说，事实认定是否成功直接影响着客观证明责任是否适用。"事实认定之尽头即是证明责任之开始。"在口头辩论程序结束之后，在待证事实仍然处于真伪不明的状态下，为了能够进行案件裁判，法官必须要利用证明责任分配待证事实无法证明之后果。由此可见，在现代民事诉讼证据法的构造中，决定事实认定的因素已经不再单纯只根据当事人所提出的证据，当事人在诉讼过程中的整体表现也成了考虑因素，辩论全趣旨就是最好的例证。如此复杂灵活的事实认定过程，如果证据证明力完全依靠法律规定显然是无法完成的，必须让法官利用自由心证通过对事实过程中展现的一切资料进行评价后予以完成。这样一来，自由心证尽管在证据构造中仅负责事实认定的任务，但实际上其影响贯穿于证据构造体系的始终。

（二）事实认定中的自由心证

事实认定就是根据一定证据认定事实的过程，这其中主要包括当事人对主张事实的证明过程以及法官对事实的推理过程。由于事实认定视角本身就是从法官出发，因此事实认定的最终落脚点就是需要法官对争议事实作出判断，这也就是自由心证原则自身所发挥的机能。如果单独关注法官对事实进行推理的过程的话，这种推理过程主要是以经验法则为基础，依据证据和间接事实对主要事实进行推定。但是这种归纳式的推定过程往往在实际案件中并不是一帆风顺的，即便存在根据直接的证据能够认定主要事实的情况，但是更多的时候必须先依据证据来认定间接事实，然后再通过间接事实推定主要事实，甚至有时候还会由间接事实认定其他间接事实然后再来推定主要事实，并且这个过程中也不能忽略由于存在阻碍推定主要事实之间接事实，以至于最终需要综合考虑许多间接事实来推定主要事实。因此抽象来看，事实认定就是法官通过对千差万别的间接事实进行斟酌，最终形成认定主要事实的心证过程。

如果换个角度再来审视事实认定过程的话，我们还可以将其看作是一个证明过程。这其中就包括当事人证明活动以及法官心证形成活动两个部分。当事人证明活动就是案件当事人从自身立场出发，根据自己认为应当提出的证据、主张的事实以及经验法则,实施对主要事实的证明。而法官心证形成过程就是根据当事人提出的证据以及行为表现等资料,适用该案件能够认识到的经验法则,对主要事实进行推定。事实认定过程中,通过案件争点整理程序、法官释明权等制度,使当事人和法官在法官心证形成程度层面保持沟通,当事人可以根据法官心证的变化来增加或者改变自己提出的证据和主张,以此来改善事实认定效果。

由此可以得出,要证事实认定过程需要当事人和法院的共同努力,缺少任何一方的积极配合,认定事实的目的都不能实现。对当事人而言,民事诉讼两造当事人必须向法院主张事实,收集、提出争议事实相关资料,对事实主张进行证明。对法院而言,法院根据当事人提出的一切资料和在诉讼行为中的表现,结合证据调查的结果,通过自由心证,对争议事实是否存在进行判断。那么,这也对给法官利用自由心证认定事实过程提出了要求,自由心证实际上并不是法院独自进行的,而是需要由法院与当事人共同协作来完成的。从自由心证自身意义来看,法院与当事人之间的分工协作也是应然结果。斋藤教授对于事实认定中的自由心证有着极为特殊的见解,其思想根本基础是,诉讼作为社会现象之一,必须要发挥强化社会伦理的使命。[①] 笔者认同此观点,诉讼是通过法官使得个别场合的法律生活能够遵循社会共同体的正义价值之过程。裁判绝不是简单地将事实适用法律三段论法则,而是将富有人类感情因素的案件事实从社会共同体价值角度予以评价。那么因此,即使对于自由心证,证据业已不再需要完全占据事实认定中心,而是应超越这些有限的证据束缚,直接将事实确定本身作为根本目标,而在实现这一目的同时最大限度地向当事人传递司法裁判必须彰显的正义价值。法官利用诉讼过程能够向每一位诉讼当事人传递社会共同体价值,或者是社会当前所需要的正义目标,借此来向整个社会宣扬积极进步思想,打造社会需要的正能量。因此,从一定意义上说,自由心证既是沟通法院与当事人、国家与民众的直接桥梁,更是弘扬社会正义价值、实现正义目标的直接途径。

---

① 参见〔日〕斋藤朔郎:《自由心証の運用について》,载《法曹时报》1955 年第 919 页。

（三）自由心证适用主体作用考察

自由心证原则的主旨本来是要将法官从法定证据原则中解放出来。但是，如果完全从法定证据原则解放，法官能够相应地依据诸多因素针对千变万化的现实自由地作出判断，如此一来，事实认定结果依存于法官自身能力和个性程度势必就会显著提高。因此，对于自由心证进行某种程度的法律规制是必要的，现实中也是那样做的。然而，由于判断作用本身就是主体的内心活动，利用客观制度对其进行规制本身仍旧存在一定限制，不可能做到百分之百的客观评价，因而法官自身就需要经常对自由心证原则适用的合理与否进行自省检讨。但是，如果考虑到让当事人参加诉讼程序是现在最为合适的裁判程序构造的话，自由心证原则合理的适用单单依靠制度规制和法官自身努力来保障都是不够的，还必须依靠当事人对于依据自由心证原则形成心证之推动。

1. 自由心证中的法官作用

为了更便于理解法官自由心证认定事实的状况，我们先来考察一下确定作为三段论小前提之法律事实的过程。法官适用司法三段论发现法律事实的过程，不是对"被给予的事实"应当适用的法律进行发现和选择，当然也不是依据"给予的法律"来评价被给予的事实。虽然法官需要从当事人向法院提出的多个事实中挑选出解决该案件的必要事实，但该事实的选择需要以应当适用的法律作为基准，并且适用什么样的法律应当依据业已选择的事实来决定。也就是说，在对被提出的事实进行整理分析之前，法官依据大致的估计对纷争类型和解决纷争需要适用的法律规定进行假定。基于该假定，法官将适用该法律规定必需的要件事实从向法院提出的事实中挑选出来。如果这些事实中没有能够发现适用该法律规定必要的要件事实，法官就会重新进行基于其他法律规定的理论构建，选择对此适用的事实。这种法官的"选择尝试"，通常依据法官的法律思维能力和司法裁判经验进行，有时需要进行长时间的反复考虑，有时瞬间就能完成。无论怎样，只要通过以上过程形成心证，法院就会作出该事实对于解决该纷争是否必要，以及该事实在法律上具有什么意义的评价。因此，判决中法院确定的事实，通常是获得法律评价的事实，在事实选择和确定阶段，法官业已进行的法律价值判断发挥着重要的作用。

但是,正如前文所提到的,在确定法律事实之前,法官必须对基础事实进行认定。基础事实就是省去法律上评价之物理上"未加工"的事实,与最后获得判断之终极事实不同,其没有经过评价作用而获得认定,自由心证在这种情况下的适用被认为是适合且妥当的。确实,甲乙之间发生金钱授受,与判断是否发生买卖价款支付、相互赠与、消费借贷不同,对于甲乙之间到底是否存在金钱授受这一事实本身进行认定,并不是在法律角度上进行评价。在肯定金钱授受事实的证人 A 的供述与否定该事实证人 B 的供述相对立的情况下,决定到底应当认定哪一个事实才真正属于自由心证原则范畴。只不过即便客观上是这样的,但如果从诉讼技巧侧面来看的话,这时候是否存在可以辅助法官决定采用 A 或者 B 的陈述有用且合适的方法就成为了问题。从这种情况来看,当事人当然可以在选择证人环节做足准备,也可以为了补强证人证言而利用书证。但是在依据法官而不是陪审员进行事实认定之民事诉讼中,除了这些方法以外,对于基础事实来说,当事人仅能将这些认定委托于依据证人供述态度和表现优劣进行判断之法官自由心证原则,并没有其他的途径。也就是说,当存在相等信用性对立证言时,该取舍选择完全委任给法官的自由心证,当事人只能在法律评价和主张上获得满足,而对于事实认定来说,当事人也只能袖手旁观。但是,为了避免法官肆意适用自由心证,通常需要利用客观制度予以规制,即自由心证之客观化限制。从法官审理案件技术角度来看的话,基础事实的认定与自由心证原则有密切关系。

2. 自由心证中的当事人作用

大陆法系的审理方式比较倾向于针对基于证据推理之形式进行整理检讨之分析型判断。法官在每一个证据调查阶段,并不是对每次的直接反射都要作出一定的判断,而是习惯在对呈现出的全部证据重新分析检讨之前,不会轻易直接作出最终的判断。

从诉讼技术立场来分析自由心证原则,大陆法系国家法庭上的聆听者不是陪审员而是法官,并且该法官原则上从案件最初就参与到诉讼之中,在询问证人之前就认真阅读诉状、答辩状、准备文书,浏览全部相关书证,针对不清楚的地方进行询问,从一连串相关事项中整理事实争议争点,最终达到只要询问证人案件就会变得清晰的程度后,方能开始询问证人。法官既不能在一无所知的情况下听取证言,当然也不能完全凭借文字内容来接触证人。法官必须抓住案件特征和全貌,将系争事实放在全局位置来观察,根据业已提出的书证、当事人之间没有争议的事实和辩论的全趣旨等,带着心中业已形成的某种假定心证来听取证人证言。因此,从当事人一方来看,在开始证人询问之前有必要让法官尽可能产生对于自己有利的假定心证。基于此,当事人与法官自由心证之间的关系,从诉状以及答辩书提出阶段就开始了。可以说法官并不是如同在白纸上画画一样完全依据证言来形成心证。在预先构建的案件图景中,填充当事人主张内容能够确定的部分,如根据当事人没有争议的事实和真实性没有争议的书证能够确认的事实,然后根据空白部分应当收集哪些证据再来考虑证人证言。因此,如果预期应当收集的证据全部实现的话,那么假定的心证就会转变为确定的心证。相反,当应收集的证据没有收集到的时候,预想的图景也就随即覆灭。

虽然让设想图景在头脑中形成是法官的工作,但是提供组合方法资料的却是当事人。当事人在主张事实的时候,仅仅直接杂乱无章地提出过往事实是不够的。即便是同一的事实,如果纠纷争议焦点不同的话,看待该事实的视角和法律评价当然也应当不同。因此,当事人需要结合争议焦点对事实再构成,经过组合后再予以提出。正因为之前法院确定的事实是获得法律评价的事实,在事实选择确定阶段,法官业已进行的法律上的评价发挥着重要的作用。这样的话,当事人提出的事实也必须应当结合提出阶段法律上的价值判断来选择。如果证据正好获得在设想图景中应当得到的评价,那么,法官对于争议事实真实性的确信就成为可能。与之相反,如果出现与设想图景不相当的证据,无论如何强调真实性,即便有补强证据,法官也不会对其真实性产生确信。在这种情况下,法官可以根据正常的经验法则拒绝作出表示。需要特别注意的是,很多时候当事人会面临为了证明自己主张而提出的证据却推定出相反的事实之危险。

当然该种危险存在的根源就是,法官自由心证完全是主观判断过程,甚至可以说是法官深层心理的作用结果。深层心理虽然是极为个性的问题,但是在其性质上,这种个性化既不应当否定,也不能够否定。问题在于这种个性的深层心理,在依据自由心证进行事实认定时是否具备手段发挥防止预断、偏见之作用。尽管多数情况还是需要法官自身的注意，但是当事人不能仅仅因为法官自身的努力就对此不管不问，应当尽可能地为了防止法官深层心理对事实认定不合理的影响发挥积极作用。

在这里无论是大陆法系还是英美法系国家，当事人都利用了诉讼技术来尽量缓解这一问题。诉讼技术是指依据当事人（诉讼代理人）让法官信服的技术。信服或者接受必须在思考基础和形式上具有共通性的主体之间才有可能。并且，即便是在思考形式不同主体之间，结论不同往往是由于基础的思考形式的不同所造成的，因此基于除了自己的思考形式之外对于无数其他成立的思考形式的相互认识理解，信服或者接受是会成为可能的。① 这样的话，作为对法官深层心理起作用的说服者，最为重要的是必须理解法官的思考形式。在美国，律师会对全部可行的推理思路进行考虑，遵循各种各样的预先设定思路对事实进行彻底的调查，以似乎具有指导力之特定的陪审员作为突破口，根据最适合他的思考方法对当事人或证人进行询问。这种方式有时甚至对法官也能够适用。② 然而，基于大陆法系国家法官审理案件之形式，采用英美法系国家的做法并不现实，法官的深层心理很少能够从外部获知。但是，如果以该法官曾经参与的判决、发表的论文甚至于法庭作出的释明和诉讼指挥态度为参考的话，当事人似乎也能在某种程度上获得启发，对法官基础的思考方式能够进行一定程度的理解。如此一来，在事实主张和提出证据方面就能够与法官自由心证产生一定的默契。

五、自由心证的制约

如以上内容所述，自由心证确立了法官能够遵循一定的经验法则利用自由心证对事实存在与否进行认定的原则。自由心证原则代替法定证据原则是现在裁判发展的重要标志。然而，随着案件数量日益增多，法官数量不足之现实逐渐显露，随之引发的问题就是过多案件

---

① 参见〔日〕荻泽清彦：《訴訟技術からみた自由心証主義》，载《成蹊法学》1974年第4期。
② 参见〔日〕石井良三：《民事法廷覚之書》，一粒社1962年版，第59页。

压力容易导致法官裁量事实过度适用自由心证。然而,自由心证原则本身就是给法官认定事实自由,即使主要事实应当从证据和间接事实推定以及必须遵循一定的经验法则等,但是无论如何,案件事实认定是否得到正当确认还是需要依靠法官的自我监督。因此,为了确保法官认定事实的正当性以及确定性,大陆法系国家近些年都在进行对自由心证原则的客观化限制。自由心证的现代意义就是最大化体现法官心证结果的客观性、正当性,那么对于完全属于法官主观领域的自由心证究竟如何利用客观方法对其予以限制,这就是接下来将要研究的问题。

(一) 制约自由心证的必要性

在讨论对自由心证进行制约必要性之前,我们先来看自由心证本身的正当性。也就是说,现代民事诉讼中的自由心证以制约法官肆意认定事实为目的,那么法官本身形成心证的自由是否合理呢?自由与肆意,不用说是一对完全相反的概念,自由不可能等于肆意,肆意是对自由的根本亵渎。但是自由与必然似乎却并不是相互对立的。人类行为可以说是在书写历史,作为人类自由活动的同时,也能够被视为历史发展的必然路径。那么这二者之间存在着什么样的关系呢?站在创造历史的立场上,人类自由活动虽然是偶然的,但是如果回顾历史的话,从观察客观历史的进程痕迹角度来看,又可以说是必然的。因此,我们可以认为,自由心证之自由裁量,正是由于将充分斟酌资料作为必要前提,法官不受任何外界制约自由地进行判断而得到之结果,并且是唯一能够得到之必然结果。虽然自由心证可以称为"必然"心证,但其实并不与"自由"相矛盾。因此,法官利用自由心证进行证据价值判断的正当性是毋庸置疑的。然而,尽管自由心证原则对于到底什么样的证据方法能作为证据调查对象以及证明力有无没有特别的限制,完全由法官自由判断这一理论具有天然优势,但是毕竟理论需要由具有主观意愿的法官来具体实施,为了保障客观公正,有必要对自由心证进行一定的制约。

1. 事实认定客观化之需要

由于自由心证之根本作用是作为事实认定方法,因此事实认定客观化的需要就直接要求自由心证客观化。事实认定客观化的策略有两个方向,一个是审理过程中提出证明手段的客观化,另一个就是证据评价过程客观化。① 对于证明手段客观化,通常是指利用统计学方法等。而对于证据评价过程的客观化,则可以分为四个方面进行讨论。① 程序进行层面客观化的要求。当事人和法院在事实认定程序中应当享有的权利和承担的义务都有明确要求。当出现当事人对于自己的权利和义务不明确时,法院有义务对其进行提示。② 对于诉讼代理人的要求。诉讼代理人应当进行适当地主张和证明,积极与法院沟通对话,并且要保障履行真实义务的职业操守。③ 法官司法实践的要求。法官应当依据归纳以及演绎方法对事实认定进行双重审查,熟练掌握法律适用方法,汲取以往法官审判经验,注重对审判工作的总结,谨慎判断当事人双方基于证明责任分配原则能否进行适当证明,为当事人提出诉讼资料提供支持。④ 对诉讼制度客观化的要求。诉讼制度客观化的对象主要就是法官利用自由心证进行的证据评价。② 例如,经验法则盖然性就可以通过概率统计学理论进行确定,而与经验法则之客观盖然性相反,作为主观盖然性的法官心证形成之证明度也能够通过理论模型进行客观化分析。可见,对自由心证的证据评价结果进行科学理论复核,是实现事实认定客观化的重要环节。

2. 自由心证属性之需要

自由心证原则的基础材料是在诉讼中出现的合法资料和情形,这其中包含着辩论全趣旨和证据调查结果。证据调查结果一般理解为,法官意识中能够从调查证据方法得到的证据资料,而辩论全趣旨就是审理过程中出现的一切状况,不仅包含当事人和诉讼代理人陈述的内容,其陈述态度和提出的时期等也都包含在内。也就是说,自由心证的基础材料限于诉讼中合法出现的资料,自由心证要对全部出现的资料作出斟酌,而对资料进行的事实认定就委任于法官自由判断。这意味着自由心证框架本身就没有涉及法律对事实认定方法的拘束,法官被视为完美"裁判者",从而得以享有极其自由的权力。

---

① 参见〔日〕田尾桃二、〔日〕加藤新太郎:《民事事实认定》,判例タイムズ社1999年版,第189页。
② 参见〔日〕田村阳子:《民事訴訟における証明度論再考》,载《立命館法学》2009年第5·6期。

对于自由心证自身存在的弊端,日本有学者认为:"原来自由心证原则,是将存在全知全能理想之法官存在作为前提,虽然是理想的制度,但实际上却蕴含着法官在事实认定过程中常常抱着可以不负责任态度之危险性,并且必须深刻反省的是,日本法官之间存在着将自己想象为神,非常信任自己感觉之倾向。即便在当下,也是常见的事情。"①因此,自由心证具有的危险性又是与生俱来的。但是,我国有学者指出:"自由心证原则被认为就是发现真实与抑制随意性这两种要求之间的妥协在近代诉讼制度中的体现。而自由心证原则克服和取代法定证据原则的历史过程也正是人们在谋求解决上述两个问题的实践中不断深化认识和改善诉讼制度的过程。"②因此,当人类选择自由心证的同时就应当意识到该制度本身就是矛盾统一体,对其进行制约是必然的选择,只是在更加追求客观公正的今天,其自身所具有的随意性被更加关注。

(二)自由心证的制约方法

现代自由心证与古典自由心证最大的区别就在于,其克服了当事人无法对在"黑箱"内进行的法官自由心证实施有效监督的弊端。之所以古典自由心证被法定证据原则所代替,其原因就是法定证据原则能够有效抑制法官认定事实的恣意,将事实认定标准和结果最大限度地予以公开,实现最大限度保障判决公正之目的。但是,随着欧洲国家社会经济、政治、科技和文化的发展,尤其是资产阶级革命对个人权利、自由主义的推崇,带有极大限制意味的法定证据原则自然被发挥法官个人权利之自由心证主义所代替。那么为了避免重蹈古典自由心证主义的覆辙,如何来对其进行限制就成为当务之急。从现代自由心证主义角度来看,对于自由心证主义客观化、科学化、明确化的发展主要体现在以下两个途径:① 自由心证适用对象层面的限制。② 自由心证技术层面的限制。其中包括了经验法则、伦理法则、裁判公开以及证明度对法官自由心证进行客观化支持。由于经验法则本身就是从个别的经验归纳得出的事实概念与事实相关联以假言判断形式

---

① 〔日〕斋藤朔郎:《自由心証の運用について》,载《法曹时报》1955年第913页。
② 王亚新:《社会变革中的民事诉讼》,中国法制出版社2001年版,第308页。

表现出来的命题,从日常的知识到专门科学上的法则均包含在内。可见,经验法则并不是法官独自知晓的内容,而是可以被一般普通国民所认知的(根据经验法则所涉及的专业领域的不同,民众的知晓范围会有所不同)。因此,对于法官适用经验法则适当与否,普通大众可以进行判断。况且,由于裁判公开制度,经验法则适用情况往往在裁判书中予以明示,民众能够清晰认识到法官选择和适用的经验法则是否符合科学,有利于对法官心证进行监督。一旦通过判决书内容发现法官适用的经验法则不正确,当事人可以此为由提出上告。因此可以说,经验法则与裁判公开共同为自由心证的客观性、科学性、正确性提供保障。在法官心证程度领域,即证明标准(证明度)领域加入更多客观化限制,例如依据以证据资料收集状况作为参数的贝兹定理,通过概率理论来对法官主观心证标准进行量化分析,要求法官心证必须到达一定程度才能认定事实存在。① 尽管证明标准本身具有十分重要的意义,甚至自由心证就是能够获取证明标准之手段,但是利用证明标准客观化来制约自由心证客观化,笔者认为并没有太好的效果。关于证明标准问题将在之后的"自由心证与证明责任"一章中详细论述。接下来,笔者着重对自由心证对象和技术层面的限制进行简要考察。

1. 对象层面的制约

自由心证的对象必须以诉讼中合法出现的资料为基础,并且自由心证还要对出现的资料全部进行评价,如果违反规定的话就会成为撤销判决的理由。也就是说,在民事诉讼中,因为受到辩论主义的制约,当事人没有主张的事实即便通过证据调查法官获得心证,也不允许作为裁判的基础,只有当事人之间存在争议的事实才能作为自由心证的对象。因此,自认的主要事实以及显著的事实都是不需要证明的事实,一般都被排除在自由心证对象以外。由于自认制度涉及的辩论主义将会在下文专门讨论,因此这里仅针对显著事实的适用进行说明。

按照《日本民事诉讼法典》第179条的规定,当事人在法庭上不需要证明自认事实以及显著事实。显著事实能够作为事实认定资料予以适用。不论是主要事实还是间接事实,或者辅助事实,关于社会和自然的一般事实都可以是显著事实。显著事实也包含了具有一般意

---

① 参见〔日〕春日伟知郎:《自由心证主义の现代的意义》,载〔日〕新堂幸司编:《讲座民事诉讼》⑤,弘文堂1983年版,第42—50页。

义的经验法则。对于显著事实,即便当事人之间存在争议,法院不经过证据调查程序也能对该事实进行认定,甚至可以作为认定其他事实的资料予以运用。如此看来,我国《民事证据规定》第9条规定:"下列事实当事人无需举证证明:(一)众所周知的事实;(二)自然规律及定理;(三)根据法律规定或者已知事实和日常生活经验法则,能推定出的另一事实……"该规定的前三种事实都可以视为显著事实。正如李学灯教授所言:"关于事实之认定,虽在辩论主义之下,因为法官亦为社会之一分子,并且假定较常人为有合理之能力,对于在社会上既已成为常识,或众所周知,无可争执之事实,如谓法官不知,何至比诸常人而不如? 如谓假装不知,更属有悖职务与常理。是以为求诉讼迅速并符合于正义起见,不能不认为法官对于事实亦有认知之范围。"[①]

那么显著事实是否需要当事人主张就必须分情况进行讨论。对于显著事实,如果是主要事实的话,当事人必须进行主张。如果是间接事实或辅助事实时,应当分情况进行讨论。① 当事人主张的间接事实是显著事实时,法院能够根据法律规定对事实直接进行认定。② 虽然当事人没有主张,裁判所在口头辩论和辩论准备等程序中指出的显著事实(例如,当事人主张的事实与公认事实发生矛盾时,法院会将该公认事实向当事人进行释明),能够成为事实认定资料。③ 当事人没有主张,法院在辩论过程中也没有指出的事实,如果该事实作为显著事实则必须能够期待当事人应当认知。在这种情况下,即便当事人没有主张且法院也没有指出,法院也能够考虑该事实对事实进行认定。而对于不能够期待当事人应当认知的显著事实,法院应该积极地进行释明使当事人对显著事实有所认知。另外,显著事实在以下情况可以当作事实认定资料。① 当事人事实主张与显著事实相违背的,当事人事实主张的真实性会被否定,并且当事人主张相关事实的真实性有所降低。② 证据(特别是证人证言和文书)中包含有与显著事实相违背的内容时,该部分不再被确信,其他部分的信用性也随之降低。但是,由于我国《民事证据规定》第9条第2款规定了"当事人有相反证据足以推翻的除外",因此在效力方面,我国显著事实与大陆法系显著事实存在差异。

---

① 李学灯:《证据法比较研究》,台北五南图书出版公司1992年版,第11页。

显著事实作为事实认定或者法律评价资料时,其要旨原则上应该在判决理由中予以明确说明。通常以"某某事实,在本判决是显著事实"之基本形式出现。这样做的目的在于,说明该事实不需要通过证据和辩论全趣旨进行认定,可以增加对判决结果是否妥当审查的简便性。当然,常识性较强的事实,或者与本案件关系不是特别重要的显著事实可以省略。公知事实,由于是以停留在法官记忆中事实为中心,通常并不是十分可靠。但是,该公知事实是根据掌握资料予以确认的话,该资料也应当被引用。虽然能否被认为是公知事实通常是根据受诉法院法官的判断来认定的,但是如果将难以被认为是公知事实的事项硬要作为公知事实用于事实认定的话,这种不基于证据而进行的事实认定应该被禁止。

2. 方法层面的制约

自由心证原则虽然摆脱了证据法则的拘束,但也并非容忍法官恣意地认定事实。从对自由心证技术层面的制约来看,最为直观的方法应当就是裁判文书。换句话说,对于自由心证原则最重要的制约,同时也是保障法官利用自由心证认定事实合理性最坚实的基石,就是对判决理由的阐述,也就是判决结果的心证公开。"针对当事人的主张,必须在判决书中说明,对于没有争议事实或者是显著事实确定其意义,对于争议事实可以明确到底依据哪些证据进行确定,并且到底是适用哪些法律。对于争议事实,除去显著事实,必须依据证据和辩论的全趣旨进行认定。这时,在全部展示作为裁判所心证形成材料的证据并利用其认定事实之后,还要说明法院没有采纳之证据内容。不采用的证据之中,尤其对认定事实存在某些矛盾之书证,特别要说明不采用其原因。与之相反,对于作为没有信用而受到裁判所排斥的人证,到底是否需要说明理由存在着争议,但是从过去的判决来看,对其没有记载的必要,并且即使没有记载也不会被归为判决理由不充分。"[①]并且,缺少判决理由或者存在矛盾的话,就会出现背离伦理法则的情形,那么判决结果当然被认为是违法的。因此,判决附带裁判理由说明制度是与上诉制度相衔接,保障法官利用自由心证原则进行事

---

① 〔日〕菊井维大、〔日〕村松俊夫:《法律学体系コンメンタール篇・民事訴訟法Ⅰ》,日本评论社 1964 年版,第 619 页。

实认定时的客观性和合理性。我国《民事证据规定》第79条规定："人民法院应当在裁判文书中阐明证据是否采纳的理由。对当事人无争议的证据,是否采纳的理由可以不在裁判文书中表述。"

但是,从实际操作来看,判决理由不可能不遗漏法官心证形成的全部过程,也就是说,不可能完全复制法官的心证历程,并且也没有要求法官进行如此之说明。如果将法官审理案件的过程视为如同在白纸上绘画,需要用证据来填满内心空白状态的话,那么对该过程中任何判断都进行记录,似乎可以描绘出法官心证形成之轨迹。但是,实际上,根据证据认定事实就是一次判断经过,并且,在对该证据提出完全相反的证据时,那么到底采信哪个证据也同样是一个判断经过。对于这样的判断,尽管判断理由中要求写明依据某个证据如何来认定事实,但也并没有要求必须毫无遗漏地将该理由和判断思考过程完全展示,当然这也几乎是不可能的。而正是在这种场合中才体现出自由心证最为特殊的神秘气息。因此,对于关注法官心证过程的当事人来说,其不仅想要知晓判决结果,而且也想知道判决过程中法官思考的实际状态。

围绕法官的思考过程问题进行探讨需要涉及经验法则问题。因为作为联系桥梁,当事人和法官可以通过经验法则在事实认定过程中实现沟通。只要当事人能够理解法官在事实认定过程中所遵循的经验法则,那么对于案件最终裁判结果是否正当,当事人就能够有理性的推断。这就可以对法官利用自由心证进行有效的监督。作为诉讼当事人,其最为关心的是如何保障经验法则在现实中正确评价和正当运用;并且,当经验法则适用在判决理由中明确说明的时候,如果出现不当情况的话,当事人可以将其作为违法判决提起上诉。

经验法则就是从个别经验归纳出的针对事物因果关系、形状、人们的精神、身体的活动等知识和法则。从广义上来说,经验法则就是从人间生活经验归纳得到的一切法则。人们在日常生活中作出判断的时候,时时刻刻都不能缺少经验法则。在事实认定领域,法官判断实际上就是遵循经验法则进行的由间接事实推定主要事实之过程。"针对主要事实是否存在,即便根据直接证据证明主要事实之情形并不是绝对没有,但确实是极为少数。大多数情况下,依据没有争议事实或者相当数量的间接证据能够证明数个间接事实,然后多次反复实施如此操作最终认定主要事实。"① 另外除了经验法则，法官根据自由心证原则作出事实判断还必须遵循伦理法则。伦理法则一般就是作为伦理学上的公式所具有的先验、公知的思考法则，其中包括同一律、矛盾律、排中律以及充足理由律等原理。依据伦理法则的推理包括直接推理和间接推理，而间接事实推理又含有演绎推理和归纳推理，由于事实认定多数属于间接推理，因此事实认定到底是属于演绎推理还是归纳推理就存在争议。事实认定是依据伦理法则、经验法则进行判断，那么事实认定中伦理法则的作用就是为了判断经验法则是否存在和盖然性程度或者确保经验法则的正确适用。② 因此，伦理法则应当作为经验法则适用的前提。

如果以自由心证原则为基础，事实认定就必须遵循经验法则。经验法则就是事实认定的内在制约。而作为担保该种内在制约的手段，法律要求在判决书中对证据进行说明，也就是之前提到的裁判公开问题。通常认为，当经验法则属于特殊领域知识，法院需要通过鉴定等证据调查方法来明确经验法则的内容时，必须在裁判文书中明确说明心证获得的依据。与之相反，如果经验法则属于一般日常生活经验，可以不需要具体明示。另外，违反伦理法则和经验法则都能够成为上告理由。

---

① 〔日〕村松俊夫：《事実認定について》，载 Journal of civil procedure，1962年第 12 期。
② 参见〔日〕山木戸克己：《民事诉讼法论集》，有斐阁 1990 年版，第 59 页。

第三章 自由心证与辩论主义

在事实认定上,之所以自由心证原则是最为合理的方式,是因为比起通过法律预先规定的证据对法官加以规制,不加限制而让其自由地进行判断更能达到高度的客观性程度,实现诉讼事实的客观真实,从人类多年的审判经验来看,这是能够证明的。但是,作为前提,实现事实认定结论之高度客观性,必须具备确实且正当的自由心证材料。如果以不确实的材料作为基础,即便利用自由心证也未必能够实现高度客观性结论。因此,法官首先必须要对诉讼过程中合法情况下出现的一切资料进行斟酌,即作为实施自由心证之前提,必须对于该案件能够斟酌的一切情况,是否全部作为自由心证对象进行研究。而如此考虑的必要性就是,一旦材料非常充分的话,那么即便不对法官判断从外部施加限制,也能够实现高度盖然性的事实认定。与之相反,如果应该斟酌的诉讼资料并不充分的话,纵使让法官自由地判断也难以达到应有效果。甚至说,将不充分材料作为基础的同时,给予法官自由心证工具,多数情况下似乎会出现肆意裁判的危险。[①]

自由心证原则要求,裁判官在认定事实时必须基于审理中出现的全部资料,即以辩论全趣旨和证据调查结果为基础,依据自由心证,判断争议事实真伪与否。因此,审理过程中所展现出的全部资料和诉讼状况(辩论全趣旨),自然成为自由心证顺利展开之前提。由于自由心证原则代替法定证据原则之进步意义在于,让法官摆脱证据法定形式下的束缚,故而,法律并未对证据的证据能力(证据取舍)和证明力大小作出预先规定,而是充分发挥法官的主观能动性,使其自主地运用证据,凭借法官自身理性与良知,结合具体情况作出符合客观案件实际的事实认定。那么在这种情况下,证据调查结果,往往就是通过证

[①] 参见〔日〕斋藤朔郎:《自由心証の運用について》,载《法曹时报》1955年第912页。

据调查收集而提交给法院的全部证据。除了某些涉及法律必须规定的证据方法以及非法证据排除规定之外，绝大多数证据都将毫无悬念地进入心证过程，因此对于证据调查结果的研究重点，此时恰恰发生了重心前移，也就是落脚于证据调查之资料。换句话说，法官自由心证的要点就是作为法官自由心证对象之证据方法的来源问题，也就是法官作为认定事实基础资料的证据资料是从哪里来的。具体来讲是当事人自行收集提供，或者是法院自行调查收集，还是二者协同配合。因而只有证据获得方式设置合理，证据调查过程顺利，才能保障证据调查结果之"圆满"。"巧妇难为无米之炊"，如果证据调查方式出现问题，案件审理所必需的证据无法按照要求出现在审理过程中，那么即便法官具备再高的心证能力，对案件事实作出正确判断也是无稽之谈。因此，笔者将证据调查资料获取方式称为自由心证原则之外部限制，也是最为关键之限制。

如果将目光聚焦于证据资料获取方式上，我们就会发现这里应当讨论的问题就变为证据如何收集，抑或是法院如何获得证据。而在奉行当事人主义的现代民事诉讼体系中，决定证据如何收集之核心原则无疑就是辩论主义。辩论主义划分了当事人与法院在证据收集领域之职责。通常收集作为裁判基础的资料完全是当事人的责任和权利，法院不能自行进行证据资料的调查收集。换句话说，作为自由心证对象之证据调查结果必须仅限于在辩论主义收集证据范围内。为了获得公正裁判结果，除了法官正确使用法律之外，作为前提的事实认定也必须正确无误。日本学者就指出，影响民事诉讼中的事实认定正当结果的要因之一就是当事人提供不适当的证据资料。而之所以造成这种状况的原因是，日本民事诉讼中的事实认定，在辩论主义原则之下当事人只收集提出对自己有利的诉讼资料。[1] 可见，辩论主义制约了自由心证的正当适用，进而影响获得正当的裁判结果。为了保障事实认定的准确无误，合理适用辩论主义，弥补辩论主义自身存在的不足才是正确选择。

---

[1] 参见〔日〕加藤新太郎：《民事訴訟における情報の歪みと是正》，载〔日〕青山善充等编：《現代社会における民事手続法の展開（上）》，商事法務2002年版，第444页。

一、辩论主义与自由心证的关系

民事诉讼原则上实行辩论主义,而辩论主义有三项内容:其一是作为裁判依据的事实须由当事人在诉讼中提出,当事人未主张的事实,法院不得将其作为裁判的基础。其二是当事人之间无争执的事实(指诉讼上自认的事实),法院不必进行调查,而应当将其作为裁判的依据。其三是对当事人之间有争议的事实,虽然可以通过证据来查明,但该证据须是当事人提出的证据,法院原则上不得自行依职权调查收集证据。[①] 日本通说虽然认为辩论主义具有以上三项内容,但同时又认为由于民事诉讼法允许法官在一定情形下依职权调查取证,所以上面第三项内容仅具有相对意义。[②] 与辩论主义对诉讼资料严格限制相对,自由心证原则要求法官对诉讼中出现的全部资料进行斟酌后作出判断,这其中难免就会产生法官对于当事人没有提出的诉讼资料进行斟酌,因此自由心证与辩论主义之间必定会产生一定的矛盾和联系。

(一) 辩论主义对自由心证之限制

即便是自由心证原则,法官也不能依据自由的心证随意认定事实并将其作为判决的基础。作为自由心证对象的事实只能是由当事人主张且应当是当事人双方存在争议的事实。也就是说,以辩论主义第一命题"当事人没有主张的事实不能作为判决的基础"为大原则,即便法官通过证据调查获得心证之事实,只要当事人没有主张就不能认定。根据辩论主义第二命题,对于当事人裁判中自认的事实即便法官获得不同的心证,该自认事实也必须作为判决的基础。"在当事人主义的诉讼构造下,法院权限在诉讼主导权方面受到相当制约,在整个民事诉讼中,诉讼请求的确定、诉讼资料和证据收集证明主要由当事

[①] 参见陈荣宗、林庆苗:《民事诉讼法》(新修订2版),台北三民书局2001年版,第55页。

[②] 参见〔日〕高桥宏志:《重点讲义民事诉讼法》,张卫平、许可译,法律出版社2007年版,第330页。

人负责,法官在诉讼实体方面保持消极中立。法官失去了先入为主预见的可能,这就在最大限度上保证了法官形成心证的中立性和合理性。当事人主义既是自由心证主义的要求,也是自由心证主义良好运作的不可或缺的前提。"①基于辩论主义内容要求,法官心证对象就必须受到限定。"首先,必须是当事人主张的事实;其次,当事人主张的事实必须足以影响法官的裁判,即它是关于实体法法律关系发生、变更或消灭的事实;再次,当事人主张的事实必须为对方当事人所争执;最后,当事人主张的事实,有以证据进行证明的必要。就此而言,对法官心证形成的资料,通过辩论主义进行限制,是利用法官与当事人在形成实体判决上的明确分工达到对法官的作用进行限制的目的。"②

但在大陆法系国家,通说认为,自由心证原则受到辩论主义的限制是由于着眼点的不同所致。也就是说,在自由心证原则与法定证据原则对立之前,因为两造当事人之间没有争议事实,从最初开始就不需要依据证据进行认定,自认作为法定证据并不要求法院必须认定,因此这也就说明并没有对自由心证原则造成限制。③ 的确,在辩论主义适用之后,对于当事人之间存在争议的主张事实根据证据进行事实认定才涉及自由心证原则,但是从实际效果来看,自由心证原则的适用领域依据辩论主义所划定,自由心证仍旧受到了辩论主义事实上的制约。

(二) 辩论主义与自由心证之联系

那么辩论主义与自由心证之间是否存在联系呢?答案是肯定的。作为辩论主义与自由心证原则发生联系之桥梁就是证据共通原则。④

证据共通原则,乃对立当事人中之一造所提出之证据,并非仅能作为有利该造之事实认定,即为不利于该造或反有利他造之认定者,

---

① 张卫平主编:《外国民事证据制度研究》,清华大学出版社2003年版,第420页。

② 刘春梅:《自由心证制度研究:以民事诉讼为中心》,厦门大学出版社2005年版,第201页。

③ 参见〔日〕三月章:《民事诉讼法》,有斐阁1959年版,第397页。

④ 参见〔日〕小林秀之:《弁論主義の現代的意義》,载新堂幸司编:《讲座民事诉讼》④,弘文堂1985年版,第46页。

第三编 庭审之自由心证与事实发现

亦无不可。① 然而根据古典辩论主义,事实关系必须由当事人主张,没有经两造当事人主张之事实不能作为裁判基础资料。一方当事人提出的证据如果对方当事人没有提出,法院不能据此作出有利于对方当事人的主张。那么,当下为何证据共通原则又被允许了呢?笔者认为,正是由于自由心证原则的适用促使了辩论主义自身的修正。由于自由心证原则要求法院斟酌辩论全趣旨和证据调查结果,对当事人业已提出证据如何评价属于法官自由,并不以一方当事人提出证据只能有利于该方当事人为限,即便法院作出不利于该方当事人或者有利于对方当事人的判断也是适当的。相反,如果法院必须拘泥于事实应当有利于特定一方当事人,那么自由心证原则就难以发挥其自身应有之功效。因此,为了让自由心证得以充分发挥作用,就必须解决自由心证与辩论主义出现的冲突。而辩论主义自身的修正就成为了解决问题的突破口。由于古典辩论主义,其出发点立足于当事人自己责任之思想,必须是由负有举证责任的当事人所提出之事实才能作为认定事实的对象。但是,如果从民事诉讼法同时也是国家任务层面来考虑,法院这种被动性是需要反省的。也就是说,应当修正古典辩论主义体现的单纯自己责任原则,并且强调辩论主义范围外的其他理念,如扩张阐明权适用。② 而对于自己责任原则之修正核心就体现在加强法院在当事人提出诉讼资料领域应负的责任。因此,辩论主义的内容应当仅仅体现在当事人与法院在提交诉讼资料上的分工,而并不涉及两造当事人之间的分立。鉴于辩论主义只解决当事人与法院之间的关系,不论是哪一方当事人提交的证据,都应当视为当事人向法院提交,之后发生在法院与两造当事人之间的关系,法院就享有对该资料自由判断的权力。可见,辩论主义只能限制哪些事实和证据不能作为法院自由心证的资料,一旦诉讼资料向法院提出就不再受辩论主义局限,接下来如何评价就是法官自由心证的任务。通说认为,辩论主义将证据方法提出的权利和责任赋予当事人,当事人提出证据的同时也就是履行了责任,至于对于该证据如何评价,那是自由心证原则的问题而不属于辩论主义的范畴。因此,依据自由心证,法官对申请和援用证据

---

① 参见吕太郎:《民事诉讼之基本理论》(一),台北元照出版公司2009年版,第225页。

② 参见〔日〕三月章:《民事诉讼法》,有斐阁1959年版,第161页。

调查结果之当事人不利益的认定也是允许的。① 该证据共通原则之结果就是,证据调查开始后,正因为有利于对方当事人的证据资料有可能出现,只要没有对方当事人同意该证据申请就不能撤回,并且证据调查终了后同样也不能撤回。

另外,在共同诉讼人之间的证据共通原则,为了避免对于同一事实认定出现各式各样的状况,实践中肯定会去努力获得统一的心证。那么为了在合并的诉讼中对于共同事实形成统一的心证就需要自由心证原则发挥作用,但是与之相对,辩论主义正是要求保障个别解决和诉讼突然袭击的防御权,那么为了形成统一心证就极有可能会对一部分共同诉讼当事人产生诉讼突袭,自由心证原则与辩论主义之间就难免发生矛盾。但是在这里,与对立两造当事人情形不同,共同诉讼人同属于一造当事人,这里就不再是当事人与法院之间的关系而是当事人之间的关系,这种矛盾又将如何处理?笔者认为,共同诉讼人之诉实质上是很多诉讼之合并,如果依据其中部分当事人主张证据而认定的事实不能适用于全部该方当事人的话,那么很有可能就会出现若干个相似案件却获得不同判决结果的局面,这种结局对于纠纷处理显然是非常不利的。而建立共同诉讼人制度目的就是为了形成同一裁判结果,避免裁判结果不同带来的不便,而实现该目的之必要前提就是法院必须能够对整个案件所呈现出的一切资料进行考虑,换句话说,法官能够利用自由心证原则来缓解共同当事人之间的纷争,因而在共同诉讼人之间也应当贯彻证据共通原则。尽管在这里自由心证并没有要求辩论主义改进,但是从诉讼整体价值上判断,自由心证在共同诉讼人之间的作用遮断了辩论主义作用,自由心证能够为纠纷解决带来更好的结果。

由此可见,辩论主义与自由心证原则关系紧张的根源主要就是辩论主义对于证据调查对象范围的限制。如果自由心证原则基于全部案件证据基础之上来适用,那么当然也就不会存在心证形成统一与保护当事人不受诉讼突袭之间的矛盾。在对全部证据都有认知的前提下,当事人会对法官心证的结果产生相应的预见性,再加之法官如果能够做到积极释明,帮助当事人收集调查证据,当事人严格履行事实

---

① 参见〔日〕新堂幸司:《民事诉讼法》(第 2 版),弘文堂 1981 年版,第 343 页。

陈述的真实义务、完全义务，自由心证原则与辩论主义的矛盾自然会得到缓解。因此，问题解决的核心就是对于辩论主义的局限性进行适当修正。

二、辩论主义的内涵与发展

（一）辩论主义的内涵

如果从内容角度对其进行定义的话，辩论主义是作为裁判基础的诉讼资料完全由当事人提出，法院只能基于当事人提出的诉讼资料进行裁判之原则。也就是说，法院仅能采用在当事人辩论过程中提出的事实作为判决基础，只能对当事人之间的争议事实存在与否进行认定之原则。通说认为，辩论主义是指"将提出确定判决基础事实所必需的资料作为当事人权利和责任的原则"①。而与之相对，如果法院负有探知事实关系、收集必要证据的责任就是职权探知主义。即便是在采用辩论主义的大陆法系国家，在涉及人身诉讼等个别场合中，仍然适用职权探知主义。可见，职权探知主义主要适用于判决效力涉及第三人或者具有较高公益性的场合。然而，这两个相对立的原则也具有共通之处，那就是无论采取哪一个原则，法院都必须保障当事人有陈述自己意见的机会，只要没有经过当事人陈述意见的事实资料，法院均不得作为裁判的基础。②

辩论主义概念也有广义与狭义之分。谷口安平教授认为，事实主张和证据层面的当事人主义，抑或是提出诉讼资料是当事人权利和责任应当被称为广义辩论主义。而只有当事人主张的事实法院才能认定之当事人的责任，以及当事人之间没有争议的事实必须直接作为裁判基础之当事人权利，即在争议焦点形成上表现出来的当事人权利被称为狭义的辩论主义。③广义辩论主义泛指诉讼上诸事项都委任于当事人的原则，这就将处分权主义也包含其中。而狭义辩论主义仅指诉

---

① 〔日〕兼子一等：《条解民事诉讼法》，弘文堂1986年版，第309页。
② 参见〔日〕二羽和彦：《弁論主義補論》，载《高冈法学》1993年第3期。
③ 参见〔日〕谷口安平：《口述民事诉讼法》，成文堂1987年版，第200页。

讼资料的收集作为当事人事项的权责。通常所说的辩论主义属于狭义概念范畴。按照通说,狭义辩论主义内容包含以下三个部分。

1. 法院不能将当事人没有主张的事实作为判决基础

对法律效果发生、消灭有直接必要的事实(主要事实),只要没有在当事人辩论中出现,即便通过证据调查结果能够确信该事实存在,法院也不能将该事实作为判决基础。这里包含两个命题,一个是证据资料与诉讼资料有着严格的区分。即便能够根据证据认定主要事实(证据资料),但只要不是当事人主张的主要事实(诉讼资料),就不能基于此而作出判决。可见,证据资料不能用来补充诉讼资料。如果当事人在辩论中没有主张事实,那么发生对于自己有利的法律效果也不被承认。该种不利益就是主张责任。一般情况下,辩论主义适用对象仅限于能够判断产生权利发生、变更、消灭之法律效果之主要事实,而能够推定主要事实的间接事实和影响证据信用性的辅助事实,即便当事人没有主张,只要在证据调查结果出现就能作为判决基础被法院采用。另一个是,由于主要事实只要不是当事人主张就不能作为裁判基础,因此法官为了让事实成为判决基础必须使当事人主张该事实。对于主要事实来说,虽然只要没有主张便不得作为裁判基础,但是具体由哪一方当事人进行主张没有限制,只要任意一方当事人进行陈述该事实就能作为裁判基础,这就是主张共通原则。而基于当事人不主张的事实法院不能依此判决,那么该当事人就需要承担由此带来的不利益。这也被称为主张责任。

2. 法院对于当事人之间没有争议的事实(诉讼上自认)必须直接作为判决的基础

不允许法院为了确定没有争议事实之真伪进行证据调查。法院依据证据认定事实之范围仅限于当事人之间有争议的事实。法院受到当事人自认的拘束,诉讼上自认具有排除裁判权的拘束力。

3. 法院对当事人没有申请的证据不能进行调查

在依据证据对当事人之间存在争议的事实进行认定时,必须依据当事人提出的证据。但是与事实主张相似,对于由哪一方当事人提出证据没有要求,只要任意一方当事人提出证据,法官都能够依此来认定事实,这就是证据共通原则。有学者认为,只有当事人提出的证据法院才能调查之当事人权利只是狭义辩论主义的补充,或者说,即便缺乏此内容,辩论主义仍然成立。因此,这一内容是与辩论主义相对独立的当事人主义,可以称为证据当事人提出主义。

在狭义辩论主义三个内容中,第三个内容被认为是辩论主义在审理阶段的机能,而其余两个内容被认为是辩论主义在判决阶段的机能。

(二) 辩论主义的发展

1. 辩论主义的产生经过

现行的民事诉讼法,通常采用诉讼标的、诉讼程序起止与诉讼程序过程完全由当事人自由处分之处分权主义,以及作为裁判基础之诉讼资料必须完全由当事人提出,法院只能依据当事人提出的诉讼资料进行判断之辩论主义。当然,法院不能对当事人没有提出的证据方法进行证据调查,通常也作为辩论主义的内容。从历史发展来看,当事人主义与辩论主义除了没有被1793年普鲁士民事诉讼法采用以外,从德国普通法到现在的德国民事诉讼法都将其作为民事诉讼法的根本原则。这些原则可以看作是以18世纪风靡世界的自由放任主义(个人主义)原则为基础的。

从17世纪开始,体现个人主义的近代自然法理论伴随着现代国家成立而诞生,国家行使权力保障个人自由的经济活动空间,在与不对个人自由活动进行限制之"经济自由思想"相结合后,产生了与作为权力主体的国家相分离的"市民社会"观念。在作为非政治经济社会之市民社会中,不受国家权力介入的个人能够自由地形成社会关系,被誉为现代私法三大原则的契约自由、所有权绝对尊重以及过错责任原则,都是自由放任主义在私法上的体现。

在实体法领域,市民社会思想是在1804年制定的《法国民法典》中,以基于国家不介入独立平等个人能够自由形成的法律关系之形式被确立的。从个人权利义务观点来看,人们负担的义务范围应当仅限于自己的自由意思所认可部分,这便是意思自治原则的体现。而在这里,当事人意思应当是当事人受到拘束是符合自身意愿的。与法国民法"意思自治原则"体现着人们负担的义务范围应当仅限于自己的自由意思所认可的内容不同,德国民法"意思自治原则"体现的却是权利义务变动只能依据自由意思而进行的抽象法律原理,一般作为契约自由、团体建立自由等上位概念。

在民事诉讼法领域,从个人能够利用国家诉讼制度解决民事纠纷来看,由于国家权力的存在不能被忽视,因而自由主义、个人主义思想就表现出对法院权力之限制,尽可能扩大当事人支配权限的形态。一方面,1806 年的《法国民事诉讼法典》,以排除国家对市民生活干涉之自由放任主义为基调,处分权主义首先被作为实体法上权利处分问题,排除国家权力在实体法上的权力介入,即便在诉讼程序内也采用了极力排除国家权力介入的辩论主义。另一方面,虽然以官僚国家体制为背景,德国在 18 世纪末期的普鲁士法〔包括 1783 年的民事诉讼法以及 1791 年的普通法院法(AGO)〕,出于对律师极为不信任而采用职权探知主义和职权进行主义,然而对法院课以过度负担并没有获得当事人支持。相反在法国民事诉讼法的影响下,1877 年《德国民事诉讼法典》采用了当事人进行主义和辩论主义。对于处分权主义和辩论主义,该法认为,在诉讼之外能够获得承认的当事人权利处分自由即使在诉讼内也能获得承认,除了对权利本身直接处分之处分权主义之外,依据事实主张对权利间接处分之辩论主义也是可能的。因此,德国 1877 年制定的《德国民事诉讼法典》和日本 1890 年制定的《日本民事诉讼法典》都是以该思想作为立法指导精神。而在当时,民事诉讼法倡导的就是对立两造当事人在法官面前按照既定规则自由竞争,法官只不过是对这种竞争是否符合规则进行监督。

辩论主义与职权探知主义这一对概念最初是由德国学者 Gönner 所提出。Gönner 在其 1801 年出版的《德意志普通法诉讼体系》(*Handbuch des deutschen gemeiner Prozesses*)一书中首次使用这两个相对立的概念。他将贯彻德国普通法诉讼之诉讼原理称为辩论主义,而将普鲁士普通法院法之诉讼原理称为职权探知主义。Gönner 奉行 18 世纪的自然法理论,因此尽管存在普通法诉讼与普鲁士诉讼的对比,但是比起依据成文诉讼法的规定来归纳推导,Gönner 更倾向于具有浓厚理念色彩的演绎推导,因此他本人特别强调辩论主义与职权探知主义是绝对的两极对立。① 也就是说,正因为当事人能够放弃该权利,在裁判过程中较之于法律适用,当事人在事实认定层面拥有更加广泛的自由意思活动空间,法官在该空间内受到当事人提出事实的拘束,法官即便怀疑自认事实之真实性也必须认定该事实为真实,即法官必须受到当事人提出事实之拘束,不能考虑当事人提出证据之外的证据资料作为一般原则之辩论主义。与之相对的是以国家能够直接采取必要手段,基于当事人提起的诉讼,法官能够依职权进行任何诉讼行为为原则的职权探知主义。② 但是,以现在的观念来看不可思议的是,Gönner 认为不仅是辩论主义,职权探知主义也是从私法自治原则推导而来的。他坚信私法原则适用于全部的民事诉讼法,辩论主义与职权探知主义二者都基于当事人能够自由处分自己权利之私法自治原则而建立的。③ 从私法自治原则,不仅可以得出以"不告不理"法律格言为代表的诉讼启动时的辩论主义(处分权主义),还应该得出整个诉讼过程排斥职权完全依靠当事人辩论存在的辩论主义。国家不仅要能够保护市民利益,而且还要根据当事人自己实施的诉讼行为进行裁判。另外,职权探知主义也能够从私法自治原则推导出来,由于诉讼提起时一般都依靠法官的援助,并且当事人也能接受法官在诉讼过程中采取的所有措施,诉讼提起后全部程序基于法院职权来进行。因而,辩论主义与职权探知主义最根本的差异就是,辩论主义中法官不能依职权做任何事,而职权探知主义中全部都是依据职权进行。但是,在实际司法适用中,即便是在普通法诉讼中,法官也能够依职权询问证人以及鉴定,在普鲁士普通法院法也能看到确认当事人自由处分的部分。可见,Gönner 创造的辩论主义和职权探知主义概念过于抽象化,并没有准确把握概念区分的实质要点。

在德国,Gönner 提倡的辩论主义概念很快被后来的学说所接受,

---

① 参见〔日〕小林秀之:《弁論主義の現代的意義》,载〔日〕新堂幸司编:《讲座民事诉讼》④,弘文堂1985年版,第107页。

② 参见 Gönner, Handbuch des deutschen gemeiner Prozesses 2. Aufl, 1. Bd. (1804), S. 130ff. 175ff.;转引自〔日〕村松俊夫:《民事裁判の研究》,有斐阁1968年版,第145—148页。

③ 参见 Gönner, Handbuch des deutschen gemeiner Prozesses 2. Aufl. 4. Bd. (1805), S. 182ff.;转引自〔日〕小林秀之:《弁論主義の現代的意義》,载〔日〕新堂幸司编:《讲座民事诉讼》④,弘文堂1985年版,第108—109页。

辩论主义概念也很快被确定下来。19世纪后期有关辩论主义的学说大体上分为四个学派,除了 Gönner 提倡的将辩论主义与职权探知主义划分为绝对两极之外,还包括比绝对划分稍稍缓和的学派、不承认存在绝对的辩论主义和职权探知主义而提倡二者同时兼顾的学派以及重新认定辩论主义概念的学派即"新辩论主义"学派。其中与 Gönner 学派存在根本差异,同时也对后世产生最为深远影响的就是"新辩论主义"学派。该学派认为,辩论主义并不是"不依靠职权主义"的诉讼原则,而是当事人没有完全援用的事实法官不能进行补充之诉讼原则,也就是当事人没有主张的事实法院不能认定。① 也正是对辩论主义如此理解,才使得辩论主义终于与当事人主义能够根本区分,更为重要的是为今后正确设置法院阐明权和发问权打下了基础。1877年公布的《德国民事诉讼法典》,在辩论主义主导的背景下,首次规定将事实资料收集权限赋予当事人。

2. 辩论主义的现代发展

然而,辩论主义建立之后并没有停滞不前,其自身也在不停地发生改变,而促使其变革的原因包括内部和外部两个方面。就内因来讲,作为辩论主义指导思想的自由放任主义,狭隘地认为所有当事人在适用法律追求个人利益上都拥有绝对平等的诉讼能力和完全相同的诉讼手段。这种想法从实际案件审理过程中看只不过是"乌托邦"式的美好愿望,完全无视客观存在的当事人诉讼能力的不平等。因此以自由放任主义为指导思想的诸多法律都出现了与预期相反的效果且暴露出很多弊端。该思想最为明显的谬误就是强迫要求不平等的人必须接受基于平等主体建立的程序规则。因此,19世纪的法律,前半部分是为了确认个人人格努力,后半部分是为了建立抑制个人自由发挥的方法。

除了辩论主义自身弊端导致的变革,作为外部原因之社会状况的变化也同样给其带来不小冲击。伴随着19世纪末开始的社会经济高速发展,尤其是战后社会生活的显著变化,自由主义之资本主义经济的弊端逐渐显现,同时纠纷的种类形式也在激增。这其中当事人之间

---

① 参见〔日〕小林秀之:《弁論主義の現代的意義》,载〔日〕新堂幸司编:《讲座民事诉讼》④,弘文堂1985年版,第109页。

的诉讼能力差异愈发显著,民事诉讼中支撑当事人主义的自由主义和个人主义思想受到了极大的修改压力。较为显著的表现是,集团诉讼的出现强化了诉讼的社会意义,社会对于国家(法院)的辅助作用愈发期待。① 基于国家主义、全体主义等先进思想制定的民事诉讼法也随即出现,这其中最具代表性的就是 1895 年的《奥地利民事诉讼法典》。奥地利民事诉讼法强调民事诉讼法应当作为国家组织的一个部分,民事诉讼法的根本思想应当是作为现代法律发展根基的社会化思想。根据社会化思想,当事人并非具有依据自身利益损害就能对自己实施实质保护能力之个体,其应当被视为必须得到救助的人。也就是说,基于具体的社会地位,人们体现出相互之间的差异。因此,奥地利民事诉讼法不仅解决私人纠纷,还作为维护社会法律秩序的国家制度,为了能够迅速、低廉地解决纷争强化了职权主义,并且没有完全采用辩论主义,展现出由个人主义的诉讼法向社会诉讼法的转变。对于该种变革,兼子一教授认为,各国的诉讼对象通常都是私人针对生活关系自由处分之案件,正因为国家设置诉讼制度主要就为了解决当事人利益纠纷,较少涉及国家利益,因此应当让当事人利用诉讼继续解决相互之间的利益关系。而辩论主义、当事人主义的基础正在于此。最近诉讼职权化倾向仅仅意味着为了维持诉讼制度而扩大法院的诉讼指挥权,绝对没有抛弃辩论主义而让之前的纠问诉讼复活的目的。诉讼支配必须由当事人和法官共同管理。②

由此可见,尽管辩论主义作为民事诉讼法的基础原则地位不会轻易动摇,但是法官在诉讼过程中的作用也发生着改变。法官业已不再充当"监督者"角色,作为维持诉讼制度信用、确保法律安全之法官诉讼指挥权能对象,不仅仅停留在形式层面,也开始涉及诉讼程序的实质内容。奥地利民事诉讼法理念就对德国普通法院法以及之后民事诉讼法的制定产生了深远影响。德国率先以全体主义作为指导理念开始对法律进行修改。《德国民事诉讼法典》在 1909 年修改时加入了区法院释明处分行为,意在强化职权主义色彩。1924 年《德国民事诉讼法典》将释明处分范围扩大到州法院。1933 年《德国民事诉讼法典》

---

① 参见〔日〕二羽和彦:《弁論主義補论》,载《高岡法学》1993 年第 3 期。
② 参见〔日〕兼子一:《訴訟に関する合意について》,载日本诉讼法学会编:《訴訟法学の諸問題》(第一輯),岩波书店 1938 年版,第 10 页。

在第138条导入了以当事人真实义务和完全陈述为义务的完全义务，并且法院的释明义务也获得显著加强。

三、辩论主义的再认识

在日本，围绕辩论主义的修正问题，学术界展开了激烈的讨论。与之相似，德国在制定《简化修订法》过程中也曾围绕辩论主义发生过争论，而强化审理过程中法官职权以及当事人义务，最终成为重新审视作为事实资料收集作用分担基准之辩论主义的契机。相较于德国，日本民事诉讼法学界在辩论主义问题上的讨论更为丰富，笔者在这里仅选取具有代表性的学说进行简要说明。

(一) 辩论主义的内容

1. 山木户克己说

为了明确辩论主义的根本性质，山木户克己教授首先对辩论权与辩论主义的关系进行了探讨。[①] 无论是辩论主义还是职权探知主义，接受裁判的当事人都必须享有在宣判前对案件事实进行辩论的权利，也就是法律必须保障当事人提出裁判资料的机会，这被称为当事人辩论权。在诉讼中，当事人的辩论权是被永恒确认的，只要诉讼程序承认当事人作为诉讼主体的地位，就意味着当事人享有提出诉讼资料的权利，那么法院就必须充分保障当事人的辩论权，这并不会依据到底采用辩论主义或者职权探知主义而发生转移。辩论主义与职权探知主义的根本区别在于，辩论主义中必须以当事人提出的诉讼资料作为裁判基础，法院不能依职权对诉讼资料进行探知，而职权探知主义中法院能够依职权进行与诉讼资料相关的一切行为。因此，山木户克己教授认为，一方面，当事人能够提出作为诉讼资料的事实以及证据，并且法院作出裁判必须对当事人主张的事实和提出的证据进行考虑，这是辩论权的积极效果；而另一方面，法院裁判基础仅能以当事人提出

---

① 参见〔日〕山木户克己：《民事诉讼法论集》，有斐阁1990年版，第1—8页。

的诉讼资料为限,法院不能依职权进行证据调查,这是辩论权的消极效果。而在辩论主义内容中,尽管当事人拥有提出诉讼资料的权能,但是这并不是辩论主义想要体现的内容,而正是由于辩论主义具有案件主要事实必须由当事人主张、事实认定证据必须由当事人提出之含义,所以应当认为辩论主义体现的是辩论权的消极效果。

而针对辩论主义原则本身,山木户克己教授认为,将辩论主义视为"提出作为判决基础的事实及证据完全是当事人权利和责任"之通说存在疑问,辩论主义应当是具体命题和准则的集合体。辩论主义集合体包括:命题①"提出作为裁判基础事实是当事人的责任"作为总论命题。命题②"法院对于当事人提出事实之外的事实不得考虑"作为辩论主义的法准则Ⅰ,该命题在法院作出判决阶段发挥作用。在这里,两造当事人如果具有共同消极的态度,就会产生对于法院具体的命令。法院能够受到两造当事人一致态度的拘束,这样可以确保不受法院介入的空间。命题③"法院必须将自认或者没有争议的事实不经过证据调查直接作为判决基础"作为辩论主义的法准则Ⅱ。该命题也是在法院作出判决阶段发挥作用。命题④"法院对于当事人提出证据方法之外的证据方法不能调查"作为辩论主义的法准则Ⅲ,这是在审理过程中对于法官具体的命令。命题⑤"当事人享有提出事实、申请证据的权利"作为辩论权相关命题ⅰ,这是辩论权的积极效果,其能够导出主张共通原则。命题⑥"法院没有给当事人表明意见机会的诉讼资料不能作为裁判的基础"作为辩论权相关命题ⅱ,这是辩论权的消极效果。命题⑦"法院不能对当事人主张之外的事实进行证据调查"作为辩论主义的法准则Ⅳ,这也是在审理过程中对法官具体的命令。而最后还有一个辩论主义的法准则Ⅴ"法院对于自认或者没有争议的事实不能进行证据调查"。

接下来针对每一个命题的具体内容,山木户克己教授进行了分析。命题①作为辩论主义总论概念并不充分,没有什么重要意义。命题②③④与结构上的阐明权相对立。命题②③是作出判决时的指导,以私人自治原则为基础。主张共通原则并不是从命题②导出的,而是从辩论权问题之命题⑤导出的。辩论主义是在司法事实层面允许反映当事人主观纷争意义的原则,命题②③虽然作为辩论主义内容,但是其并不是在证明两造当事人所主张的纷争事实发生不一致的情况下用来决定优劣的手段,因此证据方法的提出实际上并不属于事实纷争行为本身,所以命题④不属于辩论主义内容。命题⑤⑥是指辩论权的积极效果和消极效果。辩论主义虽然将保障辩论权作为前提,但是却是基于其他思想之审理原则,不要期望仅仅从与辩论主义的关系来论述禁止诉讼突袭。虽然能够从个别诉讼之真实发现观点来认可命题⑦的正当性,但是从作为大量诉讼现象来看命题②对于真实发现仍然更为有益。从这里可以看出,山木户克己教授认为应当在证据调查阶段保留法院对当事人主张内容的突破,在强调当事人主张情况下,为从证据发现客观真实留下余地。总之,山本说认为,命题①不属于辩论主义内容,命题④属于证据法中当事人主义原则,而命题⑤⑥是辩论权的效力,因此作为辩论主义内容的只有命题②③⑦。

而对于辩论主义原则下事实主张方面的法官作用,山木教授认为:"法官必须起到维持当事人在水平空间事实纷争比赛正常进行之裁判员作用,为了防止当事人基于无知和误解进行比赛,法官要基于家长式管理要求开展工作。但是这里的家长式管理,绝对不能代替当事人自己决定,当事人自己决定仍然作为辩论主义的内在要求。"[①]因此,"当事人自己决定作为内在要求"是由辩论权保障之结果,而"法官要基于家长式统治进行工作",是由法官行使释明义务保障之结果,正因为能够防止基于没有给予当事人表达意见机会之事实资料作出的诉讼突袭,作为辩论主义外延之阐明权的行使与辩论权相关联。

2. 伊东乾说

(1) 从通常民事诉讼"对抗构造"本质出发,辩论主义应当作为重要因素之一。辩论主义只是包括以下三个原则:① 当事人没有在口头辩论场合中提出的事实,法院不能以此作为判决的构成要素;② 当事人之间没有争议的事实,法院必须据此认定存在或者不存在,不能对此进行证据调查;③ 法院只能对当事人提出的证据方法进行证据调查。而对于是否将辩论主义称为"收集诉讼资料是当事人的权利和职责"只不过是表现方式问题,并不具有实质上的意义。辩论主义实质上就是民事诉讼对抗构造所要求的重要原则。[②]

---

① 〔日〕山木户克己:《弁論主義のための予備的考察——その根拠論と構造論》,载《民事訴訟法雑誌》1993年第39期。
② 参见〔日〕伊东乾:《民事诉讼法研究》,酒井书店1968年版,第4页。

(2) 当事人所主张的事实，通常是自身利用法律评价的事实，应当称为"法律上的事实"。当事人自身的法律评价不能拘束法院，在案件判决前，法院随时可以对法律评价进行开示，积极听取当事人的意见，直到充分辩论完结后，法院最后能够作出基于当事人没有争议之法律评价事实（不一定与之初没有争议的事实相同）的判决。也就是说，法院与当事人之间关于法律意见的交换是对辩论主义的补充。

3. 山本和彦说

山本和彦教授从辩论权关系出发来谈论辩论主义。① 辩论主义的目的是保障当事人享有法院不能认定自己没有提出的事实、证据之自由。也就是说：① 法院禁止考虑当事人没有提出的事实；② 法院禁止考虑当事人没有提出的证据方法；③ 依据自认事实的限制，法院禁止考虑与自认事实相矛盾的事实。辩论主义保障的是当事人"不提出的自由"，而辩论权保障的是"提出的自由"。因而，辩论主义与辩论权之间有着严格的区分。并且，认可当事人不主张有利于自己事实之当事人私人自治问题，与认可作为突然袭击对象对自己不利的事实之当事人权利问题，在保护对象和方向性上存在很大差异，应当彻底地分离。也就是说，一方面，基于私人自治保障而许可当事人不提出事实是辩论主义的问题，而另一方面，防止诉讼突袭是以对方当事人为视角，涉及阐明义务、辩论权的问题。因此，对于"当事人没有主张的事实被法院采纳，对方当事人提出不服"的场合，不应当是违反辩论主义的问题，而应当是辩论权保障的问题。

对于当事人来说，提出事实以及证据方法分为有利和不利之情况，辩论主义固有的适用领域是当事人享有不提出有利于自己事实之自由，而不提出不利于自己事实之自由则不属于辩论主义的适用范围。也就是说，对于一方当事人有利的事实，通常对于另一方当事人就是不利的。对方当事人只要提出有利于己方的事实和证据方法，法院自然就能够认定，当事人隐藏不利于己方之自由自然就不再受保护。因此，只要能够保障辩论主义中有利当事人关于提出事实的选择权就行了，即使设置强制不利当事人提出事实的制度也不会违反辩论

---

① 参见〔日〕山本和彦：《弁論主義の根拠》，载《判例タイムズ》1998年第7期。

主义。需要注意的是,这里强制不利当事人提出事实,依据主张共通原则,实际上等同于有利当事人也主张了事实,尽管违反辩论主义,但是实质上似乎也并未对有利当事人造成权利侵害,因此这是可以被允许的。当然如果有利或者无利并不是关乎于两造当事人,那么强制不利当事人提出事实就应当被允许。

与山木户克己教授一样,其也将辩论主义分为判决阶段辩论主义和审理阶段辩论主义。就辩论主义根据而言,判决阶段辩论主义的根据是私人自治原则,但是如果由于没有提出有利事实和证据方法而造成当事人对于事实的误解和认识不完整,那么辩论主义就不应当再以法院不得介入为借口,为了保障当事人实质的辩论权,应当要求法院积极行使阐明权和充实事实收集方法。而审理阶段辩论主义的根据是基于对当事人在自由对抗过程中提出必要证据的信赖,即当事人为了自己利益能够充分提供证据,以及能够节约国家诉讼成本。判决阶段辩论主义包括:① 判决中禁止考虑当事人没有提出的事实;② 自认事实在判决中必须作为基础。审理过程辩论主义包括:① 当事人没有主张的事实不能作为争点整理对象;② 对当事人没有主张的事实不能进行证据调查;③ 当事人没有提出的证据方法不能进行调查。

而对于辩论主义的界限和限制方法,山本和彦教授认为,判决阶段和审理阶段不同的根据决定了法院介入范围的不同。判决阶段辩论主义的界限就是认可制约私人自治原则的国家介入根据问题。国家介入的根据就是保护该法律关系的当事人(辅助的介入)和该法律关系外的第三人(公益的介入)。当存在很多介入根据时,该过程能够还原为证据提供的问题。而审理过程法院介入的界限,则由国家资源投入相关的政策判断。也就说,在判决阶段,一旦法院发现当事人或者第三人利益遭受损失,不会放任该状况的发生,而应当主动介入到诉讼程序中,对于当事人提出事实之外的事实也可以进行证据调查。在审理阶段,如果出现当事人存在故意隐瞒证据等违背对其信赖之行为,那么法院完全能够在证据收集等方面惩治不法行为而保护弱势当事人的诉讼利益。当然,倘若国家诉讼资源足够充足,在保障当事人辩论权之前提下法院应当作出更多努力。

(二)辩论主义的价值

作为辩论主义之意义,通说认为,辩论主义是指作为裁判基础的诉讼资料完全由当事人提出、法院只能基于当事人提出的诉讼资料进行裁判两个方面,作为整体两者是同一而不可分割的。然而,两者不可分割并没有理论上的必然性。例如,虽然法院认定了当事人没有主张的事实,但是认定该事实是以当事人提出的证据为基础,之所以不允许这么做,并不是因为法院如此认定事实与收集作为裁判基础的资料是当事人的责任和权利发生理论上的矛盾。其问题在于,法院认定了当事人没有主张的事实,剥夺了对方当事人对于该事实充分行使攻击防御方法的机会,在其无法行使攻击防御方法时,法院认定该事实就是不允许的,这也就是与强调作为裁判基础的资料必须由当事人负责收集完全不同的考虑。换句话说,只要赋予当事人享有提出攻击防御方法的机会,那么法院必须认定当事人提出之事实是否还有存在合理性就会产生疑问。

从历史的角度来看,Gönner 最初提出辩论主义概念时并没有包含当事人没有主张的事实法院不能根据证据进行认定的问题,只是后来从其对于法院阐明权和发问权积极肯定之观点可以推出,Gönner 将当事人没有主张的事实法院不能根据证据进行认定原理作为辩论主义的一个方面,并且也最终使得事实资料收集是当事人的权责以及当事人没有主张的事实法院不能根据证据进行认定两者成为同一事物,即辩论主义。这也就是如今辩论主义将二者共同考虑之原因。日本有观点认为,两者应该区别对待。小林秀之教授将辩论主义分为"将收集判决基础之事实资料作为当事人的权利和责任"之本来的辩论主义和"当事人没有主张的事实法院不能认定"之机能的辩论主义。本来的辩论主义是将辩论主义视为针对禁止法官利用私知、禁止依职权证据调查、确定阐明权范围、保障当事人心理满足感和真实发现在经验上最为有效的民事裁判基本原理,而机能的辩论主义是保障当事人攻击防御机会的原理。① 二者之间未必有理论上的必然联系,但是也不是相互完全的独立。例如,法院行使阐明权既与作为利用当事人收集诉讼资料之基本的辩论主义存在关系,也与向当事人提供攻击防御机会保障之功能的辩论主义存在关联。但是,就二者区别来看,法院阐明义务的界限与依职权调查证据之可否问题是基本的辩论主义问题,当事人主张的拟制与当事人主张与法院认定不同的事实是否违

---

① 参见〔日〕小林秀之:《民事裁判の審理》,有斐阁 1987 年版,第 27 页。

背辩论主义是功能的辩论主义问题。笔者认为,考虑到遵循当事人实质武器平等原则,如果为了解决纷争,法院有必要认定能够从证据上确认之事实,单单根据当事人没有主张事实法院不能认定来阻碍法院对事实认定是不允许的,只要确保法院行使阐明权保障当事人能够对于该事实采取攻击防御行为就可以了。相反,如果没有阐明法院就认定该事实,剥夺了当事人具有的攻击防御机会自然是不被允许的。因此,法院的阐明义务能够起到确保当事人诉讼程序利益的功能。由于功能的辩论主义实际上就是保障当事人正当程序利益,这就意味着功能的辩论主义与法院的阐明义务有密切的关联,违反功能的辩论主义的同时也就违背了阐明义务。

而针对本来的辩论主义,在当下法院能够积极行使释明义务的背景下,裁判基础资料的收集完全是当事人的责任和权利这种说法业已变得不再恰当。① 当然,两造当事人具有完全对等的诉讼实力,法院处于中立立场负责判决固然是最为理想的诉讼形态,但是实际上具备这种情形的案件少之又少,大多数具体案件都会存在不符合诉讼理想形态的漏洞,因此为了实现辩论主义的固有目的,必须通过法院的阐明权对诉讼形态的漏洞进行修复,例如加强当事人的举证能力、增强对法律条文的认识等。虽然原则上初次事实资料收集是当事人的责任和权利,但是在之后的程序中,法院也应当具有收集事实资料的责任与权能。

在世界各国的民事诉讼法从绝对当事人主义向更多职权因素的协同主义转变之大背景下,各国民事诉讼法在争议焦点和证据收集的相关具体法条中对辩论主义进行了修正,这促使我们对我国的辩论主义重新认知和反思。

目前由辩论主义引发的诉讼程序混乱的主要原因在于没有正确认识辩论主义的性质,针对辩论主义出现了评价规范与行为规范的混乱。评价规范通常是对事物根本性质之描述,例如主体行为之目的、优劣或者善恶评判标准。而行为规范一般是指社会群体或个人在参与社会活动中所遵循的规则、准则的总称,是社会认可和人们普遍接受的具有一般约束力的行为标准。行为规范就是一种准则,是一种能

---

① 参见〔日〕小林秀之:《弁論主義の現代的意義》,载〔日〕新堂幸司编:《讲座民事诉讼》④,弘文堂1985年版,第117页。

够实现评价规范的方法。而就民事裁判而言,评价规范是指民事诉讼程序之目的,而行为规范则是为了实现目的而需要遵循的行为准则。如果我们将发现真实和审判效率作为民事诉讼的目的,那么辩论主义就是实现该目的之当事人和法院所要遵循的行为标准。既然辩论主义是行为规范,那么我们就应该认识到以下两点:一是辩论主义不是唯一,也就是诉讼目的的实现并不是只能依靠辩论主义;二是辩论主义并非绝对不能突破,也就是即使采纳辩论主义也应当允许对其弊端进行补充。一旦我们将行为规范与评价规范相混淆,那么本来的行为手段就会被当作行为目的,进而成为放之四海而皆准之标准。那样的话,我们便会不考虑客观实际而只顾适用该行为,却遗忘了被隐藏在行为准则背后的行为目的;即使该行为不再适应现实需要,我们也不会用其他手段将其取代。今天的民事诉讼理论很大程度上已经将辩论主义作为评价规范而使其绝对化。制度的绝对化必将导致思维的僵化。辩论主义成为法官和当事人不敢逾越的警戒线就是其作为评价规范的最好例证。然而,从民事诉讼的根本目的来看,我们可以发现本来的辩论主义只不过是为了实现追求客观真实且迅速裁判之目的而采用的分担当事人与法院事实资料收集作用之手段而已。"辩论主义当初就是一种含有违反原则之例外的复合物存在。"① 辩论主义就是法院和当事人在诉讼活动中所遵循的准则或者是行为规范,是实现适当、公平且迅速裁判目的之手段。这就意味着并不是不遵循这种行为标准就理所应当地视为错误,况且辩论主义自身仍然允许例外的出现。而当下现实中辩论主义被作为绝对的评价规范,原本的手段被目的化,甚至比本来的目的还占据优势。换句话说,为了达到辩论主义的要求完全可以置本来的民事诉讼目的于不顾。辩论主义如此现状是很让人担忧的。在此基础上,有日本学者认为,日本实务部门过于死板地坚守辩论主义相反正是对辩论主义的违反。②

笔者认为,辩论主义存在的性质混淆问题也正是困扰我国司法实践的症结所在。自从以民事审判方式改革为契机辩论主义被引入我

---

① 〔日〕铃木正裕:《弁論主義に関する諸問題》,载《司法研修所论集》1986年第12期。

② 参见〔日〕藤原弘道:《弁論主義は黄昏か》,载《司法研修所论集》1993年第8期。

国以来,辩论主义似乎就成为了现代民事诉讼的代言词,只要涉及民事诉讼改革就必然提及辩论主义,好像满足了辩论主义的要求也就完成了民事诉讼现代意义改造。对于辩论主义如此"膜拜",使得我国法官在司法裁判中变得畏首畏尾,甚至出现对我国传统司法实践经验"完全否定"的情形,以至于在盲目追求辩论主义效果的同时也放弃了我国司法固有的优良传统,从而导致司法改革陷入"方向迷失"之困境。那么,当我们今天还停留在辩论主义和职权探知主义的"十字路口"不知所措时,也许奥地利民事诉讼法既没有选取辩论主义也没有选取职权探知主义之做法为我们"解放思想"提供了实用性参照。也就是说,以实现民事诉讼发现真实和程序高效为目的,在保障诉讼程序必须由当事人先行主张事实的同时,《奥地利民事诉讼法典》规定了当事实主张存在问题时法官必须进行阐明之职责。特别是以法院诉讼指挥为前提,法律规定当事人在诉讼开始初期就必须真实完整地提出全部事实资料。而针对当事人证据收集上能力不足,法院可以依据当事人的申请对全部适当证据进行调查。因此,如果以辩论主义为由限制阐明义务行使,从而导致该事实不能被法院予以认定显然是难以让人接受的。

有日本学者认为,辩论主义并没有在法律条文上明确规定,虽然没有否定辩论主义概念自身的必要,但是应当舍弃辩论主义或者职权探知主义的拘束,有必要以裁判正当性目的重新考虑当事人与法院作为分担的基准。作为新基准,奥地利民事诉讼法所奉行的当事人与法院之间共同责任体制就提供了实践模板,也就是通过强化法院和当事人双方的责任和义务,从而形成事实资料收集的合作体制。① 笔者赞同这种观点,辩论主义的功能从价值规范重新回归到行为规范,最为突出的表现就是不再直接对当事人与法院的事实资料收集任务在分配上进行限制。具体说来,辩论主义并不是绝对禁止当事人没有主张的事实作为法院裁判基础,而是在法院没有进行阐明或者即便行使阐明义务而当事人没有响应的情况下,为了保障当事人的权利,法院才不能将该事实作为裁判基础。应当说,这种功能才是辩论主义应当具备的,甚至是只能具备的。

最后,笔者还要强调,之所以在谈论自由心证原则中加入大篇幅

---

① 参见〔日〕松村和德:《辩论主义考》,载《早稻田法学》1997 年第 4 期。

对辩论主义问题进行的探究,就是为法官自由心证的良性运行扫清障碍。"民事诉讼中法官与当事人之间的地位问题,是一切民事诉讼制度的中心问题。"①自由心证适用就必须以完备的诉讼资料以及法院与当事人的充分沟通为前提。当事人在案件审理过程中的表现也将作为法官自由裁量的重要依据。一旦法官始终忌惮辩论主义之限制,减少与当事人的沟通,放弃对当事人的协助,那么自由主义只能是天方夜谭。因此,当我们认清辩论主义之真正意义,那么法官和当事人完全可以摘下悬在自己头顶之"达摩克利斯之剑",重新选择一条与我国诉讼实际相契合之路径来实现诉讼目的。在维护当事人诉讼利益的前提下,我国可以积极发挥法院自身的优势,更加客观、公正、高效地裁判每一起案件。在司法实践中只要能确保实现这样的民事裁判,那么当事人就会在诉讼程序中得到满足,也就可以增加民众对司法的信任。因此,我国民事诉讼法应当从自身实际出发,舍弃辩论主义和职权探知主义之羁绊,着眼于现代世界各国诉讼状况之变化,从与诉讼目的相吻合的角度考虑当事人与法院作用的分担,重新勾画属于我国自己的诉讼体系。

---

① 〔意〕莫诺·卡佩莱蒂等:《当事人基本程序保障权与未来的民事诉讼》,徐昕译,法律出版社2000年版,第53页。

第四章 辩论全趣旨

当下世界各国的民事诉讼法通常采用自由心证原则认定事实。自由心证原则要求法院在进行案件判决时,应当考虑辩论全趣旨以及证据调查结果,依据自由心证来判断事实主张是否存在。民事诉讼中的辩论全趣旨与证据调查结果一起作为可以促成法院对于要证事实存在与否形成心证的根据,即自由心证的证据原因。按照通说,辩论全趣旨的内容包括除证据调查结果以外一切广义上的诉讼资料,除了辩论的内容,根据阐明处分得到的资料,当事人和诉讼代理人的态度等也都可以作为辩论全趣旨的内容,可见辩论全趣旨的范畴极为广泛。正因为如此,虽然证据调查结果与辩论全趣旨一起构成了证据原因,但是与内容较为单纯的证据调查结果相比,辩论全趣旨的概念却未必能够以一个统一的意思将其明确把握。并且,在构成法官心证形成原因的资料或情况中,辩论全趣旨并不是只作为证据调查结果的补充,而是法官形成心证之独立的、对等的证据原因。故而在案件事实认定过程中,比起证据调查结果,法官更重视口头辩论全趣旨并不足为奇。从口头辩论全趣旨获得心证时法院即便没有进行特别的证据调查也是可以的。比如某一个抗辩事实被认为是较难证明的,从抗辩提出的整个过程来看,当事人所提供的证人证言虽然还不能断定为假,但从辩论整体上看却不能认定该证明成立,这可以说就是辩论全趣旨比证据调查结果更受重视的范例。[1] 但是,由于辩论全趣旨自身的复杂性,作为证据原因其很难像其他证明方法一样在判决结论中予以明确,因此为了保障事实认定的客观性,法官在适用辩论全趣旨时通常较为慎重。

然而,在当下以追求客观真实、加强诉讼当事人与法院协作为目的之现代民事诉讼变革的大背景下,法官在判决中根据"辩论的全趣

---

[1] 参见〔日〕加藤新太郎:《手続裁量論》,弘文堂1996年版,第173页。

旨"进行事实认定倾向逐步显著。由于大陆法系普遍加强了诉讼准备程序,口头辩论与证据调查程序很多时候会在准备程序阶段同时进行,因此司法实践中辩论过程与证据调查严格区分之原则正在日趋缓和,法官更希望通过积极行使诉讼指挥义务作出与实体真实相契合之合适、正当的裁判,而随着当事人和法官交流机会的增多,辩论全趣旨就更能突显其存在价值。在这种情况下,与以往认为辩论全趣旨外延范围过大,事实认定中应该尽量减少随意适用之观点相比较,辩论全趣旨获得了更多积极的评价。辩论全趣旨自身具有正反两面性质。即,辩论全趣旨在以自由心证为原则之法官心证形成过程中,发挥着非常重要机能的同时,在判决说明过程中,却并未有非常充分的体现。但是无论怎样,合理正当地使用"辩论全趣旨"在今天的民事裁判领域非常重要,其必将成为我们关注的重要课题。

  需要注意的是,民事诉讼法证据原因的范围不但包括法院在事实认定中采用的证据资料,也包括辩论的全趣旨,而在刑事诉讼法中证据原因的范围仅仅指法院在事实认定中采用的证据资料,辩论全趣旨只能作为民事诉讼法官自由心证的证据原因。尽管刑事诉讼法也规定了证据证明力的评价由法官自由裁量之自由心证原则,并且事实认定必须通过证据来进行(证据裁判主义),但是除了证据调查结果之外其他内容都不能作为法官自由心证的证据资料。之所以两个法律存在如此之大的差异,是因为从政策考虑,比起涉及财产人身等权利之民事诉讼,涉及生命自由之刑事诉讼需要更加严格的审理标准,因此刑事诉讼不能依据像辩论全趣旨这样意义比较暧昧且难以在之后进行内容核查之证据原因来认定被告人是否有罪。

  另外,日本民事诉讼法中分别存在着事实主张层面的"辩论全趣旨"和证据层面的"辩论全趣旨"。前者规定在《日本民事诉讼法典》第159条第1款,即"当事人在口头辩论过程中对于对方当事人主张事实没有明确表示争议。该事实可以视为自认对象。但是依据辩论全趣旨,当确认该事实存在争议时,并不受自认限制"。而后者规定在《日本民事诉讼法典》第247条,即"法院在进行案件判决时,应当考虑口头辩论的全趣旨以及证据调查的结果,依据自由心证,来判断是否承认事实主张为真实"。可见,前者表示拟制自认情况下的"辩论全趣旨",其主要说明诉讼过程中辩论一体性问题,即当事人在辩论过程中未必对自己每一阶段提出的主张内容有清晰的认识,可能会出现前后矛盾的情形，因此有必要在辩论终结后再对整个过程进行重新梳理，对当事人主张进行统一判断。而后者"辩论全趣旨"则表示法官心证结果形成之资料，即自由心证原则的证据原因，这才是真正的"辩论全趣旨"。

一、辩论全趣旨概述

（一）辩论全趣旨的概念

口头辩论全趣旨作为证据原因之一称为辩论全趣旨。通说认为，所谓"辩论全趣旨"就是指以口头辩论作为媒介，除去证据调查结果以外在诉讼过程中所呈现出的全部状况和资料。法院依据这些资料和状况能够直接认定具体案件，在明确裁判权行使对象的场合中，对于争议事实当事人无需再进行证明，能够直接以实体法为媒介作出终局判决。例如，当事人在法庭上提交自己制作之文书，对方当事人对文书的制作人提出异议，但是依据现行民事诉讼制度，该文书到底由第三人还是当事人制作并没有根本区别，都必须依据辩论的全趣旨由法院对证据能力和证据力进行评价。与之不同，有学者认为"辩论全趣旨"是辩论过程中展现出的一切诉讼资料，其规定了在事实认定阶段内作为适用间接事实之界限范围，即只能是在口头辩论过程内出现之间接事实才能作为事实认定资料。[①] 但是，西野喜一教授认为，如果将"辩论全趣旨"理解为应当仅仅认定间接事实之界限，那么就缺乏将其作为事实认定直接根据之完整性。[②]

日本判例认为，辩论全趣旨涉及范围较广，当事人主张的内容和主张的态度自不必言，其他如根据诉讼形势的发展而提出某一新的主张、应该提出某一证据而没有提出或者虽然提出但错过了最佳时机、对诉讼之初未有争议的事项其后产生争执以及回避法院或对方当事

---

① 参见〔日〕岩松三郎、〔日〕兼子一：《法律实务讲座民事诉讼第一审程序》(3)，有斐阁 1984 年版，第 81 页。

② 参见〔日〕西野喜一：《弁論の全趣旨》（上），载《判例时报》1992 年第 1413 号，第 4 页。

人的提问而不予解释,几乎囊括了口头辩论中出现的一切积极或消极的事项。① 由此可见,作为辩论全趣旨的组成部分,口头辩论内容自不待言,根据阐明处分事项中的陈述、勘验、鉴定以及委托调查等获得的资料,当事人、代理人的陈述态度,不履行法官阐明命令,攻击防御方法的提出时期,对方当事人没有援用之先行自认,人身案件当事人一致主张,辅助参加人的陈述态度,甚至在共同诉讼中共同诉讼人的诉讼行为通常也可以作为"辩论全趣旨"予以灵活适用。在必要共同诉讼之中,共同诉讼人其中一人实施的诉讼行为对其他共同诉讼人都会产生效果,利用辩论全趣旨可以对此进行判断。即便在通常共同诉讼中,虽然共同诉讼人其中一人实施的诉讼行为,其效力不会覆盖其他共同诉讼人,但是作为辩论的全趣旨对于其他共同诉讼人的关系能够进行斟酌。例如,在主债务人和保证人为共同被告的诉讼中,主债务人对债务的成立进行了自认,尽管对于作为共同被告的保证人来说该自认没有效力,但是法院同样可以利用辩论全趣旨进行斟酌。但是,如果根据共同诉讼人其中一人肆意的诉讼行为,使其他共同诉讼人遭受到不利的影响是不合适的,因此有观点认为在这种情况下应该谨慎使用辩论的全趣旨。② 的确,在这些场合中,简单地适用辩论的全趣旨会产生问题,除了共同诉讼人相互之间实质的关系外,还应该考虑到对于对方当事人利害关系的有无和轻重。作为例外,当事人没有在口头辩论过程陈述的准备书状中记载事实以及在辩论中不合法的资料,不能作为"辩论全趣旨"之内容。辩论的全趣旨能够当作证据原因,仅限于遵循口头辩论、直接主义等诸原则合法出现的资料。尽管有些时候将其他案件中的主张也能作为本案辩论全趣旨,但是在其他案件诉讼中提出该主张依据的事实,应该在本案中作为前提预先被予以主张且进行了证明。

针对证人询问、当事人询问、鉴定人质询中证人、当事人、鉴定人供述态度(脸红、过度焦虑等)等,到底是作为证据调查结果还是辩论全趣旨一直存在争议。支持作为辩论全趣旨的观点认为,证人询问、当事人询问、鉴定人质问中证人、当事人本人、鉴定人的供述态度,诸

---

① 参见〔日〕高桥宏志:《重点讲义民事诉讼法》,张卫平、许可译,法律出版社2007年版,第45页。
② 参见〔日〕兼子一等:《条解民事诉讼法》,弘文堂1986年版,第520页。

如无言以对、犹豫不决、脸红羞愧、呼吸急促等表现，构成辩论全趣旨的内容，作为辩论全趣旨成为证据原因①，作为评价该供述信用性辅助事实之证据资料而成为证据原因。② 支持作为证据调查结果的观点认为，证据调查过程中证人、本人陈述的态度、举措、动作、印象等，这些都应属于证据调查结果，不能作为辩论全趣旨的内容。但是，对于当事人陈述态度，虽然其作为对当事人询问之相关要证事实有影响之证据资料，但是当对其他要证事实认定也有作用的时候，作为辩论全趣旨成为证据原因也是正确的。③ 还有学者认为，无论如何理解都会将其作为事实认定资料是没有异议的，虽然说存在细微事实上的差异，但是认为该事项是证据调查结果，不属于固有的"辩论全趣旨"内容是妥当的。但是，作为现实问题，证据调查结果中这些部分在记录中很难留存，笔录中没有记载的内容作为证据调查结果在判决理由中进行引用，虽然作为其本身当然是没有任何障碍，但对于法官来说稍稍有些为难。与之不同，辩论全趣旨场合中即便没有在调查笔录中记载，判决书中予以引用从实际情况看也是非常方便的，或许正是因为此，才将该内容作为辩论全趣旨来看待。但是，在简易裁判程序实务中，由于证人询问、本人询问在笔录中省略记载也能够作为判决依据，这时候对于两者的关系应该给予明确区分。④

另外，与以上对于辩论全趣旨内容进行具体描述之通说理解不同，有观点认为，辩论全趣旨是指"在口头辩论终结时，回顾整个口头辩论过程所能感知到的事项"⑤。也就是说，通说理解的辩论全趣旨，旨在要求运用辩论全趣旨进行事实认定时，尽管辩论全趣旨的内容难以明确记录，但是作为前提，法官在内心中应该明白"辩论全趣旨"到底指的是什么，并且必须积极利用辩论全趣旨。而谷口安平教授的观点表明，正因为"辩论全趣旨"是把对于该案件整体的评价判断，反映

---

① 参见〔日〕岩松三郎、〔日〕兼子一：《法律实务讲座民事诉讼第一审程序》(3)，有斐阁1984年版，第82页。

② 参见〔日〕斋藤秀夫等编：《注解民事诉讼法》，第一法规出版社1991年版，第360页。

③ 参见〔日〕兼子一等：《条解民事诉讼法》，弘文堂1986年版，第520页。

④ 参见〔日〕西野喜一：《弁論の全趣旨》(上)，载《判例时报》1992年第1413号，第4页。

⑤ 〔日〕谷口安平：《口述民事诉讼法》，成文堂1987年版，第444页。

在事实认定层面之上,即便个别内容不能特定也并没有障碍,辩论全趣旨"独特之处就是其并不能详细说明"。正是基于辩论全趣旨自身区别于硬性法律条文规定之相对柔软的天然特性,其才在事实认定过程中具有难以替代之价值。

由此可见,辩论全趣旨自身存在两种价值判断。一是,虽然案件审理过程中的状态千变万化难以特定,但是在辩论过程中总是会存在一些共通的具体事项,如当事人提出事实或证据之内容、方式以及表现等,当这些事项对事实认定产生影响时,就能被作为"辩论全趣旨"。二是,对某一事实进行认定时,由于缺乏直接充分证据,法官只能综合诉讼过程中的全体情况进行判断,那么该种从案件的状态、印象入手得到的认识也被认为是"辩论的全趣旨"。尽管没有具体的指示对象,但是从自由心证原则概念就可以看出,将"辩论全趣旨"视作证据原因而认定事实就是对此意义的肯定。如果我们把依据证据进行事实认定之结果看作是在绘制一个圆形,但是这个圆周的一部分存在缺失或者凹凸,仅仅依靠证据并不能形成完整的圆形时,比起依据不完全的圆形来进行判断,如果法官依据对案件整体过程的斟酌能够确信该事实实际上就是一个圆形的话,即便没有证据也能够进行认定,在这里起到弥补缺失、平整凹凸部分作用的就是"辩论的全趣旨",也就是说法官以此为根据能够弥补证据不足带来的麻烦。因此,要想对辩论全趣旨进行正确适用就必须做到对其双重价值进行准确把握。

(二)辩论全趣旨的历史发展

根据之前章节我们业已了解到,日本民事诉讼法中的自由心证原则是继受德国民事诉讼法而来,根据《德国民事诉讼法典》第286条的规定,辩论全趣旨与证明活动结果一起作为法官证据评价的基础,不仅对于当事人提出的主张和证据,而且对当事人、代理人诉讼行为的作为或者不作为等法官都能够对其自由地判断并且作为事实认定之基础。而与自由心证不同的是,所谓"辩论全趣旨"的概念起初仅仅为德国所独有。[①] 也就是说,在英美法系中,在证据范畴之外将此概念作为事实认定的资料是从未有过的,即便不能完全否定在证据以外存在

---

① 参见〔日〕西野喜一:《弁論の全趣旨》(上),载《判例时报》1992年第1413号,第3页。

其他可以决定事实认定之要素,但是作为原则,作为争议事实的认定根据仅仅只有证据例如《美国联邦证据规则》中就不存在允许将辩论状况作为事实认定根据之规定。同样的,即便作为自由心证发源地,法国的民事诉讼法中也没有证据以外内容能够作为事实认定根据之规定。尽管辩论全趣旨是日本继受德国而来,但是相较于德国,针对"辩论全趣旨"的研究日本还是投入了更多的关注。

日本大审院①时代,辩论全趣旨概念就在司法实践中得以适用。在以具体说明辩论全趣旨意义为目的之大审院判例中明确表述"所谓辩论全趣旨是指,口头辩论出现的全部诉讼资料。也即,应当不拘泥于局部而是通观整个辩论过程,不限于自己能够获知内容,而应该是准口头辩论中全部展现出的诉讼资料。当事人主张本身内容以及主张态度等自不必说,而且从当时诉讼情势来看,原本应该作出的主张,或者证据调查申请却没有作出,或者迟于规定时间作出,开始没有争议的事实最后又发生争议,对于法院或者对方当事人询问或释明有意进行回避等,可以作为大多数口头辩论程序中一切积极或消极的事项"②。可见辩论全趣旨就是证据调查结果之外口头辩论中出现的一切的诉讼资料。而当时学术界也认为,形成法官的心证并不能仅仅依靠证据调查结果,实际上这正是辩论全趣旨具有的机能,尽管仅仅利用辩论全趣旨进行事实认定不违法,但是为了使法官的判断具有客观性,防止自由心证的不合理运用,判决理由中应该对辩论全趣旨的内容作出具体明确的说明。

1947年日本最高法院正式成立以来,日本最高法院判决中涉及"辩论全趣旨"的案件数量较少,对于辩论全趣旨的概念也没有突破大审院时期的认知。在一起以原审法院没有明确说明作为事实认定资料之辩论全趣旨具体内容为由提起的上告审中,日本最高法院判决认为:"由于通常民事诉讼法自由心证规定的辩论全趣旨内容非常微妙,根据该内容法院能够获得确信事实存在之理由,很多情况下通过判决

---

① 日本大审院是1875年4月4日,根据太政官布告59号,日本旧司法制度中设置的最高法院。模仿德意志帝国法院内部设置若干民事部和刑事部,每个部门有5名法官组成合议庭进行审判。大审院没有违宪审查权,自身的立法权和行政权并不完全独立。1947年随着《日本裁判所法》的施行,大审院被废止。

② 〔日〕菊井维大、〔日〕村松俊夫:《全訂民事訴訟法Ⅲ》(第2版),日本评论社1986年版,第370页。

理由说明很难能够达到使一般具有理性常识人认可的程度。特别是当事人主张陈述的态度,证据调查时证人、当事人本人等陈述态度在笔录中记载,或者书记官记载内容等能够与法官感知内容相一致都是很难实现。因此,法院在将辩论全趣旨同样作为一部分事实认定资料的情况下,在判决理由中对该内容细致说明,尽可能地明确事实认定的合法正当性,为上告审中进行事后审查提供方便,有些时候是非常困难的。因此,如同本案中法院将辩论全趣旨作为一部分事实认定资料情况时,即使没有将其内容在判决理由中予以明确,也不应该认为该裁判理由因不充分而导致违法后果。"①该判决依旧延续了之前判例倾向,"辩论全趣旨"在判决理由中即便没有具体说明也并没有违法,但是明确证人、当事人本人陈述态度等作为辩论全趣旨之内容,与之前判例的倾向稍稍有所区别。该判决的前提是,作为事实认定根据适用的"辩论的全趣旨"即使没有在记录中留下内容也是被认可的。但是,在之后另一起案件判决中,日本最高法院认为:"辩论全趣旨在判决理由中没有具体说明,但是从审理记录来看能够自然而然地得以明确的话也不认为是违法情形。"②因此,可以看出日本最高法院对于在判决书内说明辩论全趣旨之态度,并没有坚持之前涉及的具体内容,而是仍然持有"自然而然地得以明确"就足够之态度。

而在1978年日本司法研究所民事裁判教官室编辑的《民事判决书起草指南》(第6版)中,对于辩论全趣旨的认识发生了相当大的改变,其中指出,口头辩论全趣旨也能作为事实认定的资料。辩论全趣旨就是指,包含了作为释明处分进行的检证和鉴定结果、调查嘱托回答等,除了证据调查结果之外,在审理过程中出现的一切的资料和状况。当事人主张本身的内容以及主张的态度自不必说,如果根据诉讼情势来看的话,虽然确实应该提出主张或者证据但是却没有提出或者在应当提出时期之后又提出,开始明明没有争议的事项到后来引发争议,对于法院或者对方询问有意回避等事项也属于该范畴。而在之后修订中又特别指出"调查嘱托结果作为事实认定的资料,必须在判决书中明确记载对其的引用"。在这里所谓的"辩论全趣旨"应该理解为包含了当事人主张以及证据提出的样态,其赋予了"辩论全趣旨"在事

---

① 〔日〕西野喜一:《裁判の過程》,判例タイムズ社1995年版,第76页。
② 《日本最高裁判所民事判例集》(第15卷第4号),第694页。

实认定上与证据相同的价值,这一积极评价的转换是非常引人瞩目的。至此,辩论全趣旨就与证据调查结果一起正式作为事实认定的证据原因。

(三) 辩论全趣旨的价值

正如辩论全趣旨的概念所探讨的,辩论全趣旨自身具有的双重特性决定了其能够在非常宽泛的范围内适用的同时又难以明确其特定内容,也正基于此,其为法官适用提供了无限便利。但是,为了保障法官案件裁判结果的客观公正,各国民事诉讼法针对法官自由心证不约而同地开始强调客观化和明确化,那么作为如此极具主观色彩的辩论全趣旨为什么依然能够存在,这就需要我们对辩论全趣旨存在的必要性进行考察。

1. 事实认定性质决定了辩论全趣旨适用空间

事实认定的过程,正是左右诉讼性命之关键,如果在此出现差错会直接影响法院司法权威的树立。从当事人提出主张和证据的角度来看,法院认定事实以及认定事实经过之合理性,也正是当事人以及一般国民对于裁判制度信任的关键所在,这就意味着根据证据认定事实以及合理说明认定经过体现了裁判过程的核心。因此,简单地依据辩论全趣旨来认定事实似乎应当受到限制。

但是,如果因为应当只能依据证据认定事实而完全排除辩论全趣旨也可能会存在问题。依据辩论全趣旨来认定事实具有难以替代的意义。辩论全趣旨实际上正是作为能够在判决理由中充分说明事实认定过程之产物。虽然认定事实需要证据,但是证据与事实认定之间却很难保证一一对应或者"严丝合缝"之契合,如果必须要明确什么样的事实需要什么样的证据,或者什么样的证据只能证明哪些事实的话,那么多数情况下会残留没有证据证明之事实部分。然而,在事实认定的实际过程中,没有证据证明的部分有时却对事实认定整体有着不可或缺之决定意义,因此对该部分的事实认定绝对不能轻言忽视。由于没有相应证据因而只能依靠证据之外内容,但是为了避免依据诉讼过程外因素对两造当事人权利的侵害,相应地通常除去证据调查结果之后在辩论过程中出现的情形就成为了唯一的可行选项。辩论全趣旨发挥了证明缺乏相应证据之事实部分作用,其强化了事实认定过程中证据与事实之间的严密性。就实际效果而言，作为辩论全趣旨的内容之法院阐明处分结果或者当事人提出证据态度等，能够视为辩论过程中较为特定的内容，法官依据对其考察通常能够获得一定的心证结果。易言之，辩论全趣旨的内容能够作为法官形成心证的参数。与之相反，如果在民事诉讼中排除辩论全趣旨，那么证据评价与事实认定之间就会暴露出固有的缝隙，一些事实很有可能在有限的证据范围内难以证明，其结果很有可能会导致法官对业已存在证据之证明效果特意扩大或者法官放弃对事实认定，当然无论哪种结果都是当事人所不愿看到的。因此，在当事人充分主张证明，法官也用尽一切审理手段之后，辩论全趣旨能够作为一个灵活柔软的工具对事实认定中难以说明部分进行合理化吸收。

2. 事实认定的现实需要促使法官适用辩论全趣旨

随着人类文明的不断进步，对于事实认定过程，法院越来越认识到严密的证据推理不可或缺，而同时日趋复杂的案件事实，也迫使法官在很多场合必须综合更多辩论过程中展现出的情形才能得出案件结论，因此，要求较为宽松、适用较为便捷的辩论全趣旨就成为法官热衷适用的事实认定资料。例如，在含有非常多细微争议焦点的人身损害赔偿案件中，针对附随争议焦点适用辩论全趣旨的情况就明显增多。①另外，作为判决理由中事实认定的记载方法，通过概括全部证据认定事实的方式逐步减少，基于个别证据认定对应事实之所谓个别认定方式不断增加，而基于个别认定方式的要求，就必须利用辩论全趣旨来认定缺少完全对应证据的部分事实。

3. 基于现代民事诉讼强调法官和当事人共同协作之改革浪潮，辩论全趣旨被赋予时代意义

辩论全趣旨具有三个方面之目的：其一强调法院在事实认定过程中应当积极运用各种审判技巧确定要证事实的真伪，不能仅仅着眼于当事人是否提交证据，而要结合当事人在该诉讼阶段的各种表现综合判定。其二强调当事人为了使法院最终作出有利于己方的判决，应当

---

① 参见〔日〕西野喜一：《弁論の全趣旨》（上），载《判例时报》1992年第1413号，第7页。

竭尽所能收集证据并且向法院提交，当事人所担负的举证责任并非只是根据"辩论主义"所产生的"为所欲为"之"权利"，而应当以真实义务、完全义务为基础，积极履行事实发现协助义务，配合对方当事人或者法院进行证据调查，尤其是在法院行使阐明义务之后，更应当为加快程序进程作出努力。而一旦当事人没有积极履行该协力义务，法院应当从维护当事人诉讼武器平等的角度出发，通过辩论全趣旨等证据原因使真正有权利之当事人享有权利，让阻碍裁判公正的当事人付出相应代价。其三辩论全趣旨在提高诉讼效率上也能发挥作用。在当事人没有提出证明争议焦点的证据，但是法院能够预见到如果依据再次辩论或者阐明，该证据应该首先被提出的情况下，考虑到重新组织辩论会给当事人带来新增负担且有浪费司法资源之嫌，在没有非要重新再次进行辩论的情况下，允许依据辩论全趣旨进行事实认定。如果单纯基于证据来认定事实的话，在如此情况下就必须再次进行辩论或者基于证据不足驳回与该部分相关的请求，当然无论哪种选择必将会造成诉讼效率的降低。

（四）辩论全趣旨的范围

在审理过程中出现的一切资料，也即法院与两造当事人有共同机会获得的资料中，除了证据调查结果之外的部分，被称为辩论全趣旨。可见，法院在认定事实过程中能够对辩论全趣旨进行斟酌。那么，辩论全趣旨的适用场合到底有哪些，换句话说，法官审理过程到底应该对哪些部分进行考虑。总体而言，由于裁判基础资料原则上都是通过两造当事人口头辩论程序所呈现的，因此口头辩论程序内出现的资料归于辩论全趣旨是显而易见的。并且，考虑到法官进行事实认定越来越向口头辩论期日外延伸，因此口头辩论以外期日和程序中当事人陈述和态度等，作为例外规定也包含在辩论全趣旨的范畴当中。

1. 口头辩论程序

口头辩论有广义与狭义之分。如果指口头方式进行的全部审理过程，那就称为广义口头辩论。广义口头辩论从当事人来看，包括提起诉讼、主张案件相关联事实、主张法律上的认识和意见、提出证据、配合证据调查等；从法院来看，包括审理案件、听取当事人的申请和主张、进行证据调查。与之相对，如果在审理过程中将当事人进行的诉讼行为部分划分出来，这就是狭义口头辩论。考虑到广义口头辩论涉及证据调查结果较多，所以辩论全趣旨的范畴适合狭义的口头辩论。具体而言，狭义口头辩论的内容包括当事人提出诉讼申请以及为了证明此申请而适用攻击防御方法，即事实主张和证据申请等。虽然狭义口头辩论以当事人的陈述作为中心，但是却也包含着法院的行为，例如，法院听取当事人的陈述、指挥辩论行为。根据《日本民事诉讼法典》第 148 条的规定，口头辩论由审判长指挥；审判长能够允许发言或者对不听从其命令者禁止其发言；法官行使释明权，根据《日本民事诉讼法典》第 149 条的规定，审判长在口头辩论期日或者期日外，为了使诉讼关系明了，对于事实上或者法律上的事项，向当事人提问并且敦促其进行立证；陪审法官在告知审判长后，也可以按照前款规定进行释明；当事人在口头辩论期日或者期日外，能够请求审判长进行必要的发问；审判长或者陪审法官在口头辩论期日外，对于攻击防御方法能产生重要变更的事项，依照前两款进行处置时，必须将内容通知对方当事人；以及法官应该对争点和证据进行整理以及确认应当证明的事实。根据《日本民事诉讼法典》第 164、165、177 条的规定，法院认为有必要整理争议焦点和证据时，可以进行准备性口头辩论。准备性口头辩论终了，应视为法院与当事人之间确认了此后的调查证据中应证明的事实。在书面准备程序终了后的口头辩论期日，法院与当事人之间确认此后的调查证据中应证明的事实。

2. 口头辩论程序之外期日和程序

1976 年《日本民事诉讼法典》注重争议焦点整理和证据调查程序，在争议焦点整理程序中实际上也存在口头辩论内容，法院与当事人以及两造当事人之间都能够进行充分的沟通交流，事实主张和证据调查业已不再绝对区分，这就使得原本的口头辩论程序有时仅仅成为双方文书提交的过程，那么通过口头辩论程序中表现出的情形就会相应减少，辩论全趣旨的作用也会减弱。因此，为了适应现代民事诉讼法的发展实际，口头辩论的全趣旨适用范围业已扩大到辩论准备程序、进行协议期日。考虑到辩论准备程序的重要性，辩论准备程序中的当事人陈述和态度等包含在辩论全趣旨中是较为妥当的。进行协议期日中的当事人陈述与态度，考虑到这个期日中当事人有到场见面的机会，其之间的表现也具有重要参考价值。不过，当事人陈述和态度必须准确记录下来。另外，和解期日中如果将当事人陈述和态度也囊括在辩论全趣旨之中的话，有可能会阻碍当事人就和解内容直言不讳地交流，影响和解效果，因此，辩论全趣旨并没有将和解程序纳入其中。笔者认为，口头辩论的定义或许应当调整为口头辩论程序终结之前，案件审理过程中出现的一切资料和信息。辩论全趣旨的范围不再仅仅限于口头辩论程序阶段，只要能够出现当事人之间进行口头辩论的场合都可以适用。

（五）辩论全趣旨的其他功能

依据辩论全趣旨的概念，我们知道辩论全趣旨作为自由心证的证据原因能够表示法官判决时难以充分说明的部分，为法官自由心证进行合理化解明提供有力支持。但是除此之外，辩论全趣旨在与事实推定一起适用的情况下，在反证不提出法则以及证明妨碍方面也能够发挥一定作用，以此来补强法官事实认定之根据。

1. 辩论全趣旨与反证不提出责任

证明是当事人为了使法院获得事实存在与否的心证而做出的诉讼行为。证明通常是依靠提出能够直接证明主要事实存在与否之证据，主张依据经验法则能够推定主要事实存在与否之间接事实以及推定有关证据方法证明力之辅助事实来进行的。在一般情况下，当事人各方会对自己负有证明责任的事实进行证明即本证，对方当事人会为了阻止本证成立而进行的证明即反证。反证包括直接反证与为了妨碍推定主要事实之间接事实证明进行的间接反证。反证并不一定要求必须使法官对本证事实没有存在产生确信，只要能够使法官对主要事实存在与否之确信心证发生动摇且陷入真伪不明状态就可以了。原则上，反证虽然是在本证达到效果后才着手进行，但是这并没有否定反证就不能与本证一起提出或者先于本证提出。在诉讼实践中，负有举证责任的当事人进行有力证明的话，就会迫使对方当事人提出反证。由于审理过程中当事人很难查知法官心证的即时变化状况，因此对方当事人如果不提出反证，该反证不提出行为就会增加法官认定事实存在与否心证的程度，即增加认定本证事实存在的心证。

通说认为，在事实上推定成立的场合中，存在对方当事人为了防止自己败诉而提出反证之行为责任，即反证提出责任。依据经验法则,如果提出反证没有困难,只要没有特殊原因都应当提出反证。反证不提出行为如果作为辩论全趣旨的内容来考虑的话,就可以称为"反证不提出法则"①。由于作为事实认定资料的辩论全趣旨包括辩论过程中出现的一切资料和状况,因此负有证明责任的当事人之证明行为自不待言,对方当事人没有提出阻碍法官形成心证的反证行为也应当作为辩论全趣旨之内容。作为一般经验法则,当诉讼有必要提出反证或者提出反证没有困难的时候,如果认为负有证明责任的当事人主张不真实,只要没有特殊缘由,不负有证明责任的当事人都应当提出反证。根据该经验法则,结合诉讼具体状况,将对方当事人反证不提出作为辩论全趣旨的内容进行考虑的话,能够看作是法院获得事实存在与否确信的一种事实上的推定,并且在民事诉讼中根据如此事实上的推定来确认事实也是非常可行的。例如,负有证明责任的当事人如果利用大致的推定②,通过证明间接事实推定主要事实的话,对方当事人就应当适用通过证明与该间接事实相对立的其他间接事实来阻碍大致推定发生之间接反证。那么在依据间接事实成立大致的推定情况下,相应的对方当事人就承担反证提出责任,如果对方当事人不证明间接反证事实,那么法官就能够基于辩论全趣旨,依据"反证不提出法则"向对方当事人课以不利益。

针对"反证不提出法则",有学者认为可以根据辩论全趣旨对其进行说明。③ 该观点主张,在成立事实上的推定的情况下,发生了为了防止自己败诉而要向对方当事人提出反证之"作为行为责任的反证提出责任"。由于从经验法则上来看,如果进行反证很必要且没有困难的话,只要没有特殊情况都应该提出反证,因此,对于不提出反证作为辩论全趣旨会产生负面的考虑,这就是"反证不提出法则"。可以说,法官在形成心证的过程中,依据辩论全趣旨不仅仅是当事人进行证明活动的内容,就连证明方式本身,在事实认定场合中都应该被视为考虑的对象。对于该观点,有学者认为存在着对于"反证提出很必要且没有困难之场合"表述较为暧昧,或者将辩论全趣旨作为万能化工具之

---

① 〔日〕小林秀之:《证据法》,弘文堂1990年版,第62页。
② 大致的推定通常指依据高度盖然性的经验法则,只要不存在反证,就能够从客观存在的事实推定主要事实的证明,属于自由心证领域中的一种间接证明。
③ 参见〔日〕山木户克己:《民事诉讼法论集》,有斐阁1990年版,第32页。

弊端。小林秀之教授认为,从辩论全趣旨能够导出反证提出责任和"反证不提出法则",仅限于虽然对方当事人能够较为容易地提出反证却没有提出反证的场合,如果在对方当事人提出反证有困难的情况下,以对方当事人没有提出反证或者反证失败为理由形成对对方当事人不利心证当然是不合理的。因此,即使当事人的证明不充分,依据辩论全趣旨就能够通过大致的推定降低证明度、向对方当事人课以解明义务、转换证明责任等方式而获得法官确定心证之观点,完全是对辩论全趣旨本质的误解。①

对于将经验法则作为反证提出责任的理论基础之观点,学术界也存在争议。在负有证明责任的当事人进行的证明没有达到证明度要求的情况下,虽然对此提出反证没有困难,但对方当事人却不提出反证时,法院作出当事人证明的事实获得确信之判断,作为事实上的推定是被允许的。那么,当事人存在提出反证的必要,即尽管反证提出不困难且认为对方当事人的主张不真实时,当事人应当提出反证之经验法则就是根据。有学者认为,姑且不论"作为行为责任的反证提出责任"或者"反证不提出法则"所谓的命名,其实质也只是对辩论全趣旨侧面机能的评价。从司法实践来看,反证提出责任论合适的范围,由于作为原则来说是在经验法则的框架之下,因此仅作为证明活动概念就使其发挥作用是不大可能的。② 而反对经验法则之观点则认为,虽然反证不提出责任遵循该经验法则确实是合理的,但是,正因为与其他事实性质相同,反证不提出事实也能够结合其他各种各样的事实获得评价,因此,依据自由心证原则确立具有独自要件和效果之反证提出责任概念,从对自由心证原则不当制约的结果来看是不妥当的。③

笔者认为,依据经验法则产生的反证提出责任并不具有必然性。也就是说,虽然"反证不提出法则"可以被视为经验法则的具体类型化,但是对其适用仍然必须通过对案件中诸多事实的综合衡量,即使间接反证事实真伪不明,但是其他间接事实证明力也较弱的话,主要事实有时仍会陷入真伪不明状态。相反,即使间接反证事实能够获得证明,但是其他间接事实推定非常有力的话,主要事实还是能够获得

---

① 参见〔日〕小林秀之:《证据法》,弘文堂1990年版,第62页。
② 参见〔日〕加藤新太郎:《手続裁量論》,弘文堂1996年版,第124页。
③ 参见〔日〕伊藤滋夫:《事実認定の基礎》,有斐阁1996年版,第143页。

认定。因此,究竟如何适用"反证提出法则"还必须依靠辩论全趣旨对诉讼过程的整体考虑。

2. 辩论全趣旨与证明妨碍

由于辩论全趣旨的内容包括当事人实施诉讼行为时的态度,因此在证据调查时不履行协力义务之当事人态度就可以利用辩论全趣旨进行评价,进而证明妨碍法理,依据辩论全趣旨能够对当事人的行为作出不利评价。持有该种观点的学说认为,辩论全趣旨对证据调查中非协力当事人的态度也应该能够进行考察,依据"辩论的全趣旨"可以作出不利证明妨碍评价。[①] 与之相反的观点认为,对于证明妨碍的根据是违背了当事人之间的诚实信用义务。[②] 可以看出,前者的观点是根据辩论全趣旨进行不利评价,而后者是承认根据证明妨碍对不利事实进行认定,两种观点在直接与间接层面发生冲突。

但是,笔者认为,无论哪一种观点,证明妨碍理论都是基于"如果是对自己有利的证据,就不会不提出"之经验法则,但是该经验法则之盖然性仍旧值得探讨,因而直接以诚实信用原则进行评价似乎有些牵强。而辩论全趣旨正是从审理过程整体出发,对于当事人的行为能够形成客观判断。况且,当事人故意不提交证据或者毁坏证据的行为总会对法官形成心证造成影响,而正好可以借助辩论全趣旨将其合理化,辩论全趣旨应当可以作为证明妨碍基础。当然,在这里主要面对的当事人不提出对自身不利的证据,而如果当事人不提出对自己有利的证据时又该如何呢?笔者认为,在这种情况下,似乎应当以证据提出责任或者当事人解明义务等其他理论作为基础更为合适。因此,作为对当事人不提出证据妨碍实现客观真实目的的情况下,辩论全趣旨应当作为对其进行不利评价的基础之一。

---

① 参见〔日〕春日伟知郎:《自由心证主义》,载〔日〕青山善充、〔日〕伊藤真:《民事诉讼法的争点》,有斐阁1988年版,第237页。
② 参见〔日〕本间义信:《证明妨碍》,载〔日〕小山升等:《演习民事诉讼法》,青林书院1987年版,第504页。

二、辩论全趣旨的具体适用

辩论全趣旨之问题,应该区分为事实认定过程之辩论全趣旨与判决说明过程之辩论全趣旨。事实认定过程之辩论全趣旨主要体现法官心证形成过程中辩论全趣旨如何具体适用,包括辩论全趣旨的内容和适用方式。这其中尤为重要的是单独适用辩论全趣旨认定事实的可行性问题。而判决说明过程之辩论全趣旨主要体现在裁判文书中如何记载辩论全趣旨,主要涉及是否需要明确说明问题。

(一) 事实认定过程之辩论全趣旨

根据之前的论述,辩论全趣旨是与证据调查结果同等重要的证据原因,并且不依从于证据调查结果。因此,从理论角度来看,法官在认定事实的过程中即便不进行证据调查,仅仅依据辩论全趣旨来认定事实也是可能的,甚至可以说比起证据调查结果更为重视辩论全趣旨。但是,为了保障事实认定的客观性,通常情况下要求依据辩论全趣旨认定事实的理由必须明确列举,对于由此得出的结论积极进行解释。那么在诉讼实践中辩论全趣旨的适用到底是什么情形,以下我们进行具体考察。

1. 辩论全趣旨的内容

事实认定过程就是依据证据证明要证事实的过程,包括当事人主张事实、提出证据证明以及法官判断事实是否存在。由于辩论全趣旨侧重于法官对当事人在事实认定过程中的表现的考察,因此当事人主张和证明过程中的行为都应当作为辩论全趣旨的内容对象。具体来看,在当事人事实主张方面,法官一旦接触到当事人主张的事实,对于部分或者全部主张内容是否合理、事实发展是否符合客观规律、全部主张之间是否有机结合等都会产生一定的初步判断。并且,通常情况下,法官也会对当事人提出主张时间是否适当以及态度是否自然等事项进行留意。可见,当事人主张一般都会经过法官合理性、整体性、自然性等考察。因此,如果当事人撤回主张的话,虽然原有主张失去了效力,但是提出或者撤回原有主张等这些诉讼过程态度,法官会在对新主张或者对方当事人主张是否适当进行判断的时候将其作为辩论全趣旨进行斟酌。即使在人事诉讼中,对于一定主张的应答,也能够作为辩论全趣旨的事实认定资料。[①] 而在证明方面,法官除了对该证据方法自身的客观性、证据调查结果的合法性等基本要求关注外,也会对本应该能够提出的证据不提出以及对证据调查是否尽力协助等事项即辩论全趣旨的内容进行重视。以下笔者将对能够作为辩论全趣旨的具体内容进行考察:

(1) 当事人之间没有争议的事实

当事人之间没有争议的事实,并不局限于是主要事实还是其他事实,只要认为当事人之间没有争议,那么就能够认定其真实性。在实际判例中,当事人之间没有争议的事实,通常被认为是辩论全趣旨用例的代表。虽然在裁判书中"根据辩论全趣旨"与"根据当事人没有争议的事实"来进行事实认定的说法经常同时出现,但是二者实质上并没有区别。通常来说后者包含在前者之中。并且,尽管根据辩论主义当事人之间没有争议的主要事实是对法院的约束,但是这并不妨碍法院认为当事人之间没有争议的主要事实的主张是真实的。也就是说,对于当事人之间没有争议的主要事实进行认定,有两个考虑方法是可能的:① 根据辩论主义第二命题,法院受到当事人自认的约束,认定自认事实为真实。② 自认拘束力存在的真正价值是在法院对于主要事实主张仍然保有疑问的场合,如果法院能够对主要事实进行确信,那么就没有必要将自认的约束力作为认定事实的前提,而是法院基于第247条(《日本民事诉讼法典》)辩论全趣旨的规定,来认定当事人之间没有争议事实为真实,这或许才是自认事实本来应有之义。因此,针对当事人没有争议的事实,无论是主要事实还是间接事实都能够以"根据辩论全趣旨应当认定事实"之形式在裁判文书中出现。

(2) 当事人辩论的内容和态度

当事人攻击防御方法的提出时期、撤回状况、应当提出攻击防御方法而不提出、不协助证据调查事项以及自己主张存在矛盾等,可以作为当事人之间存在争议事实的认定资料。例如在一起知识产权纠纷案件中,被告主张其发明早于原告的发明,但是由于其不能提出本来应当保存的诸如实验结果数据记录等资料,因此法院经过考虑认为

[①] 参见〔日〕加藤新太郎:《手続裁量論》,弘文堂1996年版,第127页。

被告陈述的事实缺乏信用性。而在另一起案件中，对于证券公司客户主张的"公司证券经理人从其账户未经允许支款2 000万日元并侵吞"事实，证券公司称"客户的要求是变卖A投资信托后购入总计2 000万日元的B投资信托，由于工作人员判断失误，在接受委托后才发现在变卖A投资信托之前B投资信托的款项存入期日即将截止，由于客户非常希望能够购入B投资信托，工作人员就垫付资金购入B投资信托，之后再从变卖A投资信托款项中偿还垫付的款项"，由于客户陈述"对购入B投资信托资金2 000万日元的出处没有记忆"，那么，客户由变卖A投资信托获得钱款2 000万日元向证券公司支付用于其他事项的主张就不能让人相信。因此，根据辩论全趣旨，法院认定证券公司的主张有较高的信用性。

在当事人主张内容方面具体包括，从当事人主张直接来认定与主张相关的事实[例如"根据辩论全趣旨（原告的主张），能够认定原告主张的事实……"]和从当事人主张的内容对于其他某一事实进行认定，特别是对该当事人不利的事实[例如"根据辩论全趣旨（原告的主张），能够认定原告所提交证据缺少信用性"]。一方当事人提出证据的内容，与对方当事人的主张相反是很正常的，但是当一方当事人提交反对自己主张的证据时，这可以作为不采纳以上证据的理由。甚至在当事人的主张变更的情况下，这些可以作为不采用变更后的主张以及相关证据的理由。例如在一起债务纠纷案件中，原告主张被告所有的A写字楼能够作为偿还债务之标的物，被告主张自己公司业已破产，A写字楼的所有权也转移给案外人甲，之后原告对被告与甲之间所有权转移合同提出争议，被告突然改变主张作出A写字楼业已抵押给案外人乙之陈述。综合辩论全趣旨进行考虑的话，被告公司是否真正破产就值得怀疑。

在当事人主张态度方面包含积极和消极两种评价。积极评价通常表现为，针对当事人主张的事实，对方当事人始终没有要求证据调查之态度，从争点的性质以及当事人争议的方式来看，如果在很大程度上没有必要进行证据调查的话，即便是相当重要的事实，法官依据辩论全趣旨能够等同于当事人之间没有争议之事实。与之相对，否定评价通常表现为，当事人故意不及时提出攻击防御方法，不积极配合法院调查证据以及不积极配合法院释明行为等态度。对此，在一起证人证言直到辩论程序将要终结前才提出之案例中，法院认为："从诉讼关系来看,对于当然应该在早期就能够提出的抗辩直到临近辩论终结才被提出的情况,即便存在使该抗辩有理由提出之证人证言,根据辩论全趣旨,不将此作为理由而直接予以排斥为好。"①但是也有学者认为,虽然法院能够直接驳回迟延提出的攻击防御方法,但是这种做法并不恰当,既然实施了证据调查就必须对证言内容相关的证据价值进行判断。那么在该种情况下,法院对于证据价值的判断与事实认定之间的关系需要分情况讨论。② ① 对于证人的证言内容能够判断出具有证据价值,必须认定抗辩成立。② 如果从与其他证据调查结果关系来看,判断出证人证言内容存在虚假或者按虚假看待的话,在判决理由中就应当呈现出"尽管证人证言中虽然存在遵循抗辩事实的部分,但是没有可信度,缺乏足以支持承认抗辩之证据"。③ 从抗辩提出的原委来看,当主张事实原本就被认为证明困难时,该证人证言尽管未必明确被认定是虚假或者按虚假看待的,但是从证明整体情况来斟酌,法官仍可能会认为其是不合适的。如此严格说来,应该在保障通过证据调查结果之证据价值判断形成心证之过程中,仔细斟酌发挥辩论全趣旨的功能。因此,判决理由的内容应当写为"尽管证人证言中存在承认抗辩事实之部分,但是依据辩论全趣旨,证言没有可信度,缺乏足以支持抗辩事实之证据",而不是仅仅直截了当地表明"依据辩论全趣旨,抗辩事实缺乏理由"。

(3) 阐明处分结果

阐明处分结果具有行为和结果两个层面的意义。行为意义主要是指当事人对法院阐明处分行为之态度,也即是否积极配合法官明了事实关系。该行为的意义内容在多数情况下属于当事人态度的范畴。而这里阐明处分结果主要就是结果意义,即阐明处分进行中的检证、鉴定、调查嘱托的结果。根据《日本民事诉讼法典》第151条第1款的规定,法院为了明了诉讼关系可以进行勘验、鉴定以及委托调查。虽然法官履行阐明义务并不是为了心证形成,但是由于通常情况下检证和鉴定具有很强的证明力,因此能够直接影响法官形成的心证结果。而且,阐明处分通常是由法院实施的行为在具有一定信任感的同时,还具有适用方便、容易特定之性质。因此,法官在判决书能够直接将

---

① 〔日〕兼子一等:《条解民事诉讼法》,弘文堂1986年版,第520页。
② 参见〔日〕加藤新太郎:《手続裁量論》,弘文堂1996年版,第131页。

阐明处分结果作为辩论全趣旨。

(4) 期日之外阐明结果

《日本民事诉讼法典》规定了法官口头辩论期日之外的阐明义务，对于攻击或者防御方法产生重要变更的事项，在期日以外要求阐明的情况下，如果将此阐明要求没有回应的行为作为辩论全趣旨的一部分来看待是可以的。这样的话，在期日以外作出阐明的要求，就可以希望在下一个期日中得到回复。实际过程中，无论是当事人顺应阐明要求进行阐明，或者是在不依照阐明的情况下，要求阐明者在出庭期日再度要求阐明，在期日外阐明要求的事项在口头辩论中都会出现。只有在下次期日中由于当事人双方不出庭而终结辩论的情况下，例如法院作出缺席判决，期日之外的阐明处置事项才似乎无法在口头辩论中予以全部展现。即便是这种情况，当事人没有回应期日外的阐明处置也不会影响到其作为辩论全趣旨的一部分。另外，对于重要事项，在采取期日外阐明处置的情况下，法官会将内容通知对方当事人，并且法院书记官也应将其明确记录在诉讼记录上。因此为了让对方当事人能够迅速予以回应，通知必须迅速送达，不能利用下次口头辩论期日之报告程序来代替通知。

(5) 其他情形

第一种是主要事实以外的事实认定。对于当事人之间存在争议的事实，在没有证据提出的情况下，通常作为证明责任问题来进行处理。但是，依据辩论全趣旨对没有证据提出情形之事实予以认定也是被允许的。针对当事人之间争议不明确的主要事实，通常情况下，法官会根据拟制自认来认定。根据《日本民事诉讼法典》相关法条的规定，当事人在口头辩论中，对于对方当事人所主张的事实没有明确争议时，视为对该事实已经自认。法官根据辩论全趣旨进行的事实认定，实际上就可以解决主要事实以外的事实问题。

第二种是在证据调查过程中出现，虽然被法官认知但却未必在笔录中能够记载的事实，以及虽然在记录中体现，但是为了说明法官对此评价意思，通过"辩论全趣旨"概念而予以特定的事实。[①] 例如，根据口头辩论全趣旨，尤其是被告对于当事人询问传唤置之不理的态度不

---

① 参见〔日〕西野喜一：《弁論の全趣旨》(上)，载《判例时报》1992年第1413号，第8页。

能认定被告主张的事实。该鉴定结果,参照原告在法院供述内容、态度等辩论全趣旨能够进行认定。

第三种是,虽然当事人向法院提出的书面材料中已有记载,但是在口头辩论期日中没有进行陈述的事项。按照法律规定起诉状必须要写明事实和证据,但是当事人如果在辩论期日内没有提出该事实,直接认定似乎会出现一定的矛盾。因此,作为折中方法可以将其作为辩论全趣旨的内容。

2. 辩论全趣旨的适用方式

作为法官事实认定诉讼资料之辩论全趣旨,在具体适用过程中通常分为与证据调查结果合并适用与自身单独适用两种情况。与合并适用受到广泛认可不同,单独适用辩论全趣旨认定事实存在很大争议。由于单独适用方式在认定书证真实情况时普遍适用,因此笔者选取书证案件对单独适用方式进行讨论。

(1) 合并适用和单独适用

在合并适用的场合中,辩论全趣旨通常较多与书证、证人证言、本人询问等证据调查结果一起适用,同时由于检证、鉴定结论等证据调查结果自身单独适用的机会很少,所以它们和辩论全趣旨合并适用的频率也很高。[①] 就具体表述方式而言,在列举用于认定事实必要全部证据之后,多数情况会在末尾写上"……以及根据辩论全趣旨……"。在该种情况下,如果认为这里所谓的"辩论全趣旨"是特定内容的话,显然是不合适的。那么,将其理解为法官对于在该案件审理过程中出现的各种各样的局面所获得的印象,以辩论全趣旨的形式适用是很有必要的。另外,作为证据调查结果没有被笔录记载下来的事项,通常也必须利用合并适用辩论全趣旨的形式在判决书中出现。虽然被法官知晓但是没有在询问笔录中记载的证人、本人陈述,以及进行检证时虽然被法官感知但是却没有在检证笔录中进行记载等作为证据调查结果需要在判决理由中适用时,尽管这些记载遗漏事项在理论上未必属于辩论全趣旨内容,但是考虑到上诉审主要依赖于原审诉讼记录,将没有记录的内容作为证据调查结果堂而皇之地进行引用,对于

[①] 参见〔日〕西野喜一:《弁論の全趣旨》(下),载《判例时报》1992年第1414号,第8—12页。

法官来说还是有些棘手的，因此法官在判决中经常为这些内容穿上"辩论全趣旨"的外衣。从诉讼实务的角度来看，与证人证言、本人询问结果等一起合并适用的"辩论全趣旨"，大部分应该都属于这种情形，因此该种"辩论全趣旨"实际上发挥了上级审法院监督的作用。

在仅仅利用"辩论的全趣旨"认定事实的场合，通说认为单独适用辩论全趣旨的情形并不多见，主要集中在认定第三者制作文书成立与否、作为举证人之当事人制作文书成立与否、作为撤回自认要件有无错误以及有无迟延使用攻击防御方法要件。还有学者认为，一般情况下，由于作为争议焦点的主要事实多数利用证据调查进行认定，如果证据调查的结果十分充分，那么一般情况下，法官就不会在判决书上将辩论全趣旨作为直接的事实认定资料，因而事实认定时利用辩论全趣旨明显只是少数情况。① 然而，西野喜一教授通过对司法实践的深入调研后认为，通说的看法并不正确，判决理由中的任何地方都可以利用辩论全趣旨来认定，并且存在完全单独适用之判决，只是数量并不多，例如有案件判决认为，原告主张了事实 X，依据本案中全部证据都不足以认定以上事实。虽然证人甲、乙、丙、丁以及原告代理人对于事实 X 都进行了陈述，但是按照辩论全趣旨，这其中相互之间的矛盾是非常明显的。可见，仅仅凭借辩论全趣旨，法院就能够全部否认 5 个人的陈述内容。

（2）认定书证的适用

对于认定书证是否成立，很多时候是采取辩论全趣旨与证人证言或者本人询问结果一起使用的方式。对于在证人或者当事人询问过程中需要出示的要证文书，虽然证人或者当事人将上述文书作为前提进行了陈述，但是由于缺乏真正直接证明其成立的陈述，仅仅依靠证言和本人询问结果来认定该文书是否成立是不充分的，因此需要与辩论全趣旨一起适用。然而，在其他一些情况下，例如当事人仅对文书是否成立表示"不知道""不清楚"，但从当事人执争方式的角度考虑，法院能够综合判断该文书绝不可能是伪造时，对此法院多数时候能够依靠辩论全趣旨来认定书证的成立与否。那么单独适用辩论全趣旨来认定书证的成立与否是否适当就是需要讨论的问题。

---

① 参见〔日〕加藤新太郎：《手続裁量論》，弘文堂 1996 年版，第 130—131 页。

案例:X(原告、控诉人、上告人)凭借 Y(被告、被控诉人、被上告人)开具的支票到银行兑付,但是遭到银行的拒绝,X 向法院起诉要求 Y 赔偿支票面额 3 万日元以及相应的迟延损害赔偿金。Y 对 X 主张的请求原因事实表示否定,并且主张本案支票是案外人 A 伪造的。第一审法院判决驳回 X 的诉讼请求。X 提起控诉,控诉审法院没有认定 Y 开具支票的事实,相反依据证据认定支票是由 A 伪造的事实,驳回 X 的控诉。随即 X 向日本最高法院提起上告。日本最高法院判决认为,尽管控诉审法院以 X 不知道支票是由第三人制作之回答作为证据值得商榷,但是对于第三人制作的文书,即使没有进行特定的证明,法院依据辩论全趣旨认定其成立也是可以的,控诉审法院认定以上证据成立就是明确利用辩论全趣旨进行认定,因此采用该证据并没有违法。

日本通说认为,对于第三人制作的文书,在对方当事人作出不知道陈述的情况下,即使没有特别的证明,依据辩论全趣旨也能够认定其真正成立。而就书证真正成立来说,即便当对方当事人否认举证人制作的文书之真实性时,也能够仅仅依据辩论全趣旨认定该书证成立。[①] 与之相反,有判例认为,书证成立是辅助事实,对其就连自认都没有拘束力,自然不能仅依据辩论全趣旨进行直接认定。但也有学者指出,是否能够仅仅适用辩论全趣旨并不受是否为主要事实的限制,而取决于书证的内容是否为争议焦点的问题。如果该文书成立与否是争议焦点时,从将追求实体真实作为目标之诉讼程序运作观点来看,仅仅依据辩论全趣旨对其进行认定是不合适的。反之,即便对方当事人对于该文书是否成立持否认或者不知态度,但是该内容并不是实质争议焦点,如果对于该焦点能够进行形式上的认定,那么就不用重新进行本人询问,允许依据辩论全趣旨对于该文书成立真实进行认定。由于辩论全趣旨的内容包含了当事人在整个诉讼过程中的全部攻击防御方法和案件种类、性质等,应该可以符合目的地利用辩论全趣旨。因此,文书成立不仅仅可以作为辅助事实的证据原因,即便作为并不是实质争议焦点之主要事实证据原因,利用辩论全趣旨对其进行认定基本上也是没有任何障碍的。从当事人全部诉讼进程来看,若

[①] 参见〔日〕伊藤真、〔日〕加藤新太郎:《民事事实认定》,有斐阁 2006 年版,第 103 页。

不综合来对攻击防御的方法和案件种类、性质等进行考虑的话,就不可能作出正确适当的事实认定,因此允许仅仅依靠辩论全趣旨对主要事实进行认定是合理的。

另外,司法实务中,考虑到提出书证时一般都会让对方当事人必须作出是否承认的表示,对方当事人承认的时候,就不再要求举证当事人证明。如果从理论上看的话,对方当事人作出书证为真的陈述,虽然真实效果并不会拘束法院,但是依据辩论全趣旨作为证据原因,法院仅仅依据此作出认定书证成立是可以的判断。并且,虽然没有在法律中明确规定,日本民事诉讼法模仿德国民事诉讼法在解释论层面提倡对于陈述人自身行为或者认识不允许作出不知道的陈述,而由于针对以案外第三人名义制作的文书作出不知道的陈述并未违反该理念,进而对于以第三人名义制作的文书成立作出不知道之陈述行为就可能泛滥。因此,即使是以第三人名义制作的文书,在当事人尽管很容易调查却也故意陈述不知道的情况下,那么就应当认可法院仅仅依据辩论全趣旨对该书证进行认定。① 虽然对于文书真实成立负有证明责任的是举证人,但是并不代表对方当事人就没有事案解明义务。对方当事人在没有充分根据或者缺乏诚实的情况下作出不知道之陈述,违背了当事人事案解明协力义务。在这种情况下,仅仅依据辩论全趣旨来认定书证成立,作为违反义务效果,也许能够看作是对负有证明责任的当事人证明度的减轻。而当对方当事人作出否认陈述却不能够充分陈述理由时,即使仅仅依据辩论全趣旨来认定书证成立,也同样可以解释。

因此,在法官事实认定过程中,在观察当事人提出主张和提出攻击防御方法的同时,必须还要对案件种类、性质等因素综合考虑,这样才能作出正确的事实认定。而辩论全趣旨正好可以填补证据调查结果不能全面把握诉讼过程情形之漏洞。

(二) 判决说明中的辩论全趣旨

在辩论全趣旨作为事实认定资料时,辩论全趣旨的具体内容到底指什么,其是否应该在判决书中明确说明是最受关注的问题。根据上

---

① 参见〔日〕菊井维大、〔日〕村松俊夫:《全訂民事訴訟法Ⅱ》,日本评论社1989年版,第649页。

第三编 庭审之自由心证与事实发现

文介绍,判例对于辩论全趣旨的说明问题一般持有消极立场,即在综合考虑证据调查结果和辩论全趣旨进行事实认定时,判决书即便没有对辩论全趣旨进行具体说明,但是只要对照诉讼审理记录就能自然而然明确其内容的话,判决就不会因为缺乏理由而被认为违法。对于此实务界之通常认知,学界一直存在较大争议。

代表性案例①:X(原告、被控诉人、被上告人)于1956年3月15日和Y(被告、控诉人、上告人)签订合同。X将白杨树木料(最细端口3寸5分以上)运到佐吕间车站木材存放所,数量按实际运送量确定,价款按照每百石10.3万日元,木材运到同时Y支付货款。基于合同规定,X在1956年4月12日将共计176石7斗1升,相当于18.2万日元货款之白杨树木料(最细端口3寸5分以上)运抵佐吕间车站木材存放所,Y在1956年4月8日仅支付了定金1万日元。正因为其余货款Y一直没有支付,因此X提起要求Y支付剩余17.2万日元之诉讼。Y答辩要求驳回X的请求,Y仅承认在X主张的时间内收到X主张的木材,但是对于其他事实予以否认,并且陈述以上木材是由诉外人A向X购买的,然后由Y再向A购买,只是出于交易方便Y才接受了X运送的木材。第一审中X的请求得到承认。第二审中,法院认定,综合业已没有争议的甲第一、第三、第四号证据以及乙第二号证据之一、根据原审证人A证言能够确认的甲第二号证、原审证人A、本审证人B和C的证言、原审及本审中X本人的询问结果,以及辩论全趣旨考虑的话,X与Y之间在1956年3月15日,X主张的买卖合同成立。根据该内容,1956年4月1日,在佐吕间车站木材存放所,X主张176石7斗1升白杨树木料(相当于货款18.2万日元)交予Y之事实能够认定。而对于当审证人D的证言以及原审和本审Y的两次询问内容与以上认定相反部分,根据现有各种证据并不能轻易确信,并且,将乙第一号证、第二号证之二、三、四,第三号证与之前提到的各证据对比来看,有书证证明Y从X处买受本案白杨树木料以前双方存在业务关系,并且由于能够看出该关系依据当事人之间的合意才予以解除,根据以上乙各号证据,不可能推翻之前的认定内容,另外推翻之前认定内容的证据也不充足。综上所述,Y对于X,买卖价款18.2万日元除去之前定金1万日元,还应当支付剩余17.2万日元。

---

① 参见《日本最高裁判所民事判例集》(第15卷第4号),第69页。

对于该判决，Y向日本最高法院提起上告认为，尽管事实认定委任于法官自由心证原则，但是却不能违反经验法则以及伦理法则。尽管X提出的证据缺少某些证明力，控诉审法院仍然完全进行采纳，而对于Y提出的证据在没有合理理由下却单方面进行了排斥，完全违反经验法则对证据取舍肆意选择。控诉审判决根据辩论全趣旨进行综合考察，但是，Y在数次辩论中的陈述不但没有内容矛盾，甚至没有作出对X主张事实不利之主张，控诉审判决所谓的辩论全趣旨，到底指什么内容根据记录也不明确，因此，控诉审判决似乎存在理由不完备之违法情形。最终，日本最高法院作出判决认为，原审通过综合考虑展示的各证据调查结果以及辩论全趣旨，对事实进行认定的过程符合要求。以上辩论全趣旨内容到底是什么，因为参照本案记录自然而然能够明了，原判决当然不存在理由不完备之违法。故驳回上告。

对于该问题目前学界存在三种观点。

（1）必须彻底贯彻说明辩论全趣旨具体内容之原则，因此在不能记载具体内容之情况下，辩论全趣旨就不应该作为证据原因。正确认定事实是适当裁判的根本要件。在现代民事诉讼法上，法官对于事实认定应当基于自由心证进行判断，但是即便根据自由心证原则，肆意专横地裁判也是不允许的，法官必须斟酌经验法则或者伦理法则才能作出裁判。在事实认定过程中，法官对于任何证据作出采用或者不采用之判断，必须基于科学观察和经验分析进行论证。判决之所以应当要求附加理由，就是为了保障法官裁判之科学性和合法性，达到事实审之要求。当然，法官判决理由之中能够对于事实认定过程清楚认知并进行检查核实也是一个重要原因。单单地以"根据辩论全趣旨对该事实进行认定"，而不再含有理由说明，那么也就无法保障法律审对其进行有效监督。因此，辩论全趣旨的内容事实无需说明，不仅仅无视判决附带理由要求具有的制度目的，而且也会阻碍自由心证的正确适用。高桥宏志教授认为，不能在判决理由中进行具体的描述是辩论全趣旨的性质使然，在一定程度上也是不得已而为之的，但从事实认定的透明化和防止法官恣意裁判的角度出发，应当将辩论全趣旨的内容概要予以明示。① 还有学者认为,如果作为争议焦点资料的辩论全趣旨的内容不能明确表示,就会存在法官肆意适用自由心证的危险,法院说明获得确信之理由应当达到上级审法院可以审查的程度,该判决说明没有达到要求应当作为理由不完备之违法情形。② 针对辩论全趣旨的内容说明存在困难之理由,山本和彦教授就认为,例如以"某月某日在辩论中当事人的陈述态度"的形式进行概括记录也未必十分困难,如果不能记录的话就说明事实认定过程中的辩论全趣旨的内容也不明确,就存在违法认定事实的可能。因此,在判决之前,应该把辩论全趣旨的内容向当事人开示,并给予当事人发表意见的机会;否则就应该在判决理由中载明辩论全趣旨的具体内容,保障当事人在上诉审中能够展开攻击。假使判决只是单纯列举证据,然后将辩论全趣旨附于其后,对事实认定的过程进行概括而非详细的说明,如果事关核心争点,原则上当事人可以以判决理由不充分提出上诉。③

(2) 对于辩论全趣旨的具体内容无法记载与从诉讼经过或者诉讼记录来看,我们就能够明确辩论全趣旨内容为何是并存的。有学说还是支持判例立场:"只要依据诉讼经过或者记录能够明确辩论全趣旨内容的话,就没有必要对辩论全趣旨进行具体明示。"④"如果考虑到事实认定接受审查证实之可能性与实务上要求相调和的话,该种方法是合适的。"⑤也有学者认为,由于辩论全趣旨本身就是非常暧昧的内容,因此,根据辩论全趣旨进行事实认定时,如果没有必要将其内容公示,或者没有必要对事实认定的具体过程予以说明,那么事实认定不适当之危险的发生概率就会大大提高。只要辩论的全趣旨作为资料来认定事实,就应该有必要保障其在诉讼上判断的合法性。但是,如果法官实际上通过记录能够明确把握辩论全趣旨的内容的话,那么要求法官花费时间将辩论全趣旨的内容在裁判理由中展示,以及根据辩论全趣旨能够获得确信之理由进行说明,也并非不是无理的要求。但

---

① 参见〔日〕高桥宏志:《重点讲义民事诉讼法》,张卫平、许可译,法律出版社2007年版,第46页。
② 参见〔日〕村松俊夫:《民事裁判の研究》,有信堂1995年版,第92页。
③ 参见〔日〕高桥宏志:《重点讲义民事诉讼法》,张卫平、许可译,法律出版社2007年版,第46页注[38]。
④ 〔日〕兼子一等:《条解民事诉讼法》,弘文堂1986年版,第511页。
⑤ 〔日〕加藤新太郎:《手続裁量论》,弘文堂1996年版,第135页。

是，法官自身无法客观说明之内容，反而执意让当事人理解似乎是不大合理的。可见，依据辩论全趣旨进行事实认定的判例中，法院认为不必在判决理由中说明辩论全趣旨具体内容，只要能够通过诉讼记录获得不言自明的解释，那么当事人就不能够以判决理由不充分为由提出上告。

（3）辩论全趣旨本身就是无法说明之内容，即使不在判决书中进行具体说明也并不违反法律。将辩论全趣旨全部特定并且在判决中予以记载实际上是不可能的。虽然能够特别规定并且记载的辩论全趣旨当然存在，但是实际上其相当大的部分是不能被单独规定且记载下来的，换句话说，就是因为存在这种场合才需要辩论全趣旨的存在。假如在法律或者其他场合规定法官必须对此内容特定的话，那么每当法院在判决理由中使用辩论全趣旨时，都难以避免要考虑在此处"辩论全趣旨"到底是什么意思，正因为要其勉强进行理由说明，其中相当大的部分只能是与实际情况不相符合，并且原本在事实认定根据上发挥制约作用的辩论全趣旨，恐怕也难以实现其价值，甚至会发生为了寻找理由而胡乱将一些没有作用的证据写入判决书的情况，引起毫无必要的混乱。① 应该是经验法则上通常应该采信之证据没有获得采信，或者缺少证据价值的证据却获得确信之特别场合，才应该对其理由予以记载。证据取舍理由没有必要每一个都在判决理由中说明，也难以实际实施，并且，很多情况下附加一些形式上的解释说明是没有意义的。另外，辩论全趣旨的内容在判决书中明示似乎存在不合理之嫌。如果将辩论全趣旨的内容具体化之根据看作事实认定客观化，确保上级法院能够对下级法院事实认定进行监督的话，判决理由中的辩论全趣旨就会以"某月某日询问期日中当事人本人的供述态度"的形式具体记载，而上诉法院法官对于这个无法看到的证据原因仍然没有办法进行核实。况且，即使当事人的陈述态度作为辩论全趣旨获得肯定，那么依据该辩论全趣旨认定对自己不利事实之当事人就会援用该证据方法提出控诉审，要求在控诉审中对自己进行重新询问。一旦控诉法官以诸如"事实审供述态度不能进行复制"为由驳回该上诉，就会增加当事人对裁判结果的不满，而如果允许上诉审重新对当事人进行

---

① 参见〔日〕西野喜一：《弁論の全趣旨》（下），载《判例时报》1992 年第 1414 号，第 17 号。

询问，那么当事人或许就会避免上次的"表现问题"，使得事实认定结果难以确定。因此，强调辩论全趣旨必须在判决书中明确表述的要求，有时会显得过分夸张。

笔者认为，尽管现代自由心证原则提倡客观化、规范化的要求，但是辩论全趣旨自身极强的主观色彩性质使其难以完成这一使命。然而，我们并不能以此来否定辩论全趣旨存在的必要性。因为自由心证原则之实质毕竟是法官主观对事实进行判断，而就作为证据原因的证据调查结果和辩论全趣旨来说，可以说辩论全趣旨正是法官自由形成心证的最好诠释，如果完全依靠客观规定来约束其作用，自由心证原则也就会丧失其功能魅力。尤其是在事实发现层面，两造当事人在法庭上的表现将会极为强烈地反映出其自身的内在意图，法官以此来作为发现事实之路径，将会为其发现事实打开一扇极为便利的大门。辩论全趣旨作为民事诉讼中事实认定不可或缺的因子，其本身就是一把"双刃剑"，如果没有充分地予以利用，很大可能会导致认定事实的混乱，而如果对其加以灵活利用，必将会激活民事案件庭审所蕴藏的发现事实功能，为民事程序带来丰富的事实认定成果。可见，辩论全趣旨实际上就是自由心证原则的缩影。尽管当下诉讼程序均在试图最大限度地对事实认定过程进行限制，但是我们不得不承认保障事实认定正确与否的关键在很大程度上仍然取决于法官的职业素养。当然，如同法律不断修改一样，随着司法体制改革、法官员额制度的建立，法官的职业素养同样也会越来越高，辩论全趣旨必定将会成为法官凝聚心血、体现能力、展现个性的平台，以及发现事实的重要"武器"，自然对正确裁判、公正裁决也具有极大的正面意义。因此，从辩论全趣旨的功能考虑，即使在庭审记录甚至于法院裁判文书中无法对辩论全趣旨的内容进行明确说明，辩论全趣旨作为证据原因也应当是被允许的。

第五章　经验法则

　　事实发现是民事案件法庭审理的重要目的。在法庭这一时空中，法官根据两造当事人提供的证据，得到一个个间接事实，然而要想得出最终的案件事实，法官必须利用经验法则来对间接事实进行组合，最终在内心对案件事实进行认定。

　　经验法则是指，对于从个别经验归纳获得的事物概念和因果关系等以假言的判断形式表示的命题，既包括一般生活常识，也包括自然科学、商业交易、文学艺术、职业技术等专门领域内的法则。法院对于作为诉讼标的权力关系是否存在作出最终的裁判，必须首先要对构成法律要件的法律事实即直接事实进行具体的认定，以此作为小前提，根据以法律规定作为大前提的法律三段论，得出规定该法律效果的法律关系是否存在的结论。并且，在认定直接事实时，也有必要根据以间接事实作为小前提，以经验法则作为大前提的三段论法得出结论，甚至于该间接事实的认定也是根据以其他间接事实作为小前提，经验法则作为大前提来认定的。[①] 也就是说，法官从间接事实推出主要事实或者其他间接事实通常都会利用经验法则。可见，在裁判过程中，法官认定事实绝对离不开经验法则的适用。

　　经验法则并非具体的事实，而是事实判断前提的知识或者法则，尽管其不能成为当事人自认的对象，但是能够成为证明的对象。能够期待一般法官知晓的经验法则，没有必要由当事人主张，也无需通过证据予以证明。与之相对，如果该经验法则具有特殊性，那么当事人主张和证明就是必要的。为了使得事实认定推理有较高的逻辑性、客观性，通常人们希望经验法则能够以"因为 A 所以 B"的形式予以表述。但是，具体案件中如此表达的形式并不多见。在实际判决过程中，经验则更多是以"本案中，因为存在 A1、A2、A3 事件，所以能够推

---

① 参见〔日〕岩松三郎：《民事裁判の研究》，弘文堂1961年版，第147页。

认出 B"的形式进行表述的。根据伦理法则,无论多么重要的事实,这样的推定过程都具有合理性。这样一来,事实认定就可以根据不同种类的经验法则以各种各样推定方式进行。现行的民事诉讼法在事实认定方面采用自由心证原则,法官能够根据证据调查结果和辩论全趣旨,遵循经验法则自由地进行事实认定。当然,为了保障事实认定结果的正当性,即使赋予了法官自由判断的权力,但也并非没有任何的限制,经验法则就被视为保障法官心证客观化的途径之一。然而,由于具体案件中针对经验法则的适用事先并没有法律规定,经验法则的判断与取舍原则上完全允许法官进行自由判断。但是,从在狭小范围内允许当事人能够以经验法则适用或者不适用不适当为由对原审结果进行上告来看,目前大陆法系国家通常都在积极要求事实审法院必须合理地选择和适用经验法则。而且,与经验法则的适用由于具有法官主观性难以让外界知晓相比,经验法则的选取较为容易对外界开放,因而经验法则的获得方法就成为监督法院适用经验法则的关键,易言之,法官通过什么方法来获取经验法则具有客观化的可能。因此,经验法则的选取成为当下约束法官利用经验法则认定事实之突破口。本章笔者重点从经验法则的基础理论与经验法则在事实认定中的具体适用两方面入手,对自由心证原则下的经验法则进行讨论。

一、经验法则概述

裁判通常是将过去发生的一定事实作为问题对象,并且依据证据对该事实进行认定。与裁判相同,历史学也是把过去的事实作为研究对象,由于认识人类社会过去发生的事项往往会受到资料限制,所以并没有办法通过实验来检验事实认定结果之真实性,因此要求像自然科学那般绝对的真实当然是可望而不可即的,故而通常情况下只要满足历史的真实或者具有高度盖然性真实就可以了。然而,即便与历史研究情形相似,除去资料制约之外,裁判还要受到资料收集时间、费用等其他因素的制约,进而裁判结果只能追求依据经验法则从一定证据或者事实推定而来的具有高度盖然性之真实。而正是基于到达高度盖然性就能够满足要求,利用经验法则推定来认定事实才成为可能。那么,经验法则的内容到底是什么,为什么利用经验法则推定就具有较高的盖然性,经验法则适用领域都有哪些,接下来本节将围绕这些问题进行论述。

(一) 经验法则的含义

1. 何为经验法则

所谓经验法则一般而言就是从人们日常生活经验中归纳得到的一切法则。具体而言就是表现基于一定条件能够期待结果之假定法则。归纳是指,将通过观察具体事实抽出并认识其中的共同点作为本质的判断。可以说,经验法则就是从经验归纳得来的针对事物特性和因果关系的知识和法则。经验法则未必仅限于法律规定的类型,有时会以论述、说明、判断、定义等形式出现。因此,经验法则通常表现为,根据科学方法对自然现象和经验观察归纳得到的自然法则,支配人类思考作用的伦理法则,数学上的原理,社会生活中的道德规范,交易习惯,学术、艺术、技术、商业、工业等相关活动等,甚至可以说语言习惯也属于经验法则。有学者从语言角度对经验法则进行了说明。经验法则能够在论述过程中依据象征性语言作为"概念"得到表现。经验法则能够作为"概念"的"内涵"(本质、特征、共同性质)来认识,而事实能够作为"概念"的"外延"来看待。[①] 例如"牡丹、百合、玫瑰、腊梅、牵牛"应该作为"花"概念的"外延",而这些"外延"共同之性质"具有颜色、味道、形状的植物"就被认为是"花"概念的"内涵"。玫瑰与百合等都具备"具有颜色、味道、形状的植物"的伦理性与普遍性,因此"具有颜色、味道、形状的植物"也就是不容怀疑的经验法则。因此,"花"概念的本质就是经验法则。

然而,具体事实认知与经验法则概念,虽然都是对于事实进行判断,但是二者之间却存在根本不同。具体事实认知是关于具体事实存在与否相关判断之结论,而经验法则概念是从经验归纳获得的一般抽象事实,因此经验法则具有在事实认定时作为大前提说明判断的特征。经验法则不是事实,而是作为事实判断前提的法则。[②] 因此,通常

---

① 参见〔日〕三井喜彦:《経験法則——認識論からの出発(続考)》,载《判例タイムズ》1995年,第5页。
② 参见〔日〕兼子一:《民事诉讼法体系》,酒井书店1954年版,第243页。

在没有反证的情况下,经验法则适用无需证明。根据《民事证据规定》第9条第(三)项的规定,根据法律规定或者已知事实和日常经验法则,能推定出的另一事实,当事人无需举证证明,当事人有相反证据足以推翻的除外。那么是不是所有的经验法则的适用场合都无需证明呢?答案是否定的。证明的对象,一般说来就是事实;但经验法则,甚至法律规定也会在一定程度上成为证明的对象。鉴定作为对法官所欠缺的某种专业知识的补充,也是证据调查的一种手段,这就意味着经验法则也会成为证明的对象。① 经验法则是根据经验归纳而成的知识或者法则,其中囊括了从日常生活到具备高精尖科学专业技术等一切法则。因此,在这个极为广阔的范畴内,通常人们都知晓的经验法则,即便法官没有经过证明也能够直接适用,该种经验法则并不属于证明的对象。但是,属于专业知识领域且一般人又不通晓的经验法则,则应当作为证明对象。即便法官在某一领域拥有很高的造诣而通晓该领域的经验法则抑或法官偶然知晓该专业领域经验法则,为了保障给予当事人公平陈述意见的机会,也必须按照证明程序对经验法则进行证明。

而就经验法则的适用场合来看,基于自身独特的性质,经验法则除了作为对于适用法律事实之价值判断问题以外,也可以作为对单纯事实进行判断的相关问题。德国学者罗森贝克就认为,经验法则或者有助于将法律规范具体化,如果法律规范的适用取决于价值判断或者实践操作,其在这一点上可以成为拟适用法律规定本身——法官三段论中的法律大前提的组成部分,或者是为了认定事实,尤其是在证据评价中审查证据手段的证明价值,并且从无争议的或者已经证明的事实中得出其他存有争议事实的真相,在此构成法官在判断事实主张时三段论的大前提。② 很明显,经验法则与自由心证原则是在单纯事实判断相关问题层面发生联系。

民事裁判过程中要证事实的认定,遵循自由心证原则必须依据证据调查结果和辩论全趣旨。要证事实原则上应当依据经验法则由直

---

① 参见〔日〕高桥宏志:《重点讲义民事诉讼法》,张卫平、许可译,法律出版社2007年版,第29页。

② 参见〔德〕罗森贝克等:《德国民事诉讼法》,李大雪译,中国法制出版社2007年版,第823页。

接证据进行推定,但是在缺乏直接证据的时候,通常就会以间接事实作为小前提,经验法则作为大前提,依据三段论法则来认定主要事实。司法实践中,用于认定争议事实的证据相互之间往往也会存在矛盾,而对于这些证据究竟应当如何适用就是法官自由心证的问题。然而,为了合理制约法官肆意裁判,事实认定必须遵循经验法则。而且,作为法官心证形成基础之书证、人证等其他证据之证据力有时需要依据辅助事实来认定,而对于辅助事实证明也要求遵循经验法则。可见,在直接证据推定主要事实、间接事实推定主要事实,以及判断用于证明主要事实或重要间接事实之证据证明力的场合中,经验法则均发挥着重要作用。"经验法则与自由心证之间存在非常紧密的关系。"①尽管适用自由心证必须遵循经验法则,但是法官仍享有选择且适用经验法则的自由。为了能够实现自由心证结果客观化之目的,经验法则的适用与选择也受到一定的限制。具体来讲,法官选择经验法则时必须遵循经验法则自身的规定,而适用经验法则时必须要按照伦理法则进行,并且无论是选择和适用都必须在裁判文书中说明缘由。因此,经验法则能够认为是对自由心证的制约。

由于经验法则的适用受到伦理法则的制约,在此有必要对伦理法则进行介绍。所谓伦理法则,是指以理论认识之方法,也就是逻辑分析方法。法官认定事实是否存在时必须遵循适用逻辑上推理的逻辑法则。逻辑法则主要包括同一律、排他律以及矛盾律等,其主要作用是提供以经验法则为根据,从已知事实推导出未知事实的逻辑推理工具。而逻辑推理(Logical Reasoning)主要包括归纳推论法和演绎推论法。归纳推论法是指从一特定点推论至一般性,即由对特定情形之观察而结合成一般性的陈述,其就是从特定观察中获得一般原则。演绎推论法是从较为一般性原则推论出较为特定之情境,即由一个前提或假设推出一个特定之结论。易言之,演绎推论法是由通则推论出对特定事实的预测。以上两种推定方法对于事实认定都非常重要,通常是自由心证过程中必须依靠的路径。但是其各自也具有一定的局限性,归纳推论法所获得的知识,其正确性需要根据该特殊事例之代表性而定。如果作为推定基础的特殊事例过于极端,那么归纳得出的一般结果并不能具有说服力,并且归纳过程本身并不能对此代表性进行

---

① 〔日〕小林秀之:《证据法》,弘文堂1990年版,第24页。

评价。而演绎推论法本身并非新知识的来源,其可靠性必须考察一般原则的真实性与推定出的特殊事例之间关系,如果作为基础的一般原则与特殊事例之间具有相当紧密的联系,那么最后获得的结论才具有正当性。

2. 经验法则的来源

(1) 以社会统计事实为基础之经验法则。例如,一个人生命延续120年的情况非常稀有,那么从出生开始超过120年的人,推定其死亡的经验法则是可以成立的。根据这一经验法则,当出现1890年出生的人生死不明的情况下,只要没有显示其仍然存活着的特殊事实,那么就可以直接推定此人业已死亡。这种经验法则,只要社会统计事实清晰明确,为了事实认定的证据调查就没有必要了。

(2) 通过科学实验确定的经验法则。例如,在晴天干燥的柏油马路上以时速X公里行驶的汽车,如果要紧急刹车的话,通过实验能够留下Y米长的滑行痕迹。那么在该条件下,如果出现Y米长的滑行痕迹,车辆采取紧急刹车前的时速可以根据经验法则推出是X公里。在这种经验法则中,通常情况下作为基础的实验数据并不显得突然。

(3) 规范要素的经验法则。在一定状况下,人们都会有一定的行动规范,因此这样的行动模式也会产生形象的经验法则。但是由于该行为规范并不具有极高的盖然性,人可以改变一定的行为规范,因此这种类型的经验法则在适用时尤其应当慎重。不过,即使由于主体打破常规行动规范而导致事实推定出现错误,但考虑到仍然将该不利益归于此人会有理想效果时,该经验法则还是有效的。在我国一起汽车召回损害赔偿案件中,车主(原告)要求汽车厂商(被告)公开所有与汽车召回原因相关的检测报告。而汽车厂商主张该召回原因检测报告内容涉及技术机密,一旦公布就会损害知识产权,因此其请求该部分不予公开。原审判决认为该部分内容的不公开理由正当,驳回原告诉讼请求。原告提出上诉,上诉法院认为,由于通常情况下产品召回检测报告不涉及产品参数、规格等内容是汽车行业的经验法则,并且产品召回检测报告并不是由该汽车厂商出具的,因此能够推定作为第三方检测机构出具的报告内容在一般情况下不会涉及产品技术机密,并且,即便该检测报告内容涉及产品技术机密,由于涉及汽车乘坐人的生命安全,汽车厂商也必须应当承担公开检测报告带来的不利益。最终上诉法院判决撤销原审判决,认定汽车厂商负有公开该产品召回检测报告的义务。那么,在这起案件中,即使存在技术秘密,厂商也要承担公开带来的不利益就是规范的要素。这里适用的经验法则实际上是包含着规范要素的经验法则。在社会行动准则作为推定事实之经验法则被适用场合中,这种倾向更为强烈。

3. 经验法则的盖然性

经验法则就是,从个别经验归纳得出的事实概念与因果关系以假言判断形式表现出来的命题。经验法则能够超越具体案件而独立存在,并且能够期待即使在将来也能反复适用的普遍的法则。正因为是法则,该假言判断的前提与结果之间关系,尽管更多呈现出必然的"如果是 A 就必然得出 B"或者是盖然性的"如果是 A 通常得出 B"之结果,但是在有些情况下还会出现单单只存在具有可能性的"如果是 A 可能得出 B"之结果。一般说来,从经验上得来的法则绝大多数都很难达到必然性这一层面,因此具有盖然性与可能性的关系就是所谓的经验法则。① 当事实认定适用经验法则时,虽然诉讼上的证明是历史的证明,但是可以从某事实推定其他事实或者从证据推定事实能力的强弱取决于经验法则盖然性如何。经验法则的确定性也会分为绝对确定性、高度盖然性,以及只不过具有可能性等不同层次,如果适用具有较低盖然性的经验法则时,那就有必要将数个经验法则一起适用来提高事实认定的正确性。为了论述上的便利,姑且将经验法则称为具有盖然性的假言判断。当然即便称为盖然性,但是由于盖然性程度不同,能够出现可能性与不可能性各占 50% 的情况是非常少有的。因为是依据经验法则进行推理,那么推理的结果,即法官对于要证事实真实性获得心证的程度,就会出现"绝对如此""大概是如此""或许是如此吧""也许不是如此"等不同结果。并且,法官在认定事实以经验法则作为依据时,对于真实的确信,尽管不要求达到数学意义上的真实要求,但是至少要能达到高度的盖然性标准,如果仅仅根据纯粹一个间接事实或者一个类型的间接事实群来推理要证事实,作为大前提的经验法则的准确性程度具有必然或者高度盖然性的时候,事实认定当

---

① 参见〔日〕田中和夫:《間接事実による事実認定》,载 Journal of Law and Politics,1947 年第 14 期。

然可以实现。与之相反,如果作为大前提的经验法则的准确性程度在高度盖然性以下,那么事实就会出现真伪不明状况,也就需要利用证明责任分配原理进行判决。

然而,考虑到经验法则的准确性程度多数时候并不是非常明确的,而根据自由心证的要求,事实认定由法官内心合理确信来进行,以经验法则作为事实判断的资料,因此对经验法则的确实性判断也必须通过法官自由裁量进行。而且,在诉讼实务中,仅根据一个间接事实来推理要证事实是否存在之情况并不常有,大多数情况下通常是对数个间接事实以及证据综合判断来进行要证事实的认定,因此,在事实认定中法官的自由心证起着非常关键的作用。对于经验法则的盖然性判断,虽然基于法官自由心证原则进行,但是一般情况下强调经验法则灵活性,什么是必然,什么是盖然,对于经验法则来说不会总是一定的。因此,只有对具体诉讼证明状况进行全盘考虑后才会决定经验法则的盖然性程度。① 也就是说,即便适用相同的经验法则,有些案件中法官仍然需要发挥其强力的盖然性,而在有些案件中则不需要强力的盖然性,根据案件具体情况来确定经验法则作用强弱。

与之不同,有学者认为,经验法则的盖然性标准似乎不应当依据诉讼具体情况而决定。② 经验法则只要作为从日常生活经验归纳得到的知识和法则的话,其盖然性程度就不应该受到具体案件的左右。即使盖然性程度根据判断主体会发生差异,但是只要主体不发生改变,各经验法则就是一定的。因此,具体诉讼状况对心证形成产生影响的应当是心证补强规则的作用③,而并不是经验法则的盖然性发生了变化。从"应当主张证明对自己有利事实"之经验法则能够推定出"虽然掌握证据却不提出,恐怕是对其不利的事实",从"证据数量与心证形成程度成比例"之经验法则能够推定出"正因为证据收集困难能够形成如此心证,那么证据越多就能够获得更高心证",其结果就是虽然经验法则自身盖然性程度较低,但是法院也能够认定要证事实。因此,经验法则盖然性之高低并没有对是否认定事实产生影响。并且,由于

---

① 参见〔日〕中野贞一郎:《過失の推認》,弘文堂1978年版,第46页。
② 参见〔日〕本间信义:《诉讼中的经验法则机能》,载〔日〕新堂幸司编:《讲座民事诉讼》⑤,弘文堂1983年版,第66页。
③ 参见〔日〕仓田卓次:《一般条項と証明責任》,载《法学教室》1974年第2期,第136页。

证据调查科学技术不发达和原告仅能够提出的有限证据等原因，所以对于有些事实，法官只能获得低于通常情况盖然性之心证，但是只要满足具体需要的心证就可以了。另外，法院在难以期待原告提出有限的证据，相反却期待被告为了反证提供丰富证据的场合中，将被告不提出证据作为辩论全趣旨进行考虑，根据情况需要，也能够允许法官以较低程度的心证来确定事实。也就是说，经验法则的盖然性并没有在这些情形下发生变化，只是由于心证补强规则使得本来用于事实上推定、证明力之经验法则获得了补强，协助经验法则提高了法官获得心证的程度。

那么，决定心证补强规则之前提事实，到底是辅助事实还是辩论全趣旨的内容在学界上一直存在争议。心证补强规则，如果考虑在事实推定中之作用以及综合证据、间接事实来认定要证事实作用的话，应当将其作为辩论全趣旨的内容较为合适。而如何认识该前提事实，也即如何才能作出被告虽然占有大量证据却不提出或者应当提出反证却不提出之评价，本间信义教授认为，如果法官积极行使阐明权，被告却对此不予理睬，即便没有在辩论过程中出现也应当可以作为辩论全趣旨之内容，这样的话，心证补强规则在现实中的作用就具有说服力。[①] 笔者认为，即使经验法则自身存在盖然性，但在实际适用过程中必定会受到证明困难、诉讼上当事人公平、当事人诉讼活动等诉讼因素的影响，仅靠经验法则自身的盖然性并不能达到事实认定的目的，因此就需要利用心证补强规则予以辅助。因此，在事实认定过程中，经验法则和心证补强规则共同为法官获得确定心证发挥作用是显而易见的。

(二) 经验法则的机能

法院在诉讼中作出判决的过程，其在形式逻辑上被称为三段论式思维模式，即法律规范作为大前提，具体的生活事实作为小前提，最后得出结论。该过程实质上包含两个方面：一方面是根据案件状况，将抽象概念之法律规范具体化；另一方面是按照法规构成要件指导的要求，依照经验将具体的生活状态抽象化。这两个方面是同时展开且无

---

① 参见〔日〕本间信义：《诉讼中的经验法则机能》，载〔日〕新堂幸司编：《讲座民事诉讼》⑤，弘文堂1983年版，第67页。

法分离的,是具体化的法律规范与抽象化的生活相结合的过程,一旦两个过程找到最佳的契合点,就可以作出判决。而在现代裁判方式中,以上两个过程如果不适用经验法则,案件审理就无法进行。经验法则在裁判过程中发挥两个作用。第一个就是,当将抽象的法规在具体案件中适用的时候,经验法则将发挥作为法律判断大前提之法律规定与作为小前提之事实相结合的媒介作用。而第二个就是,经验法则可以作为事实判断的大前提而发挥作用。经验法则在事实认定过程中所起到的作用是,对直接事实或者间接事实进行证据判断,并且将间接事实与直接事实相联系。通常情况下把由间接事实认定直接事实称为事实上的推定。

针对经验法则的机能,日本有学者将裁判过程中经验法则机能分为三种类型,分别是"事实认定中的经验法则""法律行为解释的经验法则"以及"权力滥用、诚实信用、公序良俗、过失等抽象概念适当性判断的经验法则"。[①] 笔者认为,除了以上三种类型之外,法律上的推定也应当视为经验法则的机能。

1. 事实认定

事实认定的最终目标就是认定主要事实,其路径主要是依据直接证据的证明和间接事实的推定。间接事实的认定一般是根据间接证据的证明和其他间接事实的推定而实现的。证据的证明力则由辅助事实来推定。另外,事实认定、证据的证明力还能够根据辩论全趣旨来进行,而辩论全趣旨的适用也需要经验法则的支持。经验法则在事实认定的全部过程中发挥着决定性作用,从各项具体的功能来看:① 作为原则的主要事实一般由实体法律明确予以规定,但是间接事实、辅助事实之确定则必须由主要事实、证据方法之间的关联来决定。因此,哪些事实能够作为间接事实、辅助事实必须遵循伦理法则、经验法则来进行判断。② 依据一个或者数个经验法则来推定主要事实或者其他间接事实时也要遵循经验法则,也就是事实认定时需要经验法则。③ 根据直接证据或者间接证据证明主要事实、间接事实或者辅

---

① 〔日〕后藤勇:《判例における経験則》,载〔日〕铃木忠一、〔日〕三月章:《新·実務民事訴訟講座》,日本评论社 1981 年版,第 19 页。

助事实时,证据资料的证明力也依据经验法则进行判断。① 也就是说,法官要依据经验法则来判断相关证据的证明力。例如证人证言的证明力就需要根据证人是专家或外行、是未成年人还是成人,以及证人作证时的态度等进行综合判断。特别是依据证据资料内容的自身意义来对证明力进行判断都是以经验法则为基准的。经验法则的盖然性高,那么合理性越高,证据证明力也越高。"证据实质的证明力就是证据资料内在的经验法则。"②④ 辅助事实对于证据资料证明力的影响通过经验法则实现。⑤ 评价辩论全趣旨也需要经验法则。⑥ 决定证据调查限度、选择证据方法需要经验法则。可以看出,民事案件审理过程中到处都能看到经验法则的身影。

2. 规范要件事实解释

当对具体的事实适用法规的时候,确定法律规定内容及其解释是非常必要的。虽然在很多情况下,法官根据言语上的经验法则可以对法律规定的言语内容进行单一性的确定,但是如果法律规定是以不特定概念来规定的话,由于缺乏具体的内容,因此有必要对此概念进行法律评价。这种对具体事实是否符合法律规定的抽象要件进行的判断就是经验法则的作用。

所谓的不特定概念抑或是价值概念,诸如"过失""诚实信用""公序良俗""正当事由""重大过失"等规范要件事实,法律条文仅仅是文字层面简单地标明,其要件部分难以在判决中单纯适用,因此必须依据法律以外的规范,比如社会价值评价、经验法则,或者制定该法律条文的根本目的,结合具体的场合对适用情形进行补充。即便是确定概念,在使用过程中也可能会产生许多疑问,与不确定概念只是在程度上存在差异。对于规范要件事实来说,过失、因果关系等抽象的法律规定,正因为能够援用法学以外的知识,例如医学、艺术、商业交易过程中的习惯等,因此,具体的事实就有必要对抽象概念进行价值判断,经验法则就具有作为一部分价值判断大前提的作用。③

---

① 参见〔日〕本间信义:《诉讼中的经验法则机能》,载〔日〕新堂幸司编:《讲座民事诉讼》⑤,弘文堂1983年版,第64页。

② 〔日〕近藤完尔:《民事诉讼论考》,判例タイムズ社1978年版,第49页。

③ 参见〔日〕后藤勇:《民事裁判における経験則——その実証之研究》,判例タイムズ社1994年版,第24页。

正因为这些概念内容没有明确,故而在具体案件裁判中,将这些概念原封不动地作为大前提而将具体事实作为小前提是不可能进行事实认定的,必须根据具体案件来决定具体的内容,即存在价值填充的必要,因此就有了经验法则适用的余地。例如,"过失"就是指虽然应当认识到会发生一定的结果,却由于疏忽大意而没能认识到。这种抽象的过失缺少与一定社会地位、职业相适应之具体注意义务之结合,并不能直接作用于实际。在违反抽象过失概念之"善意管理人"注意义务的场合,法官就必须利用经验法则对公交车驾驶员、医生、工人等应当分别达到什么程度的注意义务进行具体认识。即便就仅仅针对医生,医生的注意义务也应当与诊疗当时的客观医疗水准相适应。医疗水准在经验法则上又可以分为多种层次,比如试验阶段、学问阶段、医疗水平阶段等,只有根据具体水准才能对该种状况下应当承担的具体注意义务有准确的认知。在此基础上,法官才可以对具体案件中医生的具体行为是否违反相应的水准作出判断,当然这属于法律适用。由于判断的基准通常不会在法律中明确规定,故而必须遵循经验法则作出具体的判断。以经验法则作为依据的判断应当是一种法律评价。经验法则作为一个突破口能够很好地对法律评价起到辅助作用。可见,经验法则作为法律判断的构成部分对形成法律概念起到作用,具有法律问题的性格。

3. 法律行为解释

法律行为是指,行为人创设其意欲的法律关系而从事的意思表示行为,也即将意思表示作为重要因素,依照行为人意思表示的内容产生法律效果之行为。法律行为中的法律要件与法律效果应当作为一体来看待,对其内容的探究完全可以依据意思表示产生的效果意思内容来观察。但是,在当事人作出任意的效果意思表示的情况下,法律允许私法自治,基于一定的主观要求,对于正当的法律行为来说,法律行为能够帮助意示表示发生法律效果,因此法律行为的内容必须是根据私法自治能够允许的客观内容。法律行为的解释并不是探究当事人的主观意思,而是对效果意思的内容也就是表示行为应有的意思作出客观的法律判断。

通说认为,法律行为的解释归属于法律问题。当事人运用怎样的言语、文字,存在怎样的客观事实,存在怎样的习惯,这些都是客观的事实问题。而法律行为解释,正因为其决定了当事人使用的言语、文字等表示行为所具有的意思,所以并不是事实问题,而是法律问题。①但是,在现实裁判过程中,像当事人怎样使用言语、文字,存在怎样的客观事实这样的问题业已很少,很多时候基于当事人使用的言语文字、客观上存在的事实等,对于当事人究竟达成什么样的合同,或者当事人的行为能够与哪条法律规定的效果相符合之判断则成为应当关注的问题。② 而这就是法律行为解释问题。法律行为解释通常被认为遵从于该当事人所属的社会习惯或者交易惯例。而习惯一般认为是社会成员能够达成共识的人类行为样态,习惯也属于经验法则,因此法律行为解释运用过程中很多时候必须利用经验法则。例如,在一起家具买卖纠纷案件中,家具店(被告)要求顾客(原告)必须先付清全部家具款后才能交付家具,顾客随即向法院提出解除买卖合同返还定金请求,家具店依据同时履行抗辩权提出抗辩并提出要求顾客承担损害赔偿之请求。法院经过审查后认为,"在商事交易习惯中,只要没有特殊事由,在没有将商品交付买方之前,卖方不得向买方请求交付货款",根据该交易习惯,法院判决撤销买卖合同并返还定金,驳回家具店的诉讼请求。在该案件中,法院就是非常细致地调查到商事交易中应当遵循的交易习惯,并且认为顾客与家具店签订购买合同之意思表示也应当承认该交易习惯,准确把握了当事人主观的效果意思内容,可以说,法院最终裁判结果正确适用经验法则对当事人的合同行为进行了解释。

但是,针对法律行为解释是法律问题还是事实问题之争论并没有停止,其主要原因就是两种意义上的经验法则难以区分。由于法律行为的解释过程就是,将根据证据来确定作为意思表示之事实(言语、文字、动作、客观的情形)作为前提,以当事人的意图目的、习惯、条理、任意法规等作为标准,对之前确定下来的事实进行判断的过程。因此,在法律行为的解释过程中,就可能会包含两个经验法则:一个是用来确定作为解释资料的事实是否存在之经验法则,即事实认定之经验法则;另一个是充当评价作用之利用交易习惯之经验法则,即法律行为

---

① 参见〔日〕我妻荣:《新订民法总则》,岩波书店1965年版,第2580页。
② 参见〔日〕后藤勇:《民事裁判における経験則——その実証的研究》(続),判例タイムズ社2003年版,第25页。

解释之经验法则。如果将二者混同,将解释作用与证据作用等量齐观,就会把法律行为的解释误认为是事实问题。而在具体司法实践中,这两个经验法则有发生重合的可能性,因此法律行为解释有时仍然会发生混淆。日本当初在判例中将法律行为解释作为事实问题,但是最近业已不再明确说明,当出现法律解释不适当的情况时,法院允许以作为违反经验法则或者行为习惯为理由提出上告。与之相同,根据《德国民事诉讼法典》的规定,判决违反解释规定或者不符合伦理法则或经验法则时,都可以作为上告理由。① 可见,目前大陆法系国家司法实务中业已认为法律行为解释属于法律问题。

4. 法律上的推定

法律上的推定通常是指,在要证明作为法律要件事实 A 时,法律规定只要能够证明与事实 A 没有关系的事实 B,那么就可以推定该要件事实 A 成立,或者依据被证明的事实而直接推定权利或者法律关系成立。也即立法者按照自己的立法意图在成文法条中规定了推定规范,根据一定事实问题推定其他事实或者权利。前者称为法律上的事实推定,而后者称为法律上的权利推定。由于自由心证仅与事实认定相关,所以在此笔者仅讨论法律上的事实认定。例如,根据法律规定,依据债务人停止支付的事实就能够推定作为破产宣告要件之债务人支付不能的事实。虽然法官利用自由心证认定事实,但是法律上的推定场合,在前提事实能够认定的基础上,只要不存在反对证明,那么无论法官心证如何,被推定事实自然能够认定。"动产占有人推定为所有权人。"因此,法律上的认定看起来并不与自由心证原则相互关联。例如,根据《中华人民共和国合同法》第 94 条的规定,在履行期限届满之前,当事人一方明确表示或者以自己的行为表明不履行主要债务,或者当事人一方迟延履行主要债务,经催告后在合理期限内仍未履行,当事人可以解除合同。

以前的学说一般认为,法律上的推定与自由心证并无联系。由于依据前提事实的证明能够推定要证事实,所以法律上的推定应当是一种法定证据原则。那么在法律上的推定的场合中,只要不存在推翻推

---

① 参见〔日〕小室直人:《上告理由》,载〔日〕新堂幸司编:《讲座民事诉讼》⑦,弘文堂1985年版,第272页。

定事实的反对确证,即使法官形成反对心证也必须认定推定事实,即法律上的推定作为自由心证原则的例外。与法定证据说不同,兼子一教授就认为,法律上的推定应当作为本案判决准据之实体法上的法则。法律上的推定对于法官来说,从前提事实存在推定要证事实存在,并没有强制法官之意,而仅仅是将证明主题从要证事实变更为更容易证明之前提事实,只不过是只要能够证明前提事实,以此为基础要证事实也获得证明而言。当然,实体法法则说也否定了法律上的推定与自由心证的联系。

但是,与之前观点不同,最近观点逐渐开始倾向于肯定法律上的推定与自由心证的联系。依据英美证据法理论,该观点认为,法律上的推定被设立的最根本理由是,当事实 B 存在时,能够确认事实 A 存在的几率具有高度盖然性。这种盖然性,与在具体案件中,基于事实推定法则依据某事实推定一定事实之事实上的推定制度背景相类似。但是,支撑法律上的推定之盖然性,比起个别案件中事实上的推定之盖然性更具一般性特征。法律上的推定可以看作是法定化的事实上的推定。显而易见,如果将法律上的推定在事实上的推定的延长线上予以把握的话,那么其就与自由心证存在明确联系。为了保证事实认定结果符合客观真实,法官适用自由心证必须依据经验法则,而法律上的推定正是以高度的盖然性作为根据。因此,这就可以看出法律上的推定之实质就是作为力求逼近客观真实之自由心证的一个支撑。

法律上的推定说到底也只是一种推定。在具体案件中,如果推定事实存在争议应当如何处理呢?按照德国民事诉讼法的通说观点,当仅仅提出存在疑问之证据时,法律上的推定的效力并不受影响,只有存在足以颠覆该推定之证据时,其效力才开始减弱。与之不同,以事实推定法则作为背景来把握法律上的推定之英美法系的观点认为,即使没有出现足以颠覆推定之确证,只要对方当事人提出能够怀疑该推定事实之证据,该法律上的推定的效力就开始减弱。笔者认为,考虑到法律规定的稳定性,一般情况下还是遵循德国民事诉讼法的观点,并不轻易否定该推定结果。但是,在这里是否达到足以颠覆推定事实之程度就需要衡量,因此对方当事人提出反证是否足以颠覆推定仍然必须依靠法官的自由裁量,所以法律上的推定与自由心证以及经验法则都有密切联系。

（三）运用经验法则的必要性

1. 经验法则为自由心证原则的正确适用提供保障

就证据评价来看，自由心证原则本身虽然不像法定证据原则那样具有明确的规定和标准，但是为了保障其评价结果的客观公正，经验法则就是不能缺少的因素。当然，我们不能因为法院无法自由评价证据就认为法定证据原则不适用经验法则，应当说法定证据原则下的经验法则是被固定的、绝对的经验法则，也就是按照人们固有价值的判断习惯而规定的。换言之，千姿百态的经验法则被有限的法律规定所限制。这种通过实体法律条文规定的经验法则就是不尊重事物发展客观规律的典型表现，以此作为认定事实根据很有可能就会犯"经验主义错误"。自由心证原则下的经验法则并没有受到法律条文规定之束缚，对于经验法则的选择和适用完全是由法官自由进行判断的。那么面对情况各异、纷繁复杂之案件事实，法官就可以尊重事物客观规律，按照具体问题具体分析原因，实事求是地利用经验法则对证据进行评价分析并最终认定事实。即使自由心证未必能够达到百分之百的正确认定事实之程度，但是基于其符合事物发展规律，能够充分发挥法官个人能力之特点来看，其认定事实的正确程度必定高于法定证据原则。因此，以经验法则作为事实认定的前提的自由心证原则必定获得比法定证据原则更佳的效果。经验法则成为自由心证原则始终存在的理由。

2. 经验法则为自由心证原则的客观化、外在化、可监督化提供了参数

经验法则对法官自由心证进行客观化支持。由于经验法则本身就是从个别的经验归纳得出的事实概念与因果关系并以假言的判断形式表现出来的命题，从日常的知识到专门科学上的法则均包含在内。可见，经验法则并不是法官独自知晓的内容，而是可以被一般普通国民所认知的（根据经验法则涉及专业领域的不同，民众知晓的范围也会有所不同）。因此，对于法官适用经验法则的适当与否，普通大众可以进行判断。况且，由于裁判公开制度，经验法则的适用情况往往在裁判书中予以明示，民众能够清晰认识到法官选择和适用的经验法则是否符合科学，更有利于对法官心证进行监督。一旦法官适用的经验法则不正确,当事人可以此为由提出上告。因此,经验法则为自由心证的客观性、科学性、正确性提供可行性保障。

3. 经验法则可以用于降低证明标准

这一要旨又可分为两个部分。

(1) 一般情况下各国民事诉讼法的证明标准一旦确定,除非有重要理由或者法律特别规定之外,法官不得随意改动。然而,随着社会经济发展,新型纠纷不断在民事诉讼中出现,如果继续按照传统证明责任分配原则,很多应当获得利益之当事人难免会遭受到败诉风险。例如在医疗事故损害赔偿纠纷、环境污染损害赔偿纠纷、知识产权损害赔偿纠纷等新型案件中,如果一味强调高度盖然性的证明标准,那么对于处于收集证据弱势地位一方的当事人显然是不公平的。为了解决该问题,德国和日本在法院审判实务上分别采用表见证明和大致推定对于特别规定的事实降低证明标准。"表见证明和大致推定都建立在经验法则的基础上,都是运用经验法则来克服真伪不明现象的。如果原告主张的某一事实符合某一经验法则,法官就会依据经验法则形成对其有利的暂时心证,此时被告如果不能提出反证推翻,法官便会对事实作出有利于原告的认定。"①

(2) 由于各国纷纷加大了法院参与诉讼程序之力度,那么对于当事人在诉讼过程中的一切表现都可以作为法官自由心证之资料,而相应产生的诸如文书提出义务、真实发现协力义务等大多都是以经验法则为基础的,即便是与辩论全趣旨的基础密切相关的反证不提出法则,也都在某种程度上以经验法则为基础,而这些制度设立的根本目的也就是为法官获得心证提供便利,当然也就从另一侧面降低了证明标准。

(四) 经验法则的适用前提

根据上述介绍的经验法则,可以看出,在事实认定过程中,经验法则的适用场合多是从间接事实或者间接证据来推定主要事实。那么,如果我们对这种事实认定之推定模式是否可靠进行斟酌的话,首先要面对的问题就是作为推定前提的间接证据理论,为什么推定基础是间

---

① 李浩:《事实真伪不明处置方法之比较》,载《法商研究》2005 年第 3 期。

接证据,间接证据又该如何适用,这便是以下探究之问题。

1. 间接证据理论

自由心证原则的特点便是完全消除间接证据证明力之差别,间接证据成为法官实施自由心证之基础。尽管间接证据缺少直接证据带给人们的真切感,但是其自身始终并不缺乏存在感。人类行为不外乎是一个历史发展经过,通常是在特定环境下开始,进行一连串连续的行为,最终到达一定结果而终结。人类基于什么样的想法,为了使想法实现做出什么样的准备,实施哪些行为,该行为又带来什么样的结果,这些过程都可以视为彼此紧密相连的历史事件,只要没有违背人类一般共通的经验法则,行为人之外的第三人完全能够判断出该事实到底是否存在。因此,具备如此特征之人类行为,要说不会留下任何一点痕迹完全是不可能的。俗话说"要想人不知,除非己莫为"。因此,法院就能够通过对间接证据进行自由考量从而认定要件事实,这样一来,自由心证原则就存在着适用空间。

间接证据有不同的分类方法。按照时间经过,间接证据可分为:预见的间接证据、并存的间接证据以及溯及的间接证据。当然,各个情况的证据在性质上当然无法进行截然的区分,只是为了方便进行价值评价。由于按照时间分类的间接证据并不能在认定事实中发挥有效作用,因此目前在诉讼实务中占据主导的分类方法是按照证据作用将间接证据分为两个相对类别,即能够推定被告承担责任,也即归责间接证据,以及阻碍推定被告承担责任,即脱责间接证据。例如,当存在被告实施起诉责任行为之情况时,被告有实施行为之必要手段和机会,存在能够确定被告实施行为的事实,行为发生后被告占有因违法行为产生或者根据违法行为获得之收益,并且还有可以决定被告与责任相关之外部情况,例如,责任行为发生现场或者附近可以发现被告形迹,被告的举止、身体或者衣着等。另外在其他方面,例如,被告试图进行证据藏匿、销毁、捏造,妨碍证据调查进行,故意回避对自己不利之证据效果等,这些都可以作为认定被告实施归责行为之有力间接证据。如果能够发现上述间接证据全部或者其中一部分,并且不存在足以减少间接证据证明力之脱责间接证据情况时,我们就可以合理且自然地确定被告应当承担责任之唯一结论。

西方有句法谚为"Circumstances can not life",其意思就是间接证据不能是虚假的。由于根据间接证据认定事实是理所应当的,所以间接证据之真实性作为前提自不必说。虽然说是间接证据,但该间接证据是否具有足够的证据能力,必须进行特别慎重的调查,这点与对待直接证据是没有任何差别的。这就意味着,间接证据也会存在造假的可能。因此,在利用间接证据认定事实的情况下,必须遵循以下两个原则:① 归责间接事实之证明标准,也应当达到高度盖然性程度。② 依据间接事实的推理,必须尽可能地做到确实充分。

(1) 应该综合指向同一结论且相互独立的数个间接证据。当事人应该对某些间接证据抱有较强的敏感性,尽量收集并向法院提交。如果遭遇证据收集障碍,当事人应当尽快向法院说明。法官在辩论全趣旨中发现一方当事人有故意阻碍证据调查行为、伪造证据行为,或者当事人陈述、证人证言存在异常等情形时,也应当积极向当事人双方进行释明。这样一来,法官不但能够将其心证情况及时向两造当事人予以开示,使得当事人对自己证明行为的效果与法官心证形成程度之间关系有一个清晰的认识,更为重要的是,法官利用辩论全趣旨进行事实认定虽然是自由心证的重要组成部分,但是由于其经常不能在判决书中被明确写明而广受诟病,因此为了改善这一状况,更为精细化地适用辩论全趣旨,加之考虑到利用间接事实认定要件事实对于辩论全趣旨的特殊价值,如果法官能够在利用间接事实场合中对当事人行使释明义务,让当事人对法官认定事实有所认知,尤其是通过辩论全趣旨形成心证的过程明确化,这是非常值得考虑的做法。综合考虑作为证据链条构成分子的一个个单一的证据效果,虽然不可能利用数字加减来进行测量,但是,独立的间接事实以及相互关联的证人证言,如果随着数量的不断增加,其证明力也是相应增加的,并且这种增长强度与其说是等差增长不如说是等比上升。如果要把整个间接证据链条看作是一张网,其中每一个证据代表了网的一条脉络,那么其中任意一个个体都不能直接认定要证事实,而只有把这些间接证据链接在一起才能发挥整张网的巨大作用。

正是由于每一个间接证据独立地证明着不同方面,那么就会形成不同的间接事实,而许多间接事实就能够推理出要证事实。虽然说仅仅根据一个单一的间接证据,或许也能够达到高度的盖然性标准,例如录像资料能够完全证明当事人进入过事发现场,但是在多数案件中,利用间接事实来完全证明责任行为,需要预见的间接证据、并存的间接证据、溯及的间接证据各阶段证据的完备，这样才能提高事实认定的盖然性。并且，一个单一的间接事实作为基础，即使能够推出多个间接事实也是没有意义的。例如，车祸现场有一块从被告汽车前保险杠上脱落的碎片，从这一事实，如果推出 A 在现场，B 驾驶了汽车，C 驾驶该车肇事这三个间接事实，这肯定是不正确的。因为，A 是不确定的，因为存在除被告之外的第三人驾驶被告汽车的可能性，进而 B 和 C 也就相应地无法证实。因此，存在较多数量的间接事实就能增加证明力这是理所当然的。很多证据不仅仅是单纯数量上的问题，也必须重视质量上的问题。只要具备独立不同的性质，即便与间接证据非重要的部分存在分歧，也并不影响对于其积极地综合进行判定。存在某些微不足道的分歧，相反地更能够说明没有故意对证言进行捏造。

（2）在综合多个间接事实的场合中，必须注意整个推理过程要十分的合理，并且不能违反一切经验法则以及伦理法则。综合间接事实来认定要证事实的推理形式，正因为是归纳推理，间接事实与要证事实之间存在着明了且必然的关系或者在经验法则上没有反对可能性之真实关系，但是这些关系必须得到明确无误的证明。换句话说，作为综合结果的结论，依据合理判断必须是得到的唯一结论。根据合理的判断，与结论相矛盾的其他假定是不能够出现的。因此，业已认定要件事实为真实的话，那么全部间接事实相互关联共存的关系必须能够没有矛盾地进行说明。

（3）脱责间接事实不应该进行积极地认定。当存在脱责间接事实时，被告不存在客观的证明责任。但是，关于此事实之证据，被告负有提出责任，即主观的证明责任。提出这一间接事实结果，能够在一定程度上减少归责间接事实的证明标准达到高度盖然性的程度。例如在证明被告不在肇事车辆里面时，存在脱责间接事实必须能够完全排除被告在车辆中的可能性，如果从该间接事实既能推出被告在肇事车辆中也能推定不在肇事车辆中，那么这种不在场证明就是没有价值的。与归责事实经常发生变化相同，脱责事实也要进行相应的变化。

2. 间接证据与自由心证

为了提高自由心证的合理性，必须要经常对间接证据进行灵活适用。在当事人陈述或者证人证言存在前后矛盾的情况时，如果不对其他事情进行斟酌而直接断定任意一方当事人的主张事实为真的话,就如同利用抛硬币来决定胜负一样,很可能发生错误。但是,通过对两个相矛盾的证言进行真伪判断,全面地收集围绕该证言存在的各种各样情形,综合分析这些间接事实,如果判断与这些间接事实没有矛盾之陈述为真的话,这绝对不是自由心证的滥用,而是合理的判断。可以说在现代裁判制度中,除了自由心证以外很难再找到其他更为适当的方法。

自由心证原则,例如在判断证人证言方面,并不只局限于其证言的内容,证人本人的品行、立场、与当事人的利害关系、作证时的态度等,也是自由心证范畴之内的内容。因此可以说,自由心证本身就应当与直接主义相结合才能发挥其本来的效力。法官不通过亲身进行证据调查或者斟酌陈述人的陈述态度等是不可能进行自由心证的。那么,作为直接主义例外而被允许的供述笔录作为证据的情况,以及上诉法院判断原审法院审理过程中之证人证言之场合中,在不能贯彻直接主义时怎样做才能保证自由心证的合理性呢?在这种情形下,日本法官通常采取活用附随事情的方法来提高自由心证的确实性和安全性。法官在判断不是自己亲自调取的证人证言为真实时,对能够支持该陈述为真实性的间接证据必须进行最大可能的斟酌。根据自由心证,到底根据什么样的间接证据才能认为能够完全证明该证人证言的真实性,是伦理问题。当事人陈述与目击证言等直接证据,正是因为能直接关系到归责本身,而往往受到具有主观要素支配的极大危险性。对于各种间接证据来说,恰恰回避了主观要素较强的影响,因此,客观地把握相对来说会更大一些。"天网恢恢,疏而不漏",根据直接证据没有意识到的问题,或许会在间接证据中出现。因此,对于当事人或者证人陈述真实与否不能直接作出判断时,可以尝试根据各种间接证据进行推理判断,来接近高度盖然性。因此,间接证据成为自由心证内容中不可或缺的重要部分。

二、事实认定中的经验法则

经验法则是自由心证原则的内在制约,法官即使依据自由心证来认定事实也必须遵循经验法则。但是,与法定证据原则不同,自由心证原则适用的经验法则没有被法律规定,适用什么样的经验法则,经验法则具有多大程度的盖然性,都完全委任于法官的自由判断,通常情况下法官会基于复数的经验法则来对事实进行综合判断。经验法则根据不同的具体事实表现出屈伸性和自由性。在法律三段论中,如果以作为小前提的具体事实为参照,经验法则就与作为大前提之法律规定有相同的机能,因此经验法则并不受制于以单纯事实为对象的辩论主义,而可以作为证据调查事项,法官能够主动进行探知。然而,事实认定本身是经验法则适用的产物,事实与经验法则并不能够完全区分。经验法则不是法律规定,一般以客观认知的知识作为内容,只不过能够视为法律三段论的大前提。与其说根据经验法则推定出事实,还不如说事实认定是通过单纯事实与经验法则有机地融合而实现的。① 并且,对于从日常生活经验中获得的普通经验法则即便不需要任何证明也能够直接适用,众所周知的事实也能表现出相同特性,但是对于专门经验法则来说却必须根据鉴定等证据方法进行认定。为了保障裁判结果的公正性和当事人的可接受性,维护事实认定的客观性,应当避免法官对专门经验法则独自进行调查适用给当事人带来的诉讼突袭。一旦出现法院随意选择适用经验法则等违反法律规定情形,当事人享有提出上告的权利。

(一) 事实认定方面的具体适用

1. 经验法则的具体功能

经验法则在法院事实判断中具有两个方面的功能。

(1) 在依据直接证据认定主要事实之场合,借助于经验法则可以判断证据的证明力。一般来说就是,在对于要证事实提出直接证据的场合中,首先要依据经验法则对证据证明力进行评价。例如,在评价证人证言的价值时,通过对证人证据能力、证人与当事人关系、证人陈述态度等情形进行考察,法官适用经验法则对证言的内容是否自然合理作出判断,对证人证言的信用性进行综合评价。在认定书证的真实性时,如果能确认买卖合同文书上的签字确实为本人所写,那么就能

---

① 参见〔日〕本间信义:《诉讼中的经验法则机能》,载〔日〕新堂幸司编:《讲座民事诉讼》⑤,弘文堂1983年版,第84页。

推定该文书按照本人意思予以制作，进而能够判断文书的真实性。一旦能够认定买卖合同文书真实，就能够以此判断作为主要事实的买卖合同存在。该推定过程就是经验法则作用的结果。

（2）在直接证据不存在或者其证据力不充分时，法官通过其他证据认定主要事实和其他事实，借助于经验法则能根据间接事实推定主要事实是否存在。依据间接事实来推定主要事实，依据间接证据来认定间接事实，这些事实认定都要遵循经验法则。因此像这样，从间接事实推定其他间接事实和主要事实被称为事实上的推定。之所以这种推定能够视为与直接证据具有同等证明度的证明，就是因为这是在自由心证的构造中依据法院经验法则适用的结果。基于间接事实推定的用法，对方当事人依据其他证据来证明与该间接事实相对立的其他间接事实，能够推翻之前从间接事实向主要事实的推定，就叫做间接反证，可以说间接反证是经验法则适用的一个形态。

2. 事实上推定的具体形态

事实上的推定通常就是指根据间接事实利用经验法则，推定主要事实或者间接事实存在与否之过程。故而利用直接证据来认定要证事实并不属于事实上的推定，而属于间接证明其中一种。但是就仅依据经验法则认定要证事实来看，事实上的推定只能是狭义上的间接证明。间接事实的推定能力通常依据经验法则的盖然性来决定。因此，依据盖然性程度的差异决定了事实推定具体形态的不同。在经验法则盖然性较弱的场合中，就需要数个间接事实依据数个经验法则来推定要证事实。在经验法则的盖然性较强时，往往一个间接事实就能推定要证事实。考虑到解决诉讼成本、提高诉讼效率之目的，现在各国民事诉讼法都较为重视后者情形的适用。具体而言，适用高度盖然性之经验法则进行事实推定，在德国被称为表见证明（Anscheinsbeweis）[①]，而在日本称为大致的推定（一応の推定）。

（1）表见证明

表见证明是在德国判例中形成的理论，通说认为，如果在生活经验法则上表现出一定的原因，而且通常皆朝一定的方向演变发展，被认为"定型事项的经过"时，即可直接推定过失或因果关系的要件事实

[①] 参见〔日〕中野贞一郎：《過失の推認》，弘文堂1978年版，第22页。

存在。① 也就是说,一定结果的事实只要符合满足预先确定的发展路径即高度盖然性经验法则时,从该定型性就能够推出一定原因事实的理论即为表见证明。表见证明的适用领域主要针对过错与因果关系,例如手术部位残留下手术用纱布可以推定是医生过错等典型事例。围绕表见证明的性质,德国学界一直存在证据评价说与证明责任转换说,但是近来主流观点开始认为表见证明可以适用经验法则进行事实上的推定。② 因而,表见证明与自由心证原则的"连接点",即是二者都与经验法则相关联,即"表见证明所依据理论基础,主要是依赖经验法则上之盖然性,除外亦立于证据法上之危险领域思想"③。

即使根据经验法则来进行事实认定,当事人首先也必须要主张主要事实。但是,在有些案件中,会出现两造当事人主张主要事实都非常困难的情形。其中,对于主张过失和因果关系这种具有高度抽象性,并且需要涉及对方当事人生活领域的具体要件事实尤为突出。在这种情况下,应当允许举证者主张"存在哪些过失"或者"对方当事人至少怠于行使 A 或者 B,应当认为其存在过失",如果是为了实现正当裁判而有必要的话,法院基于经验法则和间接事实推定出符合要件要素的事实也是被许可的。这就是表见证明在认定过程中的必要性。例如,在一起音乐著作权侵权纠纷案件中,原告向法院主张被告的音乐作品是对其作品的抄袭,但是原告并不能直接证明被告抄袭自己作品之事实。法院经过对所有相关事实进行考察后,最终支持原告的诉讼请求。而法院之所以认定被告著作物是根据原告著作物形成之事实,是因为根据以下几个间接事实进行的推定:① 原告乐曲与被告乐曲旋律之间,针对二者显著的类似性,除了被告作品参考原告作品之外没有更为合理的解释;② 客观上被告完成作品之前有极高的可能性接触到了原告作品;③ 被告并没有举出否认该推测之证据,也并未提出反证。当然表见证明也不是法官随意就能适用的,表现证明的适用必须满足以下规范要件。

首先,就当事人的事实主张而言,请求适用某种规范的当事人必

---

① 参见雷万来:《民事证据法论》,台北瑞兴图书股份有限公司 1997 年版,第 280—281 页。
② 参见〔日〕小林秀之:《证据法》,弘文堂 1990 年版,第 59 页。
③ 陈荣宗:《举证责任分配与民事程序法》(二),台北三民书局 1984 年版,第 62 页。

须满足主张符合该规范中要件要素的具体事实非常困难,并且对于不能主张具体事实的责任又不能归于该当事人,即便在当事人不能主张具体事实要件时仍然认定要件充足的情况下,也不会给对方当事人的利益造成不当侵害。

其次,利用间接事实推定该要件事实存在时,必须存在高度盖然性的经验法则。表见证明与单纯事实上的推定有很大不同,一般认为单纯事实上的推定,对于现实经过的具体事实进行严密确定之后才能够依据具体事实对要证事实进行推定。与之相反,表见证明不会对每一个事实细节进行评价,不用特定具体事实的内容就可以进行事实认定。表见证明必须是具有特别高度的盖然性的经验法则。经验法则的存在和盖然性的程度一般都由法官自由心证进行判断,但对高度盖然性的判断,有必要对于该经验法则例外的特殊事情进行认真验证,确保高度盖然性的准确率。表见证明不能满足较低的盖然性即可,而需要到达排除合理怀疑的程度。①

再次,当事人对于间接事实必须进行证明。尽管当事人不需要对认定抽象的过失或因果关系的要件事实是否存在进行证明,但是由于进行推定的基础事实即间接事实,通常是一般的、定型的事实,当事人应当必须对其进行证明。另外,表见证明在适用过程中对两造当事人并不强调主观上的证明责任。也就是说,由于表见证明足以使得法官就该主要事实的存在与否获得确实心证,因此表见证明就不再拘泥于当事人证明负担的问题。在证明过程中,无论是原告还是被告只要主张了能够适用表见证明之前提事实,一旦满足条件,法院就能够利用表见证明。

最后,对方当事人没有提出足以推翻该事实推定的反证。如果对方当事人想推翻此表见证明,其必须就该案件事实通常经过的相反事由,即就案件经过有其他的可能性进行证明,使法官对原来的定型事项的经过产生疑问。一旦对方当事人举证成功,原来负举证责任的当事人,必须再度就该事件的内容加以证明。另外,就过失或因果关系的推定而言,如果有其他合理的足以产生疑虑的特别事由存在时,则不能适用表见证明。原因在于,表见证明事实的演变十之八九都以经过同样过程的经验法则的存在为前提,如果就固有事实尚有其他变化

---

① 参见〔日〕中野贞一郎:《過失の推認》,弘文堂1978年版,第42页。

的可能性,即不能适用原先的经验法则,故而对方当事人虽无须就过失或因果关系的不存在负举证负担,但如果提出不能适用原先的经验法则为推定时,须就另一证明主题的特别情事承有举证负担。①

(2) 大致的推定

理论上与表见证明相似的概念就是大致的推定。在事实推定中,特别对于一定类型化的事实或者法律概念的推定,在日本判例中被称为大致的推定(一応の推定),尤其是以从客观证据难以推定之主观要素"过失"为中心的判例。

由于依据法官自由心证认定事实必要的证明度和证明度降低理论一直难以明确,大致的推定的概念也无法获得清晰的界定,因此大致的推定与事实上的推定之间的差异很难明确区分。日本学者对两者性质上的差异进行了探讨。通说观点认为,大致的推定与事实上的推定属于相同范畴。只是由于多数情况下承认了类型化事实上的推定,那么该类型化之事实上推定就被作为大致的推定,只不过该经验法则表述一定事实存在的几率较大,并没有什么特别的意义。② 与之相似的观点还有,虽然大致的推定是事实上推定的其中之一,但还是具有特别之处。例如就像推定某些"过失"要素时,能够推定的主要事实是抽象的、不特定的,并且对方当事人对于妨碍推定主要事实之特殊事实负有证明责任。而大致的推定并不需要主张和证明过失所依据的具体事实,取而代之的是只要主张和证明前提事实就足够了,这就意味着大致的推定如同法律上的推定一样,证明命题被进行转换。

除了认为大致的推定与事实上的推定属于同一范畴之外,还存在反证提出责任说和实体法规范说。反证提出责任说认为,在大致推定中,一旦进行某种程度的证明,那么就会使得对方负有反证提出责任。负有证明责任的当事人进行了某种程度证明,在对方当事人能够对此提出反证的情况下,对方当事人就被认为承担反证提出责任,一旦对方没有提出反证,负有证明责任的当事人就被认为完成了证明。对方当事人负有反证提出责任的实质根源就是,为了避免对方当事人的证

---

① 参见雷万来:《民事证据法论》,台北瑞兴图书股份有限公司1997年版,第284—285页。

② 参见〔日〕藤原弘道:《一応の推定と証明責任の転換》,载〔日〕新堂幸司编:《讲座民事诉讼》⑤,弘文堂1983年版,第130页。

据偏在致使负有证明责任的当事人由于缺乏证据无法证明而获得不当裁判,因此利用辩论全趣旨派生出反证提出责任。实体法规范说认为,一般情况下法官心证的形成必须达到相应的证明度,而在大致推定中,考虑到证明困难和案件事实性质不当的结果,证明度得到了相应降低。大致的推定中证明度的降低,不能仅以诉讼法上的自由心证原则来说明,还应当以相关实体法规解释作为根据。证明度的降低仅仅在实体法规要求之例外并且类型化的场合才被许可。对于大致的推定的理论争论,有学者就指出,大致的推定的理论根据,除了事实上的推定,包含了概括的认定、选择的认定、证明责任的转换、证明度的减轻、反证提出义务等机能。但是,大致的推定的概念应当被限制在和事实上的推定同一的范围之内。对于剩余机能来说,并不是大致推定的问题,概括的认定、选择的认定、证明责任的转换、证明度的减轻等问题应当进行单独讨论。

综上所述,表见证明与大致的推定两者并不是特别的证明方法,其实质主要就是依据经验法则进行事实上的推定以及证明度的降低。既然表见证明与大致的推定能够视为经验法则的具体适用形态,那么在具体案件中,当出现法院应当适用而未适用,或不满足适用要件却执意适用的情况时,当事人可以将其作为上诉理由。

(二) 经验法则的具体化适用

在民事裁判实务中,由于具体案件的情况纷繁复杂,经验法则的适用也总是呈现出种类繁多复杂异常之状况。再加上诉讼实践中大多情况下不仅仅是一个经验法则而是必须由多个经验法则组合适用,如果要对其一一具体说明的话,恐怕是不大可能完成的。然而,尽管裁判中进行事实认定时具体适用的经验法则千差万别,考虑到裁判过程中的争议事实通常都是基于一般人类共通的感觉、思考、欲望等所进行的行为,都与人类的意思行为相关,具体事实之间存在极为近似的部分。因此,如果对于某种事实应当适用何种经验法则进行研究,那么其结果就能够应用于与其相似之事实之上,将经验法则进行一般类型化的分类也并非不可能。[①] 笔者在此结合一些案例对具体经验法

---

① 参见〔日〕后藤勇:《民事裁判における経験則——その実証之研究》,判例タイムズ社1994年版,第227页。

则的适用方式进行介绍，并且对于某些经验法则适用之例外情形也予以考虑。

1. 借助经验法则判断证据证明力

在以书证作为证据的场合，文书是否真正成立往往成为案件的争议焦点，而该问题证明的关键通常是认定文书中是否存在某人的印章或者签名。一般情况下，作为经验法则，个人印章原则上由本人保管，只要没有特殊的事由，本人或者获得本人授权的人以外的人不得使用。这也就是说，当文书适当处出现文书制作人印章的时候，只要没有反证出现，就应当推定该印章是依据本人意思加盖之事实，进而推定该文书真正成立。那么，基于该经验法则，就可以得到如下经验法则，即在当事人由于合同书修改而将自己印章或者印章证明书交付于他人的情况下，只要没有特殊的事情，应当能够推定赋予印章持有人以表见代理为前提的基本代理权。一般合同修改就是以内容修正、变更等产生新的法律效果作为目的，因此基于委托第三人修改合同而交付印章或者印章证明书之行为，只要没有特殊的事情，就说明赋予第三人有使用该印章或者印章说明书实施法律行为之代理权。持有人使用该印章产生的法律效果都必须由印章所有人承担。但是，如果并非是所有人本人确认将印章交付于第三人，而仅仅是负责保管的家人或者秘书实施该交付行为，这时第三人并没有代理本人实施法律行为之权利。

作为例外，有时候即使文书存在当事人签字也不会认为文书真正成立。在一起借贷合同纠纷中，原告向法院提交的借贷合同上存在被告公司法人代表 A 的签名。根据鉴定结果，该签名确实与 A 的笔迹相吻合。被告辩称，在借贷合同所注明的签字日期，公司的法人代表 A 正在国外出差，不可能亲自签订该合同。法院经过细致调查后，根据护照、签证、海关出境证明、往返机票、国外宾馆住宿记录以及宾馆发票等证据，认定被告陈述事实真实，A 确实在合同签订之日未在国内，而原告又无法提出更有证明价值的证据，法院认定借贷合同不成立。一般情况下，当事人无法出现在合同签订现场也就根本不可能在合同上签字。在本人与合同之间存在物理性隔离时，如果认定合同上的字迹是其本人所签就会与一般经验法则相背离，因此法院作出不予认定合同成立之判断是适当的。那么该案法院的判决遵循了合同上当事人签字应当认为是当事人的意思表示，但是如果在签字时当事人并没有可能在签字现场出现，只要没有特别的事由，不能认为合同有效之经验法则。

另外，在私人手写借条中，当借款内容与借款人签名存在不是同一人笔迹以及不是同一种笔书写的情况时，如果没有其他证据证明，该借条证明力较弱。在一起借款纠纷诉讼中，原告提交借条之内容由圆珠笔所写，而借款人签名处由钢笔所写，并且内容部分笔迹与借款人笔迹不同，通常在借款人具有书写能力的时候不会出现这种情形。一般情况下，私人之间的借款多是由借款人书写借条，而由出借人书写借条的情形极少，而且借款人书写借条时通常其内容和最后签名使用的是一种笔，即便是出借人书写，很多时候借款人也应当同时在场，使用同一支笔的几率应当较大。而如果既不是同一人笔迹也不是用一种笔所写，那么该借据在多数情况下并非是两方当事人同时在场时所写，伪造可能性较大，相应地证明力较弱。

与书证真正成立相同，书证记载内容的真实与否也会成为证明对象。通常在能够认定书证真正成立的情况下，只要没有特殊事情，该书证记载的事实也应当获得认定。例如，公证文书记载的当事人意思表示内容，只要没有特殊的事由，公证文书中的意思表示不能认为是虚假的意思表示。而一些合同、收据等为了实施一定行为而制作的书证，如果认定该文书成立，只要没有特殊理由，应当认定该文书记载的全部事实。对于像票据、解约告知书等基于一定法律行为制作的处分文书，只要能够认定该文书成立，那么完全可以证明该文书制作人实施了记载行为。即便不是处分文书，只要是当事人在实施一定行为时制作了文书，例如买卖合同、还款证明书等，只要没有特殊的事由，通常情况下书证的内容一般为真。那么根据该经验法则，就能够认定文书制作人按照文书内容实施该行为。依据这样的经验法则，只要文书没有记载的内容，通常情况下就能够认定文书制作人没有实施相应的行为。

而作为例外，即使在文书形式要件完全符合的情况下，有时也未必能够认定文书内容确实存在。在一起债权纠纷案件中，原告提起被告返还货款86万元之诉讼请求，被告抗辩称与原告之前存在75万元的借款合同要求进行债务抵销，并且被告提交了借款合同。但是，被告一直故意回避说明75万元借款的来源，法院以此认为借款合同不存在。一般情况下，出借人应当能够说明出借款项的来源，以此来证明借款的真实性。如果故意隐瞒就会直接影响法院认定该借款事实真实性之心证结果。那么该经验法则可以看作是，在借款人无法举证出借款项来源的情况下，如果没有特殊事由，应该认为该借款合同的证明力较弱。与之相似，显著低于市场价格之买卖合同是否成立的问题也同样作为例外。在买卖价格显著低于标的物当时的市场价格时，只要没有特殊事由，不能认定该买卖行为是合法有效的。一般来说，当事人之间交易价格如何确定之问题，只要不是非法暴利行为，通常依据契约自由原则应当由当事人协商完成。即使交易价格明显低于市场交易习惯，也并不能直接就否定买卖合同成立。但是，正是因为人们在进行交易行为时，通常都要根据当时的市场情形来确定价格，因此两造当事人之间的交易价格明显低于或者高于市场预期时，很多情况下都要对该交易的合法性报以怀疑，因此该合同文书一般也难以成立。

另外，有时候即使文书的形式要件与内容要件完全符合要求，但是由于所持有主体的不同，也会对该文书的证明力产生影响。在一起借款纠纷诉讼中，出借人（原告）主张借款人（被告）一直没有返还借款，而被告辩称借款业已返还，只是当时并没有书写收据，并提交自己所持有的当时书写的借据。法院判决认为，即便被告不能提交还款收据，但是在其持有借据的情况下，只要没有特殊的事由，能够推定借款业已偿还。按照日常生活经验理解，借据一般是由债务人在借款时向债权人所写的凭证，并且直到债务偿还该借据都由债权人持有，只有在债务人返还了借款之后，债权人才应当将该借据返还给债务人。因此，借据在债权人手中，只要没有反证，债务人就必须履行债务。相反，只要债务人持有该借据，在没有反证的情况下，应当能够推定债务关系业已不存在。

2. 利用经验法则推定主要事实

在一起请求撤销婚姻关系的诉讼中，原告（女方）根据《中华人民共和国婚姻法》第11条规定的"因胁迫结婚的，受胁迫的一方可以向婚姻登记机关或人民法院请求撤销该婚姻"，以自己受到胁迫为由向法院提出撤销与被告（男方）婚姻关系之诉讼请求。法院经过证据调查获知，双方当事人在领取结婚证之前已经在一起同居4个月，双方家长在结婚之前举行了订婚仪式，男方给予女方订婚彩礼，双方举办了婚礼，并且邀请许多各自的亲朋好友参加，婚后双方当事人还一同进行蜜月旅游等事实，并未发现其他能够证明存在女方受到胁迫之证据，最终法院根据以上事实判决驳回了诉讼请求。在我国老百姓普通生活常识中，订婚、男方下聘礼、举办婚礼等事实都符合男女双方自愿实施结婚行为的经验法则，只要没有特殊事由，应当认定双方自愿结婚之事实。本案就是法官利用经验法则从间接事实推定要证事实之典型事例。

依据间接事实推定主要事实的案件很多是发生在确认亲子关系的诉讼中。在一起确认父子关系的诉讼中，原告向法院起诉要求确认被告为其父亲并支付抚养费。法院经过调查得知，原告母亲在怀孕合理期间内，确实一直与被告处于同居状态，并且经过血型鉴定原告与被告之间血型并不排斥，由于被告辩称原告母亲在与自己同居期间还与其他男性保持性关系，并且其一直不同意进行 DNA 鉴定。经过对案件进行全面斟酌，法院最终判决支持原告的诉讼请求。按照一般的经验法则，女方与男方在合理怀孕期间发生性关系，只要没有特殊情形，应当推定男方为孩子的父亲。但是在本案中，由于被告提出原告母亲在与自己同居期间还与其他男性保持性关系之抗辩，这就使得单纯依据经验法则判决案件受到影响。但是，针对是由原告来证明其母亲没有与其他男性发生性关系还是由被告证明其自己主张之问题，本案法院认为应当由被告进行主张。笔者认为，本案法院对于经验法则的适用既巧妙又合理。本案要求争议事实的证明责任由被告负担，很大程度上应当是考虑到经验法则的制约，被告必须承担证明推翻"只要没有特殊情形"之责任，被告无法证明，经验法则自然得以适用，其结果使得法官在自由心证过程中很好地遵循了经验法则。另外，考虑到被告一直不同意进行 DNA 鉴定，是否也可以在这里适用辩论全趣旨，当然如果单独适用应该说还是存在风险，而如果与被告没有能够证明的情形一起合并适用，似乎会起到更好的效果。

在医疗纠纷诉讼案件中，为了确认损害发生的因果关系，法院也常常利用经验法则依据一些间接事实进行推定。在一起医疗事故纠纷中，原告以医院使用的药剂导致自己眼睛失明为由要求医院进行赔偿。法院经过调查认为，根据药品副作用所产生的临床表现之经验法则，一般情况下，只要停止使用原因药剂，病症多数都会逐步好转，并且，从副作用开始发作时一至两周前开始使用的药剂，最有可能存在问题。而在本案中，与其他药剂一起使用的 A 药剂，在患者全身病症急变发生大概 2 周前增加了一倍的药量，而患者全身症状急剧恶化发生后业已停止使用，并且停止使用一个月后患者的状况发生好转，已经从全身症状转变为局部症状。根据以上间接事实，法院认为患者病发的症状，是由本案 A 药剂的副作用所造成的。可见，在医疗纠纷诉讼领域，能够认定引发症状直接原因的事实是很难获得的，通常情况只能根据一些患者服用药物后的间接事实予以认定。当然，在医疗纠纷诉讼中，一般实施的是举证责任倒置原则，由医院来说明不存在医疗事故之因果关系，但是在具体认定中，法院利用经验法则依据间接事实推定主要事实是不可或缺的。①

（三）经验法则的获得方法

为了防止法官随意进行事实认定，自由心证原则要求法官形成心证时必须遵循经验法则。然而，尽管事实判断都基于经验法则进行推理，但是推理的方法根据行为人的不同仍然会有差异。也就是说，根据法官的不同，适用经验法则的方式方法也容易出现明显差异。例如计算一道 16 减 3 的数学题，有些人以 10 减 3 再加 6 得出 13，也有些人以 6 减 3 再加 10 得出 13，思考方式可以任意选择，这不仅是所学习的计算方法不同，更受到与生俱来的思考方式的影响。与之相似，经验法则适用之思考方式，不单单基于是否具备良好的法学素养，更多时候体现出的是一种近似主体下意识的行为。经验法则正因为是无意识掌握的东西，因此其适用本身很容易一直局限在法官本人的思想空间，难以与外界的普通大众发生共通。法官在审理案件过程中，并不是仅仅以法庭内出现的全部事实作出判断，还要根据法官目前所能知晓的一切知识进行判断。而作为判断基础的知识，很多时候并不能从该案件出现的事实中来获得，易言之，在这种情况下需要依靠法官自身能量的积累。但是无论怎样，将个人能力作为唯一绝对的判断基准显然都是存在巨大风险的。因此，作为通过经验法则来对自由心证进行客观化制约之手段，最可行的突破口并不是经验法则如何运用，而是法官如何获得或者选择经验法则。毕竟法官获得经验法则的方

---

① 参见日本最高裁判所 2002 年 8 月第 1556 号。

法还是可以被外界所看到的,这应当是对经验法则的适用进行监督的一个可行性途径。

1. 经验法则证明的必要性

如果要对经验法则的获得方法进行监督,最有效的途径就是限制法官随意选择经验法则。法官选择经验法则必须要对其正当性进行证明,如果经验法则缺乏应有的证明力,其就不应当被适用在事实认定过程中。那么经验法则是否具有可被证明性呢?也即经验法则是否能够被作为事实来看待呢?

在民事诉讼中,对于作为法律适用前提的具体事实来说,只要当事人存在争议就必须实施证明,除了众所周知的事实和职务上应当知晓的事实以外,即便属于法官自身知晓的事实如果没有经过证明通常也不能直接适用。而在事实认定过程中,虽然经验法则多数情况下充当一种类似于法律推定大前提之角色,但是其毕竟是从经验中归纳得出的关于事物的知识或法则,自身缺少法律规范应有的性质。虽然能够作为事实认定之前提,但是经验法则自身往往会存在很多例外情形,并且有些场合其难以被普通大众获知之特点也表明其需要被证明之必要性。因此,证明的对象不仅仅限于普通事实,经验法则也会成为证明的对象。高桥宏志教授就认为,由于司法裁判中的事实认定必须具备公正性,因此,在事实认定中所使用的经验法则必须能够被法官和双方当事人所了解,具有可视性。这样的话,如果属于一般常识性的经验法则,就没有必要在诉讼中加以证明;如果该经验法则属于非常识性,且能够左右事实认定的结果,则必须要在诉讼中加以证明;如果运用了与当事人一方或双方预期相违背的经验法则,就会造成事实认定突袭,难谓公正。①

2. 一般经验法则与特殊经验法则

按照经验法则内容知识专业性的差异,经验法则被分为一般的经验法则和专门的经验法则,与之相应,法官获得经验法则的方法也存在不同。一般的经验法则通常属于常识性知识,多数都是法官在日常

---

① 参见〔日〕高桥宏志:《重点讲义民事诉讼法》,张卫平、许可译,法律出版社2007年版,第56页。

生活中或者职务中所能够掌握的。一般这样的经验法则,对其收集并不需要特别的程序,直接作为判决基础就可以了。即便如此,除去简单易懂的知识以外,经验法则都必须在判决理由中明确说明,当事人以及上诉审法院能够以此作为审查判决过程的材料。当然,即便对于一般的经验法则,法官偶尔也会出现不甚了解之情况,那么就允许法官通过阅读文献或者询问他人等方式进行获取。与一般的经验法则相比,专门的经验法则在获得方法和使用方法上都存在较大的差异。例如医学、化学、航空等领域的专门经验法则,法官未必能够掌握。因此,在事实认定中必须适用专门领域的经验法则时,法官只有通过必要程序才能获得。法院使用涉及特殊知识的经验法则,应当对该知识和自己的知识基础进行证明,并为当事人提供听审机会。① 民事诉讼法中应当依据经验法则自身必要的情形设置相应的制度。

首先就是证据调查方式。最具有代表性的证据调查方式是鉴定。鉴定,对于专门的经验法则来说,法官能够听取具有该领域专业知识人员的意见,而对于自己不熟悉的外国法和习惯法,法官也能够借此手段实施调查。在德国,认定法院不知晓的经验法则的证据手段就是鉴定。根据《德国民事诉讼法典》第144条的规定,法官可以依职权调取该种证据,并且无需当事人的动议。当事人既不必主张经验法则,也不能通过反驳使其具有证明的需要或者通过不反驳使法官获得确信。其次就是法官利用证据调查以外的方法也能够获得专门知识。例如,依照对于争议焦点整理进行必要事项的协议,为了事实关系明确进行证据调查;在和解过程中认为必要的时候,能够听取当事人意见让专门委员参与到案件审理程序之中。另外,在知识产权案件审理中,为了明确事实关系法官能够实施,针对事实上以及法律上有关事项向当事人发问,或者促使其对于专门问题进行说明等。最后,法官可以通过任何其他方式获取对经验法则的认识,例如法官自己阅读专门领域的文献来获取知识,或者参考过去相似的判例来获得知识,但是这样获取的知识是否能够直接作为判决基础还存在争议。

然而,围绕专门经验法则在哪些场合必须经过鉴定才能适用的问题,学界存在争议。不需要鉴定的观点认为,由于经验法则在法律三

---

① 参见〔德〕罗森贝克等:《德国民事诉讼法》,李大雪译,中国法制出版社2007年版,第823页。

段论中对于作为小前提的具体事实关系方面与作为大前提的法律规定具有相同的机能,所以经验法则的认定可以作为职权探知事项,法院可以依据在诉讼外知晓的内容对经验法则作出判断。那么法官就承担通过诉讼外手段自己进行探究经验法则的义务。在这种情况下对于经验法则的证明不需要严格的证明,只需要自由的证明就足够了。[①] 一般的经验法则与专门的经验法则的界限比较暧昧,虽然希望进行鉴定,但是即便不进行鉴定而是利用自己知识也并不能认为是违法的。

与之相对,从近些年的观点来看,大部分学者都主张,适用专门的经验法则必须经过鉴定。针对属于很难期待全部法官都知晓的高度专门知识以及特殊学识经验之经验法则,为了确保裁判公正,如果没有进行鉴定就不能在事实认定中适用。[②] 对于一般常识的经验法则,法官以及两造当事人通常都能够知晓,而专门的经验法则就可能缺乏这种共通性,法官也是偶然才知晓该专门知识,当事人也难以对该判决信服,违反了鉴定人与法官不能是同一个人的法律规定,就不能被认为是客观的事实认定。[③] 可以看出,对于不能期待法官通晓的高度的专业知识,由于直接作为诉讼资料会遭受当事人的批判,所以必须通过鉴定予以适用。这样做的目的在于维护法院裁判正当性的同时也能够增加当事人接受判决的可能性。即使法官个人对于经验法则的存否、性质以及盖然性程度有深入的认知,但是很难说这种认知适用的材料、方法以及结论都能保障绝对正确。即便在现实生活中,有时基于常识认知就能够获得的经验法则与专门知识领域经验法则并不能明显区分,但是通常情况下当事人不会对作为常识的经验法则产生争议,那么只需要对存在争议的专门知识领域的经验法则进行鉴定就可以了。

[①] 参见〔日〕岩松三郎、〔日〕兼子一编:《法律实务讲座民事诉讼》,有斐阁1984年版,第307页。

[②] 参见〔日〕新堂幸司:《新民事诉讼法》(第3版),弘文堂2004年版,第337页。

[③] 参见〔日〕高桥宏志:《重点讲义民事诉讼法》,张卫平、许可译,法律出版社2007年版,第30页。

3. 典型案例

在实践中,经验法则的种类既含有像"红灯停绿灯行"这样的一般常识,也包含了例如"飞机起飞降落时跑道信号灯指示方式"这样的专业领域知识。但是,从实际效果来看,无论哪一种分类方法都很难实现完全彻底的划分,这就使得在具体案件审理中容易出现问题。例如"AB 血型人的父母不可能是 O 血型"之经验法则,尽管是高度专门的科学知识,但是由于普通大众也都知晓,因此通常认为是一般常识的经验法则。因此,对于稍微复杂的专门知识领域,一旦法官主观上需要对其适用,那么就会出现不同的分类结果。

案例:对于甲船与乙船发生撞击一案,原审法院判决,由于甲船领航员 X 存在过失,所以 X 承担撞击造成损害的全部责任。其判决理由认为,甲船两本航海日志记录中关于作为测量方位目的之参照物记载出现不一致,也就是原本航海日志只是在某一时间记载的测量位置以白灯台作为参照物,而在其余时间记载的测量位置全部以红灯台作为参照物,但在誊写后的航海日志中全部时间记载的测量位置都是以红灯台作为参照物。按照经验法则,海事实务的船舶在停靠时应当以同一物体作为参照物更容易判断船体位置是否移动,只要不存在特别情形都应当以同一事物作为对象来测定方位,以此基于两本航海日志出现的差异,推断甲船位置出现变动,X 应当承担责任。针对原审法院的判决,X 提出上告,其上告理由为,作为原则认定船舶位置应当以原本航海日志作为基准,在测定停泊船只位置时必须在全部时间采用同一参照物并不是海事实务中的经验法则,参照物应当依据测定人的需要任意选取。并且,原审法院并没有进行证据调查,对判决根据也没有具体说明,依据该经验法则作出的判决应当是违法的。概而言之,上告审争议的焦点就是:① 为了知晓停泊船只位置是否移动,以同一参照物进行方位测量是否为海事实务上的经验法则,是否属于法官通常能够知晓的知识;② 法院针对属于通常知晓的经验法则,不进行证据调查以及推定根据说明,是否能够直接作为事实认定的基础。

日本最高法院判决认为:"测定船只停泊时方位之目的是在确定抛锚地安全性,同时也能够知道抛锚后船只是否发生了位移,因此为了实现该目的选取同一物体作为参照物来测量既容易又便利是显而易见的。因此原审法院作出在没有特殊情形下应当选取该方法进行测量之推定是正当的。正如法官依据通常知识应当能够知晓的推定法则，该种知晓并不需要进行鉴定等特别证据调查，并且对于推定产生的根据并不需要特别的说明。……上告人对于原审事实认定结果之攻击，完全不予采纳。"①

对于该判决，我们可以得出"法官依据通常知识应当能够知晓的推定法则"被作为一般的经验法则，也就是不属于专门的经验法则，不需要特殊的证据调查就能够直接利用。那么本案中适用的经验法则到底是否符合一般经验法则的规律呢？本案适用的经验法则就是在海事实务中，只要不发生特殊情形就应当以相同物体作为参照物测定船体位置。按照一般生活规律，为了测量方位而选取同一物体做参照物是完全合理的，只要在海事实务场合中运用相同方法也能容易推测的话，那么认定该经验法则并没有什么不当。然而，结合本案中其他全部时间参照物记载都为红灯台，而仅仅只在发生问题时参照物记载为白灯台考虑的话，判断白灯台是由于笔误造成的可能性也是极为合理的。因此，法院没有充分说明经验法则的适用原因会导致当事人理解发生歧义。最为重要的是，日常生活不言自明的习惯，如果直接适用于专门知识领域，很有可能会发生经验法则适用的错误。因此，当事人如果对该经验法则提出争议，就应当主张和证明海事实务与日常生活测量的方法不同，测量位置的参照物发生变更属于海事测量习惯，并且可以对经验法则申请鉴定，以及对原本航海日志记录人进行证人询问。

由此可见，一般知识与专门知识之间的差异非常微妙，对于经验法则的分类似乎也有必要适用其他经验法则。现行民事诉讼法中争点整理程序阶段，有时候会听取专门委员的意见，最终由法院基于合理判断对经验法则的性质进行区分。② 而在本案中，关于专门领域内一般经验法则适用的妥当性问题，虽然经验法则是否存在需要法官进行判断，但是存在怀疑的案件还是有必要通过鉴定来进行判断的。

（四）违背经验法则的救济

现代案件审理方式中，如果不适用经验法则，裁判通常是无法进

---

① 《日本最高裁判所民事判例集》（第 15 卷第 4 号），第 1115 页。
② 参见〔日〕伊藤真：《民事诉讼法》（第 3 版），有斐阁 2006 年版，第 306 页。

行的。当经验法则的适用成为常态化，那么对于经验法则适用的监督也必须被固定下来，而大陆法系国家普遍采用的方式就是将经验法则归于上告审的范畴。相应地，对经验法则提出上告的理由就需要与经验法则的作用相对应。由于经验法则在裁判过程中发挥两种作用，所以我们也应当区别对待。当抽象法规在具体案件中适用时，经验法则具有将法律判断大前提的法律规定与作为小前提的事实相结合的媒介作用。借助于经验法则，将法律概念与案件具体事实在伦理法则上相结合，最终完成法律适用。因此，在该场合下，如果错误的经验法则被予以适用，当事人可以直接以法律解释错误为由提出上告，并不需要必须以违反经验法则作为上告理由。经验法则在裁判中第二个作用就是作为事实认定大前提。经验法则在事实认定中对直接事实或者间接事实进行证据判断，或者基于间接事实认定直接事实。而违反经验法则是否能够作为上告理由，主要是在这种情况下而言的，也就是说在根据自由心证进行事实认定过程中是否可以对经验法则的适用提出上告。

1. 违背经验法则之情形

在诉讼审理中，如果出现法院应当适用的经验法则而没有被适用，或者不应当适用的经验法则被适用的情况，到底能否作为上告理由一直都是实务界、学界关注的焦点。由于经验法则实质上作为一般常识充当事实判断之大前提，与法律判断中作为大前提的法律规定相类似，因此，通说在上告理由层面将经验法则与法律规定等同对待，只要违反经验法则对判决结果造成了影响，那么就可以凭借违反经验法则为理由提起上告。判例中一般也将违背经验法则与违背法律等同视之，以判决理由不完备、存在矛盾、违反法律为由驳回原判决。但是，对于该问题，学术界始终存在不同的观点。

（1）围绕能够作为上告理由的经验法则之范围，与将所有经验法则都作为上告审对象之通说不同，分别存在区分一般经验法则与专门经验法则以及依据经验法则的盖然性进行判断两种观点。前者认为，对于专门的经验法则来说，上告审的法官也是外行，由于和下级审的法官一样难以对经验法则有正确认知，该种违背就不能作为上告审的理由,只有违背常识的经验法则才能作为上告理由。① 后者认为,从上告审制度的机能、经验法则错误适用等具有客观认识的可能性来看,仅限于具有高度盖然性之经验法则可以作为上告理由。②

针对区分一般经验法则与专门经验法则的问题,有学者认为,一般常识也好,特殊知识也罢,只不过是量的差异而绝非质的区别,不但并非是理论上的区别,而且随着时代的变迁两者的界限也会变化。③ 笔者同意上述学者的观点,有时某些专门经验法则经过公开,或许很快就能变为一般经验法则,所以单纯以一般和专业标准予以划分似乎过于模糊。而针对经验法则是否应当具有高度盖然性问题,考虑到对于同一个经验法则的认知,无论下级审法官还是上级审法官并没有太大的差异,并不是上级审法官就一定比下级审法官通晓更多的知识,因此经验法则盖然性的高低很难做到单纯程度判断,一般必须在服从法官自由心证的同时也受到诉讼具体情况的左右,对其进行整齐划一的规范是非常困难的。再加上证据收集难易以及心证补强规则等其他诉讼上的要因,要求上告审法院对具体诉讼中经验法则的盖然性进行判断将会很难实现。因此,上告理由中并不需要经验法则必须具备高度盖然性。

(2) 针对上告理由违背法律情形,存在只要违背经验法则都可以作为上告理由之看法。笔者认为,考虑到上告审设置的目的性和经验法则的自身特点,必须对违背经验法则的情形进行限制。即便违背一般经验法则就能作为上告理由,也并非任何情形都可以成为上告理由。经验法则本来就是事实认定的手段,而事实认定当然专属于事实审范畴。由于经验法则并不是法律规定,因此违背经验法则不应当作为一般的上告理由。另外,虽然经验法则能够作为自由心证的内在制约,法官认定事实必须遵循经验法则,但是事实认定应当在事实审中进行,对于经验法则的选择适用也会依据法官不同而存在差异,如果一旦违反经验法则就允许提起上告,恐怕很可能会给事实审法官的自由心证带来侵害。因此,对于经验法则的判断应当忠实于事实审,原

---

① 参见〔日〕新堂幸司:《新民事诉讼法》(第 3 版),弘文堂 2004 年版,第 345 页。
② 参见〔日〕中野贞一郎:《過失の推認》,弘文堂 1978 年版,第 55 页。
③ 参见〔日〕小室直人:《上告理由》,载〔日〕新堂幸司编:《讲座民事诉讼》⑦,弘文堂 1985 年版,第 265 页。

则上违背经验法则不能作为提出上告的理由。新堂幸司教授也认为，由于经验法则的取舍基于法官自由心证的判断，认定经验法则应当属于事实审范畴，因此只有违反常识、完全不符合逻辑的事实认定，显著违背经验法则才能够作为上告理由。① 笔者认为，为了保障事实审法院认定事实的必要性，仅仅限于依据判决所显示的资料无法基于常识认知其事实认定路径之场合，并且，只有在不会产生其他结论而认定违反经验法则是导致裁判结果唯一根据的情况下，才可以作为上告理由。也就是说，违反经验法则只有达到排除普通大众存在合理怀疑程度的情况下，才能作为打破法官自由心证结论之理由而提出上告。

（3）违反经验法则作为上告理由的根据存在两种观点：① 由于经验法则在事实认定中起到大前提作用，能够与法律规定等同看待，因此违反经验法则就视为违反法律规定，按照《日本民事诉讼法典》第312条的规定，应该能够提起上告。② 为了抑制自由心证原则下法官恣意认定事实，作为自由心证原则内在的制约，法官必须遵循经验法则进行事实认定。违背经验法则就是违背的《日本民事诉讼法典》第247条关于自由心证原则的规定。对于违反经验法则上告的根据问题，在经验法则适用存在错误的场合中，关于上告尽管在法律中没有明文规定，但是一般经验法则适用的不当也就违背了自由心证原则的要求，相应地也就是违反法律规定，成为了申请上告审理由，通过上告审就可以撤销原裁判。"新民事诉讼法立法者将违反经验法则与违反法令等同视之。"②因此，显而易见，日本民事诉讼法将错误适用经验法则视为违反自由心证的规定，因此可以将违反法令对判决结果造成明显影响作为上告理由。

2. 上告的具体程序

根据日本法律可以看出，如果仅仅是以违反普通法令而明显影响裁判结果为由提出上告，只能向高等法院提起。而作为上告法院的高等法院，如果有最高法院规则所规定的事由时，应当以裁定形式将案

---

① 参见〔日〕新堂幸司：《新民事诉讼法》（第3版），弘文堂2004年版，第346页。

② 日本法务省民事局参事官室编：《一问一答新民事诉讼法》，日本商事法务研究会1996年版，第355页。

件向最高法院移送。按照《日本民事诉讼法典》第 325 条的规定,上告有第 312 条第 1 款或者第 2 款所规定的事由时,上告法院应当撤销原审判决并将案件,除根据第 326 条规定的法院应当自己作出判决外,发回原审法院,或者移送给同级的其他法院。高等法院作为上告法院,对违反法令明显地影响判决时,亦同。最高法院作为上告法院,即使在没有第 312 条第 1 款或者第 2 款所规定的事由时,如果违反法律明显地影响裁判结果时,可以撤销原审判决或者除以第 326 条规定的法院自判情形外,也可以将案件发回原审法院,或者移送给同级的其他法院。对于上告法院应当自己判决的情形,根据第 326 条的规定,在下列的情况下,上告法院应当对案件作出裁判:① 对已经确认的事实以适用宪法或其他法律有错误为理由撤销判决的情况下,案件基于该事实作出裁判已经成熟;② 以案件不属于法院的权限为理由撤销判决。

那么上告审法院对于经验法则的适用是否违反法律到底如何进行判断呢?具体而言,如果对于原审案件,上告审法院适用自己知晓的经验法则重新进行事实认定,存在与原审认定事实结果不同之较大可能性,而原审法院并没有表示本案属于该经验法则的例外情况,也没有适用此经验法则,而且,比起利用该经验法则并没有什么更为可靠的方法进行事实认定,在这样的情况下,上告审法院就应该撤销原审判决。问题是,上告审法院应该发回重审还是应该自己作出判决呢?这就需要分情况进行说明。

当上告审法院适用的经验法则并不属于被大众所熟知的经验法则,或者,即便该经验法则存在例外,但是根据原审业已确定的事实能够非常容易判断出可以排除该例外情况时,上告审法院可以自行审理。而其他的情况,以发回重审为原则。不过,即便是在根据原审业已确定的事实难以判断出可以排除该例外情况时,如果发回重审容易导致判决延迟从而带来较大不利益,与之相反,如果无视例外情形进行裁判产生的不利益相对较小时,经过综合比较,也可以无视例外情况而由上告审法院自行作出裁判。

第六章　自由心证与证明责任

法谚云:"自由心证用尽之时,即是证明责任启动之日。"[①]一旦法官开始运用证明责任就标志着自由心证适用过程之完结,可谓"你方唱罢我登台"。因而其作为依据自由心证认定事实之结点,探讨自由心证与证明责任之间的关系自然是必不可少的。现代民事诉讼裁判构造通常就是,对依据证据认定的事实适用法律作出判断。事实认定就是法官通过斟酌辩论全趣旨和证据调查结果,根据自由心证对事实存在与否作出判断。法院利用自由心证进行事实存否之认定应当遵循经验法则,反证不提出法则、间接反证、表见证明等作为经验法则之功能在自由心证过程中被予以适用。而且,如果要对事实存在或者不存在之证明进行认定,法院就必须获得某种程度的确信。如果心证没有达到必要程度,即使法官获得某种程度的盖然性心证,要证事实仍然会陷于真伪不明之境地。那么,要证事实存否不明时就需要依据证明责任分配原则来进行处理。与不允许以欠缺法律为由拒绝裁判相同,法院也不能以事实真伪不明或者缺乏证据为由拒绝裁判。而在事实真伪不明的情况下能够作出裁判的方法就是证明责任。自由心证用尽后,证明责任制度开始发挥作用。

从理论层面来看,自由心证与证明责任两者似乎存在非常明确的界限,然而,从诉讼实践来看却并非如此。自由心证与证明责任之间依然存在着某种联系,而作为联系二者之桥梁正是证明度概念。由于诉讼上的证明,并非是以能够完全认识客观真实作为目标之伦理上的证明,而是以真实盖然性认识作为目标的历史证明。因此,为了认定事实是否存在所必要的盖然性程度就成为了问题。换句话说,依据辩论全趣旨和证据调查结果形成的心证达到何种程度法院才能认定该

[①]　ローゼンベルク:《証明責任論》(全訂版),仓田卓次译,判例タイムズ社2001年版,第72页。

事实存在与否,这就是证明度的问题。证明度就是为了认定事实存在与否而必要的心证程度。当然,考虑到心证是法官主观的心理过程与心证状态,会因为法官的个体差异而呈现出不同结果,心证是否达到客观要求的证明度具有主观隐蔽性,外界很难对法官在具体案件审理过程中获得心证的程度进行把握。因此,这里谈论的证明度一般作为客观的基准,即法官认定事实存在与否获得证明所必需心证的最下限,与对于具体案件中的具体事实法官形成心证之程度存在根本区别。也就是说,法官心证只要达到最低证明度,就可以利用自由心证认定事实作出判决,与之相反,如果认定结果没有达到最低证明度,法官就只能终结自由心证而启动证明责任进行裁判。证明度在很大程度上决定了证明责任的适用空间,当然也就决定了自由心证的作用界限。可见,自由心证原则与证明责任之间存有微妙的联系。那么,证明度的客观性以及自由心证与证明责任界限的主观性问题就成为事实认定理论的重要问题。另外,证明责任适用的前提是自由心证用尽也无法认定事实存在与否,因此证明责任被视为法院的无奈之举。那么为了避免利用证明责任就需要减少自由心证用尽的情形,增加法官利用自由心证认定事实之途径,而大陆法系国家近些年讨论的当事人证据提供义务则为我们提供了可选之项。

现代社会中,主体之间纷繁复杂的纠纷时时刻刻不断上演,作为解决私人纠纷手段之民事诉讼的案件类型也呈现出"推陈出新"之发展趋势。以公害诉讼、环境诉讼、医疗纠纷诉讼等为代表的现代型诉讼在逐步成为民事案件"新贵"的同时,也为法院审理案件制造了诸多新困难,其中事实认定过程中难以维护两造当事人证据掌握之"平衡度"就是非常棘手之问题。

在这些现代型诉讼中,两造当事人通常在经济实力、技术能力、社会资源等方面存在明显差异,处于弱势地位一方当事人在实施诉讼活动过程中总会面临许多困难。例如在公害诉讼或者医疗事故诉讼中,基于一般民事诉讼理论,作为受害者之原告负有证明责任,即便原告对于相关专业知识一窍不通或者没有收集相关证据之能力,其也必须证明作为被告之加害企业或者医院所实施行为存在过错以及行为与损害后果之间存在因果关系。然而,这类案件共同的特点就是主要证据往往处于被告方掌握之下,原告方难以收集到对自己有利之证据,也就是出现有利于被告之"证据偏在",因而原告就只能在诉讼中承担不利于己之后果。如果从程序正义的观点来看,这种状况显然是不符合民事诉讼的基本理念要求的。为了减轻当事人的证明压力,各国民事诉讼法都在尝试各种解决方法,表见证明、大致推定、证明妨碍、文书提出义务等制度都收到了不错的效果。然而,由于这些制度适用的对象通常只能限于一定类型的案件,而对于诉讼中不承担证明责任之一方当事人故意不提出证据或者隐藏证据而导致负有证明责任的当事人因为无法收集证据而败诉之一般案件的"证据偏在"却无可奈何,在一定意义上可以说并没有根本解决"证据偏在"之问题。因此,为了真正确保两造当事人在提出诉讼攻击防御方法上享有实质平等机会,彻底解决"证据偏在"问题,关键问题在于使不承担证明责任之一方当事人在一般情况下也必须负有提出证据之义务。如此一来,从德国民事诉讼法诞生的事案解明义务,作为其中最为有效的法理,近些年来受到大陆法系民事诉讼法学界的关注。如果从自由心证角度来看,对不承担证明责任之当事人课以证据提出责任之事案解明义务,能够极大地扩宽自由心证的适用范畴,降低法官自由心证用尽发生之可能性,有效缓解法官适用证明责任裁判案件之压力,应当说事案解明义务为自由心证起到了积极的支持作用。

一、自由心证与证明责任之交织

现代诉讼的基本流程就是对通过诉讼审理认定的事实适用法律作出最终判决的过程。在裁判过程中,事实,特别是作为判决基础的要件事实,就必须要被预先认定。事实认定就是指法官决定作为裁判基础或者小前提的一定事实存在或者不存在。在民事诉讼中,作为这种事实认定的基本原则,包含了"自由心证"与"证明责任"。自由心证原则是指,法官在认定作为判决的基础事实时,基于口头辩论所展现出的一切资料,依据裁判官自由地判断,来获得确认心证之原则。与之相对,证明责任是指,作为案件判决的基础事实(主要事实、要件事实)是否存在,法官无论如何也无法获得确定的状况即真伪不明出现时,对于该事实存在与否如何处理之原则。自由心证原则虽然将自由认定要件事实存在与否的权力委任于法官,但是并没有强制法官必须对事实存在与不存在作出"全有或全无"的判断,而当要件事实存在真伪不明情况时，法官就必须适用证明责任来进行裁判。即在事实不能确定的场合下，法院可以判决将真伪不明带来的不利益让对立两造当事人任意一方承担，这种不利益的分担就涉及客观证明责任的问题。可以看出，如果事实得以认定，那么法院就可以直接适用法律作出判决，而一旦陷于真伪不明的状态，则需要适用客观证明责任来分配该种不利益。因此，作为判决前提的事实认定能够视为诉讼程序的中心环节，对于自由心证原则就必须要站在整个诉讼框架内综合考虑，这也就是我们要对自由心证与证明责任关系进行考察的动机。

（一）证明责任概念

证明责任就是在利用自由心证不能得出事实认定结论时有可能让法院作出判决的工具。[①] 证明责任分配原则的存在，即决定争议事实究竟由原告与被告哪一方承担证明责任，对于当事人诉讼活动以及法官诉讼指挥和判断活动起到方向性的指导作用，因此证明责任被认为是"民事诉讼之脊梁"。

证明责任这一概念以及其分配原则从罗马法开始就已存在。[②] 但是，作为在真伪不明情况下当事人负担不利益责任之客观证明责任，却是在德国现行民事诉讼法废除裁判宣誓制度后才成为研究对象。在此之前，出现事实证明真伪不明的情形时，通常能够依靠裁判宣誓制度来使证明力不充足的证据补充完整或者判断不完全证据之证明力，因此解决真伪不明的客观证明责任是不必要的。[③] 1877年《德国民事诉讼法典》制定完成10年以后，客观证明责任论才被提出。1900年德国著名民事诉讼法学家罗森贝克出版其代表作《证明责任论》，客观证明责任被公众所认知。从20世纪初期开始，客观证明责任论逐渐成为主流观点。与此同时，由于德国民事诉讼法确立了自由心证原则，裁判宣誓制度随即被当事人询问所代替。值得注意的是，之所以废除裁判宣誓制度，是因为自由心证被期待能够发挥裁判与宣誓制度相同的机能，即改变案件真伪不明的状况。[④] 当然这种期待最终被

---

① 参见〔日〕谷口安平：《口述民事诉讼法》，成文堂1987年版，第226页。
② 参见〔日〕中岛弘道：《挙証責任の研究》，有斐閣1952年版，第34页。
③ 参见〔日〕竜嵜喜助：《証明責任論》，有斐閣1987年版，第21页。
④ 参见〔日〕竜嵜喜助：《証明責任論》，有斐閣1987年版，第25页。

实践证明仅仅是幻想,因为真伪不明的情况仍旧会时不时出现在案件的审理过程中。当审理结果出现真伪不明的情形时,法院当然不能拒绝判决。因此,根据假定法律适用要件事实存在或者不存在来维持基本裁判运行是现代民事诉讼的基本姿态。学术界和实务界的主流观点都认为,假定事实不存在,将会导致法律规范不适用。这一结果就会使得当事人一方必须背负该事实作为要件所带来的发生或者不发生对自己有利之法律效果在没有被认定时引发的不利益或者危险。当然,该当事人承担的不利益或者危险就是"证明责任",而该证明责任事项的分配被称为"证明责任分配"。

然而,针对事实认定过程中是否确实存在真伪不明的状况,学界也存在争议。一些见解指出,依据自由心证原则,法官只需要来判断要证事实存在还是不存在,没有必要出现真伪不明之判断。也就是说,在自由心证领域之外,没有为考虑解决法官心证不明的状况留有空间。对此,日本有学者认为,正是因为形成心证是法官主体判断的作用,如果考虑到不可避免的如主观因素侵袭、诉讼案件上的制约、日本民事诉讼证据调查收集手段缺乏等实际情况的话,就事实是否存在而言,无论是对于确定存在还是确定不存在,不得不说获得哪一个心证都是非常困难的。[①] 因此,可以说将真伪不明的事实状况作为前提条件来进行考虑的传统学说,应该是合理并且符合实际的。诚如罗森贝克所言:"鉴于我们认识手段的不足及我们认识能力的局限性,在每一个诉讼中均有可能发生当事人对事件的事实过程的阐述不可能达到使法官获得心证程度的情况。法院几乎每天都出现这样的情况,不仅民事法庭、刑事法庭如此,行政法庭也同样如此。因为不管将判决所依据的资料交由当事人提供,还是委托给法院调查,当事人或法院均必须对在诉讼中引用的事实情况的真实性进行认定,并对此负责,认定程序最终会受制于所谓的形式真实或所谓的实体真实的原则——常常会出现这样的情况,即作为争讼基础的事件不可能在每一个细节上均能得到澄清,对于法官的裁决具有重要意义的事实,既不

---

① 参见〔日〕松村和德:《証明責任と自由心証主義》,载《法学セミナー》2001年第7期。

能被查明已经发生,也不能查明没有发生。"①

可见,客观证明责任通常是在事实认定基础真伪不明时,作为法院作出裁判的应对方法。按照传统理解就是当自由心证用尽的时候,证明责任的支配作用才开始启动。但是毫无疑问,这种方法承担着相当大的风险。也就是说,在作出判决时,作为判断基础事实并不清晰,而这时就需要把一定程度的危险在两造当事人之间分配。加之证明责任分配原则的通说为法律要件分类说,以主张权利发生、变更、消灭,当事人必须对主要事实进行证明之单纯法则为前提,根据实体法律条文的规定对证明责任进行分配。因此,民事诉讼中的证明责任研究一贯都是以权利为中心,也就是围绕权利的确定、证明来进行思考。然而,即便民事诉讼审理判断的对象是权利,也并不意味着权利是民事诉讼证明责任的本质属性,将自由心证作为基础来理解证明责任才是最为正确的。

虽然,原则上自由心证是对诉讼争议事实是否存在作出的具体评价,因而属于事实问题,而证明责任是根据立法者规定的抽象法律进行适用,因而属于法律问题,二者存在本质上的差异。但是,以此就认为证明责任与自由心证完全没有关系,这种观点是不正确的。② 作为认定事实的手段,例如在某些克服证据收集困难场合中,就需要降低自由心证证明度与证明责任转换互相配合,证明责任分配与经验法则、心证盖然性之间都存在联系。如果法官提高依据自由心证认定事实的证明度,那么只要证据收集制度没有特别完备,根据证明责任判决的情况就会增多,相反如果降低认定事实的证明度,依据证明责任判决的情况就会减少。特别是在当前,基于科学技术高度化、社会生活复杂化之结果,与19世纪强调平等市民之间诉讼形式不同的现代型诉讼的出现,证据偏在、证明困难等情形普遍存在。为了应对这种现状,在加强作为心证标准之证明度弹性的同时,证明责任分配原则也开始着手对传统方式进行修正。

---

① 〔德〕罗森贝克:《证明责任论》,庄敬华译,中国法制出版社2002年版,第1—2页。
② 参见〔日〕兼子一等:《条解民事诉讼法》,弘文堂1986年版,第933页。

（二）自由心证与证明责任的共同作用

自由心证用尽的时候，证明责任才能发挥其本来的机能。这就意味着，当法官对于某一事实的存在与否无论如何也不能作出确定之情况时，对该事实负有举证责任的当事人必须承担无法证明该事实存在之不利后果。例如，在基于借款合同提出的借款返还请求诉讼中，原告无论如何必须主张借款事实且进行证明。如果该证明不能成立，那么借款事实将不会被认定，原告自然只有承担败诉结果。而当原告仅仅进行事实主张却没有提供任何证据时，由于证明责任由原告负担，被告仅需要对接受借款事实予以否认就足够，没有必要证明借款事实不存在，也同样能够获得驳回原告请求的判决。当然，这是在当事人对自己主张没有提供丝毫证据的情形下证明责任所发挥之机能。在该特例中，法院进行事实认定无需根据证据判断，也就是说，自由心证根本没有发挥作用。只有在自由心证用尽之时，客观证明责任才能像以上所述全面发挥作用。但是，在现实诉讼中，完全没有证据的情况几乎是不存在的。通常情况下，当事人双方多多少少总会提供一些证据。这样一来，法院首先就必须要利用自由心证对提出的证据进行评价。当证据不足以形成足够心证时，客观证明责任原则随即发挥作用。可以看出，在一般诉讼案件中，除了完全没有证据提交之特殊情况外，证明责任原则并不是独立适用的，而是必须将自由心证作为前提，因此，自由心证与证明责任之间存在着协调与对立的统一。那么就自由心证与证明责任的关联性而言，具体表现在以下几个方面。① 自由心证原则影响证明责任分配。正是因为负有证明责任的当事人的主张没有得到证明，法院才会对相反事实进行积极认定。无论是依据证明责任分配原则进行的裁判，还是依据自由心证原则来认定不利于负有证明责任的当事人之事实，由于在裁判结果上殊途同归，因此法院才能够较为心安理得地对相反事实作出认定。② 自由心证与证明责任的分界点始终处于一种浮动状态。在民事诉讼中，为了认定事实，作为最下限必要的心证程度存在"排除合理怀疑""高度盖然性""优势证据"等证明标准，根据不同的标准，自由心证支配的领域都有所差异，而相应地自由心证与证明责任的分界点也会发生变化。而且，在具体案例中，法官对于采取哪种证明标准又常常不会进行说明，因此从客观上对证明责任与自由心证的临界点进行推定是非常困难的,很多时候需要取决于法官主观上的综合判断。

1. 共同作用之必要性

虽然自由心证与证明责任之间在事实认定层面存在相互联系,但是很多情况下似乎总是以"自由心证在先、证明责任断后"这种模式发挥作用。那么,如果抛开自由心证,单单凭借证明责任是否能够认定事实呢?这应当成为讨论的问题。以单纯证明责任进行事实认定的话,从证明责任概念本身的性质来看,那么就只能从两造当事人的举证顺序以及举证内容(本证与反证)两个方面进行探究了。

当事人双方依据举证责任原则而提出证据的顺序,是否可以决定事实认定结果?也就是说,当事人双方提出证据是不是有一个必需的顺序。例如,在原告提出主张,被告提出抗辩的情况下,是不是原告如果没有先于被告提出证据,抑或原告没有先于被告获得法官心证的确信,那么法官就可以避开自由心证而直接依举证顺序来裁判案件。为了方便起见,我们还以借款请求案件为例。一般法院都会首先要求原告必须对借款合同的成立,即借款交付事实和已至还款期限事实进行证明。当然,如果被告对于上述事实不予争执,而是提出已还款、诉讼时效届满、抵销等主张的话,法院也必须督促被告对抗辩事实进行证明。但是,一旦被告对借款合同的成立提出异议,并且提出抗辩事实的话,法院不能先要求被告对抗辩事实进行证明,而应当先要求原告证明借款合同成立,否则就出现了本末倒置。然而,对于证据提出顺序,法律上并没有明文规定,理论上在口头辩论终结前,当事人双方应当完成各自主张的证明。而即使原告针对借款合同成立之证明没有使法官获得确信的心证,但被告也没有完成对抗辩事实证明时,法官一般情况下也不会直接终结辩论。况且,即使根据最初证据没有获得心证,那么依据追加补充的证据获得肯定心证也是常见的情况。这就意味着,证明顺序的规制未必是证明责任的本质机能,只不过是为了避免法官心证混淆通常采取的方式罢了。因此,依据证明责任原则规定证据调查顺序,对于事实认定并不是本质要素。对根据证明责任提出的证据,无论其提出顺序如何,最终都必须经过自由心证来进行事实认定。

对于举证内容来说,最好的考察对象莫过于本证与反证。通说认为,本证就是为了使法官对主张事实获得积极确信而进行的证明。然而，反证并不是必须让法官内心获得反对对方当事人主张事实之确信，而是达到阻碍法官内心产生基于本证之确信或者让其确信发生动摇，从而使得对方当事人的事实主张陷入真伪不明状态之目的。对方当事人主张之所以处于真伪不明状态，是因为其自身主张以及负有举证责任要件事实的证明不成立。这样来看的话，利用本证与反证的特性，举证责任原则似乎能够独立适用。也就是说，本证与反证可以直接发生对抗，只要法官获得反证和本证之数量能够存在差异，那么据此事实就能够获得认定。但是，实际的证据调查过程中，法官到底是否能够在意识上如此明确地区分本证与反证的区别，对证据进行评价从而形成心证呢？依据本证能够进行什么样的事实认定自不必说是根据自由心证而获得，同样的，依据反证到底能达到什么程度的阻碍结果也必须利用自由心证。自由心证不能用明确的数量予以表示。例如，如果原告为了使主张的要件事实获得肯定，至少要获得法官80%的盖然性之内心确信，那么当依据原告本证获得90%的盖然性内心确信，而根据被告反证又减少了20%的盖然性时，法官心证并不能因为剩余的70%的盖然性就机械地不认定原告主张。在当事人双方全力争执的过程中，依据本证向积极方向移动的心证，又会根据反证而向消极方向拖回，而正在被拖回的心证又会因为再一次的本证而向积极方向移动，接着又会被反证朝相反方向拖回，经历如此来回反复的过程后，最终决定心证到底偏向于哪个方向。因此，在证明责任原则下，不可能通过本证和反证的机械堆积进行数量上的计算，形成最后的心证结果必须依靠法官自由心证之全盘考量。

根据上述考察，我们可以看到，尽管民事诉讼的事实认定必须通过自由心证与证明责任的配合，但是法院的自由心证必定占据主导地位。证明责任原则是在自由心证用尽时才能发挥作用，但是自由心证到底什么时候到达用尽状态本身是由自由心证来确定的。除了非常明确的证据不存在的情况外，通常情况下直到法官对于提出证据作不出任何评价时，证明责任才能开始发挥作用，然而这种评价实质上也并不单单仅依靠证明责任才能获得，总会留下自由心证之痕迹。并且，通常情况下法官也不会对提出的证据完全给予无内容的评价，总会与其他证据相关联进行判断，根据评价程度形成心证，因此证明责任原则通常是在自由心证之后才登场，或者说是埋没在自由心证之中。本证与反证在现实案件审理中确实很难做到非此即彼的分辨，只能根据自由心证通过本证与反证的相互作用关系来对事实进行认定。而依据举证责任原则调整证明的顺序,即便在事实认定过程中是必需的,但其并不是举证责任原则中本质的机能,只不过是为了方便法官指挥诉讼,提出证据与结果之间没有任何关系,都必须基于自由心证进行评价,因此在这里证明责任原则只是自由心证发挥作用的线索,也是为使自由心证的适用更加便捷起到辅助作用。这样说来,民事诉讼事实认定之证明责任与自由心证相比较只是起到次要作用。证明责任是存在于自由心证背后,并将自由心证作为基本规范之原则。法院只有在采取任何方法都不能作出判断之场合中,最终才需要证明责任原则来决定由哪一方当事人承担要证事实不能证明带来的不利益。除此以外,自由心证当仁不让地实际支配着法院事实认定之全过程。

另外,对于"自由心证用尽"如何把握,事实认定到达什么程度才能视为自由心证用尽,大陆法系学者习惯将其与"真伪不明"同一观之。德国学者普维庭就认为,"真伪不明"应当具备以下几个要素:① 原告方提出有说服力的主张;② 被告方提出实质性的反主张;③ 对争议事实有证明的必要;④ 用尽所有程序上许可的和可能的证明手段,法官仍不能获得心证;⑤ 口头辩论已经结束,而第③项的证明需要和第④项法官心证不足仍没有改变。[①] 对此我国学者认为,我国法院在司法实践中运用证明责任判决时,应该从以下三个方面全面把握"自由心证用尽"的内涵:① 法官已尽阐明职责。要件事实真伪不明时,法官即可适用证明责任进行判决。但是,当事人有可能因法律知识欠缺等原因而没有主张相关要件事实,或者疏忽而没有提供相关证据,这时法院应当行使阐明职责,督促当事人主张事实或者提供证据,否则判决就有违司法正义。② 法官已用尽证明评价的各种手段。自由心证用尽是指法官用尽包括当事人举证、法院查证、法律拟制、法律推定、经验法则、司法认知等所有合法的证明评价手段的情况时,仍不能获得心证,才能适用证明责任作出判断。③ 案件审理已经终结。这里需要强调的是,真伪不明的事实认定不能过早作出,只有在言词辩论终结,当事人举证、质证活动已经完毕,法官也用尽了证明评价的合法手段,但仍然不能排除真伪不明的情形,才能按照证明责

---

① 参见〔德〕汉斯·普维庭:《现代证明责任问题》,吴越译,法律出版社 2000 年版,第 22 页。

任规范判断一方当事人败诉。① 由此可见,为了保障案件裁判结果的公正性,对于"自由心证用尽",学者普遍认可采用较为严格的限制规定,旨在最大程度发挥自由心证的效能,降低证明责任适用的可能性。

2. 间接反证

民事诉讼证据理论中,正是作为解决以证明责任分配为前提的负有证明责任的当事人证明困难之方法,间接反证被视为自由心证与证明责任界限领域的相关问题之一。间接反证是指,依据对主要事实负有证明责任的当事人实施间接事实的证明,使得主要事实能够获得大概推定的情况时,对方当事人依据证明与之前间接事实相对立的其他间接事实来妨碍对主要事实推定的证明活动。也就是说,利用大致推定时,主要事实的证明责任并没有发生变化,但是间接反证事实的证明责任却由对方当事人负担,成为了对方当事人的本证,最具有代表性的例子就是"多数关系者抗辩"的案例。孩子作为原告对父亲提起确认父子关系诉讼,原告提出:① 原告母亲怀孕时与被告存在性关系,② 原被告之间的血型与父子关系不矛盾,③ 原告长相与被告相似,④ 原告出生时被告表现出作为父亲的态度。对此,被告主张原告母亲当时也与其他男性保持性关系。如果严格按照证明责任分配原则,原告必须承担其母亲在怀孕当时没有与其他男性发生性关系的证明责任,但是如果适用间接反证的话,因为原告主张的四个间接事实能够推定主要事实,那么原告母亲当时也与其他男性保持性关系的间接事实就必须由被告承担证明责任,如果被告证明失败,那么父子关系就能够得到确认。② 可以看出,被告提出的抗辩其实是间接事实主张,对于存在父子关系之主要事实来说是反证,该反证由被告证明,而父子关系证明责任还是由原告承担。

间接反证就是依据不作为本证资料的间接事实提出的反证,也就是反证者依据自己负有证明责任之间接事实而提出的反证。虽然反证的目的就是使得本证证明的主要事实出现真伪不明状态,但是对于间接事实本身,反证者负有证明责任这点是非常重要的。对于间接反

---

① 参见肖建华、肖建国等:《民事证据规则与法律适用》,人民法院出版社2005年版,第101页。

② 参见〔日〕小林秀之:《证据法》,弘文堂1990年版,第175—176页。

证中的证明责任，通过间接事实对事实认定进行推定被认为是间接证明，而间接本证与间接反证都属于间接证明的问题。因此，间接反证的证明问题就是间接证明中间接事实证明责任的一个侧面。

由于证明责任是依据主要事实陷入真伪不明状态时负有证明责任的当事人所承担的不利益，因此证明责任并不适用于间接事实。间接事实在真伪不明时，根据该间接事实存在或者不存在来判断主要事实存在与否会使法官受到法律制约，这就与基于经验法则的自由心证相冲突。因此，一旦间接事实出现存否不明的情形，该不利益到底该由哪一方当事人承担，类似于主要事实中的证明责任，也就是所谓间接事实的证明责任。那么如果该不利益归属于负有从该间接事实推定主要事实的举证责任当事人的话，那么该间接事实的证明就是间接本证，而归属对方当事人的就是间接反证。无论是在诉讼实务界还是学术界，针对全部间接事实证明责任的负担，也并不是一律遵循从该间接事实推定主要事实的证明责任分配原则，证明责任分配标准并不明确。一般而言，间接事实的证明责任原则上遵循主要事实，因此对于主要事实负有证明责任的当事人不仅要对于自己主张的间接事实存在证明责任，而且针对对方当事人主张的间接事实不存在也负有证明责任。然而，间接事实中尽管包含指引主要事实推定的间接事实，但对于全部间接事实来说，其存否不明之不利益都由负有该主要事实证明责任的当事人负担的话，从民事诉讼目的以及关于诉讼资料收集之辩论主义理念来看，似乎有些不妥。与主要事实的证明责任适用法律规定不同，间接事实的证明责任主要是能否依据经验法则推定主要事实的问题。因此完全按照主要事实的证明责任来考虑间接事实的证明责任是不适当的，因此不能按照法律规定的构造和解释来对间接事实的证明责任进行分配。

故而间接事实的证明责任分配的基准问题实际上就是认定主要事实时指导自由心证适用之经验法则问题。也就是说，一定的间接事实能否利用必需的经验法则推定主要事实。如果经验法则能够将该间接事实作为要素，那么该证明责任就应当归属于负有依据该经验法则能够推定主要事实的当事人。如果不能作为经验法则的要素，就应当由对方当事人承担证明责任。这样的话，例如在主要事实能够存在大致推定证明的场合中，就能够确认对方当事人负有否定该推定或者证明存在反对间接事实之证明责任，如果对方当事人没有实施该间接反证,那么当事人的大致推定就能够被认定。因此,在间接反证中,作为理论支持原理就体现了自由心证框架下的经验法则与证明责任之融合。

综上所述,在以遵循经验法则展开事实认定之自由心证中,适当加入证明责任原则,能够保障诉讼程序中当事人公平。而在证明责任领域中,尽管证明责任分配未必依据事物盖然性或者经验法则来规定,但考虑经验法则和盖然性等因素也能更好地维护当事人利益。事实认定原理与证明责任分配基础可以说具有一定的共通性。但是,事实认定是心证领域问题,而证明责任分配原则是基于权衡诸多要素后事先规定的抽象标准。因此,在事实认定中,完全依据证明责任分配原则来进行证明,或者证明责任分配原则仅仅依据经验法则来规定都是不可能的。那也就是说,就证明责任分配原则层面;既需要考虑法律规定也要考虑经验法则;而在整个事实认定层面,既需要经验法则又需要证明责任。因此,自由心证与证明责任是两个相互联系的独立个体。

二、自由心证与事案解明义务

为了解决一般案件"证据偏在"的问题,事案解明义务允许对不承担证明责任的一方当事人课以证据提出义务。虽然大陆法系国家对于该制度仍然存在争议,但是就裁判实践来看,事案解明义务仍然获得了积极的肯定。

(一) 事案解明义务之意义

事案解明义务所解决的就是负有主张责任的当事人无法掌握要证事实的相关证据问题。作为证明没有达到要求程度,主张就会被驳回之前提,负有证明责任的当事人在不占有证据的情况下,由于无法将诉讼主张具体化,其只有承担败诉结果之传统证明责任分配原则无可厚非。但是,如果此时是由于依据证明责任法理获得利益之当事人,独占要证命题相关证据的同时并未帮助对方当事人进行主张,才导致负有证明责任的当事人败诉的话,这种情形当然存在有悖常理之嫌。很显然,如果要解决当事人一方独自占有要证命题相关证据的问题,必须要改善证据收集的方式。

事案解明义务是指在不负有证明责任的一方当事人单独占有要证事实相关证据的情况下,基于一定要件,与哪一方承担证明责任无关,对于保有情报的当事人课以情报提供之行为义务。事案解明义务汲取了大致推定与证明妨碍制度要素,在法理上更加注重减轻当事人的证明负担。其不仅在证据提出层面,而且在事实主张层面也能有效地发挥作用。① 具体说来,当不负证明责任的当事人一方存在证据偏在,负有证明责任的当事人陷于证明困难的状况时,对不负有证明责任的当事人课以解明事实关系的义务,也即事案解明义务,从而使负担证明责任的当事人的负担得到缓解。如果不负有证明责任的当事人不履行事案解明义务的话,作为惩罚能够对负有证明责任的当事人的事实主张拟制真实或者进行证明责任转换。事案解明义务并不是对证明责任的分配原则进行修正,而是在法官自由心证领域内,减轻负有证明责任的当事人的证明困难。

虽然大陆法系国家并未在民事诉讼的法条中直接规定事案解明义务,但是实务界和学术界均对此抱有肯定态度。从1877年《德国民事诉讼法典》制定以来,德国就一直树立"不负有证明责任的当事人不进行任何事案解明是不适当的"这种思想。其立法者认为,占有情报或者能够收集证据的不负有证明责任的当事人,如果不做任何事案解明而导致负有证明责任的当事人败诉,违反了当事人之间的平衡原则。当时德国的裁判实务、学说也同样认为,不负有证明责任的当事人基于自己已有和收集的证据,如果什么也不做,是对当事人之间平衡的破坏。在宣誓要求允许的范围内,对不负有证明责任的当事人,为了能够使得争议事实明确,课以一定的行为义务,以此来寻求当事人之间的平衡。② 为了使不负有证明责任的当事人能够利用自己掌握的证据进行主张事实解明,《德国民事诉讼法典》专门设置了负有证明责任当事人行使的宣誓要求制度。宣誓要求制度是指,对于主张事实,负有证明责任的当事人可以要求不负有证明责任的当事人进行宣

---

① 参见〔日〕安井英俊:《事案解明義務で法の根拠とその適用範囲》,载《同志社法学》2007年第7期。
② 参见〔日〕伊东俊明:《ドイツにおける宣誓要求制度の意義と機能3》,载《商学讨究》2001年第1期。

誓。到底哪一方当事人作为宣誓义务人,与法官获得心证的程度多少无关,而是根据证明责任原则进行形式上的确定。这种宣誓具有对于主张事实"完全证明"之形式证明力。因此,不负有证明责任的当事人必须基于自身占有的证据,在对主张事实的真伪形成确信后,履行宣誓要求。① 宣誓要求制度不仅有解决事实真伪不明的功能,而且还有效地从不负有证明责任的当事人那里获取了很多证据情报。如果不存在宣誓要求制度,那么在事实真伪不明的情况下,不负有证明责任的当事人即使不进行反证,负有证明责任的当事人也必须承认败诉之结果。在1933年《德国民事诉讼法典》修正之际,考虑到当事人宣誓制度制约法官自由心证,德国仿照《奥地利民事诉讼法典》,用当事人询问制度取代了当事人宣誓制度。即便如此,当前德国联邦法院通常要求,当不负有证明责任的当事人对具体化的事实主张进行否认时,原则上其应当对主张事实的相关情报进行开示。② 这也就是德国民事诉讼法所谓的"积极否认义务或否认具体化义务"。

我国台湾地区"民事诉讼法"第277条规定:"当事人主张有利于己之事实,就其事实有举证之责任。但法律另有规定,或依其情形显失公平者,不在此限。"有学者认为,与德国、日本的民事诉讼法不同,本条规定在证明责任通则规定之中。那么,我们应该在口头辩论终结之前以该条规定为基础,使当事人尽力提出证据,在充分赋予当事人程序保障之前提下,使当事人证据提出责任具体化。③ 从我国台湾地区的民事诉讼法我们可以看出,"依其情形显失公平者,不在此限",法官对于当事人无法提出证明有利于己方事实的证据时,并不是一味地按照证明责任进行处理,而是分情况区别对待。按照证明责任显失公平时,就应参考其他事实进行裁判。那么在没有证明责任的支持下如何进行判决,哪些当事人的行为能够形成法官心证,以及是否能够达到内心确信,都需要法官利用自由心证进行综合判断。这就为事案解明义务适用创造了环境。

但是,由于事案解明义务通常与证明责任存在冲突,事案解明义

---

① 参见〔日〕伊东俊明:《ドイツにおける宣誓要求制度の意義と機能1》,载《商学讨究》2001年第2、3期。
② 参见〔日〕伊东俊明:《ドイツにおける宣誓要求制度の意義と機能3》,载《商学讨究》2001年第1期。
③ 参见邱联恭:《程序选择权论》,台北三民书局2000年版,第145页。

务也遭受到很多质疑。1996年《日本民事诉讼法典》"世纪大修改"之前，通说认为，不负有证明责任的当事人，只要对方当事人的本证不成功，即使不进行自发的事案解明也是适当的。① 针对事案解明义务，小林秀之教授一直抱有本质上的疑问，当事人完全沦落为法院案件资料提供者，很有可能逐渐丧失诉讼主体的地位。② 还有学者认为，尽管针对案件审理，当事人应该向法院提供必要数量的证据，案件的裁判完全由法院进行，但是这并不表明，当事人为法院开具了可以随意侵入私人自由领域的通行证。民事司法的确是一种国家为国民进行的服务，尽管这种观点非常重要，但是不能回避的是，服务同时也是一种国家权力的行使。③ 另外，事案解明义务面临的一个重要问题就是，事案解明义务的要件证明非常困难，对于其证明问题有时会出现足以取代案件原来争议事实证明之危险。

针对这些质疑，在1996年《日本民事诉讼法典》修改时，高桥宏志教授认为，虽然"民事诉讼裁判实务中，凭借对方不知道一定的情报而获得胜诉并不涉及违法"，但是"以1996年现行民事诉讼法制定为契机，必须对这一想法进行改变。并且，应该向着利用对方当事人缺乏证据而获得胜诉是不妥当、缺乏公平的思想转变"。④ 另外还有学者认为，"没有义务把盐送给敌人"这种原则，作为绝对公理而存在是值得怀疑的。⑤ 而伊东俊明教授更是认为，事案解明义务就是以担负主张责任诉讼上的地位为基准，即便是没有负担主张责任的当事人，在满足一定的要件时，作为例外，应当负有证据提供义务。换句话说，事案解明义务理论是针对不负有主张责任的当事人，原则上该理论在主张过程中是将享有不向对方提供证据自由（证据隐匿自由）作为理论前提来进行考虑的。但是，针对将不负有主张责任的当事人证据隐匿自

---

① 参见〔日〕岩松三郎、〔日〕兼子一编：《法律实務講座民事訴訟編》（第3卷），有斐阁1959年版，第44页。

② 参见〔日〕小林秀之：《证据法》，弘文堂1990年版，第122页。

③ 参见〔日〕萩原金美：《主張・証明責任論の基本問題》，载《神奈川法学》1994年第2期。

④ 〔日〕高桥宏志：《重点講義民事訴訟法》（下），有斐阁2006年版，第64页。

⑤ 参见〔日〕山本和彦编：《民事訴訟の過去・現在・未来》，日本评论社2005年版，第176、180页。

由作为前提来考虑这一方式,原本就存在着争议。①

另外,针对事案解明义务,德国民事诉讼法也进行了具体规定。只有当负有证明责任的当事人进行具体主张时,不负有证明责任的当事人进行否认才需要说明理由。但对于负有证明责任的当事人没有进行具体化主张时,允许不负有证明责任的当事人进行单纯否认。而在争议事实是消极事实以及当事人之间存在证据偏在等情况下,即便负有证明责任的当事人没有进行具体化主张,有时也会使不负有证明责任的当事人承担否认具体化之义务。② 另外,对于不负有证明责任的当事人否定具体化没有期待可能性时,也就是说,不负有证明责任的当事人没有占有证据情报时,也能够允许其作出单纯否定。但是,在这里就会产生一个问题,如何来证明不负有证明责任的当事人否认具体化是否存在期待可能性呢?并且应该由谁对此进行证明呢?笔者就此予以分析,由负有证明责任的当事人来进行证明,如果该方当事人本来就处于证据偏在劣势一端,对证明主张焦头烂额的同时是否还有精力再去证明对方当事人具有否定具体化的可能性值得疑问,况且即使去尝试这种证明到底能够达到什么证明程度,这都是不能回避的问题。如果由法院去进行证据调查,将其归于法院依职权调查证据的范畴,似乎对于调查结果来说具有可行性,然而这会不会造成对当事人权利的侵害就不得不让人考虑,即使不负有证明责任的当事人负有事案解明义务,法院主动去调查证据也并不是就可以毫无顾忌地进行,否则就会对当事人的权利造成明显侵害,因此这种度的把握也很难拿捏。另外就是,由不负有证明责任的当事人自己来证明,考虑到其作出的纯粹否定,至于为何不进行具体化说明之原因尤其自己证明较为合适,但是这里不能排除不负有证明责任的当事人有意证明不能具体化说明之原因,因此就要求其证明必须达到较高的证明度,由法官自由心证进行判断。当然,如果在之后的案件审理过程中,发现不负有证明责任的当事人有故意隐瞒真实之情况,法官能够通过辩论全趣旨对心证产生影响。因此,考虑到不负有证明责任的当事人与证据

---

① 参见〔日〕伊东俊明:《主張過程における当事者の情報提供義務——「情報独占」の局面における規律について》,载《横浜国際経済法学》2007年第3期。

② 参见〔日〕伊东俊明:《ドイツにおける宣誓要求制度の意義と機能3》,载《商学討究》2001年第1期,第230页。

"接近性",应当可以对于其单纯否定予以规制。法院在主张过程中课以证据情报开示义务,能够要求不负有证明责任的当事人对事案解明义务进行协力。

(二) 具体案例

日本四国电力股份有限公司计划在爱媛县西宇和郡伊方町建立核电站,根据日本核燃料物质以及核反应堆规制相关法律的规定,公司应当向行政机关申请设置核反应堆许可。对于该申请,由内阁总理大臣许可批准。伊方町以及邻近町的居民以该许可批准违法为由,将内阁总理大臣告上法庭,主张要求撤销建立核反应堆设置许可。在第一审和控诉审中,松山地方法院和高松高等法院分别判决驳回原告诉讼请求。随后,原告向日本最高法院提起上告。经过审理,日本最高法院虽然最终驳回了原告的上告请求,但是判决认为:"行政机关是否批准设置核反应堆许可,主要是基于对原子能委员会以及核反应堆安全专门审查会作出的专门技术调查审议结果作出判断。因此,针对取消核反应堆设置许可诉讼,法院就必须对行政机关依据专门技术调查审议结果作出的判断是否存在不合理之处进行审理。依照目前科学技术水平,调查审议过程依据的基准不合理,或者调查审议过程中存在失误,都可能导致被告行政机关的判断出现差错,如果存在以上情况的话,就要认定核反应堆设置许可违法。在该诉讼中,针对以上分析得出的要点,原来应该由原告担负举证责任,但是本案中使被告行政机关承担其自身判断没有存在不合理之处之证明责任,是因为考虑到原子炉安全审查相关资料全部由被告方行政机关所掌握,被告应当就作出核反应堆设置许可批准过程中,参照的安全技术调查审议结果不存在问题作出必要的证明,如果被告行政机关没有达到证明要求,那么裁判所就应该推定被告在许可批准中存在不合理之处。"①

该判决指出,在一定条件下,不负证明责任的当事人也要背负举证责任,事案解明义务理论不仅对实务,而且对理论也有非常重要的意义。"该判例意义在于,不仅仅在不负有举证责任的当事人存在证据偏在的情况下,即便是在对于举证能力与举证期待可能性,当事人之间存在不均衡的情况下,对学界一直主张的事案解明义务法理给予

---

① 《日本最高裁判所民事判例集》(第 46 卷第 7 号),第 1174 页。

了有力回应,并且在案件实务中又开创了新的事实认定方式。"①也就是说,事案解明义务的法理,从当事人之间的公平出发,对于主张证明过程中不负证明责任的当事人,在满足一定要件时,对其课以主张、举证之协力义务,促使其提出适当证据,在发挥促进事实认定的同时,更是努力回避利用证明责任进行裁判的结果。换句话说,事案解明义务在某种意义上延长了自由心证的寿命,使得法官适用自由心证认定事实之空间增大,对案件事实认定结果信心增强,缓解了法官将案件裁判最终推向证明责任的纠结心理。而更为重要的意义是,这样的法院裁判结果更容易使当事人接受,增加了法院裁判结果的说服力,从而树立了法院司法裁判的权威。

三、大陆法系国家的主要学说

(一) 德国

德国学者 Stürner 所提倡事案解明义务是德国最具有代表性的学说。② Stürner 的事案解明义务是从德国民事诉讼法条文存在的当事人协力义务规定推导得出的。

根据《德国民事诉讼法典》第 138 条第 1 款的规定,当事人必须进行完全并且真实的事实陈述。Stürner 认为,此规定是导出一般事案解明义务最为根本的条文,即对本款中的完全事实陈述义务追根溯源的话,当事人不仅要主张对自己有利的事实,而且必须要主张对对方当事人有利的事实。该完全义务应当作为事实关系解明过程中的当事人协力义务。也就是说,虽然负有证明责任的当事人将自己认识范围内的事实和证据完全提出,但是对于认识无法达到的事实和证据,对方当事人就负有事案解明义务,对方当事人必须将自己认知范围内的事实关系进行解明。而根据该条第 2 款的规定,各当事人对于对方

---

① 〔日〕伊藤真、〔日〕加藤新太郎编:《民事事实认定》,有斐阁 2006 年版,第 96 页。
② 参见〔日〕安井英俊:《事案解明義務の法的根拠とその適用範囲》,载《同志社法学》2007 年第 7 期。

主张的事实必须进行陈述。Stürner认为,本款中的陈述义务应当作为赋予不负有证明责任的当事人事实关系解明协力义务之法律具体化规定。不负证明责任的当事人不能仅仅对负有证明责任的当事人主张的事实作出单纯否定,为了解明主张的事实关系,必须利用自己知道的事实将否定具体化。不负证明责任的当事人如果拒绝履行陈述义务的话,作为惩罚,法官就可以获得对不负证明责任的当事人不利的心证。并且,仅仅限于不负证明责任的当事人对于事实关系完全不知晓的情况,才允许作出单纯否认。

针对事案解明义务要件,为了对不负有证明责任的当事人课以一般的事案解明义务,负有证明责任的当事人对于自己的主张应当具体化。也就是说,负有证明责任的当事人如果要请求对方进行事案解明的话,应该让对方当事人或者法院理解自己的权利主张,并且必须明确自己权利主张的合理基础。也就是说,负有证明责任的当事人,如果不能明确提出自己的权利主张,就要求对方进行事案解明,从当事人之间公平的观点来看是不妥当的。因此,为了向对方当事人课以强制性的事案解明义务,当事人就必须将自己的主张具体化。如果不负有证明责任的当事人不履行解明义务的话,考虑到正是因为违反解明义务从而使得事实关系无法解明,所以对其惩罚应当是推定该主张为真实。但是,需要注意的是,对于该拟制可能会通过反证予以颠覆。并且,对于不负有证明责任的当事人是否知晓事实,或者是否隐匿证据方法并不明确的场合,法官可以对其是否存在违反事案解明义务进行证据调查。

(二) 日本

日本事案解明义务学说尽管继承了德国民事诉讼法之衣钵,但是并没有模仿Stürner提倡的狭义事案解明义务说,而是强调对于要求不负有证明责任的当事人提出的事实、证据之范围更加扩大化、一般化。

1. 春日说

春日伟知郎教授是将Stürner的事案解明义务理论移植到日本的代表性学者。其将事案解明义务限定在证据偏在的一般情况。与Stürner学说不同,春日说没有将具体法条作为事案解明说的正当化依据，为了实现消减证据偏在场合中当事人之间的不均衡之目的，其将当事人平等原则、武器对等原则作为制度依据。

春日说对于事案解明义务的要件有四个：① 要求对方履行事案解明义务的当事人，应当将能够对自己权利主张合理基础的"线索"予以明确说明；② 该当事人在客观上不能进行事案解明；③ 对于不能进行事案解明没有责难可能性；④ 对方当事人能够较为容易地进行事案解明，具有期待可能性。① 具体而言，要件① 对于明确自己权利主张合理基础的"线索"，主要是为了防止使对方事案解明义务的无限制扩大，不能因为事案解明义务而侵害对方当事人的防御利益。并且，要考虑到事案解明义务要件对于是否能够真正发挥该理论效能具有重要意义。如果要件过于苛刻，那么减弱了该理论的实用性；如果过分宽松，又会使得理论有容易被滥用之嫌。为了防止该理论在实务中被滥用，特意在要件中强调当事人必须能够证明自己权利主张合理基础的"线索"之重要性。要件② 特别强调的是，当事人与事实关系相隔绝，无法获得证据，如果没有严格要求解明义务当事人与事实关系相隔绝，就没有必要特意要求对方当事人承担事案解明义务。要件③ 是依据事案解明义务，一旦对方当事人没有履行义务，那么其应当受到应有的惩罚，所以当事人自身必须要求没有归责的可能。要件④ 对于"期待可能性"有两点需要注意：第一，期待可能性是一个价值判断要件，为了能够对其适当与否进行判断，要求事案解明当事人应当提出对应期待可能性的具体事实，该事实由法官通过自由心证判断。但是，该情况下具体的事实是为了说明对方当事人具有期待可能性的事实，当然对方当事人可以提出反对事实。第二，该期待可能性必须是由要求解明的当事人提出对方当事人具有解明可能性的事实。

对于事案解明义务效果，春日说认为，一旦对方违反了事案解明义务，就必须对其进行惩罚，具体来说就是对违反义务的当事人不利的事实进行拟制确认。另外，对于证明责任的转换的适用，其认为应当根据违反事案解明义务的具体情形而灵活使用。另外，春日伟知郎教授还对事案解明义务的具体表现，也就是在什么情况下如何适用该理论进行了探讨。② 其认为应该有三个层面：具体事实主张层面，对于

---

① 参见〔日〕春日伟知郎：《民事证据法研究》，有斐阁1991年版，第247页。
② 参见〔日〕春日伟知郎：《民事证据法研究》，有斐阁1991年版，第254页。

请求原因否认要进行具体化事实说明；证明或者提出证据层面，适用文书提出命令和证明妨碍法理；诉讼前证据收集层面，则表现为诉讼前证据保全和摸索证明。

2. 石田说

同样受到 Stürner 事案解明义务理论的影响，石田穰教授提出了更具有积极效果的事案解明义务理论，即诉讼追行责任说。石田说将从提出诉状到口头辩论终结之过程称为诉讼追行过程，主张当事人双方在诉讼追行过程中应当承担诉讼追行义务（诉讼追行责任）。① 该诉讼追行义务的内容就是，两造当事人在诉讼追行过程中，不仅是要提出对自身有利的事实和证据，还必须提出有利于对方的事实和证据。

诉讼追行责任是通过《日本民事诉讼法典》第 208、209 条以及辩论主义推导得出的。《日本民事诉讼法典》第 208 条规定了当事人询问中的拒绝陈述效果，作为惩罚，可以将对方当事人的主张看作为真实，正因为该事实对于对方当事人有利，因此可以理解为当事人必须对对方当事人有利事实进行陈述。并且，作为违反解明义务的处罚，除了拟制真实之外，证明责任转换也可以被适用。对于第 209 条在当事人询问中对进行虚假陈述的当事人课以罚金处罚之规定，石田说认为应当课以更为严厉的真实拟制或者证明责任转换的惩罚，由于虚假陈述比拒绝陈述在性质上更加恶劣，而罚金的效果却比不上拟制真实和证明责任严格的效果。

进而，石田说认为，辩论主义应当作为当事人负有第一次事案解明义务之正当化根据。也就是说，当事人的真实主张是为了向法官明确审理对象，向对方当事人提供防御机会。因此，当事人主张不能仅停留在抽象层面，但也不能过度强调具体。过度抽象会使法官对审理对象难以把握，也让对方当事人产生困惑；而过度具体也会增加当事人事实主张的困难，恐怕会使审理对象变得复杂。因此，石田穰教授基于辩论主义提出了诉讼追行上的义务。笔者认为，石田穰教授之所以将辩论主义与诉讼追行责任相联系有两方面的考虑：① 由于辩论主义对民事案件审理过程中作为裁判基础之证据调查途径进行了严

---

① 参见〔日〕石田穰：《証拠法の再構成》，东京大学出版会 1980 年版，第 225 页。

格约束,导致当事人经常由于自身无法提供证据而承担败诉的不利益。然而,当事人不能提供证据表面上的原因是无法收集到证据,而在大多情况下其本质原因却是由于对方当事人或者案外人"不配合",无论出于主观故意或者客观条件限制,当事人难以收集证据的客观存在都是不能回避的,因此为了弥补辩论主义这一缺陷,诉讼追行上的义务就成为解决问题的突破口。② 由于事案解明义务理论一直都存在根据不明确、依据较为单一的处境,诉讼追行上的义务当然也不例外。为了避免这一问题,石田穰教授将其与辩论主义相绑定,来加强诉讼追行上的义务在实务层面上的说服力。

诉讼追行责任的适用范围并不仅局限在证据偏在场合,其范围还扩大到一般民事诉讼案件审理领域,被认为是积极的事案解明义务。对于诉讼追行责任的效果,石田说认为,各当事人在诉讼过程中都负有诉讼追行责任,当事人在违反事案解明义务时,可以课以驳回主张、否认、拟制真实、证明责任转换等惩罚,并且可以完全脱离之前证明责任分配原则。

3. 佐上说

与从诉讼法观点来理解事案解明义务不同,佐上善和教授将事案解明义务理论放在了实体法的范畴中。① 其认为如果将事案解明义务理论单单在当事人与法院关系层面进行考虑,很有可能会使得该义务无限制地扩张,并且,对于要求事案解明当事人事实主张的内容很难把握,事案解明义务不能作为诉讼上的义务进行理解。佐上善和教授认为,事案解明义务应当在当事人之间的相互关系中理解,如果对方当事人不履行在实体法上负有的说明义务、报告义务的话,那么就有必要在诉讼中使其履行该义务,从实体法上规定的交易规则能够推导出的说明义务、报告义务都应该置身于事案解明义务之下。因此,事案解明义务不应当理解为诉讼上的真实义务、完全义务,而是应当称为"说明义务"较为合适。

佐上善和教授将"事案解明义务"作为主张责任中的一个内容来进行理解。其指出,之前的学说通常将主张责任与证明责任等量观

---

① 参见〔日〕佐上善和:《主張責任の意義と機能》,載《法学セミナー》1982年第6期。

之,认为主张责任范围与证明责任范围是一致的,一般是由客观证明责任引出主张责任,那么根据事案解明义务使对方当事人负有主张责任就是非常奇怪的。并且,之前的学说尽管从救济弱者要求和证据构造偏在理由出发,引导出诉讼上的事案解明义务,但为了理解对方当事人的说明义务、主张义务,也必须重视之前当事人之间的纷争经过以及诉讼过程。

基于以上论述,佐上善和教授归纳出两点。① 为了推导出对方当事人的说明义务,单单依据证据偏在和当事人之间的公平是不充分的。为了让被告产生说明义务,原告必须收集到对于证明主张表面上说得过去的证据。并且,到底哪种程度的主张能够产生被告的说明义务,需要从当事人之间的交流过程中来进行判断。② 对于主张责任与证明责任,从把证明过程中的说明义务作为主张责任的核心这一立场出发,主张责任的范围需要依据说明义务来确定,而利用证明责任是无法决定的。换句话说,主张责任的范围已经不再是由证明责任进行确定的,而是由具体案件中的说明义务来确定的。佐上善和教授的事案解明义务理论是以实体法上的交流规则作为前提而存在的,该规则在诉讼上的反映正是事案解明义务或说明义务。并且,事案解明义务理论之目的是来平等分配两造当事人的行为责任。

综上,在日本,诉讼中事实关系解明的手段,虽然既没有像德国一样的实体法上的情报请求权,也没有在诉讼法上对事案解明义务予以明文规定,仅仅规定了文书提出命令等手段,但是,由于在日本原子能核电站案件中,日本最高法院业已承认了事案解明义务理论,因此日本的事案解明义务被视为一种脱离类型案件而存在的一般事案解明义务。

四、事案解明义务与证明责任之关系

事案解明义务的目的是维护当事人之间的平等、实现诉讼程序的公正进行。而证明责任是为法官在要件事实存否不明情况下作出判决而适用的理论。因此,如果不适用事案解明义务,仅仅依据证明责任进行裁判,法院在诉讼过程中难以对两造当事人的行为责任进行公平分配,也就不能充分实现程序保障。当适用证明责任分配原则出现损害当事人公平的情形时,事案解明义务能够在证明责任分配的框架内发挥确保公平性的作用。换句话说,事案解明义务理论的作用,就是为了弥补不考虑当事人之间实际利益之证明责任分配原则中存在的结构性缺陷。① 依照事案解明义务理论,当事人都会对自己应当提出哪些主张、应该提交哪些证据十分明确,行为责任的公平分配也会成为可能。因此,事案解明义务的最大优点不是消除证明困难状况,而是试图避免真伪不明判决的发生,使当事人接受裁判结果。当然,事案解明义务只保障实现正当程序,维持两造当事人对等状态,而不特意将天平倾向哪一方。因此,自由心证,即通过对辩论全趣旨和证据调查结果斟酌,才是法院判决哪一方胜诉的核心。

笔者认为,在这里我们必须对适用证明责任的必要性有一个清晰的认知。证明责任不是为法官判决案件寻找一个捷径,在事实真伪不明的状态下,使得法官能轻易推卸掉所担负的事实认定责任,而仅仅是为了让两造当事人在事实真伪不明状态下接受法官判决设置了一个备选机制。之所以是备选机制,是因为客观证明责任的适用不应该成为一个结束诉讼的常用选项。如果法官最终选择适用证明责任来作出判决结果,那么其内心尽管未必是诚惶诚恐,但也不会完全心安理得。因为,当作为裁判基础的案件争议事实并未在审理过程中查明(不包括案件客观上事实认定错误,而法官内心却认为认定正确的情况)时,法官此刻必须承认的风险就是,一旦之后案件事实得以明了,那么原审结果将很有可能被予以推翻。此外,适用证明责任的前提就是案件事实真伪不明,换句话说,事实真伪不明就是事实仍旧存在争议,只是两造当事人作出的证明努力都并未能在法官心中形成必要的心证,那么即便利用证明责任也并不能平息两造当事人之间对于争议事实的对抗,可以说,最终通过证明责任分配原则来判决,如同使案件审理程序实现"硬着陆",如同瞬间将双方当事人炽热的战场变为凝固的冰块。如此处理,可以说不完全是正当地解决矛盾纠纷,而是强行地将矛盾搁置,谁也无法保证依照证明责任解决的纠纷,能够带来完全化解矛盾之功效。

另外,证明责任能够得以适用,完全是依靠国家公权力作为后盾,

---

① 参见〔日〕安井英俊:《事案解明義務で法的根拠とその適用範囲》,载《同志社法学》2007年第7期。

按照公权力设定的纠纷诉讼解决程序来对国民提起的诉讼进行裁判。那么,证明责任的适用当然就不用经过双方当事人的同意,由法官根据案件审理的实际情况来进行选择。从这一角度来看,证明责任适用的场合似乎显现出裁判权对当事人权利的侵害。尽管这种侵害是一种无奈之举,抑或是一种从时间、物力等资源角度考虑最为节省的结案方式,但是,其留下的后患或许并不比赢得的利益减少几分。两造当事人对于依照证明责任判决之案件,虽然表面接受但内心难免不会留有顾虑,这就使其面对审判结果时容易产生对抗,尤其在执行阶段更为明显。因此,一旦贸然适用证明责任,很可能会让当事人产生抵触情绪,会增加对法院判决结果的不信任,久而久之更会引发法院权威的逐步丧失,这是一个危险的恶性循环。因此,对于证明责任的适用,我们必须注意两点。① 必须保障认真做好案件事实审理过程的每一个环节,积极利用两造当事人和法院的全部力量去进行事实认定,并且最大程度利用自由心证原则使法官获得必要心证,只有当所有事实认定方法手段全部用尽,即自由心证用尽之后,事实仍然处于真伪不明状态时,再考虑证明责任。② 适用证明责任必须慎而再慎,思而又思。按照每起案件的具体情况,谨慎考虑证明责任分配方法,只有努力做到证明责任分配结果公平,才会有最大可能使得最终裁判结果尊重客观、实现公平。当然至于证明责任的适用问题,主要涉及证明责任如何分配,这不属于本编所探讨的范围,在此暂且不虑。因此,为了更加合理、适当地适用证明责任,结合本编自由心证研究这一主题,笔者将重点放在自由心证原则用尽这一前提之上。只要通过自由心证原则能够实现事实认定,当然也就回避了证明责任适用的问题。换句话说,我们越是延迟适用证明责任,就越能延长自由心证适用的时间,而自由心证发挥作用的时间越长,实现事实认定的机会就越大,相应的,启动证明责任的机会也就越小,那么案件裁判结果的正当性就会越高,当事人对裁判的信任程度就会越强,法院司法权威的地位就会越稳固。可见,推迟证明责任适用,用尽自由心证原则是问题的关键。那么,我们如何才能达到实现推迟证明责任的目的呢?事案解明义务的适用就为我们提供了一个行之有效的途径。

总之,现代民事诉讼之事实认定通常是利用法官的自由心证来进行的。法官基于辩论全趣旨与证据调查结果,遵循经验法则,依据自由心证对事实存在与否进行判断。只要法官内心获得了足够确信,要证事实是否存在就得以证明。然而,尽管自由心证是法官内心对事实认定的过程,但绝不表示允许法官可以肆意妄为。自由心证是一个有机的体系概念,其内部含有诸多具体制度,而这些制度应当被视为自由心证适用之界限。在此需要说明的是,界限之含义只是为了准确掌握自由心证概念的范围,并不是要特意缩小其概念范畴。比起对一个概念由于不知其界限而谨小慎微地适用,倒不如在理清内涵外延后,光明正大地为其正名,开拓更为广阔的适用空间。尤其在我国当前民事案件审理实践中,由于缺乏对自由心证进行正确理解,导致法官在事实认定的一些环节中缩手缩脚,没有发挥自由心证应有之功效,而在另外一些环节却肆意夸大自由心证的范围,歪曲自由心证的本意,最终使得事实认定存在较为明显的问题。因此,本编旨在通过对自由心证体系的重新探究,准确把握其概念内涵与外延,从而实现为自由心证正本清源,在实践中发挥应有作用之目的。

对于自由心证各主要部分,我们都必须从法院庭审角度予以明确认知。在作为自由心证基础资料之证据原因方面,证据调查结果和辩论全趣旨都不应当过分拘泥于辩论主义,从大陆法系与英美法系的发展趋势来看,辩论主义也正处于不断修正阶段,如果我们的思想能够尽快从辩论主义理论的束缚中解脱出来,这将会对正确认识自由心证奠定最为根本之基础。在经验法则方面,只要能够全面认识经验法则,正确掌握如何来选择和适用各种各样的经验法则,那么就可以对不合理之自由心证起到限制作用。而在自由心证终结环节,也就是自由心证与证明责任关系方面,真正认知"自由心证用尽"之含义,树立法官自由心证在事实认定过程中的主导性,将发现案件真实、维护当事人正当权利作为法官自由心证追求的最终目标。自由心证作为贯穿民事诉讼体系之重要原则,其内容涉及民事诉讼的每一寸领土。如果想要最大限度地发挥民事诉讼体系之效能,就必须能够完全驾驭自由心证之适用。"牵一发而动全身"正是自由心证作为民事诉讼体系核心之最好写照。然而,正确适用自由心证也绝非易事,除了要求法官必须具有深厚的法学素养和高超的审判技巧以外,还要求整个司法体系为法官自由心证创造良好环境,更需要整个社会为法院审理案件营造宽松氛围。自由心证的适用体现法院业务能力的同时,更体现着社会公众对法院的坚定支持。因此,自由心证能够为建立高效、公正、亲民、便民之民事诉讼体系发挥积极作用。